长歌与悲吟

唐宋文化与文学散论

吴增辉 ◎ 著

上海三联书店

小 序

————

本书是我十多年来有关唐宋文化与文学的论文集。

我的专业领域是唐宋文学，但兴趣所在并非纯粹的文学研究和文本分析，而更侧重于外围性的文化研究，着力探究一个时代的政治环境、学术构成、地域文化、社会交往、官场沉浮与文学创作间的关系，进而解析士人的文化心态与内心世界，试图从多维视角揭示文学发展的内在动因，并以文学为视角窥探一个时代的发展演化。概而言之，我的研究主要集中在以下三个方面：

一、从文献出发，结合特定的时代与历史场景，深入作者的内心世界，解析其内在冲突，从而更鲜活地还原生命个体的心路历程。

传统士大夫在修齐治平的儒家价值影响下，往往具有强烈的入世倾向，但其初入仕途的理想与热情往往遭到君主专制政治的挤压、摧残与反噬，造成深刻的精神痛苦。论文《杜甫对李白的解读历程》试图通过李、杜二人尤其是杜甫怀念李白诗歌的解析，揭示两个伟大诗人因文化构成的差异、人生阅历的错位所造成的彼此之间沟通的不畅与误读，进一步揭示双方人生悲剧的时代共性。传统士大夫失意之余，往往借助释道消解人生苦痛，李白、苏轼俱是如此。李白放还后重又寻仙访道，苏轼则以庄禅之自然哲学追求与物同流的旷放与超然，但释道之谈空说无最终消蚀了其积极有为的立身根本，最终造成精神的空茫，宋儒张载曾批评佛教"不知天命，而以心法起灭天地"，"妄意天性，而不知范围天用"。正因为佛教把一切归于幻妄，穷极到最终处，"溺其志于虚空之大"[①]，丧失了最后的立场与追求。道教以虚幻的"道"作为万物的本原，并极力引导人们由现实世界向"道"这一本原回归，最终造成与佛教相似的价值虚无。释道只是解脱人生的苦痛，却不能给士大夫以终极的精神支撑，儒家价值作为士大夫的精神根基地位终究无可替代，于是，在沉溺于释道所造成的空茫之后，宋人又不得不重新回归儒家价值。《吾生如寄与此生安归——苏轼晚年的精神困境与自我求赎》便试图对苏轼的这一精神演变进行解读。士人政治性的追求往往会深刻影响其创作思路，甚至造成作品感情倾向的改变，《盛唐情结与长恨歌主题由讽谕到爱情的转向》一文，笔者便尝试运用现代心理学理论，通过对以白居易为代表的中唐士人文化心理的分析，指出其时已将唐玄宗所开创的盛唐当作了一个理想社会的模板，盛唐已然成为中唐士人的情结，这一心理限制着他们对玄宗的批判，阻碍着对社会矛盾的深刻分析，最终以对逝去盛世的维护满足其精神追求。这种心理因此造成了《长恨歌》主题由开始的讽谕最终转向了对李杨爱情的讴歌。

二、关注并考察外部因素对文学的深刻影响，比如盛唐三教并流的文化氛围、巴蜀地域文化、中唐儒学复兴、宋代理学兴起、庶民文化及党派斗争等，都成为士人命运及文学演变尤其是诗歌演变的重要外在因素。

巴蜀文化具有极强的地域性，其层累式、扁平化、多元性特征塑造了巴蜀士人多元的文化构成以及自由散放的文化人格，一定意义上也注定了其

---

① 张载《正蒙》，上海古籍出版社 2000 年版，第 148 页。

命运走向。李白应召入宫之后旋被放还，苏轼则在波诡云谲的党争中一贬黄州，再贬岭海，走过了坎坷的人生。二人的诗文也打上了深刻的地域文化烙印。论文《纵横传统与唐宋巴蜀士风之流变——以李白、苏轼为主线》揭示了纵横传统与巴蜀地域文化之间的关系，从历时性角度描述了唐宋士风的变与不变。地域文化的差异也成为士大夫群体学术歧异的重要因素，论文《〈伊川易传〉对党争的反思及对"天理"的皈依》比较洛蜀两党学术观念的不同，揭示了洛蜀党争的内在文化原因。

中唐以来，在安史之乱的刺激之下，儒学呈现出复兴势头，置身其间的人物尤其是女性受到诸多约束，折射出时代变化的投影。论文《儒学复兴与〈莺莺传〉的道德讽谕》便在儒学复兴的视野下观照小说中的人物言行和内心世界，以说明莺莺矛盾复杂的心理活动，以及张生始乱终弃的文化动因。

入宋以后，随着士族的消失，庶民文化随之而起，以往与庶民文化相伴而生的词也逐渐为士大夫所接受，成为可以与诗分庭抗礼的文学形式，论文《士、庶地位的转换与士、庶文化的消长合流》便从晚唐五代以来士族消亡、士庶合流、庶民文化兴起的视角观察士人的心理变动以及词这种底层文学的流行与庶民文化之间的关系。

三、从宏观的历史视野考察文化及文学的发展演变。

由唐至宋是中国社会发展演变的重要阶段，政治上强化中央集权，文化上由三教并流转向理学的兴起，学术上由章句之学转为义理之学。与此同时，随着晚唐五代士族的消亡，不拘礼法的庶民文化乘时而起，与儒学复兴结合在一起，造成宋代以疑注、疑经为特征的学术潮流，最终发展为义理之学。论文《子部视野下的欧王关系新论》通过比较欧阳修与王安石学术的阶段性差异，从一个侧面地勾勒出宋代学术的演变，揭示了欧王关系由近到疏的深层原因。

由唐至宋，士人的精神世界也发生了重大改变，释道成为他们消解人生苦难的工具乃至心灵的归宿，这使得士大夫即便遭到政治打击也能从容应对，但类似唐人那种单纯热情、一往不返的文化性格也消失不见。论文《苏轼和陶而不和柳的佛教原因探析》比较了苏轼与柳宗元在贬谪际遇下的不同心态，指出苏轼对陶潜之崇拜及对陶诗之追和源于其随缘任运、无所不可的文化心态，其对陶氏之认同必然同时与柳氏之愤激慷慨、时露峥嵘拉开距离。在这种背景下，宋人的审美偏好也呈现出时代特质而与唐人大有不同，论文《李白在宋代诗坛的边缘化及文化意义》分析了李白文化性格及其诗歌风格的独特性，在唐宋文化剧变的历史维度揭示了其在宋代诗坛边缘化的文化原因。

与此同时，唐诗与宋诗也呈现出深刻的差异。盛唐诗因兴而象，浑成自然，注重诗境创造。杜甫开始以文为诗，诗中渗入更多的叙事议论，大历及中唐诗歌沿着这一趋势继续发展，激情不断消退，理性不断滋长，渐由盛唐诗专注情境营造递变为侧重物象刻画。宋诗沿此趋向不断深化，不仅注重写象，而且强调形似，倡导诗法，将杜甫以来对物象的雕琢推向极致，从而使得"境""象"之别成为将唐宋诗区别开来的重要维度。论文《由"境"到"象"——唐宋诗演化的另一视角》尝试从境、象之别的角度对唐宋诗之演化加以解读，以期能为唐宋诗比较研究提供新的思路。

唐宋文化及文学演变之外，北宋中后期的诗坛也因为党争原因而不断演化，论文《由崇苏到宗黄——北宋后期的诗学选择》结合贬谪的历史背景及所造成的士人文化心态的变化，描述了苏轼、黄庭坚在北宋后期诗坛的消长浮沉，一定意义上也反映了北宋文化的衰变历程。

本人人到中年方才尝试学术，才不大而学尚浅，知有限而识未深，书中所论不过隅隙之见，疏失必多，敬祈博雅君子不吝指正，明以教我。

目录

一

盛世风流与乱世长恨

从"当垆笑春风"到"美人望乡哭"

——唐人眼中的胡人浮世绘

———

鲁迅说"唐室大有胡气"[①]，唐王室与鲜卑、突厥等胡族有着密切的血缘关系，高祖、太宗、高宗三代皇帝的生母都是鲜卑族，这使得唐朝的立国之策更倾向于海纳百川，兼容华夷，并不格外排斥胡人。李世民公开宣称"自古皆贵中华，贱夷、狄，朕独爱之如一"[②]。在消除突厥威胁之后，唐室允许胡人内附。贞观初，西北突厥人入住长安有近万家。天宝初，长安有胡人三十余万户，长安的外国人所占人口比例远高于当今北京、上海这样的国际化大都市。一时间长安街头高鼻深目的胡儿摩肩接踵，不同民族的语言喧阗杂错，充满异域风情的歌舞随处可见，《铜胡腾舞俑》生动塑造了一个起舞的胡人形象，他硕大而向下弯曲的鼻子醒目地标识着他的异族身份，单腿而立、双臂曲张、裙摆飞扬的姿态则表明他的舞蹈正是唐代颇为流行的胡腾舞。胡人的大举涌入不仅带来了胡风胡俗，也带来了唐人从未见过的天方异物，比如非洲的鸵鸟就已经被人从万里之遥的非洲带到中土，大概高宗皇帝生前对这种巨大的鸟类颇感兴趣，于是鸵鸟被特意刻在乾陵的石碑上，陪伴这位长眠于地下的皇帝延续他对远方世界的向往。鲁迅先生认为这只鸵鸟颇能表现

---

① 鲁迅《致曹聚仁》，《鲁迅全集》第 12 卷，人民文学出版社 2005 年版，第 404 页。
② 司马光《资治通鉴》卷 198，中华书局 1956 年版，第 6247 页。

汉人的闳放，他说："长安的昭陵上，却刻着带箭的骏马，还有一匹鸵鸟，则办法简直前无古人。"① 在石上刻马并不稀奇，然而把一种非凤非凰的异域大鸟刻在皇家陵墓的石碑上，除了唐朝这样一个对外部世界充满好奇并充满自信的朝代，还有什么朝代能有这样的兴致和胸怀呢？

胡人极善经商，他们在长安所开的店铺生意兴隆，尤其是胡人酒肆更是宾客盈门。古代长安城分东西两市，外国商人多集聚于西市，考古学家们曾多次发掘过西市遗址，在西市南大街还发掘到珠宝商行和酒店遗址。唐代胡人酒肆主要集中在西市及春明门到曲江一带，这里商业繁荣，人文荟萃，是当时文人墨客乐意消遣的所在。初唐诗人王绩曾以隋朝遗老身份待诏门下省，每日得酒一斗，人称"斗酒学士"。他非常喜欢到胡人酒肆酤饮，其《过酒家》诗云："有客须教饮，无钱可别沽。来时常道贳，惭愧酒家胡。"王绩大概贪恋胡酒之甘醇，径直入内开怀畅饮，全然忘了囊中羞涩，把酒尽欢之后才求赊账，以至于在胡姬面前露出惭愧的神色。

这些胡人酒肆对文人的吸引不仅在于店家有葡萄酒、三摩勒、龙膏酒等西域名酒，更在于姿色出众、当垆揽客的胡姬。这些女孩子花枝招展，活力四射，能歌善舞，服务周到，备受文人雅士的青睐。即便年逾七十的杨巨源也情不自禁地咏叹道："妍艳照江头，春风好客留。当坊知妾慢，送酒为郎羞。香渡传蕉扇，妆成上竹楼，数钱怜皓腕，非是不能留。"可以说，店中的胡姬是长安城靓丽的风景，她们有力地吸引着骚人墨客的眼球，成为唐代诗歌中被反复吟咏的形象，其中经常写到胡姬的便是李白。

李白诗酒风流，对貌美如花的胡姬有着天然的好感，看到胡姬当垆的酒店便心荡神驰，不能自已，其《少年行》云："五陵年少金市东，银鞍白马度春

---

① 鲁迅《看镜有感》，《鲁迅全集》第 1 卷，人民文学出版社 2005 年版，第 208 页。

风。落花踏尽游何处？笑入胡姬酒肆中。"少年、金市、银鞍、白马、春风、落花、胡姬，这些充满青春气息而不乏富贵的意象共同敷演出一派欢乐而奢华的场景，渲染出大唐盛世引人神往的时代色调。《开元天宝遗事》记载了彼时浮浪少年的春游活动，亦可与李白诗中所述相印证："长安侠少每至春时结朋联党，各置矮马，饰以锦鞯金辂，并辔于花树下往来，使仆从执酒皿而从之，遇好花则驻马而饮。"① 这些不差钱的长安侠少呼朋引伴，肆意游玩，"遇好囿则驻马而饮"，遇到美酒飘香的胡家酒肆恐怕也是流连忘返。

胡姬姿色美艳，歌舞兼长，且能演奏琵琶、胡琴、筚篥、箜篌等多种乐器，简直就是色艺双绝的女神。在具有浓烈西域风情的管弦乐伴奏下，这些妖娆的胡姬歌喉婉转，舞姿翩跹，令人如醉如痴，平添无限酒兴。贺朝《赠酒店胡姬》写道，"胡姬春酒店，弦管夜锵锵"。章孝标《少年行》云，"落日胡姬楼上饮，风吹箫管满楼闻"。置身这样的酒店，风流放旷的李白自然是不醉不归，尽欢而散，因为李白分明说过："胡姬貌如花，当垆笑春风。笑春风，舞罗衣，君今不醉将安归？"杜甫在《饮中八仙歌》中说李白"长安市上酒家眠"，对李白有如此吸引力以至醉眠不起的酒家也不排除是胡人的酒店，其中或许正有顾盼生辉、体态婀娜的胡姬。

当然不仅是李白，王维、岑参等一时名流都是胡店的常客，几个要好的朋友一边把酒纵谈，一边欣赏胡姬的轻歌妙舞，大概是人生最快意的事情了。而有的胡姬不仅充当酒店的形象大使，还大胆泼辣地主动留宿客人，这无疑使得胡家酒楼别具吸引力。施肩吾《戏郑申府》诗云："年少郑郎那解愁，春来闲卧酒家楼。胡姬若拟邀他宿，挂却金鞭系紫骝。"这样的风流韵事应该不在少数，而且恐怕是社会上半公开的秘密。大概在汉人眼中，这些远道而来的胡人

---

① 王仁裕《开元天宝遗事》卷上，中华书局 2006 年版，第 24 页。

未受中华教化，原本就没有什么礼法观念，行为开放一些也没什么大不了，更何况这种交往有时还夹杂着若有若无的感情因素，张祜《白鼻䯄》就含蓄地写出了酒客与胡姬的感情纠葛："为底胡姬酒，常来白鼻䯄。摘莲抛水上，郎意在浮花。"酒客因为胡姬而常来酒店，大概日久生情，胡姬对酒客心有所依，然而酒客却似乎并不坚定，"郎意在浮花"的诗句表达了胡姬难言的怨怅。

其实文人们并不仅是贪恋胡姬的美貌，在潜意识里也表现了对外部世界的好奇。胡人主要来自波斯、大食这样的远方异域，他们的形貌、语言、信仰、风俗、音乐、舞蹈都不同于中原，美丽的胡姬背后潜藏着另一个神奇的世界，胡姬、胡乐、胡舞、葡萄酒、夜光杯等西域物象串连在一起，构成不同于中土文明的另一种文明，这种文明开放、大胆、热烈、奇幻而富于冒险精神，从而激发起唐人对外部世界无限丰富的想象，而满足这种想象的正是成群结队涌入大唐的胡商。《胡人牵驼出行图》即描绘了胡人牵驼前行的情景，那个昂首阔步的骆驼令人情不自禁地联想到茫茫大漠，颇能象征胡商不辞辛苦、奔波经营的精神气质。

如果说胡姬主要是以美丽的形象令唐代士子倾倒，那么涌入中土的胡商则以海量的财富以及一掷千金的气魄让唐人大开眼界，展现出商业文明的别样风采。在唐人眼中，梯山航海而来的胡商家资巨万，出手阔绰，见到中土宝物，总是大方地买下，因此被唐人习惯性地称为"千金贾胡"。《广异记》载，长安至相寺有贤者得到一颗夜光珠，到集市上高价出售，几天后，一个胡商以百万高价购之而去。不仅如此，这些胡商善于识宝，许多在中土之人看来并不值钱的东西却被胡商视为稀世之珍。牛肃在《纪闻》中讲过一个水珠的故事，睿宗皇帝曾赐给大安国寺一颗并不起眼的珠子，并特别说明此物价值亿万。寺僧将信将疑地把珠子拿到市场高价出售，却招来围观者的嗤笑，大家认为它不过是一块普通的石头而已，寺僧却不识好歹，漫天要价。

一月之后，一个胡商到中土寻求宝货，见到珠子大喜过望，立刻以四千万贯买下，还认为有亏珠价甚多。原来这是一个能在埋入地下后使水泉立出的宝物，行军作战时可以就地解决军队的吃水问题。这类胡商识宝购宝的故事在唐人小说中比比皆是，它既说明胡商财力雄厚，见多识广，也间接表现出唐人探求未知世界的浓厚兴趣。

胡商不仅善于识宝，而且执着求宝，为此不辞辛苦，甚至九死一生，《广异记》记载了下面一个故事：

> 近世有波斯，常云，乘舶泛海，往天竺国者已六七度。其最后，舶漂入大海，不知几千里。至一海岛，岛中见胡人衣草叶，惧而问之。胡云："昔与同行侣数十人漂没，唯己随流，得至于此，因尔采木实草根食之，得以不死。"其众哀焉，遂舶载之。①

胡商在大海中航行，难免遇到狂风巨浪，甚至遭受船毁人亡的惨剧。其时尚无指南针，无法准确地确定航向，这更加大了航行的风险。然而大批的胡商依然冒险穿梭于大洋，进行着各种珍宝奇货的交易，一朝成功便大发其财，这对习惯于安稳耕作生活的唐人来说无疑是一种新奇的刺激，也引发了唐人获取财富的热望及对海外世界的向往。《宣室志》便记载了一个叫陆颙的人随胡人入海寻宝的故事：

> 胡人吞其珠，谓颙曰："子随我入海中，慎无惧。"颙即执胡人佩带，从而入焉。其海水皆豁开数步，鳞介之族，俱辟易而去。乃游龙

---

① 戴孚《广异记》，《太平广记》卷464，中华书局1961年版，第3819页。

宫，入蛟室，奇珍怪宝，惟意所择。才一夕，而其获甚多。胡人谓颙曰："此可以致亿万之资矣。"已而，又以珍贝数品遗颙。径于南越获金千镒，由是益富。其后竟不仕，老于闽越，而甲于巨室也。[①]

这是一个唐人在胡人带动下发财致富的故事，反映了胡商的冒险精神对唐人的影响。然而这种影响毕竟是有限的，远不足以形成重视商业、追求财富的社会风气，也无法改变歧视商人尤其是歧视胡商的文化观念。《广异记》中有一个"径寸珠"的故事，一个获得宝珠的胡商搭乘唐人船只归国时，遇到拦路索宝的海神，船东为了活命，竟然想把随身藏有宝物的胡商抛入大海。由此可见，胡商虽然腰缠万贯，但在中国社会没有什么地位，人们对胡商除了羡慕，很难说有尊敬之意。长期的农耕传统及儒家教化使得国人对商人的偏见根深蒂固，"无商不奸"及"为富不仁"成为中国文化对商人品质的基本判断。因此，经商致富不仅不能使人获得尊敬，相反往往招来嫉妒与仇恨，而胡商的异族身份更易于遭到社会性的歧视，这也是胡商在唐代社会动乱中屡遭劫掠杀戮的根本原因。

无论胡姬还是胡商，唐人对他们的了解主要限于表面的异域风情，远没有深入他们的内心世界，在唐人眼中，他们就是一群神秘的远方来客，唐人笔记中的胡人总是显得那样神秘难测正反映出唐人对胡人的基本看法。而这种神秘与其说来自胡人本身，毋宁说来自唐人自己的想象，缘于自身的历史局限，唐人并没有实现与胡人的心灵交流，也没有实现文化意义上的相融相通与平等相待。实际上，中土之人在酣饮胡酒、欣赏胡姬、惊叹胡商的海量财富时，还有一种对于异族文化的防范心理，大量的唐传奇故事借助

① 张读《宣室志》，《唐五代笔记小说大观》，上海古籍出版社 2000 年版，第 990 页。

"胡""狐"谐音，将"胡"具化为"狐"的形象，耐人寻味地反映出唐人对胡人的复杂心态。唐传奇《任氏传》便塑造了任氏这样一个美丽的狐女形象，小说赞美了任氏坚贞不二的品节，却又设计了她死于苍犬之口的结局，似乎流露出胡汉文化难以共存的意味。虽然唐朝统治者奉行兼容华夷的开明政策，然而文化的排异性却不是统治政策能够轻易改变的，即便唐太宗本人实际上也无法一视同仁地对待胡人，《朝野佥载》卷五载：

> 太宗时，西国进一胡，善弹琵琶。作一曲，琵琶弦拨倍粗。上每不欲番人胜中国，乃置酒高会，使罗黑黑隔帷听之，一遍而得。谓胡人曰："此曲吾宫人能之。"取大琵琶，遂于帷下令黑黑弹之，不遗一字。胡人谓是宫女也，惊叹辞去。西国闻之，降者数十国。[①]

唐太宗"每不欲番人胜中国"的心理固然带有唯我独尊、君临四夷的政治动机，同时出于汉文化族群的强烈优越感及对异族的压制与防范。这种防范心理在和平时期潜藏于民众的内心深处，而当民族矛盾激化时，便汹涌而出，成为民族对立的主导因素。安史之乱爆发后，杜甫在诗中不仅将安史叛军斥之为"胡"，更骂之为"贼"、"豺狼"、"遗孽"，表现出刻骨之恨。而中唐文人也在一番文化反思之后，将安史之祸归咎于胡风的炽盛，姚汝能《安禄山事迹》记有这样一则材料："天宝初，贵游士庶好衣胡服，为豹皮帽，妇人则簪步摇，衩衣之制，衿袖窄小。识者窃怪之，知其兆矣。"[②] 所谓的"识者"将胡服的流行与安史之乱联系起来，认为是祸乱将作的征兆，显示出中土士人对胡风胡

---

① 张鷟《朝野佥载》，《唐五代笔记小说大观》，上海古籍出版社2000年版，第64页。
② 姚汝能《安禄山事迹》卷下，中华书局2006年版，第107页。

俗的警觉与排斥。贾至指出，正由于"末学之驰骋，儒道之不举"，"致使禄山一呼而四海震荡，思明再乱而十年不复"①。所谓"末学"即指包括佛道在内的非正统文化，自然也包括胡风胡俗，其反对异端、彰明儒道的用意昭然若揭，此后韩愈干脆喊出了"人其人，火其书，庐其居"②这样禁绝佛道的激进口号。从这些反应可以看出，"排胡"并非孤立现象，而是与复兴儒学、重建儒道秩序的时代潮流联系在一起的。在这种背景下，唐人对胡人的态度逐渐有了微妙的转变，李冗《独异志》记载了一个儒佛斗法的故事：

> 傅奕常不信佛法。高祖时，有西国胡僧，能口吐火，以威胁众。奕对高祖曰："此胡法，不足信，若火能烧臣，即为圣者。"高祖试之，立胡僧于殿西，奕于殿东，乃令胡僧作法。于是跳跃禁咒，火出僧口，直触奕，奕端笏曰："乾元亨利贞。邪不干正。"由是火返焰烧僧，立死。③

在这则故事中，西国胡僧拥有吐火这样的异术，而傅奕则凭借儒家之道与之斗法，结果胡僧作法自毙，儒者取得胜利，以往胡僧所拥有的神异本领失效了，它似乎暗示了唐人对妖能异术的厌恶，也传达出排斥佛教异端、重建儒家正统的文化信息。

虽然唐代社会开放，唐人对胡风胡俗充满好奇，乃至加以模仿，胡食胡服胡乐胡舞等胡文化大举进入中土便是明证，但这并不表明中土对胡文化的全面接受，一旦胡文化（包括佛教）对王朝统治构成威胁，必然遭到正统文化的强烈反弹。安史乱后，不仅胡商在一次次的战乱中遭到洗劫和杀戮，即

① 贾至《议杨绾条奏贡举疏》，《全唐文》卷 368，中华书局 1982 年版，第 3735 页。
② 韩愈《原道》，《韩昌黎文集校注》，上海古籍出版社 1984 年版，第 17—19 页。
③ 李冗《独异志》，《唐五代笔记小说大观》，上海古籍出版社 2000 年版，第 921 页。

便那些无辜的酒肆胡姬也受到了株连，成为胡文化祸乱中土的象征而遭到文人的群起声讨。

中国文化原本即有"红颜祸水"之说，美艳的女人"不妖其身，必妖于人"①，每当国难当头，这些可怜的女人便被男人们拿来当替罪羊，即便身为贵妃的杨玉环也不能幸免。胡姬不仅姿色出众，而且还有"胡人"的身份，在安史之乱的背景下，自然易于引起儒家人物的丰富联想，于是在中土文人怀疑的目光中，这些能歌善舞、不谙世事的胡姬理所当然地成为安史之乱的始作俑者。元稹在《胡旋女》中斥责胡人包藏祸心，对胡旋舞上纲上线，大加挞伐："天宝欲末胡欲乱，胡人献女能胡旋。旋得明王不觉迷，妖胡奄到长生殿。"白居易在其《胡旋女》诗中描写了天宝末年胡旋舞风靡朝野的情景，同样将胡旋舞象征的胡文化视为迷惑君心、倾覆社稷的祸因："禄山胡旋迷君眼，兵过黄河疑未反。贵妃胡旋惑君心，死弃马嵬念更深。"元、白二人的诗作表达了对胡文化的切齿痛恨，也是长期潜藏的华夷分野意识在安史乱后的总爆发。

其实元、白二人贬斥的胡旋女多为从西域贩卖到长安的女奴，许多在长安经营酒业的粟特人为了招揽顾客，购买了不少异域少女，不仅让她们卖酒，而且还要她们陪酒，表演歌舞，甚至提供性服务。因此，她们其实是一群远离亲人、命运悲惨的女孩子。但在安史作乱、民族反目的背景下，她们不幸成为胡文化祸乱中原的象征，并承受着愈发沉重的文化压力，于是逃归故土便成为这些异族少女的无奈选择。苏珊·惠特菲尔德在其《丝路岁月——从历史碎片拼接出的大时代和小人物》中描写了一个叫莱瑞斯卡的胡姬逃离长安的过程，由于长安城被黄巢军攻陷，莱瑞斯卡已经无法再栖身于其中，于是"她跑过一条又一条小巷，一听到士兵接近的声音，就蜷缩着躲

---

① 元稹《莺莺传》，《元稹集》，中华书局1982年版，第617页。

在门廊下，终于跑到西城门。她只想离开这血腥的屠杀场景越远越好。当她跑到开阔的郊外时，才终于停下来休息。这时候已经是晚上，她回头只看到远处城市燃烧的火光。这是她看到长安的最后一眼"①。

苏珊以文学的笔法描写了莱瑞斯卡的逃亡历程，为我们呈现出胡姬这一特定群体在兵戈四起的晚唐末世的悲剧命运。她们来到大唐多年，已经习惯了这里的一切，乃至于融入了这里的生活。她们虽然是金发碧眼的胡人，体内流淌着异族的血，然而他们的内心已经是大唐的子民。面对残破的山河，她们其实无处可逃，西域那个曾经的故乡已经成为再也回不去的他乡。望着长安城熊熊的火光，莱瑞斯卡的内心恐怕是一片茫然。而唐代的一些雕塑作品更为直观地呈现了这些胡人女孩的风情神韵，《彩绘胡姬俑》即描绘了这样一个胡人女子：她梳着典型的三角回鹘髻，身着翻领曳地长裙，脸庞丰满，眼窝深陷，头微微向右侧倾，神情怨艾，眺望远方，那个远方也许正是她再也回不去的故乡。

大唐王朝曾以高度的开放性为胡人提供了宽广的舞台，多姿多彩的胡文化也成为王朝盛世最美丽的装饰。随着唐王朝的没落，以"胡姬当垆"为代表的胡文化渐渐消褪了往日的浪漫与热情，取而代之的是难言的怅惘与哀愁。李贺《龙夜吟》生动写出了胡儿的思乡情态："卷发胡儿眼睛绿，高楼夜静吹横竹。一声似向天上来，月下美人望乡哭。"盛世不再，繁华落尽，当年的豪客风流云散，再也没有一掷千金的潇洒。胡姬的哭声宣告了一个时代的结束，也唤起人们对盛世繁华的无限追忆。

---

① ［英］苏珊·惠特菲尔德《丝路岁月——从历史碎片拼接出的大时代和小人物》，海南出版社、三环出版社 2006 年版，第 164 页。

盛唐情结与《长恨歌》主题由讽喻到爱情的转向

———————

一般而言，关于《长恨歌》的主题有三种观点，即讽喻说①、爱情说②、双重主题说③。各论者从不同角度进行分析，无疑都有一定道理，但往往会为维护一己之见顾此失彼，削足适履，甚至强词夺理，曲为回护，带有较大的片面性。二十世纪八十年代后出现了时代感伤主题说。王新霞在其《从时代色彩看〈长恨歌〉之主题》中认为，白居易之所以对李、杨在天宝年间的爱情生活极力铺排张扬，写得那样繁华热烈，而对他们在安史乱后的不幸结局又叙述得那样哀伤缠绵，凄婉欲绝，是因为在李、杨爱情生活的背后有着一个特定的时代：前期的繁花似锦、浓烈如酒是与唐王朝那个全盛的时代紧

———————

① 陈寅恪 1947 年发表《〈长恨歌〉笺说稿》(《清华学报》14 卷 1 期，后收入《元白诗笺证稿》)，详细论证了该诗的讽喻主题。1983 年，周天出版《〈长恨歌〉笺说稿》，对讽喻说进行更为充分的论证。

② 持此观点者主要为日本学者。如铃木虎雄、吉川幸次郎、近藤春雄等人主张《长恨歌》吟咏玄宗与杨贵妃的爱情世界，其主题是玄宗思慕贵妃而悲伤地逝世的长恨。

③ 王运熙先生《略说〈长恨歌〉内容的构成》(《复旦学报》1959 年第 7 期) 一文认为，《长恨歌》在内容上"一方面对李、杨两人的荒淫、招致祸乱作了明显的讽刺，另一方面对杨贵妃的死和两人诚笃的相思赋予很大的同情"。詹锳在其《从浪漫主义与现实主义两结合的观点试论〈长恨歌〉》(天津日报，1962 年 10 月 7 日) 一文中认为《长恨歌》前半部分在写法上属于现实主义，故以讽喻为主；后半部分在写法上则采用浪漫主义，所述已非史实，而多凭想象，参以夸张，故假李、杨故事寄托了普通人的爱情理想。1980 年代的刘辉扬、肖瑞峰亦持相近观点。

密相联的，后来爱情落空的凄悲哀伤、如泣如诉则与安史乱后社会凋敝的景象一脉相通。因此，这不仅仅是李、杨两个人的爱情悲剧，还是整个社会的悲剧。这一观点将《长恨歌》的主题与唐代社会衰变联系起来加以考察，在很大程度上突破了前面三种主题的片面性。其后陈允吉在《从〈欢喜国王缘〉变文看〈长恨歌〉故事的构成》中对"感伤主题说"作了进一步的阐述，认为"《长恨歌》作为一首'感伤诗'所以能激起如此巨大的反响，根本原因就在于它通过李、杨这个富有象征意象的悲剧故事的叙述，传递和宣泄出了中唐整整一代人叹恨时世变迁的感伤情绪。"[①] 这一观点因其持论的深刻性而受到不少论者的赞同。除此之外，尚有隐事主题说[②] 和美的毁灭主题说[③] 等，但或因主观臆测而无实据，或因肆意泛化爱情主题而偏离文本，没有引起多少反响。

应该说，时代感伤主题说将《长恨歌》放置到唐王朝盛衰转捩的历史大背景下加以研究，透视时代衰变在诗歌中留下的暗影，以更为宏观的视角揭示出《长恨歌》的感伤主题，无疑较其他观点更具深刻性和说服力。但是持这一观点的论者偏重对社会背景的分析，相对忽视了对诗人在这种社会背景影响下创作心理的内在转变过程的揭示，难免有以宏观的社会分析取代微观的文本分析、以时代感伤强加于作品之上的嫌疑。有鉴于此，笔

---

① 陈允吉《唐音佛教辨思录》，上海古籍出版社 1988 年版，第 101—129 页。

② 俞平伯《〈长恨歌〉及〈长恨歌传〉的传疑》(《小说月报》1929 年第 20 卷第 2 号) 一文认为《长恨歌》记录了一件"世所不闻"的"隐事"，即马嵬兵变中，杨妃得高力士之助，以长相相近的宫女替身，流落民间，其后当了女道士，玄宗回长安后，知杨妃尚在人间，却无力致之，只能以空言结再生之缘。白氏将此"隐事"写入诗中，因为君讳而不便明言，故托陈鸿再写《长恨歌传》以示其隐旨。

③ 张碧波、吕世纬在其《〈长恨歌〉主题新说》一文中将该诗主题确定为："《长恨歌》通过对李、杨爱情悲剧的描写，反映了中唐时代具有市民意识的地主阶级知识阶层追求理想生活而受阻，只能在精神领域进行有限超越的悲哀，表达了对人间美好事物不能终局的刻骨铭心的痛惜。"

者拟从唐王朝盛衰转变而形成的士人的盛世情结与感伤情绪出发，结合诗人的生平，梳理文本的创作思路，深入考察其创作心理的变化过程及由此而对诗歌主题造成的影响，以期给《长恨歌》主题成因一个较为圆满的解释。

一

安史乱后，唐王朝的下降趋势形成时人对盛唐的无限怀恋，这从曾身逢盛世的杜甫即已开始。杜甫著名的《忆昔两首》即已流露出对盛世的怀念情绪，这种情绪到后世越发强烈，许多文人更以类似诗文，表现出对盛世的无限追怀及对现实的不满和忧虑。盛唐在他们心目中成了一个精神的圣地，代表着富足、太平、完美，这种感情随着盛唐的渐去渐远而越发浓烈，并成为一种情结沉淀在文人的心底，每每当现实政治极端衰败时便隐隐浮现出来，成为与现实相对抗的精神力量。在这种情结的支配下，他们不断将盛世完美化，影响到对已有定论的重新评价，甚至形成对传统观念的颠覆。反映到文学创作中便是有意无意地粉饰缺陷，刻意为尊者讳，为死者讳，将伤疤也粉饰为完美。

对比杜甫的《北征》与白居易的《长恨歌》，即可大体看出盛唐情结的发展脉络。尽管杜甫同样怀念开元，但他怀念的是经济的富足、政治的开明、社会的安定这些最基本的层面，对唐明皇几成定论的错误仍持批判态度，在《北征》中，杜甫写道："忆昨狼狈初，事与古先别。奸臣竟菹醢，同恶随荡析。不闻夏殷衰，中自诛褒妲。"杨贵妃被视为"同恶"，比作褒姒、妲己，红颜祸水之意一览无余。虽然"不闻夏殷衰，中自诛妹妲"有对玄宗亡羊补牢的肯定，但既将杨妃比作"褒妲"，则玄宗自然也就类同于周幽王及商纣王了。在作于《北征》之前的《哀江头》中，其批判锋芒虽较为缓和，且隐约流露出同情之意，但批判仍多于同情。"昭阳殿里第一人，同辇随君侍君侧"，"辇前才人带弓箭，白马嚼啮黄金勒。翻身向天仰射云，一笑正堕双飞翼"。其中"昭阳殿里第一人"即语含讽刺，它既写出杨氏专宠后志满意得的骄矜之态，也暗示出杨氏狐媚争宠的手腕。这里显然无意美化李杨，而更着眼于社会政治性的批判，所以后面杜甫写道："明眸皓齿今何在，血污游魂归不得。"虽不无同情，但更多批判意味。最后以"黄昏胡骑尘满城，欲往城南望城北"收尾，则无疑指出李隆基专宠杨氏正是安史之乱的祸根。唐明皇难辞其咎，同时也流露出"红颜祸水"的味道。

应该说，这也是杜甫时代由开元盛世的富足安定过渡到安史之乱动荡流离的知识分子，对李杨的共同认识和基本评价。开元时代，唐王朝政治清明，国力强盛，人民生活安定。李白、杜甫等文人志士仗剑壮游，呼朋引伴，胸怀天下，指点江山，表现出前所未有的自信与豪情，那种盛唐气象通过李白等诗人豪气干云、纵横挥洒的诗歌得到淋漓尽致的表现。盛唐是知识分子人格空前张扬、才能极大发挥、热情蓬勃奋发的时代。喜则逸兴遄飞，青天揽月；悲则挥刀断水，痛饮狂歌。无论是喜乐悲忧都掩不住背后唐朝盛世坚实浑厚的大背景。它是一群文人歌哭笑骂的有力保证，豪情肆意挥洒的大舞台。虽然他们仍然有诸多的不满，但盛世提供的富足的生活、宽松的社会氛围使他们的不满也是那样豪迈飘逸，令人神往。李白入仕前牢骚满腹："大道如青天，我独不得出。"其委屈单纯而又渴望报效之情溢于言表，及至天子降诏赴都则又豪情四溢地放声高歌："仰天大笑出门去，我辈岂是蓬蒿人！"三年供奉翰林的生活终以赐金放还而告终，则又愤愤不平，强自解嘲："安能摧眉折腰事权贵，使我不得开心颜！"杜甫初至长安，四处求告，处境狼狈："朝叩富儿门，暮随肥马尘。残杯与冷炙，到处潜悲辛。"虽然无所收获，仍然豪迈地表示："白鸥没浩荡，万里谁能驯？"这种潇洒的气派，硬朗的风骨，正是时代使然。他们尽管可以失意，但他们分明感到社会未曾抛弃他们，仍有更多的机会向他们招手，所以并不万念俱灰，而始终充满希望，"天生我材必有用，千金散尽还复来"，"长风破浪会有时，直挂云帆济沧海"。但安史之乱彻底打破了这种进退自如、从容萧散的生活，天翻地覆，大唐盛世一去不返，那种豪情奋发、不可一世的情怀随即烟消云散。这种时代的巨大变迁造成了这些文人强烈的心灵震荡，促使他们寻找乱起的原因，但突如其来的事变使他们来不及对这一重大历史事件进行更深刻的反思，于是自然地跌入到"荒淫误国""红颜祸水"之类传统思维模式中去，以李杨二人承担这一历史罪责，因而，这一时期对李杨的态度必然是批判性的，它反映了直接目击盛衰变迁的文人们的心灵痛苦和强烈的失落感，是盛世不再、理想破灭后茫然无依的必然的心理发泄。

随着盛世的消退，国力的衰落，藩镇割据、宦官专权等政治恶弊更为明显地暴露出来，并成为现实政治的常态。这些藩镇为祸酷烈，独霸一方，不听调遣，相互联姻，传袭子孙，完全无视中央权威，形成了一个个的独立王国。而宦官也乘机坐大，与朝廷权臣一唱一和，拉帮结派，把持朝政，炙手可热，其势力之大，甚至决定皇帝的废立。诚如《旧唐书·宦官传》所云："自贞元之后，威权日炽，兰锜将臣，率皆子蓄，藩方戎帅，必以贿成。万机之予夺任情，九重之废立由己。"[1] 这种状况严重威胁到政治稳定，造成了对社会的巨大破坏。盛世已是无可奈何花落去了，这就不能不让人们格外怀念盛世景象。历史越拉越远，盛世的美丽与丑陋、正面与负面的界限日益模糊，逐渐融合成完美的梦幻，而李隆基的历史责任相对于他所创造的盛世也早已微不足道，于是以前的政治批判逐渐转化为审美评价，这种转化寄托了

---

[1] 《旧唐书》卷184，中华书局1975年版，第4754页。

深沉的盛世情怀。早于白居易的顾况在其《八月五日歌》中已表现出这种对唐明皇功过评价的转向：

> 四月八日明星出，摩耶夫人降前佛。八月五日佳气新，昭成太后生圣人。开元九年燕公说，奉诏听置千秋节。丹青庙里贮姚宋，花萼楼中宴歧薛。清乐灵香几处闻，鸾歌风吹动祥云。已于武库见灵鸟，仍向晋山逢老君。率土普天无不乐，河清海晏穷寥廓。梨园弟子传法曲，张果先生进仙药。玉座凄凉游帝京，悲翁回首望承明。云韶九奏杳然远，唯有五陵松柏声。①

顾况在诗中将李隆基比作为芸芸众生普施恩惠的佛祖，极力赞颂"率土普天无不乐，河清海晏穷寥廓"的非凡政绩，而只字不提其荒淫误国的罪责。后世的其他许多诗人亦多有诗作表达类似的感情倾向，神往多于批判，如鲍溶《温泉宫》：

> 忆昔开元天地平，武皇十月幸华清。
> 山蒸阴火云三素，日落温泉鸡一鸣。
> 彩羽鸟仙歌不死，翠霓童妾舞长生。
> 仍闻老叟垂黄发，犹说龙髯缥缈情。②

此诗追忆玄宗幸华清宫寻求长生的情景，自始至终流露出叹羡之意，一

---

① 《全唐诗》卷 265，中华书局 1960 年版，第 2944 页。
② 《全唐诗》卷 486，中华书局 1960 年版，第 5519 页。

言不及玄宗与贵妃沐浴温泉、追欢逐乐的生活，明显流露出对盛世的怀念之情。爱屋及乌，由对李隆基的怀念自然过渡到对杨玉环的同情，如李益《过马嵬》：

> 汉将如云不直言，寇来翻罪绮罗恩。
> 诧君休洗莲花血，留记千年妾泪痕。①

又李商隐《马嵬二首》之二：

> 冀马燕犀动地来，自埋红粉自成灰。
> 君王若道能倾国，玉辇何由过马嵬。②

又徐夤《开元即事》：

> 尘惊骑透潼关锁，云护龙游渭水波。
> 未必蛾眉能破国，千秋休恨马嵬坡。③

这种深切的同情正来自对盛世的追怀，如蹇长春先生所说："面对苦难现实的中唐人民，特别是对时势敏感的文人士子，当他们渴望的'中兴'终成梦幻，于是抚今追昔，借缅怀'开元盛世'来寄托其盛世难再的叹恨与感

---

① 《全唐诗》卷253，中华书局1960年版，第3225页。
② 《玉谿生诗集笺注》卷3，上海古籍出版社1998年版，第604页。
③ 《全唐诗》卷710，中华书局1960年版，第8171页。

伤，便成为一种时代思潮与风尚。"① 这正是《长恨歌》主题转向的深厚的社会基础。

元稹、白居易时代相同，思想相近，感情相通，透视元诗，大可窥探白诗的精神面貌和价值取向。元稹在其《连昌宫词》中同样写到了李杨二人，尽管是探索安史之乱的因由，但并未像杜甫同类题材的诗歌那样表现出明显的批判意味，更多的是对衰世的感慨，对盛世的羡慕，如其中以宫边老人的眼光描写李杨二人情态："上皇正在望仙楼，太真同凭阑干立。楼上楼前尽珠翠，炫转荧煌照天地。"楼上楼前戴着珠翠的宫女光华闪烁，照亮天地，映衬出贵妃的珠光宝气，人物的居住环境及装饰气度表现出明显的盛世特征。接着写到李杨歌舞作乐的场面，但并不侧重突出其荒淫，而是极力渲染场面之盛大，气氛之热烈，诗人似乎悠然神往，忘情其中。本诗继而对亭台楼阁的残破荒凉进行了细腻描写："舞榭攲倾基尚在，文窗窈窕纱犹绿。尘埋粉壁旧花钿，乌啄风筝碎珠玉。"这里的宫殿意象无疑是盛世繁华的影子，目睹这繁华落尽的凋零，伤感之情、追怀之意油然而生。诗人情不自禁地进而描述杨玉环生前居住的寝殿，"寝殿相连端正楼，太真梳洗楼上头。晨光未出帘影动，至今反挂珊瑚钩"，对照杜甫《哀江头》为突出其千宠一身的狐媚而选取的特写镜头，这里的描述几乎就是深情的回忆，寓含着人去楼空的万端感慨。杨氏的一举一动，一笑一颦，在穿越几十年的历史烟雨后，更加妩媚动人。她已不是什么红颜祸水，乱阶妖物，而是大唐帝国盛开的牡丹花，千娇百媚，光彩照人。后面尽管也有批判性内容，但无论其篇幅还是感情强度显然不及前面的怀念性内容，它与其说是一首批判诗，不如说是一首追怀诗，怀念重于批判，痛惜多于怨愤。它在有意无意中

---

① 冀长春《元稹评传》，南京大学出版社 2002 年版，第 497 页。

淡化乃至抹掉了可能的负面评价，而凸显出怀念之意。可以说，在作者心中，李杨已成为盛世的象征，李隆基的风流俊赏，杨玉环的美貌多情负载起了后世文人对盛世的诗意化想象，终于在白居易那里演变为对李杨的爱情解读，完成了从政治批判到审美评价的质的转变。所以，《长恨歌》的爱情转向及其审美化解读并非白居易一人的兴之所至，而反映出中唐文人乃至世人的普遍心态，白氏不过是以诗的形式将这种世情充分凸显而推向极致罢了。

二

贞观之治和开元盛世留给了后人以极其深刻的印象和永远幸福的回忆，而安史乱后唐王朝的衰势让志在兼济的白居易忧心忡忡。白氏早期的政论文章表现出强烈的民本思想，与其说是远绍先秦，不如说就近取自盛唐成功的政治实践。根据唐太宗及其臣下言论所编辑的《贞观政要》集中表达了初盛唐的施政原则，这无疑是白居易早期民本思想最为直接的来源，也是实现唐朝中兴所依据的蓝本。白氏早期政论文《策林》中的政治思想几乎就是《贞观政要》的翻版，其基本精神即是省政宽刑，轻徭薄赋，富国安民。谢思炜曾将《贞观政要》与《策林》内容进行对照，得出结论说：“《贞观政要》四十篇中，除去非臣所宜建言的《教戒太子诸王等篇》，以及单纯记录贞观君臣风范的《忠义》《孝友》等篇外，其他篇所涉及的内容几乎全部成为《策林》的论题。此外，《策林》全书处处对照贞观风俗，征引‘贞观之法’，《不劳而理》《风行浇朴》等篇直接引用太宗、魏征等人言论，均可证明白居易在写作时是有《贞观政要》作为参照的。”[1] 显然，白居易奉《贞观

---

[1]　谢思炜《白居易综论》，中国社会科学出版社1997年版，第221页。

政要》为圭臬，表达了他以贞观之治为蓝本中兴唐王朝的政治理想，其对盛唐的推崇与向往不言而喻。这种盛唐情结不仅影响到白居易的政治实践，而且影响到其人格追求。白氏前期不顾官场险恶，连续上书，痛揭时弊，其态度之坚决，言辞之激烈，几无出其右者。白氏之直言敢谏，一方面为时势所迫，急于有所建树；另一方面则受到魏征等贞观名臣直言切谏的作风和正直人格的感召。其最为突出的表现即为《请罢兵第三状》，其中云："臣前后已献三状，不啻千言。词既繁多，语亦恳切。陛下若以臣所见非是，所言非忠，况以尘黩不休，臣即合便得罪；若以臣所见为是，所言为忠，则陛下何忍知是不从，知忠不纳？不然，则臣合得罪；不然，则陛下罢兵。伏望读臣此状一二十遍，断其可否，速赐处分。臣不胜负忧待罪，恳迫兢惶之至。"①其语气不像在谏诤，倒像在要挟。以如此强硬的姿态和激烈的语言进行谏诤在中国历史上几乎绝无仅有，以强项鲠直著称的魏征也未必敢如此"胆大妄为"。可见白居易不仅力求将盛世的政治理想付诸实践，而且以贞观诤臣的人格理想塑造自己。盛唐情结已深深地融入了他的生命。

然而现实政治的波诡云谲又不断地动摇着白居易中兴的信念与决心。在其真正参与中央决策之前的"永贞革新"的失败，无疑为白居易雄心勃勃的政治抱负蒙上了一层阴影。"永贞革新""本欲内抑宦官，外制方镇，摄天下财赋兵力而尽归之朝廷"②，从而强化中央集权，以维护国家统一和社会安定，这无疑是有进步意义的。但因这一改革深刻触及了宦官、藩镇及士族大官僚集团利益，因而在保守势力的联合反击下很快失败。其核心人物"二王八司马"或被赐死，或遭贬谪，革新势力遭到沉重打击。白居易虽置身事

---

① 朱金城《白居易集笺校》卷 59，上海古籍出版社 1988 年版，第 3370 页。
② 王鸣盛《十七史商榷》卷 74，上海书店出版社 2005 年版，第 641 页。

外，但其时身在长安，必然知道事件的全过程。政坛斗争的残酷无情、瞬息万变必然使其更深切地感受到中兴之不易，同时更易于唤起对盛世清明政治的怀念之情。在这种盛世情结作用下，白居易几乎下意识地维护盛唐的完美性，对开元盛世主要创造者李隆基多加褒扬，如在《江南遇天宝乐叟》中，白居易写道："白头病叟泣且言，禄山未乱入梨园。能弹琵琶和法曲，多在华清随至尊。是时天下太平久，年年十月坐朝元。千官起居环珮合，万国会同车马奔。金钿照耀石瓮寺，兰麝薰煮温汤源。贵妃宛转侍君侧，体弱不胜珠翠繁。冬雪飘飖锦袍暖，春风荡漾霓裳翻。"本诗主要追忆盛世盛况，表达盛世不再的感伤，并无一言涉及对李杨直接的批判。由此，白氏在《长恨歌》中进一步发展到对李杨爱情大加渲染也便毫不奇怪了。白氏另外亦曾创作过《胡旋女》《李夫人》这样富于讽喻性的诗，但如前诗一样，并非对玄宗直接谴责，而是对其晚年的昏聩表示出深切的惋惜，对其遭遇深表同情。如《李夫人》一诗以汉武帝之李夫人比拟杨玉环，以武帝与李夫人幽明异域、不能相见的悲苦寄寓对李杨的同情，所谓"纵令妍姿艳质化为土，此恨长在无销期"。虽然最后点出"尤物惑人忘不得"，以作谕诫，但与前面武帝为寻觅李夫人亡魂而备受煎熬的细腻描写相比，自属轻描淡写，几同例行公事。

此外，后人多视霓裳羽衣曲为亡国之音，而白氏却对之情有独钟，多有称美，如《法曲》一诗写道："永徽之人舞而咏，法曲法曲舞霓裳。政和世理音洋洋，开元之人乐且康。"白氏将曲舞与时人之乐联系起来，可见他并非从纯粹艺术角度欣赏霓裳，而是以霓裳曲舞追怀盛世，正如张安祖所说："白居易是把霓裳视作'开元之政'的象征，歌颂霓裳即表达对'开元之政'的向往与怀念。"① 该曲为玄宗所制，盛世亦是玄宗开创，欣赏该曲自然也意

---

① 张安祖《唐代文学散论》，生活·读书·新知三联书店 2004 年版，第 116 页。

味着对玄宗的肯定与怀念。

由上可见，这种社会性的盛唐情结深刻地影响到了白居易的文学创作，内在决定着其对历史人物的感情倾向和基本评价。在这一思想和感情的支配下，《长恨歌》的主题发生转向便是合乎逻辑的必然结果。

就取材而言，《长恨歌》前面取自史传，而后面则取自传说；前者为现实，带有讽喻意义；后者为浪漫，具有讴歌性质。仔细考察白居易的创作背景，便可强烈地感到白氏的盛唐情结与民间立场的一致性，并使我们更深切地认识到《长恨歌》主题转向的社会原因。

《长恨歌》创作于元和元年，应是白居易受命担任左拾遗前创作完成。白居易在担任周至尉期间，与陈鸿、王质夫"暇日相携游仙游寺"①，在此过程中，听到许多流传此地关于李杨的民间传说。这些传说显系爱情故事，它们构成了《长恨歌》后半部分的主要内容。耐人寻味的是，白居易对史传中有损李杨形象的内容一并删略，而将这些民间传说几乎悉数收入诗中，这背后其实表现了主流与民间对李杨的不同评价，也表现了作者对这两种评价的不同态度。

所谓民间主要指中下层民众形成的社会文化群体，民间标准则是这一社会文化群体从自身利益出发形成的带有功利性的价值准则，它对人物、事件的评判主要基于自身利益，而非脱离实际利益进行一种纯粹的政治、道德评价。因而，民间更关注当权者能否充分施惠于己，对其道德品质是否合乎儒家准则没有多少兴趣。如葛兆光所说，"苍生望太平"，"农民反对的是战争动乱"，"拥护的是轻徭薄赋"②。尽管农民并非"民间"的全部，但无疑是

---

① 陈鸿《长恨传》，鲁迅校录《唐宋传奇集》，齐鲁书社1997年版，第74页。
② 葛兆光《统一与分裂——中国历史的启示》，生活·读书·新知三联书店1994年版，第172页。

"民间"的主体，他们的理想应该能够代表"民间"整体的倾向性。所以，安史之乱爆发，唐明皇仓皇西逃，杨玉环惨死马嵬，遭受战祸的民众自然怀念盛世及盛世缔造者李隆基。从天宝十五载的756年到白氏创作《长恨歌》时元和元年的806年，恰已50年，五十年中，民间对这一重大历史事件以特有的方式进行着表达，产生了道士寻觅、仙山问答、七夕盟誓的民间传说。这些民间传说并未迎合主流的价值判断而对唐明皇的过失进行批评，反倒以得道成仙、忠于爱情的情节将李杨悲剧审美化，滤掉了批判性，表现出民间对盛世缔造者的同情及对盛世的追怀。

随着战乱的持续，中兴的无望，唐玄宗及其所创造的盛世日益成为后世文人心中不可复制的范本，所谓"荒淫误国"的历史罪责也逐渐隐没于盛世的背景中。上流社会对李杨的评价也在实现着从批判到审美的转化，从而与民间立场逐渐实现趋同。像白居易这样受到儒家正统思想影响并具有强烈用世之心的文人将史传中丑化李杨形象的内容一并删除，同时将李杨的传说故事纳入诗歌，且构成《长恨歌》后半部分的主体内容，有力地说明了这种趋同。而白居易本人任周至尉的经历使其更真切地感受到人民生活的艰难，也就能更深切地理解民众对盛世安定幸福生活的渴求，这无疑会使他认识到李杨民间传说赖以产生的深刻的社会土壤，并因其强烈的民本思想而产生对民众心理期待及其审美观念的认同与共鸣。正是白居易的盛唐情结与民众心理的深刻契合，构成了其《长恨歌》主题爱情转向的深层社会原因。

三

我们还可以结合文本，对《长恨歌》主题转变的轨迹及原因进行分析。

关于《长恨歌》的主题设定，陈鸿的《长恨传》中的一段话可以透露相关信息："元和元年冬十二月，太原白乐天自校书郎尉于周至，鸿与琅琊王质夫家于是邑，暇日相携游仙寺，话及此事，相与感叹。质夫举酒于乐天前曰：夫希代之事，非遇出世之才润色之，则与时消没，不闻于世。乐天，深于诗，多于情者也，试为歌之，何如？乐天因为《长恨歌》，意者：不但感其事，亦欲惩尤物，窒乱阶，垂于将来也。歌既成，使鸿传焉。"① 可见，白居易在创作《长恨歌》之前，已同陈鸿、王质夫进行过接触和讨论，创作的基本目的应是陈鸿所谓"不但感其事，亦欲惩尤物，窒乱阶，垂于将来也"，这必然也得到了白居易的认同。但与陈鸿不同的是，白居易不但进行政治讽喻，而且还"多于情"而铺染其中的感情特质，并在盛唐情结的作用下，由政治讽喻转向了爱情讴歌。

作品第一部分叙述杨妃专宠、李杨的荒淫及安史乱起杨氏的惨死，明显带有讽喻目的，这同白居易所创作的大量讽喻性的乐府诗的基本主题是一致的。白氏入仕前期以救济黎民为己任，为此大声疾呼，写下大量讽喻诗，以匡时救世，其中指斥统治者奢侈荒淫、关注民生疾苦的诗篇大有可数，且广为人知，如《卖炭翁》《新丰折臂翁》《红线毯》《缚戎人》等。白氏创作《长恨歌》时刚步入政坛，可谓志满意得，颇思有所作为，虽然此时因对策语直而授周至尉，未能像好友元稹那样入选左拾遗，难免有些失落感，但其基本的思想状态远没有被贬江州后那样的消极颓唐，所以也不可能因为这一小小的挫折甚至也算不上挫折的变故而心灰意冷，放弃对政治民生的关怀。积极入世、干预政治仍然是此时白氏人生的主旋律。在担任周至尉期间，他还写过《观刈麦》《月夜登阁避暑》这样关注民生疾苦的诗，我们很难想象此时的白居易会完全抛弃讽喻主题而专一地美化李杨。后来在《新乐府》的《李夫人》《古冢狐》中还重复了"尤物惑人""狐媚害人"的主题，因而怀着讽

---

① 陈鸿《长恨传》，鲁迅校录《唐宋传奇集》，齐鲁书社1997年版，第74页。

喻目的创作《长恨歌》也是合理合情的。

但如前文所述，根深蒂固的盛唐情结不可能让白氏将讽喻进行到底，对盛世完美性的维护始终约束着白氏批判的锋芒，于是预设的讽喻主题便同盛世情结纠缠在一起，并随着情节的发展逐渐被对盛世的追怀所淹没。

诗歌开头即写道："汉皇重色思倾国，御宇多年求不得"。作者毫不隐讳地点明"重色"，毫无疑问是一种批判态度。孔子说："吾未见好德如好色者也。"明白地将"德"与"色"对立起来，而汉皇重色自然地就谈不上有德，且因好色而亡国者代不乏人，杜甫在《北征》中便将杨氏与褒姒、妲己相提并论，批判倾向极其明显。白氏不可能完全摆脱中国传统的"红颜祸水"论，也不可能回避李隆基专宠杨氏所造成的严重后果，必然会首先从当时"贪色误国"的定论出发，以批判态度对待李杨公案，而"重色"实即点明了这一态度，并初步设定了全诗的主题。由此开始，诗人以细腻的语言，描述杨氏的天生丽质及专宠经过，并批判明皇的好色误国："春宵苦短日高起，从此君王不早朝。"这一内容无论如何也不可能如有些论者所谓表现了什么爱情的执着。"不早朝"即是荒废政务，是确凿无疑的政治批判，非要将其与爱情强扯在一起，甚至称之为爱情的典型体现，殊为荒谬。后面继续描述李杨二人寻欢作乐的生活，"金屋妆成娇侍夜，玉楼宴罢醉和春"，"骊宫高处入青云，仙乐风飘处处闻。缓歌曼舞凝丝竹，尽日君王看不足。"中间加入了杨氏家族"一人飞升，仙及鸡犬"的事实，其实也是对明皇爱屋及乌、不辨忠奸、随兴而发、滥加封赏的批判。正是日日笙歌、耽于淫乐的生活，最终导致了"渔阳鼙鼓动地来"，作者将前后内容作如此紧密的联结，无疑是将前者看作了安史之乱的原因，而且是唯一的原因，这正是重色造成的恶果。至此，作者始终紧扣讽喻主题。

但这一主题在后面却发生了转向。这种转向并非有意为之，而是一种不自觉地偏离，诗人内心的"盛唐情结"是这一转向的决定因素。

大唐王朝正是被唐明皇推向了极盛。前期的李隆基秉承唐太宗虚心纳谏的传统，以姚崇、宋璟为相，政治清明，物阜民丰，国力强盛，睥睨四海。正如元稹在《连昌宫词》中所述："姚崇宋璟作相公，劝谏上皇言语切。燮理阴阳禾黍丰，调和中外无兵戎。"李隆基为创造开元盛世功不可没，然而天宝后期政治的腐朽直接造成了安史之乱的发生，并将来之不易的大唐盛世毁于一旦。如前文所述，经历盛极而衰的重大变迁的诗人们对此感情激越，愤愤不平，必然会对直接责任者进行严厉的批判。而时过境迁，历史渐行渐远，后来者则能以较为冷静的心态重新审视李杨公案，内心涌起的是羡慕与痛惜、神往与失落相互交织的复杂情绪，李隆基荒淫误国的历史污点相对于由其创造的大唐盛世的赫赫声威便成玉之一斑，严厉的批判终于让位于对历史人物的审美评价，其中寄托的正是对盛世的强烈追怀。

其实，这种转向在第一部分即隐约有所流露。诗人在描述杨氏的天生丽质时，极尽美化之能事，无论语言还是感情倾向，诗人都不是把她当作乱国尤物加以丑化，而是将其写成玉质天成的美丽少女；不像在批判，更像在欣赏。"回眸一笑百媚生，六宫粉黛无颜色"，其惊人的美丽令人惊羡，而其女性的柔媚则又令人悠然神往。"春寒赐浴华清池，温泉水滑洗凝脂。侍儿扶起娇无力，始是新承恩泽时"。笔下的杨妃几乎就是美的化身，集中了女性的妩媚与温柔，勾起人们无穷的想象，令人神思飞越，心潮难平。正因为杨玉环集中了女性的惊人之美，所以美的毁灭才引起作者难言的痛楚，当杨妃被逼赐死时，作者无限伤感地写道："花钿委地无人收，翠翘金雀玉搔头。君王掩面救不得，回看血泪相和流。"作者对杨玉环的悲惨命运寄托了深切的同情，较之杜甫"血污游魂归不得"的相对冰冷的描述已然大有不同。作者以美的心态和文笔描摹杨氏，潜藏着对盛唐的热烈赞叹和由衷向往。盛唐已成为诗人心中的圣殿和乐土，是逝去的天堂，而李杨在某种意义上已成为盛唐的象征，诗人不可能对其无所顾忌地损害和玷污，只有这样，才能使之成为一种精神寄托。因而，维护盛唐完美性的潜意识始终约束着作者批判的笔触。但李隆基作为一国之君，贪恋美色，荒怠政务，对安史之乱的发生负有不可推卸的责任，这是绕不过去的门槛，作者在诗中不能完全回避，解决这一矛盾只能是避重就轻。所以在诗中，作者明显地对其丑闻与过失或轻描淡写，或有意回避，将以往史传所津津乐道的有关杨氏的出身加以简化，将其写成一个养在深闺的少女，其间初嫁寿王，而后出家，再还俗入宫的曲折被一并删除。意图很清楚，即要竭力将其塑造成一个完美形象，滤掉与自己的盛唐情结相冲突的丑的特质，最大限度地加以美化。显然，回护杨氏的丑闻，也即间接维护了李隆基的形象。在叙述李隆基时，则隐去了他同杨氏姊妹特别是虢国夫人的秽闻。这样有意的过滤和美化其实正是盛唐情结作用的结果。

这种处理显示出作者对历史人物的感情倾向在悄悄发生着变化：由批判渐渐转向同情。作品主题必然会随之发生变化：由政治讽喻转向对爱情的讴歌。此后作者开始以审美眼光观照李杨悲剧，无限同情溢于言表。

第二部分叙述李隆基对杨氏的怀念及寻觅过程。作者在这里已认可了李隆基对杨妃感情的正当性，将其对杨氏的怀念看作是衷心的爱情驱动而不再是"重色"使然了。这样，主题便完全偏离了作者的预设。

在这一部分，作者调动种种手段渲染明皇失去杨妃的痛苦及强烈的思念之情，其中以景衬情的句子格外凄恻动人，"黄埃散漫风萧索，云栈萦纡登剑阁。峨眉山下少人行，旌旗无光日色薄。蜀江水碧蜀山青，圣主朝朝暮暮情。"以萧瑟之景衬荒凉之情，令人为之动容。重返长安后则是"归来池苑皆依旧，太液芙蓉未央柳。芙蓉如面柳如眉，对此如何不泪垂"。以物是人非反照出明皇的无尽感伤。这些句子会引发读者强烈的感情共鸣，甚至会令人忍不住为之一洒同情之泪。此时，作者笔下的明皇已不再是一个重色求欢的皇帝，而已是忠于爱情的情痴。他思念杨妃，见月而伤心，闻铃而断肠，在漫漫长夜里孤灯难眠，辗转反侧，忍受无尽凄凉，并因不可遏止的思念而让道士"上穷碧落下黄泉"，最终精诚所至，寻到已经仙居海岛的杨玉环。它将明皇的重色升华为高尚的爱情，其上天入地的寻求正表现出对于爱情的一往情深。

在第二部分后半部，作者对杨玉环的居住环境、闻道汉家天子使来后的情态及心理进行了精细的描述。"忽闻海上有仙山，山在虚无缥缈间。楼阁玲珑五云起，其中绰约多仙子"。这里远离尘嚣，美轮美奂，一派仙气，烘托出杨玉环的高贵圣洁。而后描述其惊闻天子使来后的情态："闻道汉家天子使，九华帐里梦魂惊。揽衣推枕起徘徊，珠箔银屏逦迤开。云鬓半偏新睡觉，衣冠不整下堂来。风吹仙袂飘飘举，犹似霓裳羽衣舞。玉容寂寞泪阑干，梨花一枝春带雨。"杨玉环身经劫难，百感交集，虽已得道成仙，仍然尘心未了。她临别重寄词，殷切期待着与李隆基重续前缘。这里的语言精美华丽，蓬莱宫中的杨玉环几乎成了美丽多情而凄楚幽怨的女神，一切"红颜祸水"之类的唾骂在这美丽的光环面前土崩瓦解了。至此，《长恨歌》的主题彻底完成了由政治讽喻到爱情讴歌的转变。

但是这种转变并不是刻意实现的。白居易所处时代的衰败而产生的失败情绪渐渐转化为对盛唐的完美化修补，盛唐似乎已成为与此岸相对的彼岸世界，可望而不可即，它的一切不足都经过潜意识的完美化处理而转为正面形象。现代精神分析学认为，情结的作用会"使当事者的思想行为及情绪易受这种情结的影响而遵循一定的方式进行，形成固定的行为模式"[1]。盛唐情结

---

[1] 朱智贤《心理学大词典》，北京师范大学出版社 1989 年版，第 502 页。

暗中左右着诗人的观念，使其总是倾向于维护盛唐的完美性。如前文所述，作者的讽喻目的一开始便受到了盛唐情结的干扰，不由自主地以美化的语言描述杨玉环，而不是将其写成悍妒成性、恃宠而骄的恶妇。整体来看，杨氏形象并不能激起人们的反感，而是给人一种美感，这实际上反映了作者的心理矛盾。在将李杨故事叙述到安史乱起、杨氏惨死之后，其批判主题便再也进行不下去了，因为它触动了作者感伤的神经，破坏了作者心中盛唐的完美性，与其固有的盛唐情结发生了严重的冲突，于是顺势将重色处理为痴情，对荒淫误国的批判也相应转化为对忠贞不渝的爱情的讴歌。这里表面是在对李杨进行美化，对其历史责任进行文学化的辩护，本质上是下意识地维护盛唐形象的完美性。可以认为，爱情主题是白氏讽喻目的同其盛唐情结相妥协的结果，《长恨歌》主题的爱情转向曲折表现了衰世对盛世的矛盾心情，甚至幽微地表达了作者对现实矛盾的逃避倾向。不可否认，本诗主题的转向还应有其他因素的作用 ①，但盛唐情结作为一种社会心理因素无疑更具决定性。

总之，《长恨歌》既写出了大唐由盛而衰的悲剧，也折射出白氏面对中唐江河日下的现实无能为力的落寞情绪。它既是一曲爱情的悲歌，也是一曲大唐王朝盛极而衰的挽歌。它使后人在讽喻与爱情双重主题的变奏中聚讼纷纭，欲说还休，品味无尽的哀怨与怅惘，这或许正是《长恨歌》永恒魅力之所在。

---

① 白居易早年与其初恋情人湘灵一度缠绵情深，后因种种原因未能结合，造成终生的遗憾。这种情感创痛对其《长恨歌》的创作及主题选择亦应产生影响。

儒学复兴与《莺莺传》的道德讽喻

关于《莺莺传》的悲剧成因，大体有"别婚高门说"和"情礼冲突说"两种观点①。前者以陈寅恪先生为代表，后者以霍松林先生为代表。这些前辈学者探幽发微，深入考辨，给后人以极大启示。笔者倾向于"情礼冲突说"，但并不赞同一般化地从情礼冲突角度解释其悲剧性，而认为应从唐代胡风由盛而衰、儒学由衰而兴、礼法观念由松弛而紧促、女性行为由开放转向内敛的宏观视角加以考察。但无论是前辈学者还是当代学人似乎并未对中唐儒学复兴的文化背景与《莺莺传》主题设定之间的关系给予足够的注意，而恰恰是这一背景深刻影响到《莺莺传》主题的道德讽喻性。无论是作为小说还是作为自传，《莺莺传》都透露出儒学复兴、礼教强化的背景信息，由此出发，才可以对《莺莺传》的主题及相关问题作出更为合理的解释。

一

汉末以来，儒学中衰，礼法对社会群体的控制力下降。以李渊为代表的关陇贵族建立唐王朝后，将鲜卑遗风带入统治区域，对长期处于正统儒学浸

---

① 近年又有"性格差异说"，见郭自虎《〈莺莺传〉爱情悲剧新解》，《安徽师范大学学报》（人文社会科学版）2008 年第 36 卷第 6 期。

淫之下的中土礼俗造成了进一步的冲击。胡风胡俗渗透到社会生活的各方面，深刻影响到人们的思想观念和行为方式。

唐王室本身即与鲜卑、突厥等胡族有着密切的血缘关系，高祖、太宗、高宗三代皇帝的生母都是鲜卑族，承继了大量胡族的文化习俗，最引人注目的即是受继婚风俗对唐王室成员婚姻行为的影响，据《隋书》，突厥族"父兄死，子弟妻其群母及嫂"①。岑仲勉认为，"隋唐之际，如隋炀帝纳陈、蔡二夫人，唐太宗娶元吉之妾，唐玄宗收太宗之武才人（即武则天），似颇受突厥影响"②。当然，后来唐玄宗收纳寿王妃亦属此类。

随着礼教控制的松弛，女权主义高涨，女子参政结社，主持诗评文论习以为常。青年男女婚姻趋于自由，离婚再嫁不以为非，贞节观念普遍淡薄，有唐一代，公主共 211 人，除幼年早夭、出家入道、事迹不详者外，出嫁123 人，其中再嫁者达 24 人。不仅如此，许多王室女性广置面首，生活极为放荡。段成式在《酉阳杂俎》中说："大历以前，士大夫妻多妒悍者。"③淫妇、悍妇正是唐代风禁开张的社会氛围下女性主体意识觉醒的必然结果。礼教的松弛同样表现于女性服饰的变化，自初唐至盛唐，女性着胡服、男装蔚成风气，《旧唐书·舆服志》说："开元初，从驾宫人骑马者，皆着胡帽，靓妆露面，无复障蔽。士庶之家，又相效仿，帷帽之制，绝不行用。俄又露髻驰骋，或有著丈夫衣服靴衫，而尊卑内外，斯一贯矣。"④范文澜说："大抵北方受鲜卑统治的影响，礼法束缚微弱，妇人有发挥才能的较多机会，成为一种社会风气。"⑤胡风大行与传统的儒教伦理存在尖锐的矛盾，《旧唐书》

---

① 《隋书》卷 84，中华书局 1973 年版，第 1864 页。
② 岑仲勉《隋唐史》，中华书局 1982 年版，第 24 页。
③ 段成式《酉阳杂俎》，《唐五代笔记小说大观》，上海古籍出版社 2000 年版，第 616 页。
④ 《旧唐书》卷 45，中华书局 1975 年版，第 1957 页。
⑤ 范文澜《中国通史简编》（第三编第一册），人民出版社 1965 年版，第 44 页。

编撰者认为女性这种大胆的妆束正是国家动乱的祸根，《旧唐书·舆服志》中说："士女皆竟衣胡服，故有范阳羯胡之乱，兆于好尚远矣。"[1] 这一结论虽不免有马后炮的嫌疑，却在一定程度上道出了历史的真相。

胡风炽盛与唐代三教并流的文化背景密切相关。虽然初盛唐期间道教、佛教相继被奉为国教，但道、释本质上是出世之学，与中国血缘宗法社会及君主专制制度并不具有同构性，并不具有保证专制制度稳定运行的功能，相反却因其教义的虚无空泛，门派的相互攻讦，造成了社会思想观念的驳杂不一，这为胡文化提供了巨大的生存空间。在胡文化的浸淫之下，女性主体意识觉醒并不断追求与男性平等的权利，尤其处于统治集团中的女性更渴望干预政治，乃至觊觎最高权力。从高宗朝的武则天到肃宗朝的张良娣，女性干政不绝如缕，成为初盛唐政治的重要特征。武则天踏上权力顶峰，代表着女性干政的最高形态。但女性干政往往要依托外戚，形成以女眷为核心的庞大外戚集团，从而极易打破权力平衡，引发激烈的权力斗争。武则天依靠武氏宗族，打压李唐王室，造成徐敬业叛乱。唐玄宗专宠杨贵妃，形成势力煊赫的杨氏家族，与安禄山的矛盾不断激化，终于诱发了安史之乱。因而，唐前期的叛乱，从政治角度而言是中央与地方、外戚与藩镇间权力斗争的结果；从文化角度而言，则是胡风日盛、儒道衰落、对女性行为控制力下降的结果。就此而言，胡文化对女性的放纵实则是对儒教伦理的解构，对专制制度而言则是一种破坏性力量。

尽管唐王朝实行开放的民族文化政策，唐太宗宣称："自古皆贵中华，贱夷狄，朕独爱之如一，故其种落皆依朕如父母。"[2] 但深受儒家思想熏陶的

---

[1] 《旧唐书》卷45，中华书局1975年版，第1958页。
[2] 司马光《资治通鉴》卷198，中华书局1956年版，第6247页。

士大夫对胡人胡俗始终怀有疑忌和防范心理，儒文化总是利用各种机会谋求自己的正统地位，唐初以来的宫闱乱伦、女性干政等带有胡文化色彩的行为始终受到儒文化的潜在抵制，张柬之等人迫使晚年的武则天逊位而重新扶正李唐，正是儒文化的强力反弹，而一旦爆发民族冲突，这种深潜的华夷分野意识会立刻浮泛出来。安史之乱爆发后，杜甫在诗中屡屡指斥安史叛军的野蛮血腥，痛骂安史叛军为"胡"，"胡羯仍构患"（《彭衙行》）；为"贼"，"忆昔避贼初"（同前）；为"豺狼"，"豺狼沸相噬"（《送樊二十三侍御赴汉中判官》）；为"遗孽"，"遗孽尚纵横"（《奉送郭中丞兼太仆卿充陇右节度使三十韵》），并以激烈的语言表达锄灭叛贼的愿望，"三月师逾整，群胡势就烹"（同前），"谁云遗毒螫，已是沃腥臊"（《喜闻官军已临贼境二十韵》）。可谓咬牙切齿，恨入骨髓，表现出对羯胡"非我族类"的深刻蔑视和仇恨。即便对帮助唐王朝平叛的回纥军队也心怀猜疑。安史之乱创巨痛深，强化了汉族士大夫长期积淀起来的对胡文化的敌视情绪，并将胡风昌炽与儒道衰落、社会动乱联系起来，进而由对玄宗重色误国的政治批判上升到华夷之辨的文化反思。张籍在《上韩昌黎书》中说："今天下资于生者，咸备圣人之器用，至于人情，则溺乎异学，而不由乎圣人之道。使君臣父子夫妇朋友之义沉于世而邦家继乱，固仁人之所痛也。"[①] 这种反思至韩愈达到高潮，在《原道》中，韩愈站在儒家立场，对以释教为代表的"夷狄之法"进行了猛烈抨击："古之所谓正心而诚意者，将以有为也。今也欲治其心而外天下国家，灭其天帝，子焉而不父其父，臣焉而不君其君，民焉而不事其事。"对尊崇释道而漠视儒学表示了极大的愤慨："今也举夷狄之法而加之先王之教之上，几何其不胥而为夷也？"明确主张要"人其人，火其书，庐其

---

① 张籍《上韩昌黎书》，《全唐文》卷684，中华书局1982年版，第7007页。

居"①，发出了恢复儒学正统地位的强烈呼声，至《谏迎佛骨表》则更将这种呼声推向极致。任继愈指出，韩愈排佛的实质，是排斥"夷狄之道"，目的是维护中国传统文化，包含有反对藩镇割据以加强中央集权的意义。韩愈的学生李翱进一步发展了韩愈的学说，在继承儒学道统基础上，摄取禅宗心斋内悟的修炼功夫，将"情"与"性"对立起来，其《复性书》上篇云："人之所以为圣人者，性也，人之所以惑其性者，情也。喜怒哀惧爱恶欲，七者皆情之所为也，情既昏性，斯匿矣，非性之过也。"由此认为，"情者，性之邪也"②，"情"成为万恶之源，灭欲伐情便成为恢复人之善性的必由之路。

在藩镇割据的历史背景下，建功立业的机遇在渐渐丧失，韩、李所倡导的儒学不再强调外在事功，而更强调恢复君君臣臣的道德与政治秩序，追求心性道德的内在修炼，即所谓"循礼法而动，所以教人忘嗜欲而归性命之道也"③。韩、李力求将在胡文化背景下放纵无羁的自由人格重新拉回到儒家伦理秩序框架，从根本上消除"夷狄之法"，重新确立儒学的独尊地位。对女性而言，无非是要求其循规蹈矩，恪守纲常，扼制欲望，压抑个性，自觉维护专制秩序。随着儒学的复兴，胡风受到压制，自肃宗妃张良娣之后，终唐之世，几乎再无女性干政现象。而自肃宗女郎国公主之后，更不见有公主再嫁的记载。据《新唐书》载："主每进见，帝（指宣宗）必谆勉笃诲，曰：'无鄙夫家，无干时事。'又曰：'太平、安乐之祸，不可不戒！'故诸主祗畏，争为可喜事。帝遂诏：'夫妇，教化之端。其公主、县主有子而寡，不得复嫁。'"④宣宗的话明显表现出加强儒学教化，约束妇女行为的倾向。只

---

① 《韩昌黎文集校注》卷 1，上海古籍出版社 1984 年版，第 17—19 页。
② 李翱《复性书》，《全唐文》卷 637，中华书局 1982 年版，第 6433—6435 页。
③ 同上。
④ 《新唐书》卷 83，中华书局 1975 年版，第 3672 页。

有从这一文化背景观照《莺莺传》等中唐传奇，才有可能更准确地把握其主题走向。

二

贞元、元和之际，安史之乱虽然造成了巨大破坏，但盛唐以来建功立业的时代精神并未完全消失，整个社会依然充溢着靖乱报国、重建盛世的热情。基于宦官专权、藩镇割据的现实，此期士大夫建言献策多与恢复礼乐秩序、重建儒道权威有关，王叔文新政即是这一背景下的产物。元稹在其《才识兼茂明于体用策一道》中说："微臣以为将欲兴礼乐，必在富黎人，将欲富黎人，必在息兵革。"① 元稹无疑将"兴礼乐"当作了具有终极意义的目标。同时对科举制度中经学考察的有名无实提出了尖锐批评："今国家之所谓兴儒术者，岂不以有通经文字之科乎？其所谓通经者，不过于覆射数字；明义者，才至于辨析章条。是以中第者岁盈百数，而通经之士蔑然，以是为通经，通经固若是乎哉？"② 这段文字其实从取士角度揭示了儒学衰落的原因。陈寅恪指出，唐代科举"重词赋而不重经学，尚才华而不尚礼法"③。这种取士标准无疑加剧了儒学的衰落。元稹对此痛心疾首，大声疾呼要尊儒崇经，要将其作为国家政治的第一要务："有国之君，议教化者，莫不以兴廉举孝，设学崇儒为意。"④ 元稹不仅大声呼号，而且身体力行，初任左拾遗即上疏谏事，在担任地方官期间多有善政，体现了仁民爱物、积极入世的儒道传统。

---

① 《元稹集》卷28，中华书局2010年版，第383页。
② 同上书，第385页。
③ 陈寅恪《元白诗笺证稿》，上海古籍出版社1978年版，第86页。
④ 元稹《论教本书》，《元稹集》卷29，第396页。

正由于元稹对儒学的倡导，便与儒学复兴运动盟主韩愈有了共同语言。元和四年，元稹发妻韦丛病逝，元稹请当时以都官员外郎分司东都的韩愈作《韦氏墓志铭》。元和八年三月，韩愈为比部郎中，史馆修撰。元稹得知消息后，深庆史馆得人，于是荐举甄济事迹，并致书一封，希望韩愈为之立传。后甄济果被列入《忠义传》。另皇甫湜所作的《韩文公墓志铭》载云："王庭凑反，围牛元翼于深，救兵十万，望不敢前。诏择庭臣往谕，众慄缩，先生勇行。元稹言于上曰：'韩愈可惜！'穆宗悔，驰诏无径入。"① 虽然记录元、韩二人交往材料不多，无从进一步判断二人深层关系，但由以上几则材料，可以看出元稹对韩愈的推重之情，则韩愈排斥佛老、中兴儒学的思想不可能不对元稹产生一定影响。在《赠韩愈父仲卿尚书吏部侍郎》的制诰中，元稹写道："惟尔愈雄文奥学，秉笔者师之。"② 其中所谓"雄文"应指古文，"奥学"似指包括《五原》在内的一系列哲学及政治论文，而"秉笔者师之"则表明韩愈古文及其思想在当时有广泛影响。"秉笔者"中应有元稹，因为只有了解并熟悉韩愈的著作，才能作出"雄文奥学"这样恰切的判语。由此，元稹受到韩愈思想及人格的影响应是不言而喻的。尹占华认为："元和年间，永贞革新宣告失败，古文运动渐成时潮，元、白倡导的新乐府运动显然是与古文运动相呼应的。"③ 古文运动与新乐府运动前后相续，表面是文体革新，本质上是着眼于变革现实，只不过韩、柳倡导的古文运动着重在文化层面，而元、白倡导的新乐府运动着重在政治层面罢了，但双方复兴儒学、重建盛世的大方向是一致的。

这一文化背景及元稹的思想倾向，必然会使《莺莺传》打上明显的儒教

① 皇甫湜《韩文公墓志铭》，《全唐文》卷 687。
② 《元稹集》卷 50，第 629 页。
③ 尹占华《元稹评传》，南京大学出版社 2002 年版，第 629 页。

烙印。从儒学复兴的视角观照《莺莺传》，就会发现小说核心是情与礼的冲突，情最初突破了礼教的束缚，经过一系列矛盾斗争又重新退回到道德原点，男女主人公通过"忍情"而实现了"复性"，小说因此宣扬了道德主题。

莺莺作为相国小姐，比一般女性受到了更严格的道德约束。当崔母让她出见张生时，莺莺辞疾不至，逼迫之下不得已而出见。张生"稍以词导之，不对，终席而罢"。莺莺的谨言慎行同大唐盛世的开放自由的时代精神显然已是大相径庭，透露出时风变化对女性的影响。当张生企图通过奴婢红娘挑动莺莺时，"婢果惊沮，腆然而奔"。红娘的"惊"和"奔"几乎是对张生"非礼"要求的本能反应，它说明张生的要求背弃了礼法，也说明女性对礼教的认同与恪守已极为自觉。所以红娘再次见到张生时便建议他"因其德而求娶"，即要严格按照礼法程序进行操作，不能随意妄为。红娘的言行有力地烘托了莺莺的形象。当张生表达自己渴望立即得到莺莺的急不可待的心情时，红娘又对张生说："崔之贞慎自保，虽所尊不可以非语犯之。"则更从侧面表现了莺莺恪守礼教的淑女性格。这样，当张生按诗赴约时，遭到莺莺的严词申斥就不是偶然的了。莺莺在斥责张生的一番话中，强调了"礼"的道德意义和规范功能，"非礼之动，能不愧于心，特愿以礼自持，毋及于乱"。在莺莺看来，"非礼之动"，是可耻的，是有愧于心的，个体必须自觉遵守礼法规范才能自容于社会。显然，"礼"已取代自由成为新的价值尺度，个体行为首先要保证对"礼"的遵从而不是对自由的追求。莺莺的一番话正是现实道德压力在心中投下的阴影。红娘及莺莺的言行表明中唐社会儒学复兴的文化背景已极大地强化了礼教对社会成员尤其是女性的道德约束，而女性也已自觉地将自己纳入到礼教设定的规范之中了。

礼教约束的强化只能最大限度地防止青年男女的"非礼"行为，却不能约束其心灵自由，不能扼杀他们对爱情和幸福的憧憬。莺莺虽然沉静少言，以礼法自持，但其内心并不平静，红娘在对张生介绍莺莺时说，"善属文，往往沉吟章句，怨慕者久之"。莺莺工于诗赋，富于才情，且正值青春妙龄，心中涌动着对爱情的渴望是很自然的。但与外界的隔绝使她无从接触异性，礼法的约束更是一种无形的禁锢，渴望爱情而不得，内心必然充满红颜不偶的"怨慕"。在这种情况下，张生的风流偶傥无疑会在莺莺心中掀起感情的涟漪，而张生投诗以挑、逾墙赴约的大胆既让莺莺羞怯，也使她充满惊喜，她没有勇气立刻冲开礼教束缚加以接受，但也不甘就此放弃朝思暮想、唾手可得的幸福。莺莺在斥责张生后"数夕"，才终于携枕"自献"。可想而知，在这"数夕"中，莺莺在进行着激烈的思想斗争。感情最终战胜了理智，莺莺主动与张生幽会欢合，又表现出大胆追求爱情的果敢与坚定，使人隐约看到盛唐开放自由的时代精神的影子。

但中唐毕竟已不同于盛唐，作为文化价值取向的转型期，一方面儒学复兴使得礼教禁锢持续强化，另一方面唐代以来胡文化背景下追求自由的文化精神尚未彻底消泯。青年男女一方面渴望自由地表达彼此的爱慕之情，另一方面又忌惮违反礼教所造成的不可预知的后果，从而必然造成感情与礼教的矛盾。如李剑国所指出的那样："莺莺乃一矛盾性格，青春之觉醒使其突破礼法，然又时时以礼自持，'乱'而不纵，知'乱'而抑，被弃而隐忍，隐忍而怀情不忘。……而惟此尤见礼法桎梏人性之本质。"[1]

莺莺既有热烈的感情冲动，也有违反礼法的羞愧，她始终在感情与礼教的冲突中痛苦挣扎。莺莺与张生欢会之夕，"终夕无一言"，这一细节耐人寻味。她并没有像霍小玉一样对张生倾诉自己的深情，也没有要求张生与自己海誓山盟，这其实正是礼教压力下羞惧心理的反映。当离去时，"泪光

---

[1]　李剑国《唐五代志怪传奇叙录》，南开大学出版社 1993 年版，第 316 页。

荧荧然，犹莹于茵席"。这泪水是莺莺悔恨的泪水。这种违礼行为造成了莺莺强烈的负罪感，因而，在与张生欢会之后"十余日，杳不复知"。这十余日的避而不见，正暗示出莺莺内心难以摒除的羞愧，她确实难以真正抛开礼法束缚而大胆热烈地倾泻自己的感情，也表明中唐礼法对女性的桎梏已极为沉重。

莺莺虽然在极力控制自己，但青春的热望，对爱情的憧憬使她难以自持，在得到张生感情炽烈的会真诗后又一次屈服于自己的感情。但与张生关系的不确定性使她常常愁绪满怀，当张生即将西上长安时，"先以情谕之"，"崔氏宛无难词，然而愁怨之容动人矣"。莺莺既渴望爱情，又对违忤礼法心存愧疚；既想从这种情与礼的矛盾纠缠中挣脱出来，却又缺乏战胜自我的勇气。张生此去正为自己摆脱这种精神困境提供了契机。张生可能一去不返，却能由此使自己中止违礼的行为，自然也会结束与张生刻骨铭心的爱情。前者会减轻自己的负罪感，后者则无疑会造成心灵的创痛。因而，莺莺进退两难，无所适从，"宛无难词，然而愁怨之容动人矣"。张生自长安归来，"复游于蒲，会于崔氏者又累月"，莺莺难以抗拒与张生欢爱绸缪的情爱诱惑，却又无疑承受着礼教的压力及行将分手的结局的折磨，所以"异时独夜操琴，愁弄悽恻"。在这种感情与理智的缠斗中，莺莺忍受着痛苦的煎熬。当张生再到长安前夕，莺莺终于吐露了自己的心声："始乱之，终弃之，固其宜矣。"莺莺似乎一直等待这一天的到来，她对自己被抛弃的命运并没有表示不满，更没有进行反抗。她似乎把这看作是对自己违礼行为的应有惩罚，同时也是对礼法冲突所造成的痛苦煎熬的彻底解脱。

由前面的"终夕无一言""愁怨""悽恻"到这里的直言以告，表明莺莺对自己与张生情感的悲剧结局自始至终有着清醒的认识，但她仍然主动委身于张生，正是理不胜情的结果，也是社会转型期新旧道德冲突在莺莺身上的形象表现。在给张生的信中，莺莺详尽地描述了自己的心路历程和感情矛盾，其中既有对张生的眷恋，也有对自献的悔恨，有对被抛弃的无奈，也有对张生残存的希望。莺莺在道德约束与爱情自由中徘徊挣扎，在一度放纵自己的感情而饱尝痛苦之后，最终退回到礼法秩序的底线。后来坚决拒绝了张生的求见，意味着莺莺终于完成了自己道德人格的塑造，也在一定意义上标志着儒学倡导的道德礼教在社会生活中权威地位的确立。

张生原本是一个恪守礼法的正人君子，"内秉坚孤，非礼不可入"，"年二十三，未尝近女色"。然而"颜色艳异，光辉动人"的莺莺却让张生方寸大乱，道德防线彻底崩溃。张生企图借助红娘接近莺莺，但红娘的"惊沮"让张生"羞而谢之"。而当张生大胆地逾墙赴约，遭到莺莺的严词斥责之后，更是手足无措，愧悔交加。张生的反应表现了其内心深处严厉的道德威慑力量，这也正是张生最终抛弃莺莺的根本原因。在第一次离开莺莺远赴长安时，张生"先以情谕之"，第二次则"不复自言其情"，只是"愁叹于崔氏之侧"。张生其实不断在进行着道德的自我审判，负罪感不断加强，对莺莺的感情随之不断降温。尽管得到了自己所钟情的女人，但张生并没有因此得到幸福的感觉，像莺莺一样同样处于礼与情的煎熬中，正是这种礼与情的冲突促使饱受煎熬的张生最终抛弃了莺莺，以对爱情的割舍来实现对被损害的道德人格的修复，这自然同时造成了莺莺的悲剧。

张生由以前的不近女色到主动追求，莺莺由开始的严词拒绝到携枕自献，有力地说明了"情"的力量的强大，也更突出了礼法约束的必要性。所以张生的那番道德说教正是有感而发，并非完全装腔作势。张生的言论典型体现了李翱的情、性对立说。历史上的殷之辛、周之幽和现实中的唐玄宗正因为不能"忍情"，淫逸放荡，失去善性，终于破家亡国，现在的君子自然要吸取教训，"忍情""复性"了，所以作者对张生抛弃莺莺的"补过"行为无疑是深表赞叹的，这种赞叹正是对礼教的肯定。其实不只张生善"补过"，莺莺也是善补过者。莺莺被抛弃后，在给张生的信中自述心志，"君子有援琴之挑，鄙人无投梭之拒"，"岂期既见君子，而不能定情，致有自献之羞"。这封信既是对爱情的告别，也是对自己不能恪守妇德的痛切忏悔，在某种意义上也是对"过"的一种弥补。其后，张生求见莺莺，莺莺拒不出见，则又是在行动上对"妇德"的坚守了。总之，这篇小说自始至终贯穿着道德说教和心灵忏悔，明显表现出作者呼吁男女约束自我、恪守礼教的创作意图，这正是这篇小说命意所在。

三

《莺莺传》作为传奇有意表达了道德主题，这同中唐儒学复兴的时代背景无疑是桴鼓相应的，从创作角度来看，元稹不是写成自传而是写成传奇本身即体现了这一文化背景的约束。而小说中的相关内容也明显打上了这一时代烙印，不自觉地透露出儒学复兴的时代信息。

前人对《莺莺传》的自传性已多有考辨，尤以王性之的《传奇辨正》详尽缜密，"后人大抵承王铚之说，鲜有异议"[1]，如鲁迅认为《莺莺传》系"元稹以张生自寓，述其亲历之境"，陈寅恪亦持此论，"《莺莺传》为微之自叙之作，其所谓张生即微之之化名，此固无可疑"[2]。但问题在于，既是自传，元稹为何不直言其事，偏要改头换面，巧为虚构？

在唐前期传奇中，如果故事为作者亲历，则多把作者设为主人公，并以第一人称叙事，如《游仙窟》便是如此。而《莺莺传》则将男主人公虚

---

① 李剑国《唐五代志怪传奇叙录》，南开大学出版社1993年版，第316页。
② 陈寅恪《元白诗笺证稿》，上海古籍出版社1978年版，第108页。

构为张生，作者元稹在小说中则成为无关紧要的第三者，这种有意的安排显然不是陈寅恪所说的那样"绝不为之少惭，或略讳"[1]，而是心存顾忌，有意隐讳。对照《游仙窟》就会明显发现二者的不同。《游》以第一人称"仆""余"叙事，几乎是直言不讳，且对艳遇情节的叙述极为露骨，语言也极为轻佻放荡，看不出有意遮掩的痕迹。与之相比，《莺莺传》对崔、张幽会的叙述含蓄蕴藉，对叙事者的设计更为复杂。它将张生设为主人公，"我"仅是张生讲故事时在场的一个听众，并因李绅的建议创作了《莺莺传》，这样，就将"我"（元稹）与张生及整个始乱终弃的故事划清了界限，使读者不会轻易将元稹与张生画等号，这应是元稹煞费苦心的用意所在。两篇小说的差异正折射出初唐与中唐自由与保守的时代文化的差异。如前所述，中唐社会的道德风尚已发生重大变化，礼法约束由松弛趋于严格，个体的道德品质已开始受到儒教道德的密切关注和严格审判，这对个体行为无疑形成了极大的心理威慑。即便莺莺的原型如陈寅恪所认为的那样是细族寒女，且"舍弃寒女，而别婚高门，当日社会所公认之正当行为"[2]，但始乱终弃无论如何是一种负面行为，很难逃避道德谴责。宋人赵令畤认为："盖昔人事有悖于义者，多托鬼神梦寐，或假之他人，或云见他书，后世犹可考也。微之心不自聊，既出之翰墨，姑易其姓氏耳。"[3] 因其事"悖于义"，对此最好的掩盖方式便是利用儒学复兴的社会氛围，假礼教之名，以"忍情"论为自己辩护和开脱。元稹不仅把自己置换为张生，而且把张生装扮成了灭欲忍情、恪礼守法的楷模。元稹对张生形象的处理恰恰反映出元稹对儒教道德及中唐以来日趋保守的文化氛围的忌惮心理，并折射出中唐儒学复兴和道德转型的社会

---

[1] 陈寅恪《元白诗笺证稿》，上海古籍出版社1978年版，第113页。
[2] 同上。
[3] 赵令畤《侯鲭录》，《宋元笔记小说大观》，上海古籍出版社2001年版，第2065页。

文化背景，这才是问题的要害。

值得注意的是，张生抛弃莺莺的依据是传统的"红颜祸水"论及伴随儒学复兴所提出的"忍情"论。这里透露出两点信息：一是整个社会在对安史之乱深入反思的基础上，形成了"女色误国"的共识；二是中唐儒家学者的崇礼抑情论已开始得到社会至少是士人阶层的认可。张生重弹"红颜祸水"的老调并不是偶然的，给社会带来巨大灾难并留下无穷后患的安史之乱强化了传统的"红颜祸水"论，女色对人心的蛊害似乎得到了无可辩驳的证明，这为张生抛弃莺莺提供了最有力的现实依据。"红颜祸水"论的深入人心加剧了社会的保守化倾向，从而使在儒家传统的"发乎情，止乎礼"的观念基础上发展而来的"忍情"论得到了更广泛的社会认同。所以张生发表那番"大凡天之所命尤物也，不妖其身，必妖于人"，"予之德不足以胜妖孽，是用忍情"的"高论"之后，"于时坐者皆为深叹"，而张生抛弃莺莺的行为也被时人认为是"善补过"。这既表明"红颜祸水"论及"忍情"论的深入人心，也表明社会文化的保守化转型基本完成，体现出明显的道德讽喻主题。白居易《井底引银瓶》中的青年男女一见钟情，携手私奔，女方却终于不为夫家所容，惨遭抛弃。这一爱情悲剧同样证明了宽松的社会文化氛围开始收紧，礼法重新加强了对个体自由的控制。该诗最后告诫世人说："为君一日恩，误妾百年身。寄言痴小人家女，慎勿将身轻许人。"而这才应是崔、张爱情悲剧的深层社会原因。

总之，《莺莺传》的基本命意便是道德讽喻，连类而及，同期稍后的其他女性题材小说如《长恨歌传》《李娃传》《霍小玉传》等不同程度地浮现出相似的道德主题。《长恨歌传》的一个重点即是要审视杨贵妃在诱发安史之乱中起到的消极作用和应承担的责任。关于杨贵妃，小说中值得注意的信息有两点：一是点明"得弘农杨玄琰女于寿邸"，暗示明皇与杨氏之间是一种乱伦关系；

其二是指出杨贵妃的邀宠手段，"由是冶其容，敏其词，婉娈万态，以中上意"，"盖才智明慧，善巧便佞，先意希旨，有不可形容者"。乱伦固已为儒家伦理所不齿，而狐媚惑主同样为儒道所不容，因而"竟就死于尺组之下"正是对其不守妇德的惩罚。与《长恨歌传》的悲剧相反，《李娃传》则以喜剧收场。李娃由诱郑、骗郑、弃郑而又救郑，实际上是在进行去恶从善的自我救赎。在与郑生正式结合后，李娃"妇道甚修，治家甚整"，则又是以儒家的伦理道德重塑自我，并最终实现了道德复原和人格升华。李娃由倚门卖笑的娼妓成为富贵荣华的汧国夫人，有力地肯定了儒教道德的效用。作者似乎要以此为时代提供一个样板，即无论女性如何低贱，曾有怎样的罪孽，只要能痛改前非，以儒道重塑自我，就一定可以得到幸福的结局。《长恨歌传》中的杨贵妃虽曾拥有千般恩宠，却一朝血污游魂，正从反面说明，无论一个女人如何高贵，如果不守妇德，必然自食恶果。两篇小说虽都涉及爱情，却重在道德讽喻，关注和揭示的是儒家伦理与人物命运的关系。

与前面三篇小说相比，《霍小玉传》则是较为纯粹的爱情小说。霍小玉与李益一见钟情，一往情深，不能自拔。小玉虽也认识到自己与李益门第悬殊，难以结合，仍天真地幻想要与李益厮守八年，却终于被抛弃，在绝望中悲惨地死去。小玉既缺乏李娃的冷静，也缺乏莺莺的克制，天真热情，往而不返，既不能"忍情"，又不能"补过"，自然也不能"复性"，以悲剧收场实在是"固其宜矣"。小说虽然重在表现小玉的多情，谴责李益的负心，客观上仍然表明，发乎情而不能止乎礼，不妖于人，必妖其身，小玉最后的惨死正是对这种封建道德的悲剧性的诠释，如李剑国所指出："小玉之悲剧之由非遇人不淑，乃为礼法所杀。此传意蕴正在此焉。"①

---

① 李剑国《唐五代志怪传奇叙录》，南开大学出版社1993年版，第454页。

由《莺莺传》等小说可以看到，安史乱后，在文化反思、儒学复兴的历史背景下，女性题材小说偏重突出道德主题，人物命运的沉浮起落都与背离或恪守儒道有关。这些小说以儒道为坐标系，对人物行为进行衡量判定，或隐或显地表达了恪守儒教伦理的诉求，也是对不拘礼法的胡文化的未必自觉的反弹，显示出复兴儒学、强化礼教的保守倾向。

自中唐以后，中国文化排斥了初盛唐无所拘忌的胡风，日趋纯正，也日趋保守，宋代理学更以"存天理，灭人欲"的道德信条挤压唐代开放自由的精神空间。与这种文化的保守化相呼应，后代以《莺莺传》为蓝本的西厢故事在表现莺莺才貌的同时，更加突出莺莺的"德"，并以"大团圆"取代了崔、张的爱情悲剧，以达到教化效果，并满足市井民众的审美文化心理。《莺莺传》爱情故事的演变史也因而成为中国主流文化保守化及审美意识世俗化的缩影。

|二|

长歌与悲吟

"力士脱靴"的文化解读

———

李白身世本身就是一个巨大的谜，而附会在他身上的传奇与其真实的历史纠缠在一起，更使谪仙人的面目扑朔迷离。李白去世之后，后人根据李白种种传闻大加敷衍，造出种种传奇。许多学者对李白身世进行了大量考证，对将传奇误作史实的内容进行了精细的清理，指出了某些"史实"的荒谬无当，这对研究李白无疑提供了有力的支撑。但后人对李白身世的传奇化本身就是一个问题，本身就有文化意义。李白传奇的生成过程同时也是后人对李白人格所包蕴的文化意义的挖掘和放大过程。深入考察李白传奇的渊源与文化内涵将有助于理解李白人格内涵的文化价值。

关于李白的传奇很多，裴斐先生在《李白的传奇与史实》一文中举其尤著者三，一是高力士脱靴，二是李白、郭子仪互救，三是酒醉捉月溺水并骑鲸飞升①。这三个传奇代表了李白文化人格的三个方面，一是其狂傲放诞的自由人格，二是行侠仗义的任侠精神，三是浪漫飘逸的诗仙风度。其中"力士脱靴"传奇在后世流传极广，集中反映了李白特立独行的精神气质，本文试对这一传奇的文化渊源与内涵进行探讨。

———

① 裴斐《李白的传奇与史实》,《文学遗产》1993 年第 3 期。

一、"力士脱靴"传奇的源流

"力士脱靴"故事始见于段成式《酉阳杂俎》,此后诸家稗说如《国史补》等亦有载录,内容大同小异。《酉阳杂俎》曰:"李白名播海内,玄宗于便殿召见,神气高朗,轩轩然若霞举。上不觉忘万乘之尊,因命纳屦。白遂展足与高力士,曰:去靴!力士失势,遽为脱之。"①对这一记述的真伪,裴斐先生分析说:"按两《唐书》,高力士在玄宗朝,就连李林甫当宰相都得走他后门,肃宗在东宫时呼为二兄,诸王公主皆呼为阿翁,驸马辈则呼之为爷,到天宝初已晋封为渤海郡公;李白即使乘醉,命其脱靴也是不可思议的事!又按李白宫中作品,和苏轼《李太白碑阴记》所说'戏万乘若僚友,视俦列如草芥'相反,无论奉诏作词、侍从游宴或是书怀酬赠,都显得异常拘谨,说明他对自己当时的身份和处境十分清醒,实无可能做出那种荒唐事。若果有其事,满可引以自豪,出宫之后不会不讲,天宝年间不敢讲,但他至死不讲;非但自己不讲,熟知他的杜甫、魏颢、李阳冰等人亦不曾讲;足见苏轼叹为'气盖天下'之举,源出子虚乌有先生之说。"②应该说裴先生的分析是令人信服的。"力士脱靴"既非事实,当属传奇。

《酉阳杂俎》所载录的"力士脱靴"故事不知何自,但恐怕主要来自当时的民间传说。关于李白的传说故事在李白生前即已出现,引人注目的便是杜甫的《饮中八仙歌》中对李白的描述。李白于天宝初入京,天宝三载赐金放还。杜甫于天宝五载入京求仕,在长安期间作《饮中八仙歌》。按范传正《李公新墓碑》:"时人又以公及贺监、汝阳王、崔宗之、裴周南等八人为酒

---

① 段成式《酉阳杂俎》,《唐五代笔记小说大观》,上海古籍出版社 2000 年版,第 644 页。
② 裴斐《李白的传奇与史实》,《文学遗产》1993 年第 3 期。

中八仙，朝列赋谪仙歌百余首。"① 这里值得注意的信息有以下几点：1. 这里的"时人"应主要指与"八仙"共处朝廷的官员，只有他们才能较全面地了解"八仙"的生活习性和精神面貌。"八仙"应是他们根据八人嗜酒成性及风流倜傥、不拘常俗的精神气质而加命名的，且以"仙"称之透露出上流社会对这种风度举止的肯定与欣赏。2. 范传正《新墓碑》中所列"八仙"中有裴周南，而杜甫《饮中八仙歌》则无裴周南而有张旭。可见当时流传的"八仙"故事有不同的版本，也可见时人对"八仙"的浓厚兴趣。3. 由其赋诗百余首可见，"八仙"已成为时人吟咏的重要对象，而这种诗歌形式的吟咏不可避免地会有一些夸张性的描述，经过民间的累积性的转述，会逐渐脱离原态而形成传奇故事。

杜甫到长安后，必然会接触到民间流传的关于李白等"八仙"的极为丰富的材料，之后才可能创作出《饮中八仙歌》。关于李白的四句诗已开始带有一定的传奇性，尤其是"天子呼来不上船，自称臣是酒中仙"属于明显的夸张。杜甫应是根据民间流传的第一手资料（极可能包括"朝列"创作的百余首咏谪仙的诗歌）创作而成的。因而四句诗基本反映了当时民间对李白精神面貌的大致勾勒。可以认为，杜甫《饮中八仙歌》是现在可以见到的关于李白传奇故事的最早记录。范传正《新墓碑并序》中说："（玄宗）泛白莲池，公（李白）不在宴。皇欢既洽，召公作序。时公已被酒于翰苑中，仍命高将军扶以登舟。"这一记述同杜甫诗内容极为相似，或源于同样的民间故事而有引申，当为"力士脱靴"所本。

"力士脱靴"传奇到《松窗杂录》演绎为完整的故事。"会花方繁开，上乘月夜召太真妃以步辇从。诏特选梨园弟子中尤者，得乐十六色。……上

---

① 范传正《李公新墓碑》，《李太白全集》附录，中华书局 2003 年版，第 1456 页。

曰：'赏名花，对妃子，焉用旧乐词为？'遂命龟年持金花笺宣赐翰林学士李白，进《清平调》词三章。白欣承诏旨，犹苦宿醒未解，因援笔赋之。……上自是顾李翰林尤异于他学士。会高力士终以脱靴为深耻，异日太真妃重吟前词，力士戏曰：'始谓妃子怨李白深入骨髓，何拳拳如是？'太真妃因惊曰：'何翰林学士能辱人如斯？'力士曰：'以飞燕指妃子，是贱之甚矣。'太真深然之。上尝欲命李白官，卒为宫中所捍而止。"① 杜甫诗"天子呼来不上船，自称臣是酒中仙"似与上述玄宗召李白入宫赋词同为一事。而后面"会高力士终以脱靴为深耻"以下情节则显然是承接《酉阳杂俎》中"力士脱靴"故事而来。按曰李濬是诗人兼宰相李绅之子，僖宗乾符四年（877）自秘书省校书郎入直史馆，六年春乞假南归，编成《松窗杂录》。由李濬的家庭出身和任职经历来看，他有接触到大量史籍的便利条件。段成式卒于863年，李濬完全有可能读到《酉阳杂俎》，所以《松窗杂录》中高力士谗毁李白一节显示出对《酉阳杂俎》明显的承继性。当然，李濬的记述也可能承自民间传说，《松窗杂录》省略"力士脱靴"一节而直接切入高力士谗僭李白，似表明"力士脱靴"故事当时已在社会上广泛流传。李肇《国史补》对"力士脱靴"故事的记述在细节上不同于《酉阳杂俎》，可证当时该故事流传广泛并已形成不同版本。而《松窗杂录》所记述的后续故事则表明，"力士脱靴"故事出现后，民间在这一故事基础上不断进行丰富和完善。李濬是宰相之子，很容易从朝廷官员口中听到这类"宫闱秘事"。李濬在《松窗杂录》前面的小序中说："濬忆童儿时即历闻公卿间叙国朝故事，次兼多语遗事特异者，取其必实之迹，暇日缀成一小轴，题曰《松窗杂录》。"② 可见《松窗

---

① 李濬《松窗杂录》，《唐五代笔记小说大观》，上海古籍出版社 2000 年版，第 1213 页。
② 同上书，第 1212 页。

杂录》主要取自公卿的递相传述，而非宫廷正史。尽管李濬称"取其必实之迹"，即尽量采择贴近事实的故事，但世代传述的累积效应必然会使叙述内容逐渐偏离事实而具有传奇性。对力士逸傿李白一事的真伪，王琦曾辨析说："巫山云雨、汉宫飞燕，唐人用之已为数见不鲜之典实。若如二子之说，巫山一事只可以喻聚淫之艳冶，飞燕一事只可以喻微贱之宫娃，外此皆非所宜言，何三唐诸子初不以此为忌耶？"[1] 所论极是。由此可见，该故事纯系后人脱离当时语境的虚构，属于传奇无疑。

令人惊奇的是，这样明显的传奇故事，竟然被正式载入了正史。《旧唐书》只是对其中明显荒唐的地方作了修正，说李白待诏翰林之后，"尝沉醉殿上，引足令高力士脱靴，由是斥去"[2]。《酉阳杂俎》中是皇帝要他脱靴，而这里改成了醉后放肆。《新唐书》的描述基本同于《旧唐书》："白尝侍帝，醉，使高力士脱靴。"[3] 但《新唐书》在《旧唐书》的基础上作了进一步完善，不仅说明了"斥去"的结果，而且补充了"斥去"的原因，"力士素贵，耻之，摘其诗以激杨妃，帝欲官白，妃辄沮之。"补充材料显然来自《松窗杂录》。

"力士脱靴"传奇最初出自《酉阳杂俎》，野史性质不言而喻，可靠性无法保证。但两《唐书》编撰者都将这一故事采入正史，与其说是对其真实性的认同，不如说是对李白傲岸人格所负载的精神价值的认同。自杜甫《饮中八仙歌》开始，李白等人的放诞就已受到时人的关注与歌咏。如前所述，时人对李白以"谪仙"称之，对他的狂放傲岸持一种正面评价。在盛唐文化开放、个性伸张的时代风气下，时人关注的主要是李白超然脱俗的"仙"气，

---

[1]　王琦《李太白全集》，中华书局2003年版，第306页。
[2]　《旧唐书》卷190下，中华书局1975年版，第5053页。
[3]　《新唐书》卷202，中华书局1975年版，第5763页。

从司马承祯称赞李白有"仙风道骨",到贺知章惊叹李白为"谪仙人",再到杜甫对李白"自称臣是酒中仙"的描述,可谓一脉相承。随着中唐儒学复兴,儒学价值观在中唐以后重新得到强化,李白狂放气质中蔑视权贵、不慕荣利的一面凸显出来,"力士脱靴"传奇的重心显然已不再是演绎李白的仙风道骨,而是传达不畏权势、重义轻利的儒学价值观,也正因为这样,"力士脱靴"传奇才会得到《旧唐书》编撰者的认可而采入正史。到宋代,儒学地位更加巩固,"力士脱靴"传奇所负载的儒文化价值得到进一步的肯定。如上所述,《新唐书》不仅完整采录"力士脱靴"传奇,而且补充了李白被赐金放还的前因后果,尤其是高力士进谗及贵妃"沮止"的情节,以此更对比出李白气质的傲岸、品节的端直,实际上进一步肯定了不畏权势、重义轻利的儒学价值观。自然,中唐以后宦官专权,为祸酷烈,他们废立皇帝、擅杀大臣等恶劣行径无疑遭到后人的鄙视和痛恨,这恐怕也是高力士进谗情节得以形成并被欧阳修采入正史的重要原因。自"力士脱靴"传奇被采入两《唐书》后,得到了更加广泛的传播。后世据此进一步敷衍,滋生出贵妃捧砚、国忠磨墨等相关情节,产生了《李谪仙醉草吓蛮书》那样的话本小说及众多的戏曲形式。虽然情节在不断丰富和发展,但所反映的李白的精神内核并没有本质的变化,实际上是对李白精神内核的不断放大,表现出后人对李白的追慕与景仰。

至此可见,关于李白传奇有一个从雏形到情节逐渐丰富的完善过程,对李白的评价也有一个由欣赏其"仙风"到敬重其"儒节"的转变过程,后世对"力士脱靴"的载录也有一个由杂史到正史的提升过程。这种变化从根本上反映了中唐以后儒学成为主导的社会文化走向,"力士脱靴"传奇也因而被赋予了浓厚的儒文化价值内涵。

二、"力士脱靴"的儒文化内涵

"力士脱靴"象征着李白蔑视权贵的独立自由人格，对此，论者更多关注的是李白自由人格与道家思想的渊源关系，此类论述极多，兹不赘述。但是"力士脱靴"的文化内涵却绝不仅是道家独立自由的人格理想，而且与先秦"道尊于势"的政治理念有深厚的历史渊源。李白的狂纵放诞正是这一理念在盛唐相对宽松的政治环境下的复活，具有深厚的历史文化意蕴。为此，有必要对"道尊于势"的历史源流作一简要梳理。

春秋以降，随着诸侯的崛起及周王朝权威的丧失，王官之学由中央散之于野，进而演化为百家争鸣的局面。章学诚在概述这一局面时说："盖官师治教合，而天下聪明范于一，故即器存道，而人心无越思；官师治教分，而聪明才智不入于范围，则一阴一阳入于受性之偏，而各以所见为固然，亦势也。"①"官师治教"的分离实即"政统"与"道统"的分离，王官之学不再具有官学的权威性，王官也失去了官方背景而自然获得了士人身份。这些士人面对礼崩乐坏、天下滔滔的社会现实，自觉地以拯困济溺为己任，表现出"士志于道"的历史使命感。孔子弟子曾参在阐发"士志于道"的精神内涵时说："士不可以不弘毅，任重而道远。仁以为己任，不亦重乎？死而后已，不亦远乎？"（《论语·泰伯》）孟子更说："天下有道，以道殉身；天下无道，以身殉道。未闻以道殉乎人者也。"（《孟子·尽心上》）这种"以身殉道"的勇毅精神表明先秦士人的确是"以道自任"，自觉地承当起"道统"代言人的历史角色。而政统在他们眼中不过是为"道统"的工具，"政统"需要"道统"的指导，或者也可以说，君主需要士人的指导，士应为帝王

---

① 章学诚《文史通义》，中华书局 1983 年版，第 133 页。

师。在士人眼中，道是崇高的，是神圣不可侵犯的终极价值尺度。道统不能屈尊于政统，道不能屈尊于势，为了捍卫道的尊严，必要时要以身殉道，即孟子所谓"舍生取义"。既然"道尊于势"，那么士相应地也必然尊于君。在春秋战国诸侯相互征伐的时代条件下，国家的生存与争霸需要才智之士的有力支撑，因此，各国君主对士确也恩礼有加，著名的如魏文侯，其后有鲁缪公、燕昭王。《史记·魏世家》载："文侯受子夏经艺，客段干木，过其闾未尝不轼也。"[1] 燕昭王筑黄金台招纳贤士的故事更是众所周知。在这一时期的君主与士人的关系中，的确表现出一些士自觉为君师，而君主亦乐于以之为师的情形。《吕氏春秋·下贤》篇云："魏文侯见段干木，立倦而不敢息。"[2]《淮南子·修务》篇云："段干木辞实禄而处家，魏文侯过其闾而轼之。"[3] 由此可见，战国时代求贤若渴的君主对德才兼备的贤士确实以师礼尊之而优渥备至。于是，一时间，游士纷纷，奔走天下，各以所持之道游说诸侯，其中也不乏一鸣惊人者。士人这种优越的地位，独立的人格，自由的思想无疑是中国士人历史上的黄金时代，也给后代士人以永远的追怀。

而李白的政治理想与精神气质恰与战国游士一脉相承。李白受到蜀文化纵横风气的深刻影响，对先秦学术尤感兴趣，自谓："五岁诵六甲，十岁观百家，轩辕以来，颇得闻矣。"（《上安州裴长史书》）对先秦游士传统极为追慕向往，对"功成不受赏"的鲁仲连推崇备至。李白对自己的人生设计并非要循规蹈矩地通过科举进入统治序列，而是渴望以自由的游士身份，通过干谒诸侯而一飞冲天，像苏秦那样一鸣惊人，挂印封金，谈笑之间，建立奇功伟业。同是蜀人的司马相如早已作出表率，《史记·司马相如传》载："司马相

---

[1] 《史记》卷44，中华书局1959年版，第1839页。
[2] 陈奇猷《吕氏春秋新校释》卷15，上海古籍出版社2002年版，第887页。
[3] 刘康德《淮南子直解》卷19，复旦大学出版社2001年版，第1075页。

如者，蜀郡成都人也，字长卿。少时好读书，学击剑，故其亲名之曰犬子。相如既学，慕蔺相如之为人，更名相如。"① 蔺相如是典型的战国游士，以言辞权谋忠义而致位上卿。相如慕其为人以至改名，表现了对先秦游士传统的企慕向往。后司马相如以献赋而为郎，虽然置身宫廷，却依然保持着类似先秦游士的独立人格。《汉书·严助传》载："（武帝）尤亲幸者，东方朔、枚皋、严助、吾丘寿王、司马相如。相如常称疾避事。朔、枚不根持论，上颇俳优畜之。"② 相如"常称疾避事"，实则不甘被俳优畜之，表现出人格的独立性，显然是承继了先秦游士的遗风。司马相如对李白的影响已是公论。李白曾言"十五观奇书，作赋凌相如"，其实不仅"作赋凌相如"，即便是李白的政治追求在一定意义上也是对司马相如游士风范的追随、模仿与超越。开元初年，李白曾依赵蕤学纵横术，《彰明逸事》云："白依潼江赵征君蕤，……从学岁余。"太白出峡后，遍干诸侯。隐居安陆期间，曾先后拜谒过安州李长史、裴长史，安州都督马正会，荆州长史韩朝宗等多位地方官吏，后又曾接近玉真公主，企图借助他们的延誉而平步青云。在呈送地方官吏的文章中，李白以战国纵横家的口吻大肆夸张自己的卓越才能和宏伟抱负，在《代寿山答孟少府移文书》说："近者逸人李白，自峨眉而来，尔其天为容，道为貌，不屈己，不干人，巢、由以来，一人而已。……将欲倚剑天外，挂弓扶桑。浮四海，横八荒，出宇宙之寥廓，登云天之渺茫。……申管、晏之谈，谋帝王之术。奋其智能，原为辅弼，使寰区大定，海县清一。"在《与韩荆州书》中说："白陇西布衣，流落楚汉。十五好剑术，遍干诸侯。三十成文章，历抵卿相。虽长不满七尺，而心雄万夫。"这些篇章充满纵横家的夸诞风格，狂放

① 《史记》卷117，中华书局1959年版，第2999页。
② 《汉书》卷164上，中华书局1962年版，第2775页。

纵恣，气势逼人，与先秦游士口吻几乎别无二致。李白曾表示说："秉烛唯须饮，投竿也未迟。如逢渭水猎，犹可帝王师。"（《赠征君少阳》）在应诏赴京时所作的诗中写道"游说万乘苦不早，著鞭跨马涉远道"（《南陵别儿童入京》）。他的确是将自己定位为纵横捭阖的游士，是怀着帝师心态入京的。可见，从先秦游士到司马相如再到李白，先秦游士传统可谓一脉相承。既然李白像先秦士人那样秉承"道尊于势"的理念，那么他以优越的帝师心态平交王侯并傲视权贵也就是顺理成章的事情了。所以，李白的傲岸并不仅是个人气质使然，也不仅是道家思想影响的结果，更与先秦游士传统密切相关。"力士脱靴"因而就不仅是李白傲视权贵的生动写照，也折射出中国士人自先秦以来"道尊于势"的政治理念及相应的独立自由的人格精神。

"道尊于势"的政治理念衍生出另一个价值判断便是鄙弃富贵，并进而衍生出隐士文化。"力士脱靴"传奇在一定意义上也是隐士文化的外化。

先秦时期王官之学散诸民间后，各家以道自任，自觉承担起重建社会秩序的使命，其中儒家对道的执守尤为坚定，孔子说："士志于道而耻恶衣恶食者，未足与议也。"（《论语·里仁》）孟子说："富贵不能淫，贫贱不能移，威武不能屈。"（《孟子·滕文公下》）士人应安贫乐道，坚决捍卫道的尊严，而不能屈道就势，媚势取宠，牺牲道的崇高与神圣求取富贵。道与富贵在某种意义上是不相容的，大道为公，而富贵为私，坚守道必须摒弃富贵。但自战国以来，士已开始分化，荀子在《尧问》篇中借周公之口说："夫仰禄之士，犹可骄也，正身之士不可骄也。"可见荀子时代士已分化为纯粹为稻粱谋的"仰禄之士"和坚守道统的"正身之士"。随着秦汉大一统帝国的建立，游士的生存空间越发狭小，士的生存越发仰赖对政权的顺从，而专制政权也越发不能容忍"处士横议"对政权稳定的威胁。秦始皇为此而坑杀敢于非议的士人，汉代同样如此，《盐铁论·晁错》篇载御史大夫桑弘羊的话说："日者，淮南、衡山修文学，招四方游士。山东儒、墨咸聚于江、淮之间，讲议集论，著书数十篇。然卒于背义不臣，使谋叛逆，诛及宗族。"① 由此可见官方对游士的仇视态度。随着大一统政权的建立，游士也被自然地纳入到政权系统中，由"士"变成了"吏"。随着角色的转换，士人放弃了先秦以来"道尊于势"的神圣信仰而成为专制政权的附庸。余英时评论士人（这里指博士）的心态转换时说："博士既为官僚系统中之一员，他和皇帝自然只能是君臣关系。且秩比六百石（本四百石，汉宣帝增秩），虽为清要之官，又安能有稷下先生抗礼王侯的气概？"② 在大一统的政权框架之下，再企图像战国游士一样保持人格独立和思想自由，甚至企图成为帝王师已成为可笑的梦呓。少数卫道的理想主义者只能主动逸出政权系统，遁迹山林，成为隐士。于是，大一统政权建立后，士又进行了第二次分化，即绝大部分转化为吏，极少数成为恪守道统、保持人格独立的隐士。

自传说中的许由、巢父开始，到唐前的陶渊明，已形成了一个数量可观的隐士群体。这些人隐居山林或是为远害全身，或是为追求自由，或因理想落空，或兼而有之，但其共性是拒绝权势，远离富贵，保持人格独立和品质高洁。李白在出峡之前，便与赵蕤一起"隐于岷山之阳"（《上安州裴长史书》），出峡后又曾与元丹丘偕隐嵩山，后又曾与孔巢父、裴政、陶沔、张叔明、韩准等人隐于徂徕山，号称"竹溪六逸"。李白对古代著名隐士如巢父、许由、郑子真、严光、梁鸿、陶潜等极为景慕，多有称述，而且在诗中屡屡表达自己功成归隐的人生理想："终与安社稷，功能去五湖"（《赠韦秘书子春》）；"所冀旄头灭，功成追鲁连"（《在水军宴赠幕府诸侍御》）；"待吾尽节

---

① 王利器《盐铁论校注》卷2，中华书局1992年版，第113页。
② 余英时《士与中国文化》，上海人民出版社2003年版，第45页。

报明主，然后相携卧白云"（《驾去温泉宫后赠杨山人》）。可以说，李白对中国隐士文化极为热衷并有深刻的体悟。虽然李白入仕之前的隐居活动有以隐求仕的动机，但他对隐士文化清高自持、蔑视权势富贵的内核心领神会并奉为圭臬。正因为这样，李白入仕之后，并未像那些依靠终南捷径飞黄腾达的假隐士一样立刻变换一副嘴脸，对权豪势要摇尾乞怜，以巩固自己的地位。李白狂放傲岸一如既往，并没有流露出丝毫的奴颜媚骨。"力士脱靴"传奇生动表现了李白傲视权贵的精神特质，他根本不屑于像一般士人那样逢迎权贵邀誉求宠，在专制与自由发生冲突的时候，毫不犹豫地选择了后者。虽然功名富贵得之不易，而弃之仍如敝屣，自由人格与儒道理想远比功名富贵可贵，这本质上正是隐士文化的价值观。

总之，"道尊于势"和鄙弃富贵构成了"力士脱靴"传奇的基本文化内涵，所谓"出则以平交王侯，遁则以俯视巢许"（《冬夜送烟子元演隐仙城山序》），其核心是人格的独立自由，这与先秦游士文化传统无疑有着深厚的历史渊源。

三、"力士脱靴"传奇盛行不衰的文化心理原因

"力士脱靴"传奇鲜明地表现出李白蔑视权贵、特立独行的精神气质，它之受到后人尤其是文士的钦羡具有深厚的文化心理原因。

首先，这一传奇表现出的文化精神与深受儒文化熏陶的文人心理深度契合。"不畏权势""不慕富贵"是原始儒家的基本价值尺度，也是备受尊崇的文化人格。"力士脱靴"传奇恰恰涵盖了上述两个方面，最后的自请放还则进一步表现出李白对"道"的神圣性的捍卫。

儒文化在肯定积极入世的同时，也提倡淡泊富贵；既要兼济天下，也要独善其身。前者是政治理想，后者是人格要求，实际是儒文化对个体理想人格的双向限定。但事实上，在君主专制的政治环境下，二者存在尖锐矛盾，

要想实现政治理想，就必须能屈能伸；要想保持品格高洁，就只能脱离官场，企图出淤泥而不染只能是不切实际的幻想。所以立德与立功在实践层面是相互排斥相互矛盾的，要立德往往要排斥立功。面对这种非此即彼的矛盾，应以卫道为先。孔子说："邦有道，谷；邦无道，谷，耻也。"(《论语·宪问》)他将儒道置于神圣不可侵犯的崇高地位，以邦有道与否决定自己的进退，决不为稻粱谋而牺牲政治理想，表现出严肃的卫道精神及自廉自励的崇高人格风范。从这个意义上说，立德高于立功，人格完善比建功立业更重要。"三不朽"将立德放在首位，显示出儒文化对立德在人格塑造过程中本质作用的深刻认识，也暗示了个体克服功利诱惑的艰难。"力士脱靴"传奇中的李白以对自由人格的追求超越了庸俗的官场哲学和世俗功利，同时实现了对"道"的坚守。因而，"力士脱靴"传奇兼具追求人格独立与卫"道"的双重意义，最终赐金放还则无疑又带有一定的殉道色彩。李白离开长安后即入东鲁寻仙访道，这与孔子"道不行，乘桴浮于海"(《论语·公冶长》)的理想颇相类似。李白的失败既是他狂傲的性格与封建官场潜规则之间冲突的结果，也是先秦以来原始儒家的卫道理念与专制政治之间冲突的结果。不甘委心屈己的李白最终选择了退出。这样，从"力士脱靴"到赐金放还，李白完成了以"立德"为核心的文化人格的塑造，并因而受到儒文化的高度肯定与赞赏。

李白对权贵的蔑视和对富贵的鄙弃表现出崇高的人格风范，与那些为谋求富贵而蝇营狗苟的士人形成了鲜明对照。它与庸俗市侩的人生哲学产生了强烈碰撞，启发后人重新思考人生价值，重新感悟儒道的神圣。这也是李白受到后世景仰及"力士脱靴"传奇被后来者津津乐道的重要文化原因。

其次，李白特立独行的精神气质与强调上下尊卑的儒家道德及驯顺服从的专制政体存在深刻矛盾。李白对个体人格与尊严的捍卫，对皇权乃至整个专制统治秩序的蔑视，对自我个性的强烈张扬，对个体权利的大声呐喊，在以忠孝服从为主调的文化背景下，无疑带有浓厚的叛逆色彩。这对习惯了在既定统治秩序中循规蹈矩、不敢越雷池一步的封建士人来说，无疑是当头棒喝，从而强烈触动他们的心灵，唤醒他们麻木的个体意识，并有可能反思自己人格的猥琐。以杜甫为例，杜甫创作《饮中八仙歌》时，正在长安求仕，为求得权贵的赏识和引荐，杜甫"朝叩富儿门，暮随肥马尘。残杯与冷炙，到处潜非辛"（《送韦左丞丈二十二韵》）。自朝至暮，四处投赠，磕头作揖，狼狈不堪，人格尊严饱受折辱，心性自由沦丧殆尽。在这种困境中，李白等人平交王侯的傲岸风度无疑会给他极大的触动。李白虽然经过十几年的活动才入仕朝廷，但入仕之后，并非奴颜婢膝地延誉邀宠，而是"揄扬九重万乘主，谑浪赤墀青琐贤"（《玉壶吟》），最终因不甘侍奉文人角色飘然而去。这种潇洒风度与杜甫的四处哀告而终无所成的尴尬形成了鲜明对照，必然使杜甫痛切地感到自身境遇的可悲。"天子呼来不上船，自称臣是酒中仙"，这种夸张性的描述既表达了杜甫对李白自由人格的钦羡之情，也透露出他的辛酸与无奈。这也是同时及后世文人的普遍心理。

在君主专制体制下，下对上、臣对君无条件服从是儒道基本原则，这一方面维持着专制制度的正常运行，同时对士人心理造成了沉重的压迫。他们自觉约束压抑个性，将自身的思想行为完全纳入到政道合一的统治秩序中去，人格独立和精神自由几乎无从谈起，从而造成内在个体人格与外在道德政治秩序之间的矛盾冲突。随着中国专制政治的不断强化及社会文化保守倾向的不断加强，自由人格产生的社会土壤消失殆尽。明代朱元璋甚至剥夺了士人隐居的权利，名士高启因被控不与朝廷合作而横遭腰斩，清代屡兴的文字狱更是让无数文人噤若寒蝉，如李白那样笑傲王侯已成为一种遥不可及的神话。从这个意义上说，李白确如李阳冰所说的那样"千载独步，唯公一人"（《草堂集序》），而李白的傲岸不羁无疑为在皇权威慑下敛声屏气的文人追求个性的伸张提供了精神出口。后世关于李白的传奇基本围绕李白狂傲放诞的精神气质来加以敷衍，与杜甫等人创作关于"八仙"的诗歌具有类似的性质和功能，如任华"平生傲岸，其志不可测。数十年为客，未尝一日低颜色"（《杂言寄李白》），皮日休"召见承明庐，天子亲赐食。醉曾吐御床，傲几触天泽"（《李翰林》），又如李纲"谪仙英豪盖一世，醉使力士如使奴"（《读李白戏用奴字韵》）。又如方孝孺"却忆金銮殿上见天子，玉山已颓扶不起。脱靴力士只羞颜，捧砚杨妃劳玉指"（《吊李白》）。苏轼在《李太白碑阴记》中所激赏的仍然是李白"戏万乘若僚友，视俦列如草芥"的豪气，"士以气为主，方高力士用事，公卿大夫争事之，而太白使脱靴殿上，固已气盖天下矣"。这表明李白风骨傲岸的形象在后人尤其是文人心目中已定型化，而"力士脱靴"则成为李白傲岸精神气质的最好注脚。"可以认为，李白身上积淀着中国士的传统性格和特征，而李白的形象又映衬了中国士的传统性格和特征。士阶层按自己的理想价值去寻找李白，重新塑造李白，也通过这种重塑来确立自我，获得心理上的满足。"[1]

因而，李白形象实际上汇聚了中国文人自由平等的人格理想，但只有盛唐开放宽松的社会环境才能产生李白这样不可一世的谪仙人。李白的狂傲放诞虽然带有叛逆色彩，却又是与当时的社会文化环境相辅相成的，李白正是大唐盛世积极进取、飞扬奋发的时代精神的产儿，他的热情与理想、痛苦与彷徨、愤懑与呐喊正是如日中天的中国封建社会时代精神的表现，李白正是时代精神的代言人，他的傲岸狂放也就因其时代的象征性而具有强烈的吸引力。李白的狂放傲岸在大唐盛世的舞台上得到了淋漓尽致的展现，而盛唐社会环境同时为李白狂放的精神气质提供了几乎最大限度的宽容。李白应诏入

---

[1] 朱易安《李白的价值重估》，《李白研究论文精选集》，太白文艺出版社 2000 年版，第 495 页。

京，最终被体面地赐金放还，临别又有许多朝臣饮宴赋诗，可谓恩荣备至。李白失败了，又未彻底失败，他政治上的失败换来的是人格精神上的永久胜利。所以，与其说"力士脱靴"传奇歪曲了历史，不如说更为生动地传达出了李白的真面目。"力士脱靴"传奇不仅寄托了后人对李白傲岸人格的景仰，也寄托了对文化环境开明宽松的大唐盛世的追怀。

除此之外，对普通民众而言，李白对权贵的蔑视与嘲弄，也使他们长期受到权力压制的心理得到痛快的伸张。中国传统社会结构是典型的官民二元结构，"劳心者治人，劳力者治于人"（《孟子·滕文公上》），大小官员作为强势群体，可以倚仗权力获取最大限度的利益，而民众则几乎没有任何权利可言，只有提供徭役赋税的义务。在与官的对抗中，民几乎是纯粹的被侮辱与被损害者。因而，民众对权势者的不满与痛恨是中国底层社会普遍性的文化心理。"力士脱靴"传奇则恰恰满足了普通民众惩罚权贵的心理渴求。更兼李白的布衣身份，民众与之更有感情上的亲近感。《李谪仙醉草吓蛮书》已把李白当作了民众的代言人和正义的化身。李白借草诏之机让力士脱靴，国忠磨墨，昔日趾高气扬、不可一世的豪贵此时慑于皇帝权威只好忍气吞声、乖乖就范。这一大快人心的喜剧性情节实际上正是民众对权贵不满的心理发泄。《合璧事类》载有一则李白故事："李白游华阴，县令开门方决事，白乘醉跨驴过门。宰怒，引至庭下：'汝何人？辄敢无礼！'白乞供状，曰：'无姓名。曾用龙巾拭吐，御手调羹，力士脱靴，贵妃捧砚，天子殿前尚容走马，华阴县里不得骑驴！'"这里李白对县令的戏弄，实则"力士脱靴"传奇的变形和引申，至《李谪仙醉草吓蛮书》中则演化为李白智惩贪官的故事，反映了民众同样的惩恶心理。

李白的一生本是悲剧的一生，时人对其悲剧性深有体悟，杜甫云"佯狂真可哀"（《不见》），白居易云"浮世谪仙悲"（《读李杜诗集因题卷后》）。但随着时代的发展，人们对李白的悲剧认识逐渐淡化，而将兴趣逐渐转移到欣赏他的傲骨及独特个性上，把他视为反抗黑暗、蔑视权贵的一面旗帜，"力士脱靴"传奇的产生与流传正是人们的认识和欣赏兴趣发生转移的结果。这一传奇既负载着士人传统的人格理想，也表达了普通民众伸张正义的强烈呼声，正是这双重因素使"力士脱靴"传奇在民间流传的过程中长盛不衰，并不断被充实和演绎，最终成为李白傲岸风骨的生动写照及独立自由的人格象征。

李白乱后诗歌形态及心态的文化解析

————————

不少学者对李白晚年诗歌形态的变化进行过较为深入的探讨，但对这种变化所蕴含的文化信息似嫌分析不够。笔者以为，李白乱后诗歌创作，一方面是现实因素的被动加强，一方面是其在哲学意义上对现实动乱的淡漠与逃避，这种矛盾造成了李白乱后诗歌创作的复杂形态，蕴含着极为丰富的文化信息。对这一问题的深入研究不仅可以更进一步确认李白独立自由的人格特征及这种文化人格与乱世的内在冲突，而且可以进一步探究安史之乱爆发后李白的心态变化及造成这种变化的文化因素，以从微观角度窥探安史乱后中国文化精神的走向。

一

在盛唐激昂奋发的时代背景下，李白进则渴望建功立业，实现自我价值；退则以隐逸求仙寻求个体独立与精神自由，所关注者始终是自我状态，反映到诗歌创作中必然会使自我成为表现的主体，并相应弱化对社会现实的反映，从而形成李白诗歌以自我为中心的基本形态。随着安史之乱的爆发，李白诗歌开始渗入更多的现实因素，但现实因素的增强并不意味着李白诗歌形态的转型。有论者认为太白诗尤其是其乐府诗，在安史乱后"由前期抒发个人怀抱转为爱君忧国，厌乱思治"①。其实这只是表面现象，对自我的关注始终是李白诗歌的核心，集中分析李白安史乱后的代表性诗作将更能凸显出其以自我为中心的创作形态。

李白诗作直接反映现实内容的篇目极少，反映现实的广度和深度也较为有限，与杜诗相比尤其如此。这既与李白主要生活在盛唐，社会矛盾尚未充分展开有关，更与李白关注自我，以自我为中心的人生立场有关。

以表现自我与反映社会为界搜检李白诗歌，则其反映社会现实的诗歌只占其中极少一部分，除《古风》中的一些背景不甚明朗的篇目外，其他直接反映现实内容的重要作品多作于安史乱后，如《北上行》《猛虎行》《经乱离后天恩流夜郎忆旧游书怀赠江夏韦太守良宰》《经乱后将避地剡中留赠崔宣城》《南奔书怀》等。上述几首作于乱后的诗歌虽然描写了兵戈扰攘的现实，但更多是抒发自身的忧思与哀痛，自我的遭际与感情变化是贯穿全诗的主线，对战乱的描绘实则为感情的抒发构建背景，从全篇来看，仍然服从于自我抒情的需要。上述几首诗莫不如此。以《猛虎行》为例，该诗前面描述安史乱起的景象："旌旗缤纷两河道，战鼓惊山欲倾倒。秦人半作燕地囚，胡马翻衔洛阳草。"而后叙述自己"窜身南国避胡尘"的行踪，并一如既往地表达自己怀才不遇的怨愤之情，"贤哲栖栖古如此，今时亦弃青云士"。安史乱前政治的黑暗已使李白重入朝廷的理想难以实现，严酷的战乱无疑使李白的用世之志更其渺茫，所以李白失望之余，最终表示要隐居山林，"我从此去钓东海，得鱼笑寄情相亲"。由此可见，李白一定意义上是把安史之乱当作了实现理想的破坏性因素，仍然主要是以自我为中心对其加以判断的，因而也就对安史之乱所造成的巨大破坏，尤其是对普通民众所带来的深重灾难

---

① 胡可先《政治兴衰与唐诗演化》，中国社会科学出版社2003年版，第123页。

没有进行更深入的观察和细致的描述。长篇名作《经乱离后天恩流夜郎忆旧游书怀赠江夏韦太守良宰》亦复如此。该诗以时间为线索叙述自己的人生经历及与韦良宰的三次聚散，表达身世之慨。前面首先叙述自己的用世之志，"试涉霸王略，将期轩冕荣。时命乃大谬，弃之海上行"。接着叙述北上幽燕侦窥安禄山动态的经历，"十月到幽燕，戈鋋若罗星。君王弃北海，扫地借长鲸。呼吸走百川，燕然可摧倾"。然而面对一触即发的严重危机，诗人却"心知不得语"，并由此抒发报国无门的悲愤情绪，"揽涕黄金台，呼天哭昭王。无人贵骏骨，绿耳空腾骧"。继而控诉安史之乱的罪恶，"炎凉几度改，九土中横溃。汉甲连胡兵，沙尘暗云海。草木摇杀气，星辰无光彩。白骨成丘山，苍生竟何罪？"但这并非全诗的重点，对安史之乱的描述并不在诗中占有特别的地位，它仍然与其他内容一样服从于表达诗人政治理想迭遭挫败的失意之情。该诗接着叙述自己入幕永王的经过，"空名适自误，迫胁上楼船"，报国不成却险遭杀身之祸，侥幸不死而又"翻谪夜郎天"。用世理想再次化为泡影。但李白仍然残存希望，嘱托韦良宰"君登凤池去，勿弃贾生才"。总之，该诗所叙述的人生是一个政治理想屡屡破灭的人生，诗人关注的重心始终是自我理想的实现，而并非战乱频仍的现实。

可见，李白乱后诗歌现实内容的增强是一种强行的介入，对诗人而言则是被动的接受，这就决定了现实内容在李白诗歌中只能成为一种附属性因素，而不可能占据主导地位。李白已经习惯了以"自我"为中心营造诗歌语境，对外在现实因素的强行介入及其对"自我"的挤压有一种几乎本能的排斥，因而李白仍然竭力把这类现实内容纳入到以自我为中心构建的叙事框架中，使之成为"自我"活动的背景，并自然而然地楔入他所熟悉的宴饮作乐的生活，"吴娃与越艳，窈窕夸铅红。呼来上云梯，含笑出帘栊。对客《小垂手》，罗衣舞春风"。这种作乐场面与动乱的时局显然极不谐调，无怪乎宋人对此大为不满，批评说："李太白当王室多难、海宇横溃之日，作为歌诗，不过豪侠使气，狂醉于花月之间耳。社稷苍生，曾不系其心膂。"[1] 平心而论，李白并非只顾个人寻欢作乐的苟且之徒，由其参加永王幕府以平定叛乱即可看出他对社稷的关切之情，且在本诗末尾李白还表示"中夜四五叹，常为大国忧"，并渴望"安得羿善射，一箭落旄头"。因而，宋人的批评未免偏激。原因在于，盛世心理依然在李白身上顽强存在并发挥作用，所谓李白"十句九句言妇人酒耳"恰恰是盛世中人的正常行为，战乱与作乐并存于一首诗中典型地反映出唐王朝由治而乱的急骤变化与诗人盛世心理之间的严重错位，这在《扶风豪士歌》中表现得更为显豁，全诗如下：

> 洛阳三月飞胡沙，洛阳城中人怨嗟。天津流水波赤血，白骨相撑如乱麻。我亦东奔向吴国，浮云四塞道路赊。东方日出啼早鸦，城门人开扫落花。梧桐杨柳拂金井，来醉扶风豪士家。扶风豪士天下奇，意气相倾山可移。作人不倚将军势，饮酒岂顾尚书期？雕盘绮食会众客，吴歌赵舞香风吹。原尝春陵六国时，开心写意君所知。堂中各有三千士，明日报恩知是谁？抚长剑，一扬眉。清水白石何离离！脱吾帽，向君笑。饮君酒，为君吟。张良未逐赤松去，桥边黄石知我心。

本诗可分三部分内容，前四句描述安史之乱的现实，最后两句含蓄表达用世之志。主体则是第二部分，描述南国城市的宁静祥和及自己与所谓的"扶风豪士"宴饮游乐的生活。值得注意的是，第一部分内容只有四句，第三部分只有两句，在作为主体的第二部分中，诗人极力恭维扶风豪士的奇士

---

[1] 罗大经《鹤林玉露》卷6，中华书局1983年版，第341页。

风采，诸如倾动山岳的意气，鄙弃权势的傲岸，宴饮宾客的慷慨，都使李白深为赞许，并表示来日要报答扶风豪士的知遇之恩。这类内容是典型的盛世文化，与眼前的战乱简直是风马牛不相及。全诗并没有紧承开始的战乱展开，而是在粗略概述洛阳战乱之后便迫不及待地转入了对宴饮生活的描述，明显表现出李白对战乱的逃避心理。只有在扶风豪士家这种熟悉的氛围中，李白才能重新找到因战乱而失落的自我，并以对盛世语境的重温修复心理创伤。不难看出，所谓的扶风豪士与李白的性情气质具有极大的相似性，对扶风豪士形象的塑造一定意义上也是对自我形象的刻画，寄寓着诗人豪迈飘逸的个性气质，也流露出对盛世文化的眷恋与回味，然而在战乱汹涌、盛世塌陷的背景下，这种对旧梦的重温难以掩饰其悲剧意味。

本诗表明，李白的盛世心理无法真正面对和承载血腥的战乱，他所习惯的痛饮狂歌、隐逸求仙的盛世生活具有超尘出世的精神性，虚诞玄远，显然无力解决现实问题。盛世所培育出来的文化人格已无法适应战乱形势，逃避便似乎成为唯一的选择。李白在《流夜郎赠辛判官》中曾回忆说："夫子红颜我少年，章台走马著金鞭。文章献纳麒麟殿，歌舞淹留玳瑁筵。与君自谓长如此，宁知草动风尘起。"最后两句可谓含蕴无穷，正因为"自谓长如此"，所以才无法面对突然的"草动风尘起"，才会茫然、无奈、痛愤与挣扎。李白年轻时所谓"使寰区大定，海县清一"不过是盛世背景下的普泛性的英雄主义宣言，更具精神指向而少实践意义，只有饮酒赋诗、隐逸求仙这类精神性活动才真正吻合盛唐文化精神的超越品格。因而，战乱来临，那种时代精神激荡下的英雄大言立刻暴露出虚幻的本相，南奔避难即为明证。虽然李白在本诗末尾以张良的典故暗示了报国的壮心，但相对于年轻时的豪情胜概未免过于有气无力了。由此可见，本诗最为核心的内容乃在于与扶风豪士的饮酒作乐，这才是李白所代表的盛唐文化精神的本质。

所谓盛唐文化精神，实则宽松的政治文化环境所激发出的人的蓬勃的生命激情的外在展现，它使个体倾向于个性的强烈伸张及精神自由的无限延伸，唐人孙过庭在《书谱》中说，作书应"达其性情，形其哀乐"，"随其性欲，便以为姿"①，指出艺术创造应充分表达人的自由精神，虽是论书，也揭示出盛唐精神的实质。因而，盛唐人无论入世立功、隐逸求仙还是艺术创造，都带有一种超离凡俗的升腾意味。敦煌飘逸的飞天，张旭狂放的草书，公孙大娘神鬼莫测的剑器舞，以及仙意氤氲的霓裳羽衣曲，无不以艺术的形式表白着盛唐文化的超越追求，而李白则以热切的求仙理想将这种超越性的文化精神推向极致。因而，李白更生活在主观的理想世界而非客观的现实世界；更倾向于寻求精神的升腾超越，而非眼睛向下体察芸芸众生的苦乐悲忧。所以，即便在狼烟四起的乱世，李白仍表示"我垂北溟翼，且学南山豹"，并劝导他人与之一起归隐，"无以墨绶苦，来求丹砂要。华发长折腰，将贻陶公诮"(《经乱后将避地剡中，留赠崔宣城》)。这与其说是李白对现实的逃避，不如说是李白的超越追求在乱世的惯性显现，这与李白在《扶风豪士歌》中宴饮作乐的描述属于同一性质。

李白的自由人格与大唐盛世相荡相摩，盛世的戛然而止不可能同时中止盛世心态的惯性滑行，李白依然企图延续盛世的自由人格和精神情趣。然而乱世毕竟是乱世，诗人不可能完全自闭于与世隔绝的世外桃源。尽管在扶风豪士家醉酒狂歌，但目睹"天津流水波赤血，白骨相撑如乱麻"的惨象，李白不可能再保持心灵的宁静，《古风·西上莲花山》实即透露了他的心理变化。这首诗既有求仙的逍遥，也有兵燹的血腥，二者如此奇特地杂糅于一首诗中，正映照出唐王朝由治而乱的急骤变化，及诗人在幻想与现实的撕扯中

---

① 孙过庭《书谱》，文渊阁四库全书第812册，第32—35页。

错愕无奈的矛盾心态。李白窜身南国的举动似正说明他无法面对这种突如其来的巨大灾难，只能以逃避来勉强维持心灵的平衡。因而，《古风·西上莲花山》中的矛盾与《扶风豪士歌》中的矛盾可谓正反相应，如果说前者是诗人从盛世的游仙之梦中惊醒，那么后者则表明诗人仍然企图延续盛世之梦。战乱将诗人强行拉入现实，才使他俯览人间的纷纭乱象，则其对现实的反映只能是一种被动的反映，而对盛世的贪恋又妨碍着诗人对现实进行更为深入的体察与思考，所以，无论《扶风豪士歌》还是其他涉及战乱的篇章，对战乱的描述只是一种粗浅的表层的描述，并没有深入骨髓的感情投入和理性思考，自然也不会如杜甫此类诗作一样产生震撼人心的力量。

李白的自由人格已远远超出了现实的地面，但他毕竟立足于现实的大地，随着地基的下沉，理想的大厦必然随之陷落。李白难以立即实现由盛而衰的心态转换，只能在盛世大幕徐徐落下的舞台上茫然四顾，追寻盛世荣华的幻影，由此必然造成此期李白诗歌自我与现实错综交织的状况。李白的乱后诗作虽然加强了对现实的反映，但李白基于道文化的独立自由人格使他不可能实现由个体到群体、由自我到社会、由盛世到乱世的彻底转向，则其诗歌对现实反映的广度与深度必然仍是有限的。宋人罗大经批评说，"其视杜少陵之忧国忧民，岂可同年而语哉！"① 其实这正是李白与杜甫的分野，浪漫与现实的分野，道家与儒家的分野，也是盛唐与中唐的分野，以杜甫为标准来衡量李白乃至苛责李白，否定李白，不仅是审美的偏见，更是历史的无知。

二

李白安史乱后的诗歌对现实的反映虽然有所加强，但诗人内在的精神气

---

① 罗大经《鹤林玉露》卷6，中华书局1983年版，第341页。

质及价值取向并没有根本变化，这尤其表现在李白对朝廷与叛军双方态度的超然及对涉及朝廷安危的重大事件的淡漠，这种超然与淡漠是先秦魏晋以来独立自由的人格传统、六朝士风及道家哲学综合作用的结果，具有深刻的历史文化内涵。

安史乱后的社会现实主要表现为三个方面两对矛盾，即安史叛军与李唐王朝的矛盾及安史叛军与人民大众的矛盾。李白对这三类对象两对矛盾的感情态度存在微妙的差异。对安史叛军的暴行，李白给予了无情的鞭挞；对下层民众的苦难，李白表示了深切的同情。而对安史叛军与李唐朝廷间的矛盾则态度暧昧，远未表现出类似杜甫那种赴汤蹈火、视死如归的英勇气概与耿耿忠心。面对叛军的嚣张气焰，李白反而屡屡表示要隐居山林，躲避灾祸，"连兵似雪山，破敌谁能料？我垂北溟翼，且学南山豹"。在儒家看来，相对于人民大众的矛盾，安史叛军与朝廷矛盾才是更重要的第一位的矛盾，如果唐王朝果真被颠覆，则覆巢之下安有完卵，汲汲用世的士人将失去安身立命的根据。在董仲舒《春秋繁露》为代表的汉儒政治文化体系中，"君为臣纲"是"三纲"中的核心，忠君也是士人最高的伦理标准，然而，面对李唐王朝与安史叛军的生死搏斗，李白明显表现出淡泊超然的态度，许多重要的涉及朝廷安危的事件未能入诗即为明证。

这首先源于先秦纵横任侠思想"卫道"精神的缺失。先秦尤其战国士人虽然不乏路见不平、拔刀相助的豪气及受人知遇、以死相报的勇决，却缺少解除天下忧困的宏大抱负及以道自任的历史责任感，这种精神气质多少影响到李白的人生选择，使他在四海鼎沸的危难时刻倾向于隐遁避世，而不是践行"使寰区大定，海县清一"的英雄诺言。在安史之乱的时代背景下，这并非发生于李白身上的特有文化现象，而带有一定的群体性。

赵翼在《陔余丛考》中说，"六朝忠臣无殉节者"，"则知习俗相沿，已非一朝一夕之故。延及李唐，犹不以为怪。颜常山，张睢阳，段太尉辈，一代不过数人也。直至有宋，士大夫始以节义为重。实由儒学昌明，人皆相维于礼义而不忍背，则诗书有功于世教，匪浅鲜矣！"[1]魏晋以至六朝，篡乱相替，杀伐不断，儒学设定的君尊臣卑的等级秩序扫地以尽，士人忠君观念随之而荡然瓦解，见风使舵、卖主求荣者比比皆是。赵翼认为这种"习俗"一直延续至中唐，至宋才有彻底改观，则处于盛衰转捩之际的李白自然也应被置于缺乏"节义"之列。赵翼以正宗儒学观评判唐人固然不无道理，却又显示出未能深察唐代具体文化环境而形成的历史偏颇。查屏球认为，唐儒"既有信儒好古的特点，又强调个体价值，他们的儒学信仰是以名士的个体意识表现出来的，而较少后来的'愚忠'意识"[2]。所论极是，但需要补充的是，唐儒尤其是盛唐儒士具有相对独立的人格和宽广的文化胸怀，对儒学的接受是在更为宏大的文化视野之下的接受，并不以排斥佛道为前提，且其更以文化眼光看待儒学，而非出于自觉维护君王专制的政治动机。士人即便秉持儒学，亦是以文化立身，而非异化为王权专制的工具。因而，儒非愚儒，忠非愚忠。深受儒学浸染的杜甫尚且抨击时政，甚且不顾王命挂冠而去，一向鄙视儒学的李白自然更加谈不上多少对君主与朝廷至死不渝的忠贞了，这正是中国士人独立人格自先秦至魏晋递嬗发展的必然结果。

盛唐士人虽似忠君不够，但与六朝士人之寡廉鲜耻自不可同日而语。六朝士人之立场不坚主要源于政权的篡变无常，而盛唐士人之"不忠"，则源于对自我人格与价值的肯定。这种价值取向违逆了儒家道德，却又在一定意义上解放了士人；虽然造成了一定的消极后果，却又不乏积极的文化内涵。宋

---

[1] 赵翼《陔余丛考》，河北人民出版社 1990 年版，第 310 页。
[2] 查屏球《从游士到儒士》，复旦大学出版社 2005 年版，第 378 页。

以后虽然节义至上，愚忠盛行，却再没有盛唐文化包容一切的宏大气魄，士人个性的自由与张扬渐趋沦丧，效忠朝廷与人格独立之间从而形成发人深省的历史悖论。李白对李唐朝廷危急形势的淡然态度既代表了士人群体的总体倾向，也折射出盛唐文化精神高扬人格独立的内在特质。

然而与其他士人不同的是，李白对朝廷安危之淡然超然在深刻意义上又表现出道文化以自然自由为核心的哲学观对儒文化以秩序为核心的政治伦理观的严重消解，及由此而形成的李白对儒教道德秩序及君主专制的政治秩序的背离。

对秩序的强调几乎成为中国文化的情结，葛兆光认为："古代中国的一个相当普遍的观念是，人类有一个最终合理的'秩序'，而对于这个秩序又有一种非常圆满的解释系统。古代中国的主流思想世界的中心，就是在论证和建构这种解释的系统：它需要说明，天地的空间和时间格局，帝王与帝国的政治结构，人间的社会伦理道德，自然的万事万物，是如何完美地被纳入这一秩序中的。"[1] 儒文化的核心即是对秩序的建构。汉代大儒董仲舒将阴阳五行学说与儒学结合起来，扩展了儒学的应用范围，确立了天人合一的基本理论框架。它将一切存在赋予了秩序性，并强调秩序的天然合理性。它本质上服务于君主专制的等级制度，同时取消了人的独立与自由。与之相反，道家思想只承认先在的自然秩序而不承认任何人为设定的秩序，所谓"人法地，地法天，天法道，道法自然"，道家思想实际是对儒学及整个现存社会秩序的解构。李白深受道家思想影响，对一切"秩序"怀有几乎本能的反感，无论是不屑科举，不甘"摧眉折腰事权贵"，还是偏好自由奔放的歌行体，都表现出鄙弃秩序、酷爱自由的精神气质。李白并不认同儒文化的"秩

---

[1]　葛兆光《中国思想史》，复旦大学出版社 2005 年版，第 5 页。

序"，也并未将自己纳入到儒文化价值系统而成为儒文化的卫道士，相反每每对孔子及儒生加以嘲讽。可以说，李白在精神上始终游离于儒道及现实政治秩序之外，自然也会对这种秩序的破坏并不格外痛心。

与之相反，随着盛世的落幕，以儒学立身的杜甫日渐褪去了盛世文化精神光照下"裘马颇清狂"（《壮游》）的浪漫色彩，露出其以道自任、忧患天下的儒家面目。同样面对仕途挫折，杜甫并非仅仅感叹自身的不遇，而是由此形成对政治黑暗的深切忧虑。长安求仕期间的《丽人行》已寓含了严肃的批判精神，作于此后的《咏怀五百字》更是对统治者的寻欢作乐忧心忡忡。随着战乱的爆发，深受儒学熏陶的杜甫所关注者就不仅仅是人民的苦难，更有政权的安危。叛乱初起，杜甫因不知玄宗下落而惶惶不可终日，"行在仅闻信"（《避地》），及至得知肃宗即位灵武便急切投奔，其间陷贼而忠心不渝，辗转逃出再次冒死奔赴行在，"麻鞋见天子，衣袖露两肘"（《述怀》），其效力朝廷的忠心昭然可见。即便在挂冠而去、漂泊西南期间，杜甫也时刻心向朝廷：得知两京收复的消息"漫卷诗书喜欲狂"；归家无望、报国无门时依然"每依北斗望京华"（《秋兴八首》其二）。"一餐不忘君"因而成为杜甫儒文化人格的生动写照。也正因为这样，杜甫对安史之乱表现出远比李白强烈的切齿痛恨之情，杜甫在诗中屡屡痛骂安史叛军为"胡"，"胡羯仍构患"（《彭衙行》）；为"贼"，"忆昔避贼初"（同前）；为"豺狼"，"豺狼沸相噬"（《送樊二十三侍御赴汉中判官》）；为"遗孽"，"遗孽尚纵横"（《奉送郭中丞兼太仆卿充陇右节度使三十韵》），并以激烈的语言表达锄灭叛贼的愿望，"三月师逾整，群胡势就烹"（同前），"谁云遗毒螫，已是沃腥臊"（《喜闻官军已临贼境二十韵》）。可谓咬牙切齿，恨入骨髓，这在根本上是因为叛乱是对杜甫所恪守的并以之安身立命的儒文化价值原则的彻底否定。

相比杜甫，李白常常不是从犯上作乱、破坏纲常的角度斥责安史叛军，却更多以楚汉相争来加以比拟，如：

> 颇似楚汉时，反覆无定止。——《猛虎行》
>
> 欃枪扫河洛，直割鸿沟半。——《南奔书怀》
>
> 大盗割鸿沟，如风扫秋叶。——《赠王判官时余隐居庐山屏风叠》
>
> 宇宙初倒悬，鸿沟势将分。——《送张秀才谒高中丞》

　　李白与杜甫对叛军与朝廷间矛盾斗争的不同态度不仅出于二人对儒家道德秩序及现实政治秩序的不同立场，而且彰显出道文化形而上的哲学视野与儒文化形而下的政治视野的本质不同。道家思想在根本上是一种哲学而非儒家一样的政治伦理学，它以更加本体化的角度观照世间万象，以回归自然作为消除人世纷争的手段，从而彻底解决人类面临的现实困境。由此出发，庄子否定人与人的差别，反对以各类名号对人群加以区分，以彻底恢复自然状态，而自然状态的人是平等的人，从这个意义上说，庄子的自然观实际上是一种平等观。庄子说："以道观之，物无贵贱；以物观之，自贵而相贱。"①所谓贵贱不过是居高位者以自己的地位优势和话语权对社会成员进行的单方面的强行划分罢了，并不具有哲学本体意义上的合理性和合法性。人类在哲学意义上是平等的，在形而下的伦理层次上判别人类的差别与是非没有意义，因为在庄子看来，伦理道德本身就是没有意义的。史华兹认为，庄子面对现实世界没有表现出道德倾向，而是"真正做到了价值中立"②，这是庄子思想对世俗斗争进行判定的理论依据。李白在《代寿山答孟少府移文书》中说："且达人庄生，常有馀论，以

---

① 杨柳桥《庄子译诂》，上海古籍出版社 1991 年版，第 309 页。
② ［美］本杰明·史华兹《古代中国的思想世界》，江苏人民出版社 2004 年版，第 220 页。

为尺鷃不羡於鹏鸟，秋毫可并於大山。由斯而谈，何小大之殊也？"这表明李白深为赞同庄子"万物齐一"的哲学观，这也应是李白将李唐王朝与安史叛军比拟为"楚汉相争"的深刻的哲学渊源，由此似乎不难理解李白对双方争夺的淡漠与超然，以及叛乱初起后表示要隐逸山林的思想根源。

庄子否定人为的等级划分，实际上就否定了人世间的各种权威，也自然不会承认任何世俗政权的正统性。道家自然观深刻消解了儒家正统观念的影响，李白虽然不可能将朝廷与叛军相提并论，但也不大可能像杜甫一样对李唐朝廷有那样根深蒂固的精神皈依，也因而不会像杜甫一样对犯上作乱的行为那样痛愤慷慨，这必然影响到他对战乱现实的反映。李白虽然后来加入了永王的平叛队伍，但其建功立业以青史留名的个人动机远远高于效忠朝廷以恢复大唐正统的政治动机，否则他早应该像杜甫那样主动加入平叛队伍，而不会在永王的一再邀约下才"迫胁上楼船"，其所关注着的始终是"自我"价值的实现，所谓"但用东山谢安石，为君谈笑静胡沙"，与杜甫"煌煌太宗业，树立甚宏达"的政治理想相去甚远。

李白以自我为中心的创作心态无疑会影响到其反映现实的广度与深度。然而也恰恰因为李白诗中被迫涉及的现实内容，暗示出李白及其所代表的盛唐文化精神超越追求的沉落。陈寅恪在《论韩愈》中说："唐代之史可分前后两期，前期结束南北朝相承之旧局面，后期开启赵宋以降之新局面。关于政治社会经济者如此，关于文化学术者莫不如此。"[①] 前后期的分界点即是安史之乱，而李杜则是这一历史转捩期不同文化的代表人物。此后杜诗大行其道，对后世士人的创作及价值观产生了深远影响。李、杜二人在文学史上角色和地位的转换在深刻意义上象征了中国文化精神由浪漫向现实的衰变历程。

---

① 陈寅恪《金明馆丛稿初编》，上海古籍出版社1980年版，第296页。

自由的吟唱，盛世的挽歌

——《饮中八仙歌》主题深探

—————

《饮中八仙歌》是杜甫诗中较为独特的一篇作品，它生动描绘了包括李白在内的人物群像，充分展现了"八仙"的风采神韵。就其章法而言，仇注引王嗣奭曰："此系创格，前古无所因，后人不能学。"又引"吴见思曰：'此诗一人一段，或短或长，似铭似赞，合之共为一篇，分之各成一章，诚创格也。'"① 该诗在唐人的七言歌行中的确别具一格。就其题旨而言，则幽微深致，大有探讨的空间。本文将深入探究该诗的主题，由此出发观照杜甫的思想矛盾，把握其思想发展的轨迹，从而深入理解杜甫的人生历程。

一

该诗创作的具体年代并不明确，但大致可确定为天宝年间杜甫困居长安时期。按仇引"黄鹤注：蔡兴宗年谱云天宝五载，而梁权道编在天宝十三载"。仇兆鳌认为"此诗当是天宝间追忆旧事而赋之，未详何年"②。根据该诗内容，的确很难确定具体的创作年代，但应能大致确定其创作的时间范围。由诗中咏李适之的"衔杯乐圣称避贤"句，可断定该诗当作于天宝五载

—————

① 仇兆鳌《杜诗详注》卷2，中华书局1979年版，第85页。
② 同上书，第81页。

之后。按《旧唐书》列传第四十九，李适之"五载，罢参知政事，守太子少保。遽命亲故欢会，赋诗曰：'避贤初罢相，乐圣且衔杯。为问门前客，今朝几个来？'"[1] 杜甫该句应化出李适之诗，故杜甫此诗应不早于天宝五载。而该诗内容不见有任何变化迹象，则应在安史乱前，或应更早。而此期正是杜甫在长安求仕时期，明确了这一背景，才能准确把握该诗主题。

杜甫于天宝五载（746年）结束壮游生活，西入长安，开始其长达十年的求仕生涯。杜甫曾于开元二十三年参加过一次科考，但未考取，"忤下考功第"（《壮游》）后即漫游吴越。此次长安求仕志在必得，豪情一如当年。由其作于初入长安的《今夕行》即可看出此时的精神面貌："冯陵大叫呼五白，袒跣不肯成枭卢。英雄有时亦如此，邂逅岂即非良图？"虽然杜甫自视甚高，但此时的政治形势已发生逆转，奸相李林甫把持朝政，培植亲信，排斥异己，朝政日非。天宝六载（747年），杜甫满怀希望地第二次参加科考，李林甫害怕草野之士借对策之机斥言其奸恶，便暗设障碍，将应试者全部黜落，并上表称贺说"野无遗贤"。此次落第对杜甫造成极大打击，使他初步认识到政治的波诡云谲，转而试图通过其他途径进入仕途，一是向达官贵人投赠诗篇，希望得到他们的赏识援引，二是向朝廷献赋，希望直接引起皇帝的注意。于是向权贵献诗，向朝廷献赋构成了杜甫困居长安期间的主要生活内容。为得到权贵的汲引，杜甫不免要低声下气，其投赠的诗篇充斥阿谀之词，流露出乞怜之意。而且不大顾及投赠对象的个人品质，只要身居高位，便勇于投赠，如其两次投赠张垍即为一例。张垍时为翰林学士，宁亲公主驸马。此人曾谗陷李白，安史乱后又屈节附逆，其品行节操可见一斑。杜甫与李白交游密切，不会对张垍谗害李白一无所知，出于与李白的友谊，似不宜

---

[1]《旧唐书》卷99，中华书局1975年版，第3101页。

攀附这位"天上张公子，宫中汉客星"(《赠翰林张四学士坰》)。更为不堪的是，杜甫还投赠鲜于仲通以交通杨国忠。鲜于仲通与杨国忠二人狼狈为奸，是征讨南诏而又导致全军覆没的罪魁祸首，而杜甫在诗中称鲜于仲通"骅骝开道路，雕鹗离风尘"，"脱略磻溪钓，操持郢匠斤"(《奉赠鲜于京兆二十韵》)，极尽溢美之词，且更哀求鲜于仲通将自己引荐给杨国忠，并极力突出自己困窘愁苦之状，"有儒愁饿死，早晚报平津"。杨国忠此时虽然大恶未彰，但其劣迹早已不胫而走，作于同期的《丽人行》即已对其私通虢国夫人的秽闻有所揭露，杜甫岂可不知其品行的卑下，但这里仍低首下心，哀告乞怜，不由令人一发浩叹。杜甫并非对投赠对象一无所知，更非甘于与杨国忠之类大奸巨恶同流合污，实在是求仕心切而急不择路。其实杜甫对这种干谒生涯深以为耻，"独耻事干谒"(《咏怀五百字》)正是其真实的心声。在《白丝行》中，杜甫感叹"已悲素质随时染"，并更揭示自己如此忍辱含垢的原因："君不见才士汲引难，恐惧弃捐忍羁旅。"正是为了实现"致君尧舜"的理想，杜甫才甘心这样屈膝于权贵，付出尊严与人格饱受折辱的代价。但这些投赠大多如泥牛入海，有去无回。杜甫自鸣得意的三大礼赋，虽然"气冲星象表，词感帝王尊"(《奉留赠集贤院崔于二学士》)，受到玄宗的"奇视"，而终于又没有了下文。在这样求仕无成的困境中，杜甫忍受怎样的精神煎熬便可想而知了。只有把握住杜甫这种心态，才能对《饮中八仙歌》的主题进行更深入、更准确的解读。

二

关于该诗的主题，虽曾有人作过探索，但偏重考察"八仙"的个人命运，未能联系杜甫的处境，从"八仙"出发进一步观照杜甫的心灵世界，这样就很难触及该诗的核心。该诗主题实则呈现出由表及里的多重层次，表层为借酒销愁，里层则是发抒怀才不遇的愤懑，深层则是表达对不拘礼法、蔑视权贵的自由人格的向往。该诗的核心应是对自由人格的追求。

酒是"八仙"借以销愁的工具，正是酒使"八仙"的心灵世界得到了真实的袒露。"八仙"中的汝阳王李琎本为睿宗长子李宪之子，而睿宗三子李隆基在平定韦后及太平公主的叛乱中立下大功，作为太子的李宪便根据立贤不立长的原则将皇位让与李隆基，李琎作为李宪长子因此也与皇位无缘，这种命运的阴差阳错不可能不对李琎的心理产生影响。《新唐书》对其有如下记述："琎眉宇秀整，性谨洁，善射。帝爱之，封汝阳王。"[1]而杜甫《八哀诗》对李琎的描述则为："汝阳让帝子，眉宇真天人。虬须似太宗，色映塞外春。"如此龙姿凤质，却与帝座失之交臂，岂能心平气和？诗中写他"三斗始朝天"，而且"道逢麹车口流涎，恨不移封向酒泉"，与其说这是特别的嗜好，不如说是以酒寄慨。而左相李适之显然更其不幸，《新唐书》说他"以办治闻"，"其政不苛细，为下所便"[2]，很有干才，却因"与李林甫争权不协"而遭其阴构，罢相后以诗寄愤："避贤初罢相，乐圣且衔杯。为问门前客，今朝几个来？"并终于在李林甫的威胁下仰药自杀。则其生前嗜酒决非仅图一时之快，实在是心有隐忧。

杜甫本来自视甚高："自谓颇挺出，立登要路津。致君尧舜上，再使风俗淳。"（《奉赠韦左丞丈二十二韵》）但其旅食京华，四处干谒，备尝屈辱，却蹭蹬不遇，这种才不为用的遭遇给杜甫带来的愤懑决不亚于上述二人。在这种困境中，杜甫常常流连于醉乡，其在长安期间的诗作共约105首，涉及"酒""醉"者即达31首（据韩成武，张志公《杜甫诗全译》），近三分之一。

---

① 《新唐书》卷81，中华书局1975年版，第3599页。
② 《新唐书》卷131，中华书局1975年版，第4503页。

其中有求仕无成的苦闷，"谁能更拘束？烂醉是生涯。"（《杜位宅守岁》），"流寓理岂惬？穷愁醉不醒。"（《桥陵诗三十韵因呈县内诸官》）。有年华老去的感伤，"却忆年年人醉时，只今未醉已先悲。数茎白发哪抛得？百罚深杯辞不辞。"（《乐游园歌》）"绿樽须尽日，白发好禁春。"（《奉陪郑驸马韦曲二首》其一）有无所依归的寂寞，"醒酒微风入，听诗静夜分。"（《陪郑广文游何将军山林十首》其九）"自笑灯前舞，谁怜醉后歌？"（《陪郑广文游何将军山林十首》其十）更有才不为用的愤激，"明日萧条醉尽醒，残花烂熳开何益？"（《叹庭前甘菊花》）"耽酒须微禄，狂歌托圣朝"（《官定后戏赠》）。杜甫怀才不遇，心存怨悱，则其饮酒自醉自然是要遣愁抒慨，"沉饮聊自遣，放歌破愁绝"（《咏怀五百字》），因此才会与"八仙"心有戚戚焉。如果说杜甫醉酒放歌是自我排遣，那么其为"八仙"画像则是以他人之酒杯，浇自己之块垒，甚至是以酒为媒，寻觅知己。正是通过酒，杜甫找到了与"八仙"沟通的语言，并以切身的遭际，更为深刻地理解了"八仙"潇洒放浪背后的悲情愁绪。尤其是杜甫暗引李适之的诗句，既表达了对李适之不幸遭遇的同情，更兼自己同样受到李林甫的阴构，似也有以此寄愤之意。因而，《饮中八仙歌》亦可理解为杜甫假"八仙"之狂傲放诞含蓄表达才不为用的愤懑。

如果仅仅因为遭遇不幸，嗜酒自遣，恐怕还不足以使杜甫将"八仙"引为同道，"八仙"吸引杜甫的应该更在于其不拘法度的放浪和蔑视权贵的傲岸。

贺知章在大庭广众之下"骑马似乘船"，"眼花落井水底眠"，全然不顾自己朝廷大员的身份。仇注称："此极摹贺公狂态。骑马若船，言醉中自得。眼花落井，言醉后忘躯。"①《旧唐书·文苑传》说他"性放旷，善谈笑，当

---

① 仇兆鳌《杜诗详注》卷2，中华书局1979年版，第81页。

时贤达皆倾慕之。……知章晚年尤加纵诞，无复规检。自号四明狂客"①。这种借酒纵诞的行为无疑表现了贺知章摆脱常俗、不拘礼法的自由人格，而"当时贤达"对这类纵诞行为"皆倾慕之"，则又映照出大唐盛世酷爱自由的时代精神，这正是"八仙"产生的社会土壤。

相对贺知章，"八仙"中苏晋的狂诞更令人惊叹。蔡梦弼《杜工部草堂诗笺》注云："苏晋学浮屠术，尝得胡僧慧澄绣弥勒佛一本，晋宝之。尝曰：'是佛好饮米汁，正如吾性合，吾愿事之，他佛不爱也。'"②佛本一家，神圣庄严不可侵犯，苏晋竟然任由自己的好恶而厚此薄彼，随意臧否，本身即是对佛法的不恭，且其独爱弥勒佛的原因竟是"此佛好饮米汁，正与吾性合"，完全以世俗的视角加以取舍，似暗寓对神佛的嘲弄。更为惊世骇俗的是，苏晋皈依佛法之后，无视佛教的清规戒律，常常喝酒破戒，醉中逃禅，自然更是对神佛的大不敬了。由此，苏晋并非虔诚向佛，只不过是把佛当作抚慰心灵的工具，同用以销愁的美酒似乎别无二致，所以才会将酒与禅两种不能相容的对象统一起来。苏晋显然是以功利之心对待佛教的，因而，他并不受制于佛法的拘束和摆布，而完全以自由人格的尺度对佛法加以剪裁，喜则用之，恶则舍之。他没有拜倒于神佛之下，反似让神佛成了供他驱遣的奴仆。这种主客位置的颠倒恰恰反映出他蔑视一切外在权威，以自我为中心的自由人格。

如果说贺知章无视礼法，那么苏晋则是无视佛法，二者都表现出摆脱羁束、张扬自我的自由精神。与之相对照，杜甫始终恭奉儒道，循规蹈矩，不敢妄越雷池，但即使如此，杜甫仍未得到官场的认可和接纳。这样，贺知

---

① 《旧唐书》卷190中，中华书局1975年版，第5034页。
② 蔡梦弼《杜工部草堂诗笺》卷2，《古逸丛书》，日本东京木邨嘉平刻本。

章、苏晋等摆脱俗累、无所拘束的举止风度无疑会令杜甫心有所动。杜甫虽然奉儒守法，其实心性疏狂，鄙视庸碌，决非"白发死章句"的愚儒。杜甫汲汲求仕，而一旦为官，又往往嫌碍公务烦琐，人事纷杂，流露出归隐之念。在任职右卫率府兵曹后，杜甫即有《去矣行》一诗，表达对为官生活的厌倦，"野人旷荡无腼颜，岂可久在王侯间？未试囊中餐玉法，明朝且入蓝田山"。即使任职左拾遗后，因朝廷政争，亦不时产生弃官之想，"细推物理须行乐，何用浮名绊此身！"（《曲江二首》其一）"吏情更觉沧洲远，老大徒伤未拂衣。"（《曲江对酒》）在被贬为华州司功参军后，面对堆放如山的公务，更是心绪烦躁，"束带发狂欲大叫，簿书何急来相仍！"（《早秋苦热堆案相仍》）寓居成都期间，杜甫一度供职严武幕府，后因不堪内部的人事纷争，不久即辞职告归，"白头趋幕府，深觉负平生"（《正月三日归溪上有作简院内诸公》）。由此可以大体看出杜甫不受拘束的个性。杜甫对此并不讳言，在诗中多次提及自己疏狂的性情，"欲填沟壑惟疏放，自笑狂夫老更狂"（《狂夫》），"畏人成小筑，褊性合幽栖"（《畏人》）。"谢安不倦登临费，阮籍焉知礼法疏？"（《奉酬严公寄题野亭之作》）"我生性放诞，雅欲逃自然"（《寄题江外草堂》）。正是这种疏狂放诞的性格使杜甫产生对自然的向往和对自由的追求，而求仕无成的挫折无疑会在一定程度上消解杜甫对儒道的谦恭，强化其诗性情怀，这正是杜甫钦慕"八仙"自由人格的思想基础。

"八仙"的不拘法度固然可以让杜甫怦然心动，而八仙对杜甫更大的触动应该在于其不媚权贵的傲岸不羁，这无疑以李白为代表。李白经过十几年的活动，名满海内，应诏入京，狂喜之下，放声高歌："仰天大笑出门去，我辈岂是蓬蒿人！"（《南陵别儿童入京》）李白平步青云实属不易，但他并未因此而患得患失，狂放傲岸一如既往。杨国忠为之研墨，高力士为之脱靴的故事虽带有传奇色彩，但也是根据李白的性格特征进行的合理敷衍，并非毫无根据的向壁虚造。李白后来追忆这段生活时不无得意地说："揄扬九重万乘主，谑浪赤墀青琐贤。"(《玉壶吟》)因不堪小人的谗害和权臣的排挤，李白长安供职不到三年即自请放还，并豪迈地表示："安能摧眉折腰事权贵，使我不得开心颜!"(《梦游天姥吟留别》)对自由人格的追求胜过一切，这是李白的终极性原则，"天子呼来不上船，自称臣是酒中仙"正是对其傲岸不羁、不媚权势的精神气质的生动写照。

与之类似的崔宗之则是"举觞白眼望青天，皎如玉树临风前"。仇注曰："宗之潇洒，丰姿超逸。白眼望天，席前傲岸之状。玉树临风，醉后摇曳之态。"其中"白眼""玉树"俱出《世说新语》。《晋书》阮籍本传云："(籍)能为青白眼，见礼俗之士，以白眼对之。"①以崔宗之的社会地位而言，其所白眼视之的"礼俗之士"非指下层平民，而应是达官贵人中的蠢蠢俗物，但凡俗物，一概白眼视之，其凛然之气，傲岸之态，可以想见，确是一派名士风度。张旭与李、崔具有相似的精神气质，《旧唐书·文苑传》云："旭善草书，而好酒，每醉后号呼狂走，索笔挥洒，变化无穷，若有神助，时人号为张颠。"②杜甫特意强调其"脱帽露顶王公前"，显然是要突出其旁若无人、傲视权贵的颠狂。

"八仙"傲视权贵的自由人格无疑会使杜甫深切地感到自身境遇的可悲：杜甫对礼法奉若神明，"八仙"对礼法视若无物；杜甫对权贵阿谀逢迎，"八仙"对权贵则是白眼视之；杜甫千方百计谋取官职，"八仙"则更渴望摆脱束缚、获得自由。杜甫孜孜以求者，恰恰是"八仙"嗤之以鼻者。杜甫对"八仙"傲视权贵的举止风度的渲染恰恰反照出自己的心灵之痛。此时的杜

① 《晋书》卷49，中华书局1974年版，第1361页。
② 《旧唐书》卷190中，中华书局1975年版，第5034页。

甫"朝扣富儿门,暮随肥马尘",为谋求入仕而仰攀权贵,磕头作揖,狼狈不堪,人格尊严饱受折辱,心性自由沦丧殆尽。在这种困境中,李白等人的傲岸风骨无疑会给他极大的触动,从这个意义上说,《饮中八仙歌》是对自由的吟唱,它含蓄地表达了困境中的杜甫对自由人格的向往。

但这种精神的痛苦还不足以使杜甫归隐山林、游戏人生,根深蒂固的儒道传统使杜甫仍然要周旋于权贵之门,继续其干谒求官的痛苦生涯。入仕已成为杜甫挥之不去的情结,官场因此成为杜甫与"八仙"之间精神的围城,杜甫在尚未进去的时候就不可能真正出来,只有在得官之后才能更深刻地审视自我,思考人生。此时的杜甫为求官而身心交瘁,折损了尊严,也失去了自由,潇洒而不能,归隐而不甘,只能远远地望着"八仙"放浪不羁,却不能走上前去,置身其中。酷爱议论的杜甫在这首诗中一言不发,只是逐一展现"八仙"的风采神韵,实则折射出杜甫的内心矛盾,并含蓄地透露出杜甫痛苦的心灵挣扎。

杜甫浪漫的诗人心性被包上了一层坚厚的儒道外壳,诗人的一生似也可看作是其诗性竭力冲破儒道外壳的过程,弃官漂泊即为明证,但杜甫却始终不曾成功。根深蒂固的儒道传统使他始终放不下苍生社稷,所以,弃官之后流寓成都期间虽然写下不少吟咏自然风物的诗篇,而其对动荡时局的忧虑却总是如影随形,挥之不去,创作更多的还是忧心时政的作品。杜甫甚至常常将观览风物与忧心时政统一在一首诗中,其名作《登岳阳楼》即为其例:"昔闻洞庭水,今上岳阳楼。吴楚东南坼,乾坤日夜浮。亲朋无一字,老病有孤舟。戎马关山北,凭轩涕泗流。"诗由洞庭的山水形胜念及自身孤苦飘零的身世,又由个人的不幸联想到动荡的时局,既表现出吞吐宇宙、驱御自然的诗人心性,更表现出忧患民生、关心社稷的爱国情怀。浪漫的诗人心性使他神往"白鸥没浩荡,万里谁能驯",而沉重的儒道传统则使他"穷年忧黎元，叹息肠内热"，前者使他成为诗人，后者则使他成为"诗圣"，而后者正是杜甫伟大之所在。

三

大唐盛世为人们充分发挥自己的才干提供了较为宽松的政治环境，报效国家、建功立业成为时代的主旋律，然而杜甫困居长安，蹭蹬不遇，这造成了时代的相对开明与个人理想落空之间的深刻矛盾。杜甫不能找到自己的位置，也难以确证自己的价值，这造成了杜甫渴望报效而不得、退隐江湖而不甘的痛苦心态，《饮中八仙歌》因此便具有了复杂的感情内涵。

对杜甫来说，更重要的变化还在于求仕无成、怀才不遇的打击使杜甫开始对现实进行冷静的观察和理性的思考。《丽人行》表明此期的杜甫已不再幼稚地憧憬未来，而开始冷峻地观察现实，并已寓含了严肃的批判精神。在作于其后的《咏怀五百字》中，杜甫对上层统治者寻欢作乐忧心忡忡："多士盈朝廷，仕者宜战栗。况闻内金盘，尽在卫霍室。"并由表面的繁荣敏锐感觉到大厦将倾的危机："群冰从西下，极目高崒兀。疑是崆峒来，恐触天柱折。河梁幸未坼，枝撑声窸窣。"求仕的挫折使他多了一双观察世事的冷眼，求仕报国的热情逐渐转化为忧患国事的冷峻，感情由初入长安的豪迈一变而为沉郁。

由此，杜甫将个人的不幸与国家的危机联系在一起，超越了狭隘的个体进退而上升为对整个社会的关注，而个体的不幸无疑更加重了对国运的忧虑。此时的大唐正处于盛极而衰的前夜，危机四伏，乱象纷呈，杜甫在超越个人的荣辱得失而放眼天下的时候，胸怀更加开阔，感情越发深沉，作于此期的《同诸公登慈恩寺塔》，不见饱览风光的轻松，却多危机将至的沉重："高标跨苍穹，烈风无时休。自非旷士怀，登兹翻百忧。"仇兆鳌注曰："'百忧'，悯世乱也。"① 浦起龙则说："乱源已兆，忧患填胸，触境即动。只一凭眺间，觉河山无恙，尘昏满目。于是遥想国初政治之隆，预忧日后荒淫之祸，而有高举远患之思焉。"②"在胸怀百忧的诗人看来，一切景物都蒙上了一层惨淡的颜色。'烈风无时休'固然是高处的应有之景，但又何尝不是时局飘摇、天下将乱的征兆？"③ 忧患开始成为杜甫的感情内容，沉郁则成为其感情的底色，作为诗人，杜甫不再仅表达个人的心声，而已不自觉地成为时代的代言人。纳天下于胸中，必然置穷达于度外，当杜甫超越自身而将天下纳入胸中时，个人的荣辱得失便微不足道了。

正是这种胸怀天下、忧心苍生的悲悯情怀，将杜甫与"八仙"区别开来。杜甫不可能以放诞的姿态加入"八仙"的行列中去了，他将"八仙"的风采神韵描摹出来，既是欣赏与羡慕，也是审视与反思，因而，杜甫将焦遂置于篇末，便似别有深意。蔡梦弼引《唐史拾遗》云："焦遂与白号为酒中仙。口吃，对客不能出言，醉后酬诘如注射，时目为酒吃。"这位焦遂本来口吃，酒量又居"八仙"之最，却偏是"五斗方卓然，高谈雄辩惊四筵"，五斗而不醉，口吃而能高谈雄辩，则其果醉耶，抑未醉耶？仇兆鳌云："谈论惊筵，得于醉后，见遂之卓然特异，非沉湎于醉乡者。"④ 焦遂"非沉湎于醉乡者"，而其余七人又果否醉乡之客呢？这或许正如郭沫若评论李白的时候所说的那样："当他醉了时候，是他最清醒的时候。"⑤ 杜甫将焦遂置于末尾，似乎有意对"八仙"的真实状态作出某种暗示。而与其说"八仙"是清醒的，不如说杜甫是清醒的，酒已不能麻醉他的神经，"酒尽沙头双玉瓶，

---

① 仇兆鳌《杜诗详注》卷 2，中华书局 1979 年版，第 104 页。
② 浦起龙《读杜心解》卷 1 之 1，中华书局 1961 年版，第 9 页。
③ 莫砺锋《杜甫评传》，南京大学出版社 1993 年版，第 85 页。
④ 仇兆鳌《杜诗详注》卷 2，中华书局 1979 年版，第 84 页。
⑤ 郭沫若《李白与杜甫》，人民文学出版社 1971 年版，第 148 页。

众宾皆醉我独醒"(《醉歌行》)。这与"八仙"恰成反照。由此，杜甫不可能再置身于"八仙"的行列而醉酒自适，放浪形骸。程千帆先生说杜甫与"八仙"是"一个醒的和八个醉的"，确是只眼独具。

"八仙"的潇洒放浪映照出大唐盛世的时代精神，而杜甫为之画像在某种意义上又标志着盛世的终结。大唐盛世的花朵在悄悄枯萎，许多人仍酣醉其中而不自觉，杜甫敏锐地觉察到秋天将至的消息，却无法让大唐盛世芳华永驻，他只能怀着复杂而矛盾的心情，注视着"八仙"及其所依托的盛世渐行渐远。这样，《饮中八仙歌》就不仅是自由的吟唱，也是盛世之花行将凋萎的挽歌。

驿站与归宿

——杜甫与陶渊明对田园的不同心态

————

杜甫与陶渊明具有相似的人生经历，陶氏辞官归隐，杜甫辞官漂泊，且杜甫在诗中多次化引陶渊明的诗句，表现出与陶氏相似的归隐田园的人生理想，因而会给人一种错觉，认为杜甫是陶渊明的踵继者。但这只是表面现象，仔细考察就会发现，杜甫与陶渊明其实貌合神异，景仰并不意味着心灵相通，更不意味着杜甫会完全践行陶氏的人生追求，表面的相似并不能掩盖二者本质的差异。本文拟通过对杜甫、陶渊明辞官及归隐心态的考察，揭示其不同的人生追求，以期能对二人的心路历程有更深刻的认识和准确的把握。

一

陶渊明原本怀抱"大济苍生"的壮志，"忆我少壮时，无乐自欣豫。猛志逸四海，骞翮思远翥"（《杂诗十二首》其五）。但东晋小朝廷偏安一隅，不思进取，上层统治集团争权夺势，相互厮杀，政治一片黑暗。在这样一个没有希望的时代，陶渊明的理想完全没有实现的可能。虽然陶渊明也曾怀抱用世之志进入桓玄、刘裕的幕府，但二人并非平乱定国、辅君安民的豪杰，而是野心勃勃、伺机篡逆的枭雄，陶渊明终于失望而归。岁月渐老，壮志成空，陶渊明无奈地悲叹"岁月掷人去，有志不获骋"（《杂诗十二首》其二）。面对这种政治现实，陶渊明几乎完全放弃了自己的政治理想，后来为官彭泽令并非为了有所建树，实在是为稻粱谋。在辞官前夕所作的《归去来兮辞序》中，陶渊明自述说："余家贫，耕植不足以自给。幼稚盈室，瓶无储粟，生生所资，未见其术。亲故多劝余为长吏，……遂见用于小邑。"可见，陶渊明出仕有一个从积极到消极的变化过程，政治的黑暗，理想的破灭使他最终归隐田园。

杜甫对陶渊明辞官归隐、不同流合污的高洁品格极为景仰，诗作中大量提及陶潜或化引其作品。困居长安期间，杜甫有四首诗涉及陶潜或其作品。在《奉寄河南韦尹丈人》中有"浊酒寻陶令，丹砂访葛洪"。在《奉留赠集贤院崔于二学士》中则有"故山多药物，胜概忆桃源"。这两首诗中虽与陶潜有关，却不可看作表达了与陶潜一样的归隐之趣。两诗都是投赠之作，希望得到对方的汲引而入仕为官，与归隐并不相干。杜甫之所以这样说，不过以此表达自己不同凡俗的志趣和品格罢了，也是唐代盛行的以隐求仕的具体而微的表现，就像其所谓"今欲东入海，即将西云秦"（《奉赠韦左丞丈二十二韵》）而终未成行一样，更大程度上是故作姿态，而非要真心归隐。在《醉时歌》中，杜甫写道："先生早赋归去来，石田茅屋荒苍苔。儒术于我何有哉？孔丘盗跖俱尘埃。"更是抒发求仕无成、怀才不遇的愤激，恰恰表现出强烈的入世心态，与陶渊明的"归去来"迥然不同。

经过十年漫长的努力，杜甫终于得到河西尉的小官，杜甫辞而不就，继而又被任命为右卫率府兵曹参军，杜甫不再推辞，为此而作《官定后戏赠》："不作河西尉，凄凉为折腰。老夫怕趋走，率府且逍遥。耽酒须微禄，狂歌托圣朝。故山归兴尽，回首向风飙。"其中"折腰"显系来自陶渊明的"不肯为五斗米折腰向乡里小儿"。这里杜甫暗用其典，似表达与陶潜相似的人生志趣，其实极为牵强。陶氏是因为不肯折腰而毅然辞官，杜甫则并非辞官，而是舍彼就此，不就任河西尉，却接受了右卫率府兵曹参军。该职亦是下级小官，难免要迎来送往，亦同样不免"折腰"之辱，而且既称自己如陶潜一样不肯为五斗米而折腰，后面却又说"耽酒须微禄"，前后岂非相互矛盾？更何况杜甫为求仕而困居长安达十年之久，一直在摧眉折腰，干谒权贵，如何现在却耻于折腰作河西尉呢？因而，杜甫虽然在这里引用"折腰"一词，其心态却与陶潜全然不同。唐时河西在关内道同州境内，治所在今陕西合阳境内黄河西岸，虽距长安不远，毕竟远离朝廷。右卫率府兵曹参军虽亦官卑职微，却是京官，而只要身在京城，就有机会利用各类关系谋求升迁。杜甫的理想本是致君尧舜，并非养家糊口，唯有身居高位才有实现理想的可能，这应该才是杜甫接受这一官职的原因。

由上面长安求仕期间所作的四首诗，可以看出杜甫对陶渊明虽然高山仰止，但杜甫强烈的入世精神使他对陶渊明只是心向往之，而实不能至。如果对杜甫此后的人生历程进一步考察，则可以更清楚地看到杜、陶二人理想的本质差异。

安史乱后，杜甫陷贼，冒死逃出奔赴凤翔，被任命为左拾遗。虽不过是七品谏官，官阶不高，却是"日绕龙鳞"，可以劝谏君主，并有可能实现"致君尧舜上"的理想，因而此期杜甫的心情是颇为舒畅的。此期诗作如《腊日》《奉和贾至舍人早朝大明宫》《宣政殿退朝晚出左掖》《紫宸殿退朝口号》等诗描述侍臣生活，字里行间流露出自得之意。此后因疏救房琯而被贬为华州司功参军，杜甫情绪一落千丈，内心充满怨愤不平："近侍归京邑，移官岂至尊？无才日衰老，驻马望千门。"（《至德二载，……有悲往事》）华州司功参军与河西尉一样，都属地方官吏，远离政治中心，升迁困难，实现理想更是遥遥无期，杜甫的失落之情不难想见，不久即挂冠而去。杜甫拒受河西尉，自然可以辞去华州司功参军，二者原因应该是相同的。杜甫辞官前有《立秋后题》表露心迹："平生独往愿，惆怅年半百。罢官亦由人，何事拘形役？"其中"独往"指特立独行，摆脱万物挂碍，自由来往于天地之间。《庄子·在宥》有"出入元合，游乎九州，独往独来，是谓独有。"陶渊明《归去来兮辞》中有"怀良辰以孤往，或植杖而耘耔"，其中"孤往"即"独往"，即归隐之意。后面的"拘形役"则显系出自《归去来兮辞》"既自以心为形役，奚惆怅而独悲！"杜甫以诗明志，似是以陶潜自许，且作此诗后即告辞官，更似踵继陶氏了，其实不然。陶潜所谓心为形役是说做官使自己失去自由，辞官正是要摆脱束缚，重获自由。杜甫辞官则主要是因为惨遭贬谪，理想落空。本为理想而来，自然会因理想落空而去。杜甫寓居成都后，曾被任为京兆功曹，功曹参军从正七品下，同样官职卑微，与理想相去甚远，杜甫感到不可能有所作为，所以辞不赴任。而当严武表奏杜甫为检校工部员外郎后，杜甫愉快地接受下来，并以此为荣，在其后的诸多诗作中，屡屡提及自己的郎官身份，如"台郎选才俊，自顾亦已极"（《堂客》），"幕府初交辟，郎官幸备员"（《秋日夔府咏怀》），"身觉省郎在，家须农事归"（《复愁十二首》之四），"衰老自成病，郎官未为冗"（《晚登瀼上堂》）。员外郎从六品，高于七八品的左拾遗，杜甫欣然接受便在情理之中。由此可见，杜甫对官职的或辞或受，并非挑肥拣瘦，而是以理想尺度进行权衡取舍的结果。它表明杜甫并非为五斗米而求官，而是在执着地追求自己的理想。理想不能实现，则决不苟居官位，哪怕为此而穷困潦倒，生活无着，类似于陶渊明"岂忘袭轻裘？苟得非所钦"（《咏贫士》其二）。由此可以清楚地看出杜甫志在辅君安民，决非蝇营狗苟、"但自求其穴"的蝼蚁之辈。由杜甫的辞官受官还可以看到，杜甫辞官并不等于归隐，更不等于放弃政治，与其说是踵继陶潜，不如说是以退为进，等待时机。辞官后杜甫仍然与官场人物保持着密切的联系，并终于因严武的表奏而被任为员外郎，即可看作杜甫政治上的又一次成功，这正是杜甫不同于陶潜辞官隐居的根本所在。

二

晋宋之交政治局势的混乱动荡使归隐前的陶渊明始终在入世与出世之间摇摆不定，因为没有坚定的政治理想的支撑，陶渊明的出仕便丧失了强大的动力和热情，许多异在因素会轻易使其退出官场。东晋王朝经过司马道子乱政、孙恩之乱、桓玄篡逆，已是摇摇欲坠。公元 403 年，桓玄篡晋自立。404 年，刘裕起兵讨伐桓玄，攻入建康。405 年，即陶渊明弃官前一年，刘裕完全操纵了东晋王朝的军政大权。伴随着篡乱相替的残酷斗争，是数不清的诛杀异己，一场争斗下来，名士减半，后来谢安、谢朓等名士正是在这种政争中死于非命。因而陶潜辞官归隐，实在还有远害全身的考虑，"密网裁而鱼骇，宏罗制而鸟惊。彼达人之善觉，乃逃禄而归耕"（《感士不遇赋》），躬耕虽然"四体诚乃疲"，但"庶无异患干"（《庚戌岁九月中于西田获早稻》），可以在相对平静的山水田园中最大限度地保全自己。

除了理想破灭、远害全身的现实原因外，从更深刻的意义上讲，陶潜归隐田园还是出于对自然本性的捍卫和对自由的追求。陶潜弃官前反复表达其归隐之志，"静念园林好，人间良可辞"（《庚子岁五月中从都还，阻风于规林二首》其二），"商歌非吾事，依依在耦耕"（《辛丑岁七月赴假还江陵夜行涂口》），甚至在赴任途中即已作好了归隐的打算，"目倦川途异，心念山泽居。望云惭高鸟，临水愧游鱼。真想初在襟，谁谓形迹拘？聊且凭化迁，终返班生庐"（《始作镇军参军经曲阿作》）。最终坚决辞官归隐，并以《归园田居》自述心志，"少无适俗韵，性本爱丘山。误落尘网中，一去三十年。羁鸟恋旧林，池鱼思故渊。开荒南野际，守拙归园田"。陶渊明对出仕的矛盾心态曲折反映出时代已失去了实现理想的条件，而陶氏不受拘束的自然心性使他最终不堪忍受折腰迎送的屈辱，终于辞去彭泽令，彻底放弃了为官之念，开始了躬耕自给的生活。

陶渊明"质性自然"（《归去来兮辞序》），坚信"抱朴守静，君子之笃素"（《感士不遇赋序》），而官场的黑暗，政治的污浊，残酷的政争使陶潜痛心疾首，感叹"真风告逝，大伪斯兴，闾阎懈廉退之节，市朝驱易进之心。怀正志道之士，或潜玉于当年；洁己清操之人，或没世以徒勤"（《感士不遇赋序》）。而人性的贪婪和丑恶正是社会动荡的深层原因，陶潜无力改变，只能洁身自好，"宁固穷以济意，不委曲而累己"（《感士不遇赋》）。于是，退出官场、归隐田园成为陶潜必然和几乎唯一的选择。在这一点上，杜甫与陶潜具有内在的一致性。杜甫弃官同样也有追求心性自由的因素。杜甫汲汲为官，而一旦为官，又往往嫌碍公务烦琐，人事纷杂，而流露出归隐之念。在任职右卫率府兵曹后，杜甫即有《去矣行》一诗，表达对为官生活的厌倦，"野人旷荡无脑颜，岂可久在王侯间？未试囊中餐玉法，明朝且入蓝田山"。即使任职左拾遗后，因朝廷政争，亦不时产生弃官之想，"细推物理须行乐，何用浮名绊此身！"（《曲江二首》其一）"吏情更觉沧洲远，老大徒伤未拂衣"（《曲江对酒》）。在被贬为华州司功参军后，面对堆积如山的公务，更是心绪烦躁，"束带发狂欲大叫，簿书何急来相仍！"（《早秋苦热堆案相仍》）寓居成都期间，杜甫一度供职严武幕府，后因不堪内部的人事纷争，不久即辞职告归，"白头趋幕府，深觉负平生"（《正月三日归溪上有作，简院内诸公》）。由此可以大体看出杜甫不受拘束的个性。杜甫对此并不讳言，在诗中多次提及自己疏狂的性情，"欲填沟壑惟疏放，自笑狂夫老更狂"（《狂夫》），"畏人成小筑，褊性合幽栖"（《畏人》），"谢安不倦登临费，阮籍焉知礼法疏?"(《奉酬严公寄题野亭之作》)"我生性放诞,雅欲逃自然"(《寄题江外草堂》)。正是这种疏狂放诞的心性使杜甫产生对自然的向往和对自由的追求。

但杜甫所追求的自由主要是摆脱琐碎的事务之累和纷乱的人事之烦,以求心灵的轻松,并不等于逃归自然。而陶潜追求的自由则是生命主体对现实世界的整体超越,既要脱离官场束缚,也要克服名利的诱惑,还要淡化对死亡的恐惧,涉及进与退、穷与达、生与死等诸多范畴。相对于杜甫,陶潜无疑站得更高,他以自然哲学观照天地万物,对待生死穷通,"天岂去此哉?任真无所先"(《连雨独饮》),"穷通靡忧虑,憔悴由化迁"(《岁暮和张常侍》),"纵浪大化中,不喜亦不惧"。《列子·天瑞》:"人自生至终,大化有四:婴孩也,少壮也,老耄也,死亡也。"① 《荀子·天论》云:"四时代御,阴阳大化。"② 可见大化既指个体生命的荣枯,亦指自然万物的轮回。又《庄子·知北游》:"天下莫不沉浮,终身不故;阴阳四时运行,各得其序。惛然若亡而存,油然不形而神,万物畜而不知。此之谓本根,可以观于天矣。"③ 陶渊明将生命与天地万物连通成一体,任其沉浮盛衰,心灵因而逃逸出个体和现世的有限性而往来无碍,"聊乘化以归尽,乐夫天命复奚疑"(《归去来兮辞》),从而达到一种无复依赖的自由境界。如果说陶潜所追求的是大自在,那么杜甫追求的只是小自由,所以杜甫弃官后虽然感到暂时的轻松,却不能超越纷至沓来的现实之累而获得真正的心灵自由,从而在许多方面表现出与陶潜不同的人生态度。

杜甫辞官之后,生计艰难,生活困顿,往往叹苦嗟贫,乞怜于人,"百年已过半,秋至转饥寒。为问彭州牧,何时救急难?"(《因崔五侍御寄高彭

---

① 严北溟、严捷《列子译注》,上海古籍出版社 1986 年版,第 10 页。
② 杨柳桥《荀子诂释》,齐鲁书社 1985 年版,第 448 页。
③ 陈鼓应《庄子今注今译》,中华书局 1983 年版,第 563 页。

州一绝》）"行李须相问，穷愁岂有宽？君听鸿雁响，恐致稻粱难"（《重简王明府》）。面对艰难困苦，陶潜则要旷达得多，也坚定得多，"安贫守贱者，自古有黔娄。好爵吾不萦，厚馈吾不酬。一旦寿命尽，蔽服仍不周。岂不知其极，非道故无忧"（《咏贫士》其四）。又"岂不实辛苦，所惧非饥寒。贫富常交战，道胜无戚颜"（《咏贫士》其五）。其所谓"道"即安贫乐道之"道"。陶潜躬耕自食，不依赖于人，本身即是在捍卫不食嗟来之食、"贫贱不能移"的孔孟之道，在更深刻的意义上则是践行取法自然、不为形役的老庄大道。经济独立，才能获得精神自由，陶潜深知这一点，因而坚决断绝与官方尤其是篡晋自代的刘宋王朝的往来。萧统《陶渊明传》载，渊明"躬耕自资遂报羸疾，江州刺史檀道济往候之，偃卧瘠馁有日矣。道济曰：'贤者处世，天下无道则隐，有道则至；今子生文明之世，奈何自苦如此？'对曰：'潜也何敢望贤？志不及也。'道济馈以粱肉，麾而去之。"[1] 陶潜固守穷节，老而弥坚，千载而下，仍令人肃然起敬。相比之下，杜甫寄食于人，依靠官员的接济为生，精神难免局促，底气不足。史传严武镇蜀以暴猛称，《新唐书》载："武在蜀颇放肆，用度无艺，或一言之悦，赏至百万。蜀虽号富饶，而峻掊亟敛，闾里为空。"[2] 但杜甫诗中不见有一句批评，反多溢美之词，《遭田父泥饮，美严中丞》一诗即通过田父之口赞扬严武的"美政"，由此不难体会杜甫的苦衷。安史乱起，杜甫漂泊流离，与弟妹天各一方，杜甫每念及此，悲从中来，"干戈犹未定，弟妹各何之？拭泪沾襟血，梳头满面丝"（《遣兴》）。"渐惜容颜老，无由弟妹来。兵戈与人事，回首一悲哀"（《遣愁》）。而陶潜则说，"人生无根蒂，飘如陌上尘。分散逐风转，此已非常身。

---

① 袁行霈《陶渊明集笺注》，中华书局 2003 年版，第 611 页。
② 《新唐书》卷 129，中华书局 1975 年版，第 4484 页。

落地为兄弟，何必骨肉亲。得欢当作乐，斗酒聚比邻"（《杂诗十二首》其一）。其达观与杜甫自是不可同日而语。杜甫年迈体衰，病体支离，自知来日无多，往往忧生叹死，"即今倏忽已五十，坐卧只多少行立。强将笑语供主人，悲见生涯百忧集"（《百忧集行》）。又"松柏邙山路，风花白帝城。汝曹催我老，回首泪纵横"（《熟食日示宗武》）。又"眼复几时暗？耳从前月聋。猿鸣秋泪缺，雀噪晚愁空"（《耳聋》）。表达了沉重的感伤和忧惧之情。陶潜则云，"人生似幻化，终当归空无"（《五月旦作和戴主簿》），"既来孰不去，人理固有终"（《归园田居五首》其四）。又云"纵浪大化中，不喜亦不惧。应尽便须尽，无复独多虑"（《神释》）。陶潜将世间万物的盛衰生死看作周而复始的轮回，是向自然的回归，故不喜不惧，淡然处之，甚至作诗自挽，为文自祭。"人生实难，死如之何？"（《自祭文》）"死虽不可知，但生是可以由自己掌握的，以自然的态度对待生，以泰然的态度对待死，这就是陶渊明的生死观。"[1] 对生死如此达观，对穷达荣辱必然会淡泊视之，所以才能得到大自在，这正是陶潜在艰苦的环境中能够坚持下去的精神力量。

正因为这种不同的自由观、人生观，陶、杜在出处问题上截然相对。陶淡漠政治，寄身世外，徜徉于田园的宁静与闲适，虽然写下《咏荆轲》等所谓金刚怒目式的作品，隐约露出并不平静的内心世界，却只是一闪而过，出世才是其常态。而杜甫始终念念不忘君国，寄身江湖，却心存魏阙，虽也有遁迹山林的出世之念，但往往转瞬即逝，入世才是其常态。在流离绵州、梓州、阆州期间，杜甫即作有《光禄坂行》《苦战行》《去秋行》《渔阳》《远游》《闻官军收河南河北》《喜雨》《警急》《愁坐》《王命》《征夫》《西山三首》《巴山》《遣忧》《江陵望幸》《城上》《伤春五首》《收京》《释闷》《有感五首》共30

---

① 袁行霈《陶渊明研究》，北京大学出版社 1997 年版，第 15 页。

首关注时局的诗作，表现出强烈的忧时伤世之情。对时局的忧患使杜甫越发不甘于流落天涯的现状，而更渴望返归政治，在许多赠别诗中，杜甫屡屡希望对方尽心报国，在《奉送严公入朝十韵》中奉劝严武"公若登台辅，临危莫爱身"，在《送陵州路使君之任》中则对路使君勤政爱民寄以希望，"众寮宜洁白，万役但平均。宵汉瞻佳士，泥涂任此身"。这既是对朋友的希望，也是自己的心声。在被表奏为检校工部员外郎后，这种恋阙思归、济时报国之情越发强烈了，"回首周南客，驱驰魏阙心"（《晴二首》其二），"尚想趋朝廷，毫发裨社稷"（《客堂》），"时危思报主，衰谢不能休"（《江上》），"向来忧国泪，寂寞洒衣巾"（《谒先主庙》），"不眠忧战伐，无力正乾坤"（《宿江边阁》）。但老病之身及穷困潦倒使杜甫只能漂泊江湖，诗人徒怀报国之志而不能为国分忧，感情越发凄凉沉痛，"欲陈济世策，已老尚书郎"，"落日悲江汉，中宵泪满床"（《暮春题瀼西新赁草屋三首》）。杜甫在出峡前夕所写的诸多诗作抒发了渴望出峡而不能的烦躁痛苦之情，诗中充满生命暮年、不久人世的悲哀，"吾人淹老病，旅食岂才名"，"只应与儿子，飘转任浮生"（《入宅三首》其三）。这与陶潜以田园为归宿的心态迥然不同。陶潜任顺自然的达观消解了生命迟暮的焦虑，加强了出世的信念，并因而淡泊了功名欲望，"去去百年外，身名同翳如"（《和刘柴桑》），转而追求现世的快乐，"今我不为乐，知有来岁否？"（《酬刘柴桑》）陶潜将功名生死置之度外，因而能僻处田园，抱朴含真，专一守护心灵的纯洁和宁静。

三

与腐朽没落的东晋王朝不同，大唐盛世有力地支撑起杜甫致君尧舜的人生理想，积极进取的时代精神则为追求理想提供了持续不竭的动力，这种如狂飙突进一样呼啸前行的时代精神使杜甫无暇像魏晋名士一样谈玄说理，建功立业的热望完全淹没了华而不实的哲理思辨。类似陶潜一样达观的人生态度不属于唐代尤其是盛唐，从某种意义上说，达观会消解入世情怀和进取的动力。在这种社会背景下，个人一时的挫折不可能使杜甫怀疑整个时代的开明，正像陶潜个人的理想不可能照亮时代的黑暗一样；社会整体的黑暗可以轻易埋葬陶潜宏伟的抱负，而个人偶然的失败不可能使杜甫轻易抛弃远大的人生理想。

唐王朝进入天宝以后，政治趋于黑暗，安史之乱进一步打击了中央政权，政治形势陷于混乱，但社会整体上仍然延续着盛唐以来较为积极的时代精神。而且安史之乱不同于东晋政权高层之间的内讧，更具有民族斗争的性质，安史叛军犯上作乱的逆举及烧杀抢掠的暴行不仅没有使胸怀大志的文人遁迹山林，反而更激发起他们杀敌报国的豪情。李白甚至认为这正是自己大显身手、建功立业的千载难逢的良机，在加入永王璘的队伍后，以谢安自比，自信地表示："但用山东谢安石，为君谈笑静胡沙。"（《永王东巡歌十一首》其二）颜杲卿、张巡等忠义之士困守孤城，誓死抗贼，典型地表现出这一时期勇赴国难的时代精神。杜甫虽然因疏救房琯而被贬职，但其个人所受的打击不可能抵消这种昂扬的时代精神对他的强大感染，儒家文化的深厚熏陶也使他不可能因个人的得失而放弃对社稷安危的关注，甚至会因为同时代人的成功而激发起建功立业的热望。作于安史之乱爆发之初的《后出塞五首》（其一）即表现出杜甫的报国之情，"男儿生世间，及壮当封侯。战伐有功业，焉能守旧丘？"整个时代仍然涌动着消灭叛军、重建盛世的热情，这与东晋杀伐不断、人人自危的黑暗局面迥然不同。因而杜甫后来虽然颠沛流离，历经磨难，却不像陶渊明那样灰心绝望，淡泊世情，而是仍然心系时局，心怀用世之志。这种时代背景正是杜甫辞官后不同于陶渊明悠游田园的根本原因。

但安史乱后持续动荡的时局使杜甫的政治理想渐渐落空，于是，对贫困的怨嗟，对衰病的感伤，对亲人的怀念，对友朋的哀悼，漂泊天涯之恨，国势飘摇之忧，强颜欢笑的凄凉，怀才不遇的愤懑，汇成千般感慨，万种哀愁，在诗人心中沉浮起落，汹涌奔腾，催成雄浑沉郁、感荡人心的时代哀音。杜甫不可能安然地寄身世外，也不可能忘情地流连山水，只能在无尽的忧患和痛苦中终老一生。他始终没有像陶潜一样成为悠然自乐的隐士，却以忧国忧民的诗篇成为光照千古的诗圣。

陶潜和杜甫出世入世的不同心态，归根结底是晋唐两个不同时代的心灵投影，如果说陶潜以田园为归宿，那么杜甫则以田园为驿站，这注定了其漂泊无定的命运。我们固然欣赏陶潜洁身自爱的节操，但我们更感动于杜甫忧民爱国的情怀，这也正是杜甫更其伟大之所在。

简论陶、杜田园诗之异同

　　陶渊明不肯为五斗米折腰而归隐田园，被钟嵘称为"古今隐逸诗人之宗"①，也是中国田园诗的开创者。杜甫在被贬为华州司功后，辞官归去，漂泊西南，在寓居成都、夔州期间，写有不少田园诗②。杜甫景仰陶渊明，在其诗作中多处化引其诗句，有人将杜甫看作是陶潜某种意义上的踵继者，实则二人对田园的心态有本质的不同。陶氏归隐田园是因为政治极端黑暗，理想实现无望；杜甫弃官则是因为官卑职微，才不获骋。陶辞官是彻底绝望，坚决退出；杜辞官则是以退为进，等待时机。陶、杜对官场和政治的不同态度造成了其辞官后的不同心态，并进而造成了二人与田园的不同感情关系。陶渊明的出世心态使他与田园契合无间，浑合交融；而杜甫的入世心态使他只是寄居田园，物我两分。二人的心灵世界与田园的不同关系深刻影响到其田园诗的面貌。

一

　　陶、杜出世、入世的不同心态首先造成了二人对田园的观察视角及感情

---

① （南朝梁）钟嵘《诗品》，《历代诗话》，中华书局1981年版，第13页。
② 笔者将杜甫流寓成都及西南期间描述田园景象与生活的诗作都纳入田园诗范畴。

指向的差异，进而造成田园诗取材的差异。

陶渊明辞官之后，断绝了与官场的联系，僻处田园，如其所描述的那样，"野外罕人事，穷巷寡轮鞅"①，并坚决躬耕自食，"代耕非本望，所业在田桑"，为此矢志不渝，坚决拒绝官方的接济。萧统《陶渊明传》载，渊明"躬耕自资遂报赢疾。江州刺史檀道济往候之，偃卧瘠馁有日矣。道济曰：'贤者处世，天下无道则隐，有道则至；今子生文明之世，奈何自苦如此？'对曰：'潜也何敢望贤？志不及也。'道济馈以粱肉，麾而去之。"②陶渊明正因为不堪为五斗米折腰向乡里小儿才愤而辞官归隐，岂能再接受檀氏的馈赠。躬耕生活固然辛苦，但却可以保持经济的独立，而只有经济的独立才能保证人格的挺特，精神的自由，陶氏说，"岂不实辛苦？所惧非饥寒"③。陶氏所惧者乃是丧失自然的心性，折辱高洁的节操，所以陶氏说："先师有遗训，忧道不忧贫。"④陶渊明虽然为官不久，却深切感受到官场的污浊，人心的险恶，故而重归田园，面对清新的田园风物和淳朴的人情便感到格外亲切，这在其诗中有生动的表现：

　　　　暧暧远人村，依依墟里烟。狗吠深巷中，鸡鸣桑树颠。⑤
　　　　鸟哢欢新节，泠风送余善。寒草被荒蹊，地为罕人远。⑥

---

① 陶渊明《归园田居五首》其二，龚斌《陶渊明集校笺》卷2，上海古籍出版社1996年版，第77页。

② 袁行霈《陶渊明集笺注》，中华书局2003年版，第611页。

③ 陶渊明《咏贫士七首》其五，龚斌《陶渊明集校笺》卷4，上海古籍出版社1996年版，第320页。

④ 陶渊明《癸卯岁始春怀古田舍二首》其二，同上卷3，第181页。

⑤ 陶渊明《归园田居五首》其一，同上卷2，第73页。

⑥ 陶渊明《癸卯岁始春怀古田舍二首》其一，同上卷3，第177页。

秉耒欢时务，解颜劝农人。平畴交远风，良苗亦怀新。①

　　诗人面对淳朴的田园景象，忘情其中，而只有经历官场污浊的人，才能在善恶的强烈对比中产生这种对田园的依恋之情。对陶氏而言，田园不仅是生活的依靠，更是精神的家园，它已成为淳朴人性的象征，成为与黑暗现实相对峙的另一极，因此，对田园的坚守也是对自然大道的坚守，是对恶浊人性的否定与反抗。陶渊明已将自己的整个生命投入田园，并与之融为一体，田园的一草一木都负载着他的价值理想，陶氏因此才会将田园风物当作基本的描写对象。

　　陶渊明躬耕自食并非仅为摆脱形役，也是对自然大道的实践。面对篡乱相替的社会现实，陶渊明痛感"羲农去我久，举世少复真"②，向往上古时代"傲然自足，抱朴含真"③的淳朴人性。陶渊明"看到了社会的危机，但没有正确的途径去挽救它，只好求救于人性的复归"④。既然社会堕落的根源在"真风斯逝，大伪斯兴"⑤，那么拯救社会的途径必然是要使被污染的人性返璞归真，而劳动恰恰是使人保持淳朴心性的手段。桃花源"相命肆农耕，日入从所憩。怡然有余乐，于何劳智慧"⑥的理想社会即是陶渊明返璞归真的人性理想在社会领域的延伸，陶渊明躬耕自食也可以看作对"质性自然"的哲学观的身体力行。因而，尽管劳动极其艰苦，"晨出肆微勤，日入负耒还。山中饶霜露，风气亦先寒"⑦，但陶渊明并不想放弃，"但愿长

---

① 陶渊明《癸卯岁始春怀古田舍二首》其二，龚斌《陶渊明集校笺》卷3，第181页。

② 陶渊明《饮酒二十首》其二十，龚斌《陶渊明集校笺》卷3，第248页。

③ 陶渊明《劝农》，同上卷2，第34页。

④ 袁行霈《陶渊明研究》，北京大学出版社1997年版，第22页。

⑤ 陶渊明《感士不遇赋序》，龚斌《陶渊明集校笺》卷4，第365页。

⑥ 陶渊明《桃花源诗》，同上卷6，第403页。

⑦ 陶渊明《庚戌岁九月中于西田获早稻》，同上卷3，第205页。

如此，躬耕非所叹"①，只有自食其力，才能不为形役，践行大道，回归自然的天性。"不言秋作苦，常恐负所怀"②，"所怀"者正是任真自适的人格理想。

正由于上述信念的支撑，陶渊明并不只追求最后的结果，而更注重劳动本身，"虽未量岁功，即事多所欣"③。他真实生动地描述自己的劳动生活，"时复墟曲中，披草共来往"④，"晨兴理荒秽，带月荷锄归"⑤，有时则流露出收获无成的忧郁，"桑麻日已长，我土日已广。常恐霜霰至，零落成草莽"⑥。但陶渊明往往能超越劳动的功利性，以审美化的心态体验劳动过程，别有会心而有独得之趣，"种豆南山下，草盛豆苗稀"，"道狭草木长，夕露沾我衣"⑦。"盥濯息檐下，斗酒散襟颜。遥遥沮溺心，千载乃相关"⑧。其中有苦涩，有几分诙谐，更有难以言传的满足。

正是在身体力行的劳动过程中，陶渊明真切感受到农人的辛苦，他与农人一起劳作，开怀畅谈，彼此建立起深厚的感情。《移居二首》其二云，"农务各自归，闲暇辄相思。相思则披衣，言笑无厌时"⑨。又《归园田居》其二，"时复墟曲中，披草共来往。相见无杂言，但道桑麻长"⑩。陶渊明与这些淳朴的乡邻坦诚相待，推心置腹，必然不自觉地与人心惟危、尔虞我诈的官场进行对比，并分外感到真情至性的可贵，这正是陶渊明汲汲以求者，

---

① 陶渊明《庚戌岁九月中于西田获早稻》，龚斌《陶渊明集校笺》卷3，第205页。
② 陶渊明《丙辰岁八月中于下潠田舍获》，同上卷3，第208页。
③ 陶渊明《癸卯岁始春怀古田舍二首》其二，同上卷3，第177页。
④ 陶渊明《归园田居五首》其二，同上卷2，第77页。
⑤ 陶渊明《归园田居五首》其三，同上卷2，第79页。
⑥ 陶渊明《归园田居五首》其二，同上卷2，第77页。
⑦ 陶渊明《归园田居五首》其三，同上卷2，第79页。
⑧ 陶渊明《庚戌岁九月中于西田获早稻》，同上卷3，第205页。
⑨ 陶渊明《移居二首》其二，同上卷3，第117页。
⑩ 陶渊明《归园田居》其二，同上卷2，第77页。

"昔欲居南村，非为卜其宅。闻多素心人，乐与数晨夕"①。上层士大夫多是道貌岸然、口是心非的伪君子，反倒是下层的农人拥有不加伪饰的"素心"，从这个意义上说，陶渊明归隐田园，不仅是要获得心灵的宁静，也是要追寻诚朴的心灵。陶渊明描写与"素心"的农人朝夕相处的快乐生活，是对肮脏的官场以及"真风告逝，大伪斯兴"的时代的间接否定，寄托着他对理想社会的探索，其中隐约闪烁着《桃花源记》的影子。

如果说田园是陶渊明的归宿，那么对杜甫而言，田园只是暂时栖止的驿站。因此，杜甫的目光并不限于田园本身，而是放眼更丰富的自然风物及更广阔的现实世界，他的心灵常常从田园游离出来，由一己之忧乐想到天下苍生的悲欢，赋予田园诗以深广的现实内容。

杜甫对田园的亲近主要在流寓成都及夔州期间。在成都时杜甫曾在小块田地上种菜，离开成都辗转于夔州期间，又曾在赤甲、瀼西等地有断续的耕作生活，甚至还曾买下一块四十亩的果园，并雇人耕种。但对杜甫来说，田园远没有其对陶渊明那么重要。从经济角度而言，杜甫主要依靠朋友而不是田园维持生计，他虽然也在园中种菜贴补生活，但远没有发展到依靠田园为生的地步。夔州期间虽曾买地耕种，也只是出峡前的权宜之计，杜甫从来没有躬耕田园以终老此生的打算。从文化心态而言，流寓西南的杜甫虽然丧失了官员的正式身份，但时刻关注时局，并与包括严武在内的地方大员保持着密切联系，这就决定了杜甫不可能将自己的心灵深深地沉入田园中去而将田园景象和劳动生活当作自己的全部精神寄托。

因寄食于人，杜甫虽然置身田园，却不像陶渊明一样格外关心庄稼的长势与收成，将田园景象当作核心的写作对象，这类景象即便出现也往往是

① 陶渊明《移居二首》其一，龚斌《陶渊明集校笺》卷2，第114页。

一笔带过,如"桑麻深雨露,燕雀半生成"①。出于士大夫的审美情趣,杜甫更欣赏自然风物的千姿百态,描写山光水色、花鸟鱼虫等自然物态。这类诗作观察细致,描述生动,如写雀写虫,"啅雀争枝坠,飞虫满院游"②,写蜂写蚁,"仰蜂粘落絮,行蚁上枯梨"③,写烟写雾,"汀烟轻冉冉,竹日静晖晖"④,写鱼儿写燕子,"细雨鱼儿出,微风燕子斜"⑤,无不细致入微,精妙传神。因此,杜诗所描绘的多为自然物态,而非田园景象,表达的是自然之趣,而非田园之乐。这既与其欣赏趣味有关,更与其寄食于人的生活方式及暂栖田园的文化心态有关。

虽然杜甫到成都后表达了为农的愿望,"卜宅从兹老,为农去国赊"⑥。但并未真正实行。从其诗作来看,杜甫在成都时似无土地,"四邻束耦出,何必吾家操"⑦,而且杜甫始终也未能熟习农事,"朝廷问府主,耕稼学山村"⑧,"筑场看敛积,一学楚人为"⑨。少量描述自己劳动情形的诗作也主要是种菜种药之类较轻微的劳作,如"接缕垂芳饵,连筒灌小园"⑩,无论劳动时间还是劳动强度显然都不能与陶渊明相比,自然也不可能像陶渊明那样对劳动的艰辛有深切的体验。在成都期间,杜甫侍弄小园并非种粮谋生,主要是种些蔬菜以供日常之用,"自锄稀菜甲,小摘为情亲"⑪,并以这类轻微的

---

① 杜甫《屏迹三首》其三,《杜诗详注》卷10,第883页。
② 杜甫《落日》,同上卷10,第802页。
③ 杜甫《独酌》,《杜诗详注》卷10,第804页。
④ 杜甫《寒食》,同上卷10,第806页。
⑤ 杜甫《水槛遣心》其一,同上卷10,第812页。
⑥ 杜甫《为农》,同上卷9,第739页。
⑦ 杜甫《大雨》,同上卷11,第907页。
⑧ 杜甫《晚》,同上卷20,第1756页。
⑨ 杜甫《从驿次草堂复至东屯茅屋二首》其一,同上卷20,第1771页。
⑩ 杜甫《春水》,同上卷10,第799页。
⑪ 杜甫《有客》,同上卷9,第740页。

劳动散忧消愁，所以有限的此类诗作主要表现的是一种闲适之趣，如《早起》诗云：

> 春来常早起，幽事颇相关。帖石防隤岸，开林出远山。
> 一丘藏曲折，缓步有跻攀。童仆来城市，瓶中得酒还。①

诗人称劳动为"幽事"，而且诗中所记是一些轻微的劳动，最后又以童仆买酒作结，与陶渊明的"晨兴理荒秽，戴月荷锄归"自然不可同日而语。

移居夔州瀼西后，杜甫拥有了自己的土地，但主要雇人劳作，虽然其中也描述劳作情景，间或抒写愉悦之情，但主要表达民胞物与、关切民生的情怀，不同于陶氏专注于自我、带有哲学意味的人生体验，如《暇日小园散病，将种秋菜，督勒耕牛，兼书触目》诗云：

> 不爱入州府，畏人嫌我真。及乎归茅宇，旁舍未曾嗔。老病忌拘束，应接费精神。江村意自放，林木心所欣。秋耕属地湿，山雨近甚匀。冬菁饭之半，牛力晓来新。深耕种数亩，未甚后四邻。嘉蔬既不一，名数颇具陈。荆巫非苦寒，采撷接青春。飞来双白鹤，暮啄泥中芹。雄者左翮垂，损伤已露筋。一步再流血，尚惊矰缴勤。三步六号叫，志屈悲哀频。鸾凰不相待，侧颈诉高旻。仗藜俯沙渚，为汝鼻酸辛。②

诗前半部分写农耕情景，尚有欢愉之意，后半部分则写受伤悲号的白

---

① 杜甫《早起》，《杜诗详注》卷10，第802页。
② 杜甫《暇日小园散病，将种秋菜，督勒耕牛，兼书触目》，同上卷19，第1669页。

鹤，触目生情，平添无限哀感，其中既可能因为"旅人流落，有似于此"^①而自伤自悼，更可能因鹤的悲惨遭遇念及在战乱中生灵涂炭的民众，总之没有陶诗那种沉浸于田园风物的闲适与超然。

杜甫在乡居生活中也有与农人的交往，但与陶渊明对淳朴人性的追求不同，杜甫每每以儒者的悲悯情怀看待芸芸众生，关注他们的不幸，同情他们的疾苦，对他们的困难给予力所能及的帮助，如《又呈吴郎》劝诫吴郎仁以待人。但总体来看，杜甫始终保持着士大夫的矜持，即便与农人感情融洽，"田父邀皆去"^②，也没有达到陶渊明与农人那样忘形尔汝的地步，如《遭田父泥饮美严中丞》便以独白方式抒写了一个朴实的农人对严武治理有方的感激与赞美，同时描写了这个农人有些粗鲁的好客举动，诗人满怀感慨地写道，"朝来偶然出，自卯将及酉。久客惜人情，如何拒邻叟。高声索果栗，欲起时被肘。指挥过无礼，未觉村野丑。月出遮我留，仍嗔问升斗"^③。诗人喜欢的是田父的朴野之气，但并没有心灵的交流，这自然源于杜甫根深蒂固的儒家立场。

二

如果说陶氏田园诗重在表趣，那么杜甫田园诗则重在抒情。

《诗镜总论》说："深情浅趣，深则情，浅则趣矣。"^④其实陶诗之趣并不浅，它是洞彻天地万物之间深层联系的妙悟，是对哲理的形象阐发。陶渊明以"质性自然"作为思想的核心，消泯人与外物的界限，完全以委运任化之

---

① 杜甫《暇日小园散病，将种秋菜，督勒耕牛，兼书触目》，卷19，第1670页。
② 杜甫《寒食》，《杜诗详注》卷10，第806页。
③ 杜甫《遭田父泥饮美严中丞》，同上卷11，第890页。
④ （明）陆时雍《诗境总论》，《历代诗话续编》，中华书局1983年版，第1418页。

心观照万物消长、世运盛衰，将所有的生命的活动看作自然而然的过程，看作自然之道的外在感性形式，"惟求融合精神于运化之中"①，既不汲汲于事功，也不戚戚于贫贱，从容进退，恬然自安，目光所及、心灵所至之处无不品悟出自然的妙趣，其田园诗便呈现出淡泊自然、物我交融的特色。如"平畴交远风，良苗亦怀新"，便以平淡之语揭示出万物相契相生的理趣。远风吹拂而至，良苗滋生新叶，似是受到远风的恩惠，但远风并非有意为之，良苗亦非主动接受，一切都自然而然，彼此似乎别有会心而又静默无语。又如"众鸟欣有托，吾亦爱吾庐"。众鸟欣然托身于草木，我则对自己的草庐情有独钟；鸟对木是自然的依存，我于庐则是心灵的栖止。诗人以鸟自照，在物我契合中体味到无言的自然之道，寓托深长的理趣。

陶渊明完全将自己置放于田园自然之中，以物观物，物我两忘，既无得之喜，亦无失之悲，一切都任顺自然。宋人施德操说："渊明随其所见，指点成诗，见花即道花，遇竹即说竹，更无一毫作为。"②其感情因而始终波澜不惊，淡如止水。诗人描写五月的田园风光云：

蕤宾五月中，清朝起南飔。不驶亦不迟，飘飘吹我衣。
重云蔽白日，闲雨纷微微。流目视西园，烨烨荣紫葵。③

诗写疾徐有致的南风，又写翩然洒落的微雨，诗人置身其中，无喜无忧，心静如水，似乎与风雨田园浑合为一，只在不经意间看到紫葵花灿烂开

---

① 陈寅恪《陶渊明之思想与清谈之关系》，《陈寅恪史学论文选集》，上海古籍出版社1992年版，第142页。
② 施德操《北窗炙輠录》，文渊阁四库全书第1039册，第383页。
③ 陶渊明《和胡西曹示顾贼曹》，龚斌《陶渊明集校笺》卷2，第152页。

放的一刹，流露出不易觉察的欢欣，与"悠然见南山"同一意绪。诗人置身田园，总是那样忘情，即便饮酒自娱，也要风雨作陪，"欢然酌春酒，摘我园中蔬。微雨从东来，好风与之俱"[①]。诗人于园中酌酒摘蔬，其乐陶陶，继而微雨、好风一时并至，唯有此等佳致，才能佐酒助兴，陶然酣醉。诗人似乎并非仅要饮酒，而更要与田园风物相和相鸣，融于自然大化之中，获得一种真正的沉醉。

陶诗"超然物表，遇境成趣"[②]，杜诗则是心怀天下，触目生情，如施德操所说："子美读尽天下书，识尽万物理，天地造化，古今事物，盘礴郁结于胸中，浩乎无不载，遇事一触，便发之于诗。"[③]杜甫田园诗既有摆脱俗累、置身自然的轻松愉悦，更有怀念故乡、忧心时事的沉郁忧愤。

儒家思想的长期浸染使杜甫深怀仁民爱物之情，历经战乱流离，目睹生灵涂炭，更激发了"大庇天下寒士"的仁者情怀，并由对天下黎庶的关切推及对天地万物的怜爱，真情至性充塞于天地之间。杜甫到成都后，面对优美宁静的田园风物，千姿百态的花鸟鱼虫，凝情驻足，流连忘返，疲惫的心灵得到了极大的抚慰。如果说陶渊明是将自我深融于天地大化，物我合一，以物观物；那么杜甫则是以仁爱之心体味物情，以我观物，使物皆着我之色彩。陶氏是消泯物我隔阂，将自我统一于自然，传达自然之道；杜甫则是以物性统一于人性，以心驭物，传达仁爱之情。所以陶诗中的鸟意象如"晨鸟暮来还，悬车敛馀辉"[④]，"栖栖失群鸟，日暮犹独飞"[⑤]，"山气日夕佳，飞

① 陶渊明《读〈山海经〉十三首》其一，龚斌《陶渊明集校笺》卷4，第334页。
② 许学夷《诗源辨体》，人民文学出版社1998年版，第100页。
③ 施德操《北窗炙輠录》，文渊阁四库全书第1039册，第383页。
④ 陶渊明《于王抚军座送客》，龚斌《陶渊明集校笺》卷2，第134页。
⑤ 陶渊明《饮酒二十首》其四，同上卷3，第218页。

鸟相与还"①，负载着退隐山林的人生理想和返归自然的哲学思考。而杜甫笔下的花鸟鱼虫则无不沾染人的气息，如"自去自来梁上燕，相亲相近水中鸥"②，"熟知茅斋绝低小，江上燕子故来频"③，"笋根稚子无人见，沙上凫雏傍母眠"④，无不生动活泼，充满温馨的人性。

杜甫并不准备久居田园，他没有陶氏那样的闲适，自然也没有陶氏的理趣。寄人篱下的生活及持续不断的战乱使得杜甫不可能心如止水，貌似闲适的生活背后深藏隐忧，"但有故人供禄米，微躯此外更何求?"⑤故人供禄米是幽居生活的保证，而一旦"厚禄故人书断绝"，便会"恒饥稚子色凄凉"⑥。这种寄人篱下的处境常常打破杜甫闲适的心境而使其生出归乡之念，但动乱的时局又使他有家难回，于是对自身际遇的哀愁极易转入对时局的忧患，这种忧患心态的渗透使杜甫的田园诗不同于陶渊明的淡泊恬静，如其《暮春题瀼西新赁草屋五首》其三云：

> 彩云阴复白，锦树晓来青。身世双蓬鬓，乾坤一草亭。
> 哀歌时自短，醉舞为谁醒？细雨荷锄立，江猿吟翠屏。⑦

如将中间两联抽掉，应是一首不错的田园诗，但中间四句感伤的抒情却为全诗笼上了浓重的阴影。杜甫并未感到劳动的乐趣，相反却由躬耕生活想

---

① 陶渊明《饮酒二十首》其四，龚斌《陶渊明集校笺》卷3，第219页。
② 杜甫《江村》，《杜诗详注》卷9，第746页。
③ 杜甫《绝句漫兴九首》其三，同上卷9，第789页。
④ 杜甫《绝句漫兴九首》其七，同上第791页。
⑤ 杜甫《江村》，《杜诗详注》卷9，第746页。
⑥ 杜甫《狂夫》，同上卷9，第743页。
⑦ 杜甫《暮春题瀼西新赁草屋五首》其三，同上卷18，第1611页。

到自己怀才不遇、为官不成的命运，进而引出归乡不得、漂泊沦落的哀愁，这与陶渊明的"但愿长如此，躬耕非所叹"大异其趣。又如《日暮》：

> 牛羊下来久，各已闭柴门。风月自清夜，江山非故园。
>
> 石泉流暗壁，草露滴秋根。头白灯明里，何须花烬繁。①

虽然田园生活给予诗人暂时的安静，但田园终非故园，而且更不能掩盖国势倾颓、战乱不休的整体形势，诗人的心始终不能囿于一隅而自得其乐，每每心事浩茫，忧思万端，"头白灯明里"正抒写了诗人志在兼济却无所作为的深沉悲慨。

杜甫田园诗从形式上主要可分两类，一类是五古，一类是五律，五古重在叙事议论，五律重在写景抒情。五律更多描写田园景象，近似于陶诗，而真正体现杜甫田园诗精神特质的则是五言古体。这类诗虽写田园，而诗人之心却不囿于田园，而是由田园而天下，由自我而苍生，由眼前的和平虑及动荡的时局，渗透着强烈的现实精神与忧患意识，也为这类田园诗打上了深深的现实主义烙印。如《甘林》，前半叙归林情事，描述林间清旷及野中闲静，流露出淡泊自守的闲适情趣，"迟暮少饮食，清旷喜荆扉。经过倦俗态，在野无所违"②。其中"荆扉"应出自陶渊明的"白日掩荆扉"，"无所违"则似出陶氏的"但使愿无违"，颇类陶氏的归隐情趣。但诗后半则感慨时事，情调悲凉，"主人长跪问，戎马何时稀？我衰易悲伤，屈指数贼围"。至此，前面的闲适一扫而空，忧时伤世之情如潮水般涌来。除《甘林》外，其他如

---

① 杜甫《暮春题瀼西新赁草屋五首》其三，《杜诗详注》卷18，第1754页。
② 杜甫《甘林》，《杜诗详注》卷19，第1667页。

《上后园山脚》《行官张望补稻畦水归》《秋行官张望……阿段往问》《阻雨不得归瀼西甘林》《又上后园山脚》等诗亦是同一范式，往往是田园与家国、片刻的欢愉与深广的忧愤的强烈对照，从而构成杜甫田园诗宏大深沉的意境，这根本上源于诗人"穷年忧黎元"的儒者情怀。

杜甫强烈的入世精神使他能够超越个人的进退得失而关注民生，突破田园的狭小天地而忧心天下。尤其是诗人旅居生活的后期，国家的危难及暮年的衰病使晚年的杜甫越发食不甘味，寝不安枕，悲情愁绪越发浓重，既伤悼一己之不幸，更同情战乱中挣扎的人民，其田园诗作便充满仁民爱物的深厚情怀。久旱不雨，时雨突至，诗人满怀喜悦，"敢辞茅苇漏，已喜黍豆高"[1]，"清霜九月天，仿佛见滞穗"[2]。诗人老病穷途，却不利己而欲分惠于人，"遗穗及众多，我仓戒滋漫"[3]，"枣熟从人打，葵荒欲自锄"[4]。诗人艰难困顿，却是先人后己，大道为公，"雨成聚必散，不独陵我仓。岂要仁里誉，感此乱世忙"[5]，这与陶渊明"欢然酌春酒，摘我园中蔬"自是不同的境界。

仇注引黄生曰："杜田园诸诗，觉有傲睨陶公之色，其气力沉雄，骨力苍劲处，本色自不可掩耳。"[6] 所谓"沉雄苍劲"其实正是杜甫入世精神的艺术体现，也是杜甫田园诗不同于陶诗的根本所在。

三

陶、杜对田园的不同心态深刻影响到二人田园诗的笔法和美学风格，陶

① 杜甫《大雨》，《杜诗详注》卷11，第907页。
② 杜甫《雨》，同上卷15，第1326页。
③ 杜甫《行官张望补稻畦水归》，《杜诗详注》卷19，第1654页。
④ 杜甫《秋野五首》其一，同上卷20，第1732页。
⑤ 杜甫《秋行官张望……竖子阿段往问》，同上卷19，第1656页。
⑥ 同上卷19，第1659页。

诗多写意式的粗线条勾勒，自然简淡；杜诗则更多写实和人力安排，其五古深沉悲慨，五律清丽劲健。

陶氏以物我合一的眼光观照万物，消泯了物我界限，并非将外物作为独立的审美对象进行观照，而更"纯任真实，自写胸臆"[①]。所以陶诗多无我之境，重在心灵与物象的深度契合，并不着意于物象本身的细微特征，多意会之语，少形象写真。如《酬刘柴桑》云："空庭多落叶，慨然知已秋。新葵郁北牖，嘉穟养南畴。"[②]诗人孤居穷巷，浑忘四时，看到落叶纷纷才恍然秋之已至，并生出悲慨之意。但目睹北窗外新葵茂盛，南畴间禾穗饱满，则又欣然自足。诗人心与境会，随物宛转，完全应和外物的律动，同时也就忽略了自我的存在，自然也就不会从主客二分的角度精细地观察外物。所以诗人写秋写葵，只是点到为止，并不具体铺陈。又如《和郭主簿二首》其一："蔼蔼堂前林，中夏贮清阴。凯风因时来，回飙开我襟。"[③]"蔼蔼"写林之茂盛，"凯风"写风之清凉，前者重其"阴"，后者重其"时"，诗人因时而化，任顺自然，因而"'堂前林'、'凯风'、'回飙'等客观之物皆与渊明建立亲切体贴之关系，或为之贮阴，或为之开襟，宛若朋友一般"[④]。渊明与自然冥合为一，心息相通，已从中悟得天机妙趣，何须赘述自然本身的特征。陶氏"无意作诗人"[⑤]，"不过写其所欲言，亦非有意胜人耳"[⑥]，他所汲汲以求的是与自然的交流融会，而非斤斤于物象本身，正所谓得意忘言。陶氏名句"采菊东篱下，悠然见南山"即已蕴含归返自然的人生妙

---

① 施补华《岘佣说诗》，《清诗话》，上海古籍出版社 1978 年版，第 133 页。
② 陶渊明《酬刘柴桑》，龚斌《陶渊明集校笺》卷 2，第 125 页。
③ 陶渊明《和郭主簿二首》其一，龚斌《陶渊明集校笺》卷 2，第 127 页。
④ 袁行霈《陶渊明集笺注》，中华书局 2003 年版，第 150 页。
⑤ 施补华《岘佣说诗》，《清诗话》，上海古籍出版社 1978 年版，第 977 页。
⑥ 许学夷《诗源辨体》，人民文学出版社 1998 年版，第 101 页。

趣，得鱼忘筌，何须再写菊之色泽，山之形态。这就必然造成陶氏田园诗意象的疏阔及语言的朴拙，也唯有如此，才能表现天地自然的无形大道。陶渊明无意为诗，其实是因为有意于自然，对自然物象以神遇而不目视，故能超然物表，不落言筌，"如大匠运斤，无斧凿痕"[1]，表现出大巧若拙的美感。

与陶氏不同，儒家的入世精神赋予杜甫突出的主体地位，而不是如道家哲学一样将自我融入天地大化；儒家的仁爱精神又使得杜甫往往以悲天悯人的情怀关注现实，而不是局限于田园生活不问世事。有基于此，杜甫与田园景象是主客两分的，如果说陶渊明是将自我统一于田园，那么杜甫则是以自我统摄外物，以儒家眼光观照现实情景，这使其田园诗具有更强的现实精神与写实风格。

杜甫初到成都的一些诗作，如《梅雨》《为农》《田舍》《江村》《江涨》《后游》等或写村居之清僻，或写生活之悠闲，或表达归隐的愿望，或叙述游览的乐趣，总体上抒写了饱经流离之后生活暂得安定的欣慰。但杜甫虽置身出世之境却仍怀入世之心，这就使其田园诗不可能如陶诗那样物我合一，如其到成都不久所作的《为农》诗云：

> 锦里烟尘外，江村八九家。圆荷浮小叶，细麦落轻花。
> 卜宅从兹老，为农去国赊。远惭勾漏令，不得问丹砂。[2]

如果将该诗与陶渊明《归园田居》比较，就会发现二者的不同。陶潜是

---

① 都穆《南濠诗话》，《历代诗话续编》，中华书局 1983 年版，第 1342 页。
② 杜甫《为农》，《杜诗详注》卷 9，第 739 页。

以出世之心对田园风物和田园生活进行细细的品味，诗人完全沉浸在乡野田园宁静淳朴的氛围中，进行一种陶醉式的描述。而杜甫此诗虽然也表达了隐居田园的愿望，但由表述方式及感情倾向来看，更像是一种局外人的观察，除了初来乍到的新鲜和暂得平静的喜悦外，看不出对田园有更多的感情投入。杜甫非如陶渊明一样以质性自然的心态对田园景象进行观照和体验，而是从自我视角进行欣赏品味，虽有时表现出闲适的情趣，却非物我交融的境界，如《园》诗云：

> 仲夏多流水，清晨向小园。碧溪摇艇阔，朱果烂枝繁。
> 始为江山静，终防市井喧。畦蔬绕茅屋，自足媚盘飧。①

仲夏早晨摇艇于碧溪，触目可见红色的果实缀满枝头，诗人特以"烂"与"繁"突出颜色之艳与数量之多，现出心中的欣喜。然后说明避居于此的目的，为求环境之静和逃避市井之喧，虽流露出隐者情怀，却是刻意为之，与陶氏"心远地自偏"自是不同的境界。全诗虽然貌似宁静，但诗人的主观情志有着强烈的表现，与陶诗泯合物我的浑融淡泊有着不同的风貌。

陶、杜田园诗不同的审美风格，本质上在于陶、杜不同的文化心态及由此造成的对自然的不同态度。陶潜与田园没有感情的隔阂，而杜甫与田园是有隔的，杜甫的儒者心态使其田园诗很难达到陶诗那种物我浑融的境界，试看杜甫《课小竖锄斫舍北果林枝蔓荒秽净讫移床三首》其一：

> 病枕依茅栋，荒锄净果林。背堂资僻远，在野兴清深。

---

① 杜甫《园》，《杜诗详注》卷20，第1779页。

山雉防求敌，江猿应独吟。泄云高不去，隐几亦无心。①

　　仇兆鳌引黄生注曰："看雉听猿，凭几对云，总见静寂幽闲之趣。"又引王嗣奭《杜臆》曰："泄云不去，此无心出岫者，公之隐几而视，亦同一无心也。"其实诗人强调无心，恰恰反照出内心的不平。宋人张九成曾将陶渊明"云无心以出岫，鸟倦飞而知还"与杜甫的"水流心不竞，云在意俱迟"作比，认为杜甫两句为胜。明王世贞则云："子美谓'水流'一联比渊明'云无心以出岫'二句更浑沦，余以为语不超脱，开宋人理障一派。"②虽然王世贞将宋代理语诗的泛滥归罪于老杜，未免言过其实，但说杜甫两句"语不超脱"却有道理。按陶诗两句以心体物，不露声色，而意在言外，气象浑沦。杜诗则将自己的"心""意"格外点出，貌似平和，其实意落言筌，反倒透露出内心的不平静，这与本诗两句"泄云高不去，隐几亦无心"具有相似的理路。

　　从创作实践来看，杜甫似乎有意使五律与七律承担不同的任务，以七律表达严肃沉重的家国主题，而以五律描写更轻松的生活画面，因此，其田园诗几乎没有七律，而全为五律，且尽可能以平实的语言叙事写景，避免刻意的雕琢，如《秋野五首》其三云：

　　　　礼乐攻吾短，山林引兴长。掉头纱帽仄，曝背竹书光。
　　　　风落收松子，天寒割蜜房。稀疏小红翠，驻屐近微香。③

---

①　杜甫《课小竖锄斫舍北果林枝蔓荒秽净讫移床三首》其一，《杜诗详注》卷20，第1736页。
②　郭曾炘《读杜劄记》，上海古籍出版社1984年版，第173页。
③　杜甫《秋野五首》其三，《杜诗详注》卷20，第1733页。

全诗将山居生活的情景一一摄入笔底，遣词用语毫无造作之态，与其畅适之情表里相应，呈现出有别于刻意求工以致沉郁顿挫的另一种风貌。而恰恰是这类无意为工的诗，表现出近似渊明的自然趣味，《四溟诗话》评论说，"子美《秋野》诗：'水深鱼极乐，林茂鸟知归。'此适会物情，殊有天趣。"① 但此类诗作为数不多，并不是其主导风格。杜甫虽然表示"焉得思如陶谢手"②，但其"语不惊人死不休"的创作理念使其很难纯任自然，整体的创作面貌也便不易呈现类似陶氏诗作的天趣。

渊明无意为诗，重在与自然的交流回应，故不刻意于修辞。杜甫有意为诗，追求"惊人"的效果，往往失去自然的真趣。更重要的是，杜甫因内心的不平，触目所及，不免以自我之情涂抹外物，使得景物的形态色调时露峥嵘，如《向夕》"畎亩孤城外，江村乱水中"③。又如《暝》"牛羊归径险，鸟雀聚枝深"④。其中"孤"、"乱"、"险"、"深"之类词语隐现出时局的动荡及诗人内心的惊惕，这似乎就不是诗人的主观审美追求所能左右的了。

陶渊明的田园诗总体是宁静的，杜甫的田园诗更多动乱的影子。陶诗之宁静实则源于对政治的绝望，正如鲁迅所说："再至晋末，乱也看惯了，篡也看惯了，文章便更和平。代表平和的文章的人有陶潜。"⑤ 而杜诗的忧患则因为大唐王朝江河日下的趋势已不可逆转，而积极进取的时代精神又未完全消褪，欲用世而不能，欲避世而不甘，诗人因而在进退两难的困境中苦苦挣

---

① 谢榛《四溟诗话》，《历代诗话续编》，中华书局 1983 年版，第 1215 页。
② 杜甫《江上值水如海势聊短述》，《杜诗详注》卷 10，第 810 页。
③ 杜甫《向夕》，《杜诗详注》卷 20，第 1739 页。
④ 同上卷 20，第 1755 页。
⑤ 鲁迅《魏晋风度及文章与药及酒之关系》，《鲁迅全集》卷 3，人民文学出版社 2005 年版，第 523 页。

扎。虽然田园的宁静使杜甫暂得休憩，然而清醒之后则是长久的痛苦。

陶、杜都有真情至性，"陶公真至，寓于平淡；少陵真至，结为沉痛"[1]。二人不同的精神气质最终形成田园诗的不同风貌，陶诗淡泊玄远，杜诗更多悲慨沉郁。虽然二人的田园诗各有千秋，然而杜诗更以其兼济天下的仁者之心感动来者，这也是作为诗圣的杜甫更其伟大之所在。

---

① 施补华《岘佣说诗》,《清诗话》, 上海古籍出版社 1978 年版，第 979 页。

杜甫对李白的解读历程

李白与杜甫是中国文学史上光照千古的双子星座，李杜之间的交往历来是人们感兴趣的话题。李杜于天宝三载（744年）洛阳初逢，天宝四载（745年）分手，终生再未谋面。此间二人曾有梁宋之游和齐鲁之游，并互有酬赠，李白有《沙丘城下寄杜甫》《鲁郡东门送杜二甫》二首，均作于天宝四载。杜甫则有作于天宝三载的《赠李白》，作于天宝四载的《赠李白》《与李十二白同寻范十隐居》。二人分手后，杜甫继续作诗怀念李白，包括提及李白者在内共计十二首，而据传世文本，李白并无一诗回赠。据此，人们对李杜关系聚讼纷纭，莫衷一是。

笔者感兴趣的问题在于，两人分手后，杜甫一直没有停止对李白的怀念，始终关注着李白的命运，直到李白去世前一年的上元二年（761年），杜甫还写了怀念李白的最后一首诗《不见》。对李白的怀念几乎贯穿了杜甫的后半生，这才是格外值得研究的。这与其说是杜甫对李白的怀念过程，毋宁说是杜甫对李白的解读历程。如果仔细辨析，就会发现，杜甫前后的赠怀诗存在极大的不同，这种不同不仅有感情的变化，更有认识的变化，这种变化与杜甫自身的命运沉浮密切相关。可以说，李白的品质与人格深深影响了杜甫，杜甫则用后半生时间解读李白，这是精神的解读，是心灵的碰撞。在这种精神的交流中，杜甫更深刻地理解了李白，也深刻剖析着自身，甚至因而改变了自身的人生选择。只有从杜甫的人生历程出发进行考察，才能对李杜交往作出更准确的判读。

杜甫对李白的怀赠诗，根据其创作时间可分为三个阶段：一是初识洛阳、共游齐鲁阶段；二是杜甫困居长安阶段；三是安史乱后杜甫居官和漂泊阶段。下面从这三个阶段出发，结合杜甫的经历及相应的思想状况，考察杜甫对李白的解读历程。

一、初逢洛阳——从激情的崇拜到冷静的反思

天宝三载，李白从长安赐金放还，与杜甫初识于洛阳。天宝四载，李杜同游齐鲁。共游期间，杜甫与李白形影不离，情同手足，"醉眠秋共被，携手日同行"。这两句诗历来被人们认为是二人倾心交往的证据而津津乐道。实际上，与其说是他们心心相印，不如说是杜甫对李白的崇拜和追随。李白入长安前已是声名大噪，经贺知章的延誉更是名满天下，兼以拟诏翰林、伴侍君主的经历，更是具有不可抗拒的吸引力。相比之下，杜甫不过是一个初出茅庐的后生晚辈。这一现状就决定了二人的交往必然是李主杜从。李白巨大的声望及其人格魅力完全统摄了杜甫，使得杜甫除了如影随形地追随李白左右外很难表现出真实的自我。在作于天宝三载的第一首《赠李白》中，杜甫表达了与李白相似的求仙之趣，"苦乏大药资，山林迹如扫"，"亦有梁宋游，方期拾瑶草"。在作于天宝四载的《与李十二白同寻范十隐居》中则表达了同样的归隐之志："自来吟《橘颂》，谁与讨莼羹。不愿论簪笏，悠悠沧海情。"杜甫深受儒家思想影响，"许身一何愚，窃比稷与契"，幽栖山林并非杜甫思想的主流，上述诗中表达的求仙之趣和归隐之志并非杜甫真实的人生理想，而主要是出于崇拜心理而对李白的附和。

因而，此期杜甫随同李白游历齐鲁，寻仙访道，在很大程度上是一种崇拜心理驱使下的随机行为，带有一定的盲目性和偶然性。更兼这类行为同时也是探幽揽胜，颇为契合杜甫观览山水的志趣，而此期杜甫尚未结束"裘马颇清狂"的壮游生活，于是欣然追随其后，形影不离而颇似志同道合的朋友。

值得注意的是，慷慨豪放、不拘小节是李白的一贯作风，出峡后"不逾一年，散金三十余万，有落魄公子，悉皆济之"[①]。杜甫与这位"谪仙人"初次接触，易将李白的上述作风误读为知己间的倾心相待，将表面的亲密等同于心灵的契合无间，因而，"醉眠秋共被，携手日同行"更是一种情绪化的表述，并不等于双方的精神交流达到了推心置腹的程度，更不等于二人有着共同的政治态度。

这一时期，杜甫对李白的认识仍停留在表面，第二首《赠李白》有力地证明了这一点。诗中的描述为"痛饮狂歌空度日，飞扬跋扈为谁雄？"其中"空度日"三字明确表达了杜甫对李白的生活方式及人生态度的否定性评价。李白痛饮狂歌、放浪形骸的生活同杜甫致君尧舜的人生理想存在深刻的矛盾，这一矛盾使杜甫对李白的崇拜心理不断降温，并由激情的崇拜转入理性的反思，《赠李白》一诗可视为作为朋友的杜甫对李白反思的结果。显然杜甫并不认同李白的生活方式，因而对其求仙炼丹的荒诞和痛饮狂歌的放浪流露出规劝之意，但李白"饮酒非嗜其酣乐，取其昏以自富"，"好神仙，非慕其轻举，将不可求之事求之，欲耗壮心、遣余年也"[②]。事实上，李白此期极其苦闷，在其与杜甫的《与李十二白同寻范十隐居》作于同时的《寻鲁城

---

① 李白《上安州裴长史书》，王琦注《李太白全集》卷26，中华书局1977年版，第1245页。
② 范传正《唐左拾遗翰林学士李公新墓碑》（并序），同上卷31，第1464页。

北范居士失道落苍耳中见范置酒摘苍耳作》中，诗人写道："雁度秋色远，日静无云时。客心不自得，浩漫将何之？忽忆范野人，闲园养幽姿。茫然起逸兴，但恐行来迟。"理想落空，寄身东鲁，独对无边秋色，茫然无所依归，"客心不自得"正是这种心情的写照。为排遣寂寞与苦闷，才"忽忆范野人"，寻幽纵酒，以求一乐。作于同年（天宝四载）的《沙丘城下寄杜甫》表达了同样的心情，"我来竟何事？高卧沙丘城。"惆怅之情溢于言表，故而醉饮放歌以自遣，无奈"鲁酒不可醉，齐歌空复情"，自我麻醉而不能，苦闷中对友人的思念油然而生，"思君若汶水，浩荡寄南征"。此时杜甫似乎尚未真正理解李白寻仙访道的意义，更没有体察到李白放浪形骸的生活之下所深藏的痛苦；以至有可能把李白排遣痛苦的手段看作是李白生活的全部，并试图以"奉儒守官"的人生理想对李白的生活进行矫正。但杜甫无力改变李白，只能改变自身，《赠李白》一诗既是对李白的反思，也是杜甫的自我反省，正是在与李白分手后，杜甫长达十几年的壮游生活宣告结束，这其中的因果关系应是耐人寻味的。

事实上，寻仙访道、栖隐山林虽然可能占据了李白一生大部分内容，却绝不是全部，甚至不是最重要的部分，其渴望有补于世的信念始终不曾动摇。杜甫似乎更多注意到李白的放诞，却没有体察李白的痛苦，不懂得李白同时是在"东山高卧"，等待时机。更重要的是，杜甫的反思主要是站在儒家立场，以儒家的人生观、价值观对李白的行为进行审视和衡量，自然不可能认识和肯定李白"放诞"行为的精神价值。宫中的黑暗，官场的诡谲，政治的腐败，使李白无可容忍而毅然自请放还，坚定地表示："安能摧眉折腰事权贵，使我不得开心颜。"并以痛饮狂歌、寻仙访道与这种政治现实相对抗，凸显出追求人性自由的精神。但李白对政治的批判态度和抗争精神显然并没有影响到杜甫，李白面临的主要问题是消解政治出局的痛苦，而杜甫的首要任务却是尽早实现修齐治平的理想；杜甫需要前行，李白需要休整，二人的关切在此时是如此不同，这种人生阶段性的差异与错位使双方并不具有平等对话的思想平台。杜甫在与李白分手后，毅然西入长安求仕这一事实本身，表明杜甫尚未达到与李白相似的人生高度。只有经历与李白相似的人生，才能体悟李白的人生境界，从而与李白进行真正的对话和交流。

"醉眠秋共被，携手日同行"代表着杜李前期的友谊，可谓大唐嘉话，而李杜的"飞蓬各自远"也并不意味着双方友谊的结束。李白无可匹敌的诗才，傲岸不羁的性格，富于传奇色彩的人生凝聚成巨大的人格力量，深深吸引着初出茅庐的杜甫；杜甫的才华、志趣和境界亦必然不同凡俗而让李白青眼高歌。但双方的声望、气质等因素的巨大差异使彼此在对方心目中的地位存在极大的不同，这必然同时造成双方相互感情投入的不对称。李白对杜甫渐行渐远，杜甫对李白则念念不忘，于是在此后的漫长岁月里，杜甫一直怀念着、关注着、解读着李白，并随着自己人生阅历的增加而不断修正着对李白的认识，走近李白，最终成为李白真正的知己。

二、困居长安——从求仕的屈辱到对自由的感悟

杜甫初到长安后，求仕无成，生活困窘，在不算长的时间里写了三首怀念或呈送李白的诗，这三首诗所显示的感情状态及认识程度基本等同于前面第一阶段，但其中仍然有一些信息可以印证前面的分析。

诗文只是杜甫与李白交往的内容之一，在前期交往中并非主要内容，然而在分手后的怀念诗作中，杜甫对访道幽隐之类生活几乎只字不提，重在谈诗论文，并赞美李白卓异的诗才。在《冬日有怀李白》中，杜甫以"更寻嘉树传，不忘《角弓》诗"表达对李白的思念。在《春日忆李白》中，更

是高度评价李白的诗才，"白也诗无敌，飘然思不群。清新庾开府，俊逸鲍参军"。这表明，杜甫心目中李白"谪仙人"的色彩在渐渐消褪，而大诗人的本来面目越发清晰。杜甫逐渐认识到李白的真正价值在于其狂放不羁、不同凡响的诗歌创作，而非荒诞虚无的求仙活动和"痛饮狂歌"的"颓废"人生。因而，杜甫此期的诗作远离访道隐逸的内容而极力突出李白的诗才，进一步印证了第二首《赠李白》对李白的认识和评价。前后诗歌创作侧重点的不同显示出杜甫对李白认识的深化，但有意滤除李白的"放诞"又恰恰表明杜甫此时仍然没有真正读懂李白。

其次，杜甫到长安后，生活困窘，如他所自述的那样是"短褐风霜入"，但这并未动摇杜甫求仕的决心。他既不对炼丹成仙感兴趣，"还丹日月迟"；也不准备归隐山林，"空有鹿门期"。虽然《送孔巢父谢病归游江东兼呈李白》对孔氏归隐表示赞叹，但对恭奉儒道的杜甫而言，那只是一种可以言说而不会践行的套话。当务之急是入仕为官，兼济天下才是人间正道。这正是李杜二人浪漫与理性的分野。正如闻一多先生所说："李白的出世，是属于天性的，出世的根性深藏在他骨子里，出世的风神披露在他容貌上；杜甫的出世是环境机会造成的念头，是一时的愤慨。"[1]

此期杜甫对李白的认识尚未发生本质的变化，但值得注意的是在长安所作的《饮中八仙歌》。按仇注："此诗当是天宝间追忆旧事而赋之，未详何年。"[2] 虽未详何年，但绝不可能是杜甫到长安之前所作。长安作为通都大邑，人文荟萃，消息灵通，只有在这里杜甫才能得到有关"八仙"的足够丰富的资料而创作成篇。又，仇引"蔡梦弼曰：'按范传正《李白新墓碑》：在

① 闻一多《唐诗杂论》，中华书局2003年版，第152页。
② 仇兆鳌《杜诗详注》卷2，中华书局1979年版，第81页。

长安时，时人以公及贺监、汝阳王、崔宗之、裴周南等八人为酒中八仙。"[1]
由上可以看出，该诗所依据的材料显系来自民间传说。杜甫诗中无裴周南，则表明民间流传的"八仙"故事有不同的版本，更证明了民间传说的丰富性。可以想象，民间关于"八仙"的传说故事生动传神，且对八仙潇洒脱俗的风度完全是一种正面评价，这无疑会影响到杜甫对八仙的感情倾向，并可能对李白的"飞扬跋扈"进行新的思考和再认识。事实上也正是如此，诗中对李白的描述引人注目，前两句侧重其流连诗酒的生活及其豪纵不羁的诗才，后两句则突出其傲视权贵的桀骜不驯，后者正是李白富于魅力、令人倾倒、高踞中国诗坛而赢得千秋万岁名的秘密之所在。李白的诗酒放浪在杜甫面前狂放而不免颓废，而在权贵面前的放纵无忌、傲岸自雄则使李白形象陡然迸出奇光异彩，这才是真实的李白，令人仰止的李白。李白曾不无得意地说："抑扬九重万乘主，谑浪赤墀青琐贤。"这正是李白的自我写照，同该诗所表现出来的精神气质是完全一致的。这些来自民间的信息无疑能够帮助杜甫更充分地认识李白。而此时的杜甫正为求仕四处干谒，磕头作揖，狼狈不堪，李白的傲岸风骨无疑会给他极大的触动，也必然使他对李白的"痛饮狂歌空度日"恍然有悟，因而，《饮中八仙歌》对李白风采神韵的描绘显示出杜甫对李白已由前期的不满与规劝渐转为欣赏与肯定。

十年困居长安对杜甫更大的意义在于，他认识到了才不为识和才不为用的残酷现实，并因此感到极大的无奈与痛苦，而这也恰恰是李白的经历和感受。李白在入仕之前，同样是四处干谒，结交权贵，甚至不惜写出肉麻的词句，在《与韩荆州书》中便吹嘘韩朝宗说："生不用封万户侯，但愿一识韩荆州。"经过十几年的活动，李白名满天下，被招入长安，但已是人到中年，

---

[1] 仇兆鳌《杜诗详注》卷2，中华书局1979年版，第81页。

可谓代价巨大，耗尽青春。孰料玄宗只是将其目为御用文人，日日伴侍君侧吟诗作赋而已。理想与现实的背反使李白失望不已，更兼其狂傲不羁招致权贵的嫉恨，傲岸的李白只好自请放还，重新开始其浪迹天涯的生活。正因为有这样的经历，李白才会在诗作中反复表达才不为用、信而见疑的愤懑，"直木忌先伐，芳兰哀自焚"，"群沙秽明珠，众草凌孤芳"，"自古妒蛾眉，胡沙埋皓齿"，"楚国青蝇何太多，连城白璧遭谗毁"，"白日不照吾精诚，杞国无事忧天倾"。相比而言，入京前杜甫尚未涉足政治，除了开元二十三年参加过一次科举考试而"忤下考功第"外，并无其他政治经历，因而对官场的诡谲、政治的阴暗没有切身体验和充分认识，所以也就难以理解李白放还后感情的复杂性，也不可能完全理解李白怀才不遇的痛苦。但长安十年的生活却给杜甫深刻认识社会提供了机会，在这十年中，杜甫"朝扣富儿门，暮随肥马尘。残杯与冷炙，到处潜悲辛"。与李白不同，杜甫性情沉郁，名声低微，不可能像李白那样以其飘逸的诗才、非凡的气质倾动时人而得到名流的汲引，杜甫只能低首下心，仰攀权贵，为此忍辱含垢，尝尽辛酸，其投赠韦济的诗流传后世者即有三篇，诗中充满哀告乞怜之意，但最终却毫无结果。杜甫深感明珠暗投的痛苦，为此而满腔悲愤："如今岂无骙骙与骅骝？时无王良、伯乐死即休。"同时饱尝世态炎凉："翻手为云覆手雨，纷纷轻薄何须数？君不见管鲍贫时交，此道今人弃如土。"无情流逝的岁月，穷困无聊的生活，求仕无果的颓丧使杜甫饱受煎熬，不免叹老嗟贫："却忆年年人醉时，只今未醉已先悲。数茎白发哪抛得？百罚深杯亦不辞！"在这种困境中，杜甫甚至对修齐治平的儒术也产生出厌倦与绝望情绪："儒术与我何有哉？孔丘盗跖俱尘埃。"杜甫的不平正是对李白不自觉的回应，也是在不同的时空下与李白的共鸣。

杜甫为求仕几乎献出了自己的一切，包括人格与尊严，再没有青春放浪的豪情。在这种内外交困的境遇中，杜甫不由得神往那种从容潇洒、淡泊名利、宠辱不惊、笑傲王侯的名士风度，《饮中八仙歌》正是这种风度的生动写照。只有在为求仕而丧失自由乃至尊严时，杜甫才能更深刻地理解李白"天子呼来不上船"的可敬与可贵。那是对自由的追求，对尊严的捍卫，正是从这个意义上，可以说，《饮中八仙歌》是对自由的吟唱，它含蓄表达了困境中的杜甫对自由人格的向往，也表明杜甫对李白的理解达到了新的高度。

三、乱世漂泊——从心灵的共振到人格的追随

杜甫对李白的认识并非一成不变，而是一个不断深化的过程，也是其人生经历与李白的人生经历逐渐趋同的过程。十年困居长安，得官复而弃官，长期漂泊流离，这一坎坷而苦难的人生与李白具有极大的一致性。人生历程的相似，使杜甫日渐贴近李白的心灵，并获得对李白的真正解读。

杜甫困居长安十年，好不容易才得到右卫率府兵曹参军的小官。安史乱起，杜甫陷贼，乘间冒死奔赴行在，虽获命左拾遗，却又因仗义执言被贬，这种才而不用、忠而不察的冷酷现实对杜甫造成了巨大的打击，"近侍归京邑，移官岂至尊？无才日衰老，驻马望千门"。同时感到难言的孤独，"天机近人事，独立万端忧"。这种众人皆醉我独醒的孤独感在困居长安时期的诗作中即有流露，"酒尽沙头双玉瓶，众宾皆醉我独醒"，这同李白"相看两不厌，只有敬亭山"的孤独的悲叹何其相似。只有在这种打击之下，杜甫才能读懂李白在醉酒狂歌背后孤独的心灵。李白怀着热切的报国之情加入永王幕府，却坐罪系狱，长流夜郎，李白为此悲愤难抑，"万愤结缉，忧从中催"，"南冠君子，呼天而啼"。这又与屈原"信而见疑，忠而被谤"何

其相似。所以他们不仅有忠而不察的痛苦，亦有世人皆醉而我独醒的孤独。正因为这种相似的经历和共同的感受，杜甫不仅理解屈原，而且也更深刻地理解了与之相似的李白，所以在《天末怀李白》中，杜甫才会将屈原与李白并提，"应共冤魂语，投诗赠汨罗"，这表明杜甫真正理解了李白的远大的理想、忠诚的品质与天真的性格，所以如此，恰恰又因为杜甫自身与李白、屈原类似的遭遇。李白对屈原推崇备至，赞颂其诗才，仰慕其不朽："屈平词赋悬日月，楚王台榭空山丘。"暗寓历史将证明一切的自信。李白以历史的眼光观照屈原，当然更为自信；杜甫以现实的高度平视李白，只能感慨万端。因为"千秋万岁名"毕竟是"寂寞身后事"，伟大的灵魂总要经过苦难的炼狱，声名与幸福总是不可得兼，只能令人感慨命运的残酷。在《梦李白二首》（其一）中，杜甫对李白蒙冤流放的遭遇表示了极大的同情："死别已吞声，生别常恻恻。江南瘴疠地，逐客无消息。"在《其二》中，则对其理想落空的痛苦表达了深深的不平和无限的感慨："出门搔白首，若负平生志。冠盖满京华，斯人独憔悴。""平生志"正是李白"使寰区大定，海县清一"之志，但历史的阴差阳错，却使李白华发满头，壮志成空。根本原因则是李白自由的天性、傲岸的性格与尊卑分明、强调恭顺服从的专制制度水火不容，所以才"才高心不展，道屈善无邻"，造成人生的悲剧。同时代鲜有真正理解李白者，"世人皆欲杀"；而杜甫与李白则别有会心，"我意独怜才"。如果说李白是屈原的隔代知音，那么杜甫则是李白的同代知己。

杜甫不仅深刻理解了李白的理想，而且更为深刻地理解了李白追求自由的天性，这正是李白思想的核心，也是李白的悲剧之源。李白寻仙访道是渴望摆脱自然寿数的局限而能生存于时空之外，淡泊名利则是渴望摆脱世俗之累而能获得心灵的闲适与安宁，其核心是对自由的向往与追求，这是人类生存的理想状态，虽可望而不可即，却并非不能在某种程度上实现。李白的辞官归隐、寻仙访道在某种意义上正是对自由的靠拢。杜甫正是在这一意义上理解李白，这种理解同样来自杜甫自身的经历及思想的变化。长安十年的困顿，四处干谒的屈辱，冒死投奔的忠诚与无端被贬的打击使杜甫日渐心灰意冷，他深切地感到了等级森严的政治机器与自己自由心性之间的格格不入，而安史乱后的时局使理想的实现越发渺茫，于是其政治热情日渐降温，归隐之志不时浮上心头，"吏情更觉沧洲远，老大徒伤未拂衣"。其实在困居长安、求仕无成的日子里，这种隐逸之志便时有流露，"扁舟吾已僦，把钓待秋风"。然而只有在这一连串的打击之后，杜甫才开始真正考虑退出政治。在被贬为华州司功参军后，被贬的愤懑，理想的落空及生活的压力使杜甫终于下定了弃官的决心，"罢官亦由人，何事拘形役？"开始了漂泊生涯。杜甫在《自京赴奉先县咏怀五百字》中早已自述心迹："非无江海志，潇洒送日月。生逢尧舜君，不忍便永诀。"如君非尧舜，未尝不可归隐山林。杜甫本对肃宗中兴大唐满怀希望，而肃宗不信忠谏，排挤打击玄宗旧臣的冷酷与专横很快让杜甫灰心失望，其先前在杜甫心中的"尧舜"形象此时已是面目全非。

杜甫弃官出走的人生抉择固然是因为对昏昧的肃宗丧失了信心，而深层次上则是对自由人格的追求。陶潜的吟唱响在耳边，而李白的影子更是在他心中晃动。因而，杜甫自华州弃官，奔赴秦州不久便连续写下《梦李白二首》《天末怀李白》《寄李十二白二十韵》便不是偶然的事情了。

历经磨难，杜甫才能感受到自己的心性受到了怎样的压抑与摧残，所以，漂泊辗转的生活虽然艰苦，杜甫却感到前所未有的快乐："虽伤旅寓远，庶遂平生游。"而且杜甫对自然界中一切生机勃勃、无拘无束的生命总是那样由衷的喜爱和赞叹，"泥融飞燕子，沙暖睡鸳鸯"，"自去自来梁上燕，相亲相近水中鸥"，"无数蜻蜓齐上下，一双鸂鶒对沉浮""两个黄鹂鸣翠柳，一行白鹭上青天"。对自然万物的热爱，本质上是对自由的热爱，只有在与自然的亲密接触中，杜甫才能呼吸到自由的空气，才能感到轻松与快乐。也只有这样，杜甫才能理解李白辞京归山背后那酷爱自由的心性。杜甫不仅毅然辞去了华州司功参军，而且寄居成都期间，在严武幕府短暂供职后，很快又辞职归田。杜甫历经变故，身心俱疲，豪情已然不再，理想日渐落空，因而淡泊于用世，钟情于山水，更乐于守护心性的自由和心灵的安宁。如果说陶潜选择了归隐，李白选了游仙，那么，也可以说杜甫选择了漂泊。尽管形式不同，但其精神是一致的，都表现出对心性自由的捍卫与追求。杜甫辞官漂泊的行动本身就是对李白的理解，甚至可以说是对李白的追随。

杜甫饱经忧患，其处境之艰难与李白相比有过之而无不及，因而，后期的怀念诗作虽是记述李白，未尝不是自身的写照；虽是怀念友人，未尝没有自伤自悼之意。唯其如此，杜甫才能贴近李白的心灵。此时的诗作关注的不再是诗酒仙道，而是李白浪迹四方一事无成的悲剧人生，"出门搔白首，若负平生志。冠盖满京华，斯人独憔悴"。当年的李白斗酒百篇，狂歌大呼，笑傲王侯，不可一世，高唱"天生我材必有用，千金散尽还复来"，"长风破浪会有时，直挂云帆济沧海"，如今华发满头，壮志成空，酒阑人散，无限凄凉。这岂止是李白的悲剧，也是日暮途穷的杜甫的悲剧，只有度尽劫波，蓦然回首，才能看到昔日的朋友那孤独而凄凉的背影。于是，一切曾有的误解与讥嘲飘然散尽，两颗苦难的心灵碰撞在一起，如巨掌猛击琴键，发出惊心动魄的轰鸣。

杜甫怀念李白的最后一首诗为《不见》，这首诗极其明确地表达了晚年的杜甫对李白的深刻理解和深深的惋惜，"不见李生久，佯狂真可哀"。杜甫初识李白时，眼中的李白是"痛饮狂歌空度日"，经过人生的苦难，杜甫才懂得了李白是佯作颠狂，是以颠狂排遣痛苦，虽是"空度日"，其实"真可哀"。杜甫反观自身，真切地感到了李白一生的悲剧性。李白的悲剧决非个人的悲剧，而是"文章憎命达，魑魅喜人过"的社会的悲剧。正因为这样，杜甫才会在"世人皆欲杀"的严酷社会环境中，超越世俗的粗鄙而"吾意独怜才"，发现了一个怀才不遇而无限痛苦的心灵。

从天宝三载（744年）与李白初逢洛阳，到上元二年（761年）流寓成都，杜甫历经磨难，在经历了与李白相似的人生之后，终于达到了与李白平等对话的高度，实现了对李白完整而深刻的解读，从而成为李白难以谋面的知己和兄弟。如果度尽劫波的李杜再次相逢，那么，李白一定会饱蘸辛酸与血泪，酬赠杜甫更多动情的诗篇。

由唐至宋杜甫草堂变迁述论

——————

杜甫去蜀后，成都杜甫草堂经由唐至宋不断的修补和营建，终于确立规模，成为后人凭吊的圣地。虽然前人对唐宋两代草堂变化情况进行过考察①，但对变化背后的文化动因则缺乏深入的发掘，而没有文化层面的说明，就无法揭示成都杜甫草堂发展演变的历史真相。本文将杜甫草堂的发展演变分为杜甫去蜀、晚唐五代（前后蜀）及宋三个阶段，从民间与官方两条线索出发对草堂变迁的文化原因加以历史性考索，从而揭示成都杜甫草堂成为文化圣地的历史必然性，以就教于方家。

一、唐代杜甫草堂的衰变

杜甫自肃宗乾元二年（759 年）十二月入蜀，至代宗永泰元年（765年）乙巳五月去蜀，凡五年又五月，如其诗所述："五载客蜀郡，一年居梓州。"② 杜甫去蜀之后不久，草堂即被继任严武的西川节度使崔宁侵占，据晚

———————————

① 清人何明礼《浣花草堂志》稍有涉及，民国学者吴鼎南《工部浣花草堂考》对草堂沿革史进行过较为精细的考察，后来学者也有不少论文，但都偏重于史实考证，鲜有人从文化角度对其废兴的动因加以揭示。

② 杜甫《去蜀》，仇兆鳌整注：《杜诗详注》卷 14，中华书局 1979 年版，第 1217 页。

唐郑暐《蜀记》载："梵安寺①乃杜甫旧宅，在浣花，去城十里。大历中，节度使崔宁妻任氏亦居之，后舍为寺，人为立庙于其中。"②任氏作为崔宁爱妾，所居自然不是杜甫原来的茅屋，应该是在浣花溪畔重建了宅第。《益部谈资》云："大历中，崔宁镇蜀，以冀国夫人任氏本浣花女，遂重修之（草堂寺）。"③崔宁与任氏皆好佛④，重修草堂寺时，应同时为任氏重修了宅第，占据了草堂部分庭院，该宅第后来施舍给紧相邻接的草堂寺，杜甫草堂就此成为草堂寺一部分，郑暐称"寺乃杜甫旧宅"当出于此。郑氏这句话或令人疑为崔宁将整个杜甫草堂一并拆毁改建了，但从另外的材料来看，并非如此。

唐文宗大和四年（830年），西川节度使李德裕镇蜀，其从事张周封在《华阳风俗录》中记载："浣花亭在州之西南，有江流，至清之所也，其浅可涉。故中有行车，甫有宅在焉。"⑤这段记述当是张周封实地考察所见，当时杜甫旧宅仍在，大概崔宁重建寺院时所侵占的主要是杜甫草堂的庭院，并未拆毁杜甫草堂。大和进士、成都人雍陶作《经杜甫旧宅》诗描述了他所看到的草堂景象："万古只应留旧宅，千金无复换新诗。沙崩水槛鸥飞尽，树压

---

① 何宇度《益部谈资》云："会昌中，欲毁寺，夜闻女子啼泣之声，中止。已而祷雨有验，本（应为宋，笔者注）朝赐名梵安寺"。郑暐《蜀记》所述出自宋人葛琳《和浣花亭》诗注所引，葛琳在此处以时名"梵安"径称草堂寺，当是间接引用《蜀记》材料。
② 葛琳《和浣花亭》自注，扈仲荣等辑、刘琳校点《成都文类》（文渊阁四库全书本）卷7，第66页。
③ 何宇度《益部谈资》卷中，影印文渊阁四库全书，第592册，第748页。
④ 《历代法宝记》载："（仆射崔宁）即共任夫人及节度军将，顶礼和尚，起居问讯讫，坐定。处分都押衙，放诸军将同听。和尚说法时，有无盈法师、清原法师，僧中俊哲，在众而坐。……仆射闻说法已，倍加欢喜……诸军将并皆喜慰，不可言说，顶礼去。"见蓝吉富主编《禅宗全书》第一册，北京图书馆出版社2004年版。
⑤ 张周封《华阳风俗录》，转引自萧涤非主编《杜甫全集校注》卷9，人民文学出版社2014年版，第2598页。

村桥马过迟。"① 这是杜甫去蜀之后描述草堂第一诗。雍陶作此诗时，杜甫已告别草堂 60 余年，此时的草堂因年久失修，一派荒凉，当年借以垂钓远望的水槛已是破败不堪。该诗也表明，当时的杜甫旧宅虽然"沙崩水槛"，但草堂主体尚在，目睹遗迹，仍可令人遥想少陵当年于此流连徘徊、往复吟哦的景象。

随着时间的流逝，杜甫旧宅疏于管理，渐渐颓坏，只有台基尚存了。唐宣宗大中九年（855 年），西川节度使白敏中的从事卢求在其所作《成都记》中说："杜员外别业在百花潭，台犹在。"② 可见此时旧宅已然不见了。稍后于卢求的郑谷曾游蜀中，所作《蜀中》一诗描述了杜甫草堂遗址的荒凉景象："扬雄宅在惟乔木，杜甫台荒绝旧邻。"③ 此时的杜甫草堂已是一片荒芜，颓废之状甚于往日，只有破败的台基昭示着诗人当年的遗迹。郑谷之后，昭宗天复元年（901 年），韦庄应聘为西蜀奏记，寻得草堂旧址，"结茅为一室"④，一定程度上复原了草堂形貌。

由上可见，杜甫草堂在杜甫去蜀之后主要是以茅屋形态存在的，而茅屋也因其先天的脆弱，不断颓坏消亡，到晚唐只有台基尚存。直到唐末韦庄结茅重建，方才得以不废。这种状况与杜甫在唐代中后期的政治文化地位密切相关，可以说，成都草堂在唐代的命运就是杜甫在唐代命运的缩影。

杜甫去蜀时不过是一个声名不彰的普通文人，早前虽曾担任左拾遗这样的中央官员，但时间短暂，没有产生重要的社会影响。后来辞官漂泊，脱离

---

① 雍陶《经杜甫旧宅》，彭定求等编《全唐诗》卷 518，中华书局 1985 年版，第 5915 页。
② 卢求《成都记》，转引自《杜诗详注》卷 9，第 727 页。
③ 郑谷《蜀中三首》之二，《成都文类》卷 2，第 14 页。
④ 韦蔼《浣花集序》，聂安福《韦庄集笺注》附录四，上海古籍出版 2002 年版，第 483 页。

了政治接触，入蜀后虽与严武等官员交往，但这种交往主要出于谋生目的而不是政治目的。因此杜甫自始至终主要还是以诗人身份维持社会关系的，其影响也主要限于文学范围。但杜甫生前名声低微，影响有限，从现有材料来看，作为同辈诗人的李白、王维、高适、岑参等一时名流未见有只言片语肯定杜甫的诗作，这表明杜诗在盛唐文化氛围中并未得到诗坛主流的认可，原因盖在于杜诗不同于盛唐诗坛的现实关怀，这种差异在杜甫与他人的同题诗中表现得更加明显。天宝十一载（752 年）秋，杜甫和高适、岑参、薛据、储光羲等人，同登慈恩寺塔，各有题咏。杜甫所作《同诸公登慈恩寺塔》起首四句云"高标跨苍穹，烈风无时休。自非旷士怀，登兹翻百忧"①，触目生情，表达了强烈的忧患意识，结尾则以"回首叫虞舜，苍梧云正愁。惜哉瑶池饮，日晏昆仑丘"暗喻时事，表达深重的忧国之思，与高、岑等人诗中所表露的习焉不察的盛世心态迥然有别。仇兆鳌评论说："三家（高、岑、储）结语，未免拘束，致鲜后劲。杜于末幅，另开眼界，独辟思议，力量百倍于人。"杜诗之力量来自景语情语一气贯之的奔腾跌宕，来自超出个体命运的深广忧思。而以高、岑为代表的盛唐诗人仍然延续着盛唐以来的理想主义，关注个体的出处进退远甚于关注现实的重重危机，其诗作也便表现出超然散放的审美趣味，因此很难认同杜甫那种充满忧患意识、悲慨沉郁的创作风格。杜甫长安求仕时期所作《饮中八仙歌》刻画了八个酒仙，同时也刻画了一个清醒的自我形象，程千帆先生说杜甫与"八仙"是"一个醒的和八个醉的"，一定意义上揭示了杜甫与同时代诗人间的距离，这种距离注定了他的孤独，使之不能在诗人同辈中获得尊崇的地位，杜甫因此有"百年歌自苦，未见有知音"的慨叹。王赞《元英先生诗集序》云："杜

---

① 杜甫《同诸公登慈恩寺塔》，《杜诗详注》卷 2，第 103 页。

甫诗雄鸣于至德大历间，而诗人或不尚之。呜乎！子美之诗可谓是无声无臭者矣！"①

随着唐王朝在安史乱后的危机中越陷越深以及杜诗得到更大范围的传播，杜诗的价值也逐渐为更多的人所认识，杜甫也开始受到更多人的尊崇。戎昱是较早赋诗祭吊杜甫者，而樊晃则最早编辑了杜甫的诗集《杜工部小集》。其后韩愈、白居易、元稹等人对杜甫多有揄扬，白居易云："诗之豪者，世称李杜。"② 韩愈也将李杜并称："李杜文章在，光焰万丈长。"③ 元稹则在《唐检校工部员外郎杜君墓系铭并序》中对杜甫诗歌给予了全面公允的评价，杜甫在唐代诗坛的崇高地位逐步确立。至晚唐五代，不少诗人行经耒阳杜甫殁葬之地，都有诗凭吊，如李节《耒阳吊杜子美》，罗隐《经耒阳杜工部墓》，齐己《次耒阳作》，裴谐《经杜甫坟》，裴说《经杜工部坟》等。杜甫影响的逐步扩大同时使得草堂成为士人凭吊先贤、寄托哀思的地方，如雍陶、郑谷即分别有诗吟咏草堂。这些士人虽然对杜甫满怀敬意，但恐怕限于财力，并不能对杜甫草堂进行大规模的修缮，至多进行简单的维护而已，草堂面貌根本改观有赖官方的支持。

中唐以后，虽然士人群体对杜甫及草堂表现出越发浓厚的兴趣，然而官方却并没有对杜甫草堂表现出格外的优遇。严武之后继任剑南西川节度使职的是崔宁、张延赏、韦皋、袁滋、刘辟、武元衡、李夷简、王播、李德裕、段文昌、杜元颖等人。这些地方官员或为跋扈的武人，如崔宁；或是颇有所作的政治家，如韦皋、李德裕，而无论何类人物，在政局混乱、边事频仍的

---

① 王赞《元英先生诗集序》，董浩等编《全唐文》卷865，中华书局1983年版，第9070页。
② 白居易《与元九书》，顾学颉校点《白居易集》卷45，中华书局1979年版，第959页。
③ 韩愈《调张籍》，钱仲联集释《韩昌黎诗系年集释》卷9，上海古籍出版社1994年版，第989页。

背景下，或欲拥兵自重，称雄一方；或欲平乱靖边，建功立业，而很难将精力集中于文化事业，更不会关注一个落魄潦倒的诗人及其寒陋的茅屋。当然随着中晚唐杜甫影响的日益扩大，也不排除有地方长官出于自身的兴趣尊崇杜甫，但这显然不足以形成官方的共识。终唐之世，蜀地官方对杜甫及草堂的整体态度是疏远和冷落的，这间接表现出杜甫在当时的地位。由此可见，杜甫忧国忧民的儒文化人格及其诗作的诗史价值在历史尚未充分拉长的背景下不可能得到充分的彰显，即便民间文人已经对杜甫的价值有所认识，但只要这种认识不能转化为官方意志，则杜甫草堂就难以由原始的茅屋升格为具有一定规模的纪念馆。

二、韦庄重建草堂的文化意义

至晚唐五代，李杜并称成为当时的共识，杜甫的地位甚至超过了李白。在这一背景下，成都草堂遗址吸引了越来越多的士人前来寻访凭吊，以韦庄重建草堂为标志，杜甫草堂逐渐成为士人心中的圣地。

韦蔼《浣花集序》云：“辛酉春，应聘为西蜀奏记。明年，浣花溪寻得杜工部旧址，虽芜没已久，而柱砥犹存。因命芟夷，结茅为一室。盖欲思其人而成其处，非敢广其基构耳。”[1] 韦庄来到西蜀，不辞辛苦地寻找草堂遗址，甚至建起茅屋，这决非一般意义上的膜拜，而表现出对杜甫文化意义上的虔诚追随。陈寅恪先生在《韦庄〈秦妇吟〉校笺》一文中说：“端己平生心仪子美，至以草堂为居，《浣花》名集。”[2] 杜甫自称“少陵野老”，韦

---

[1] 韦蔼《浣花集序》，聂安福笺注《韦庄集笺注》附录四，上海古籍出版社2002年版，第482页。

[2] 陈寅恪《韦庄〈秦妇吟〉校笺》，陈美延编《寒柳堂集》，生活·读书·新知三联书店2001年版，第136页。

庄生前模仿杜甫而自称"杜陵归客"。《十国春秋·韦庄传》载:"武成三年（910），（韦庄）卒于花林坊，葬白沙之阳，是岁，庄日诵杜甫'白沙翠竹江村暮，相送柴门日色新'之诗，吟讽不辍，人以为诗谶焉。"[1] 韦庄从生到死崇拜杜甫，杜甫实际上已成为他的精神归宿，韦庄重建草堂的行为表达了晚唐众多士人的心声，具有深远的文化意蕴。

杜甫之所以成为韦庄这样晚唐士人的膜拜对象，一方面在于韦庄本人的人生经历与杜甫的相似性，易于引发韦庄的共鸣，更重要的则是杜甫忧患天下的儒者情怀应和了晚唐士人厌恶战乱、渴望安定的时代追求，并以其富于现实精神的诗作及集大成的艺术风格满足了晚唐文人的艺术趣味，从而为韦庄这样的末代文人视为异代知音。

韦庄和杜甫一样深受儒家思想影响，抱定"平生志业匡尧舜"[2] 的远大志向，却是屡试不第，直到59岁才考中进士，但时逢战乱频仍的唐朝末年，实际上无所作为，这与杜甫在安史之乱爆发前夕被授右卫率府胄曹参军格外相似。杜甫陷贼后逃往灵武，短暂任职朝廷后被贬河西尉，此后辞官漂泊。韦庄虽然考中进士，同样因为频繁的战乱而四处逃亡。相似的人生经历及所处的动乱时局使得韦庄对杜甫的现实主义诗作产生了强烈的共鸣，杜甫说："万方声一概，吾道竟何之？"[3] 韦庄在《寓言》中也同声相应地慨叹："为儒逢世乱，吾道欲何之？"[4] 正因为对杜甫的精神追随，韦庄才写下诸多反映现实的诗篇，长篇叙事诗《秦妇吟》充分体现了韦庄对杜甫现实主义精神的继承。在盛唐文化精神跌落之后，关注现实苦难开始成为时代主题，与这种

---

① 计有功编、王仲镛笺注《唐诗纪事校笺》卷68，中华书局2007年版，第2284页。
② 韦庄《关河道中》，《韦庄集笺注》卷1，第25页。
③ 杜甫《秦州杂诗二十首》其三，《杜诗详注》卷7，第572页。
④ 韦庄《寓言》，《韦庄集笺注》卷4，第168页。

文化转型相应，儒家思想自汉末衰落以来在中唐反思安史之乱的背景下开始了其缓慢的复兴之路，杜甫的现实主义诗作以其敏锐的先知先觉呼应了时代精神的变迁，并以其对现实的生动刻画及丰富多样的艺术手法为后人树立了可供效法的典范。遵循杜甫的现实主义精神，韦庄的大量诗作直面现实苦难，描绘出晚唐末世风云四起、天昏地暗的时代画卷，表达了对战乱的切齿痛恨，与杜甫之忧患意识及诗史性的写作一脉相承，同样堪称"诗史"。清人余成教评价韦庄"习杜"说："《忆昔》《陪金陵府相中堂夜宴》《题姑苏凌处士庄》《过内黄县》《南昌晚眺》《投寄旧知》《咸阳怀古》《长安清明》《古离别》《立春日作》《寄江南逐客》《离筵诉酒》《台城》《燕来》《令狐亭》《虎迹》诸诗，感时怀旧，颇似老杜笔力。"[1] 充分肯定了韦庄对杜诗之关注民生的现实精神及深沉含蓄、忧思郁结的创作风格的继承。

唐诗发展到晚唐，因屡遭战乱，盛唐以来那种恢宏壮大的气势在日益颓败的社会背景下难有存在的土壤，诗人面对混乱的时局茫然无措，进退失据，逐渐转向个人的感情天地，诗歌创作也便经中唐之黯淡渐转为晚唐之绮丽。李商隐主缘情，韩偓主香艳，司空图《二十四诗品》提出"韵外之致""味外之旨"的意境论，姚合《极玄集》则以恬淡闲适作为选诗标准。在这种创作风格整体转型的大背景下，韦庄亦倡导"清词丽句"的审美标准。尽管如此，韦庄迭经磨难，并未沉湎于个人的感情世界，他在倡导"清词丽句"的同时仍然以强烈的现实关怀描写人间苦难，其悲慨沉郁有似杜甫之"诗史"，而非"清词丽句"所及范围。在编辑《又玄集》时将杜甫诗置于卷首，且将并非清丽的《春望》《遣兴》《送韩十四东归觐省》三首选入其

---

[1] 余成教《石园诗话》卷2，郭绍虞编选《清诗话续编》，上海古籍出版社1983年版，第1782页。

中。就此而言，韦庄的实际创作与其诗学理论保持了足够的距离，这种距离保证了其诗作的现实主义品质，也表明了杜甫及其创作对他的强大影响。

韦庄对杜甫的尊崇不仅在于杜甫诗歌的吸引力，而且在于杜甫忠君忧国的精神感召力。韦庄生当风雨飘摇的唐朝末世，藩镇的跋扈及对王权的侵犯每每令他痛愤不已，他应聘西蜀奏记，虽可能有寻求安定生活环境的考虑，亦未必没有借助王建驱除各类豪强、重兴大唐的念头，其《长年》诗云"大盗不将炉冶去，有心重筑太平基"①，可见其雄心壮志。但王建作为乱世军阀，志在割据称王，并非忠于唐室，靖乱报国。韦庄饱经世乱，对王建的野心自然心知肚明，其内心之失望也是可以想见的。唐汝询评《送人归上国》说："端己以唐末之乱留仕于蜀，此因送友自陈流寓之怀，以见仕蜀非其本心也。"② 因此，韦庄应聘西蜀奏记的第二年即来到杜甫草堂旧址，结茅为室，以特殊的行动追步前贤，同时表达忠于王室的信念。韦庄的行为表明，此时的杜甫在士人心中已不仅仅是一个忧心苍生的诗人，而且也是忠君忧国的儒家人格范型，韦庄对杜甫的尊崇也便超越了中唐以来纯粹的诗学范畴而具有了儒家文化意义。

韦庄以寻找草堂遗址、重建茅屋的行动表达了对杜甫的无限敬意，间接表达了忠君忧国的儒家情怀，使得杜甫身上的儒家精神得以薪火相传，这既是韦庄个人的行为，也是历史的选择。值得注意的是，韦庄"结茅为室"在天复二年，此时已应聘为王建掌书记，其身份的改变标志着对杜甫草堂的关注者由民间文人扩大到官方。后唐明宗李嗣源继位后，曾是唐末进士的何赞任西川节度使，到成都后专程到浣花溪畔寻访杜甫草堂遗址，并作《书事》

① 韦庄《长年》，《韦庄集笺注》卷2，第81页。
② 唐汝询撰《唐诗解》卷30，《韦庄集笺注》，第232页。

诗，中云："阔步文翁坛里月，闲寻杜老宅边松。"[1] 何氏的举动同样表现了官方对杜甫草堂的立场，这标志着晚唐五代杜甫草堂影响力的日益扩大，也为后世官方扩建草堂埋下了伏笔。

三、宋人对杜甫的尊崇与杜甫草堂的重建

入宋以后，随着儒学的复兴，杜甫的文化地位不断上升，无论其"一饭不忘君"的儒文化人格，还是集大成式的诗歌创作都具有了范式意义，整个社会形成了尊杜崇杜的氛围，杜甫的诗圣地位终于确立，杜甫草堂也因此成为时人凭吊的圣地。在这种背景下，修缮并扩建杜甫草堂便不再限于民间行为，而必然上升为官方行为。

自韦庄建茅屋之后，经前、后蜀而入赵宋，杜甫草堂基本保持着唐末风貌。北宋太平兴国年间，由乐史编著的《太平寰宇记》载："杜甫宅，在西郭外，地属犀浦县，接浣花溪，地名百花潭。"[2] 延至真宗天禧，著作佐郎任弁游成都，在其成书于天禧四年（1020 年）的《梁益记》中载："公之别馆，后为崔宁宅，舍为寺，今尚在焉。"[3] 此后仁宗年间的葛琳在其《和浣花亭》诗中写道："杜宅岿遗址，任祠载经祀。"[4] 仁宗嘉祐年间，宋祁知成都府，在其《春日出浣花溪》诗中写道："少陵宅畔吟声歇，柳碧梅青欲向谁。"[5] 并自注说"杜子美宅在浣花溪上"。从仁宗庆历至神宗熙宁四次入蜀，并曾任益州路转运使的赵抃在《题杜子美书室》诗中写道："茅屋一间遗像

---

[1] 何赞《书事》，彭定求等编《全唐诗》卷769，上海古籍出版社1986年版，第8734页。

[2] 乐史撰、王文楚等点校《太平寰宇记》卷72，中华书局2007年版，第1470页。

[3] 《梁益记》引自刘辰翁评点、高楚芳编《集千家注杜工部诗集》，文渊阁四库全书本卷10。

[4] 《全宋诗》，北京大学出版社1991版，第11册，第7727页。

[5] 宋祁《春日出浣花溪》，《全宋诗》卷217，第2501页。

在，有谁于世是知音。"① 由以上材料可见，"大抵韦结茅后，百七十年来，常有完葺之者，而规模甚小，故赵曰'茅屋一间'"②。可以断言，草堂的修缮与管理者应该是民间尊崇杜甫的士人。

在北宋前期，士大夫主要还是以诗人眼光看待和评价杜甫的，而且在北宋初期晚唐体、白体和西昆体盛行一时的背景下，杜诗并不为诗界看重，影响力有限，当时诗坛领袖杨亿和欧阳修都公开表示不喜欢杜诗。随着儒学复兴的深入，杜甫其人其诗的儒家品格越发彰显，宋人甚至称杜甫"至其出处，每与孔孟合"③。在这一过程中，王安石对杜甫地位的提高起到了导夫先路的作用，在其《老杜诗集后序》中，王安石说："予考古之诗，尤爱杜甫氏作者。"④ 其《杜甫画像》诗云："吟哦当此时，不废朝廷忧。常愿天子圣，大臣各伊周。宁令吾庐独破受冻死，不忍四海赤子寒飕飕。"⑤ 可见王安石是从忧国爱民的儒家文化视角评价杜甫的。他选《四家诗》以杜甫为首，其次则是韩愈、欧阳修、李白，将李白置于末席的做法引起当时诗坛的震动，王安石解释说："太白词语迅快，无疏脱处，然其识污下，诗词十句九句言妇人酒耳。"⑥ 这种评论同样透露出一种儒家标准。从王安石对杜甫、李白正反不同的评价中，可以看到在儒学复兴的大背景下，宋人对前人的评价已开始突破纯粹的文学视角而上升到文化高度，儒家道德成为基本的衡量尺度。其后苏辙在《诗病五事》中对比李、杜二人说："李白诗

---

① 赵抃《题杜子美书室》，《全宋诗》卷341，第4166页。
② 吴鼎南《工部浣花草堂考·中考》，民国三十二年新新新闻馆排印本，第18页。
③ 赵次公《草堂记略》，《杜诗详注》附编，第2248页。
④ 王安石《老杜诗后集序》，唐武标注《王文公文集》卷36，上海人民出版社1974年版，第429页。
⑤ 王安石《杜甫画像》，同上卷50，第560页。
⑥ 释慧洪《冷斋夜话》卷5，《宋元笔记小说大观》，上海古籍出版社2001年版，第2194页。

类其为人，骏发豪放，华而不实，不知义理之所在也……唐诗人杜甫称首，今其诗皆在。杜甫有好义之心，白所不及也。"①苏辙在这里明确地从"义理"角度评判李、杜高下，进一步体现出宋人的道学眼光。苏轼则以"一饭不忘君"高度概括了宋人对杜甫的认识与判断，并最终奠定了杜甫在宋代诗坛的崇高地位。其后宋人评价杜甫不外道与文两个方面，或着眼于道，或着眼于文，或二者兼而有之，但总的说来，道是根本，文是道的自然表现。正因为宋人将杜甫提升到儒道文化的高度加以评论，杜甫的文化身份才突破了以往较为纯粹的诗学范畴，具有了儒家代言人的意味，从而得到包括官方在内的整个社会的崇扬，而杜甫草堂也因此为北宋官方所重视，迎来了大规模重建的时代。

元丰六年，吕大防出镇成都。此时的杜甫草堂因疏于管理，已是"松竹荒凉，略不可记"，吕大防"复作草堂于旧址，而绘像于其上"②。至此，杜甫草堂才开始具备了纪念性祠宇的雏形，此后草堂虽屡有荒废，但屡废屡兴，这与吕大防所做的奠基性工作密不可分。

吕大防与其兄弟号称蓝田"吕氏四贤"，幼承家学，熟读经书，尤精于三《礼》，立身行事严守儒家礼教，当时名臣司马光、吕公著等都十分敬重他的为人，即便皇帝也对他另眼相看，"每朝会，威仪翼如，神宗常目送之"③。吕大防知成都期间，曾注释杜诗，并首次编纂《杜诗年谱》，在年谱末的后记中，吕大防写道："予苦韩文、杜诗之多误，既雠正之，又各为《年谱》，以次第其出处之岁月，而略见其为文之时。则其歌时伤世、幽忧窃叹之意，粲然可观。又得以考其辞力，少而锐，壮而健，老而严，非妙于

---

① 苏辙《诗病五事》，《苏辙集·栾城三集》卷8，中华书局1990年版，第1228页。
② 胡宗愈撰《成都新刻草堂先生诗碑》，《杜诗详注》附编，第2243页。
③ 《宋史》卷340，中华书局1977年版，第10844页。

文章不足以至此。"① 吕大防既注杜诗，又注韩文，且各为年谱，可见韩、杜二人在吕氏眼中的重要地位。韩愈是中唐以来儒学复兴运动的始作俑者，以孔孟之后的儒家传人自命，北宋以来的道学家也把韩愈视为儒家道统中的重要环节加以肯定，家学深厚的吕大防注释韩文自然不仅着眼于文章本身，应该还有道统方面的考虑。连类而及，吕大防注杜并为之作年谱同样应作如是观，即通过考察杜甫的创作背景，使读者更为准确地理解其"歌时伤世、幽忧窃叹之意"，同时更深入地体味杜诗"少而锐，壮而健，老而严"三个阶段的风格变化，从而知人论世，弘扬杜甫忠君爱国的儒家人格。由此出发，吕大防作为地方最高长官，重建杜甫草堂也就是理所当然的事情了。

由吕大防重建草堂开始，杜甫草堂的建设就不再是民间行为，而转化为官方行为，这种转化标志着杜甫突破了唐代以来的诗人身份而成为儒家人格的范型，"诗圣"的称谓准确表达了杜甫在宋代文学及文化两方面的崇高地位。

元祐初，胡宗愈知成都府，他所作的重要工作则是把杜甫在成都所作的诗歌勒刻于石，并嵌于草堂壁间，目的在于"知其世"。在其《成都新刻草堂先生诗碑序》中，胡宗愈写道："先生以诗鸣于唐，凡出处去就，动息劳佚，悲欢忧乐，忠愤感激，好贤恶恶，一见于诗。读之，可以知其世。学士大夫，谓之诗史。其所游历，好事者随处刻其诗于石。及至成都，则阙然。"② 由此可知宋人已开始以"诗史"看待杜诗，并将杜诗根据其具体游历随处刻石，不难想见此期杜诗流播之广。而胡氏将杜甫蜀中所作刻石记录，也为草堂增加了人文内涵，从此杜诗也开始成为草堂不可或缺的组成部分。

经历靖康之变，饱尝亡国之痛的南宋士大夫切实感受到杜诗忠君忧国的

---

① 吕大防等撰，徐敏霞校辑《韩愈年谱》，中华书局 2006 年版，第 6 页。亦见于四部丛刊本《分门集注杜工部诗》附《杜工部年谱》卷末。
② 胡宗愈撰《成都新刻草堂先生诗碑序》，《杜诗详注》附编，第 2243 页。

儒家价值，重读杜诗，感慨良多，李纲云："时平读之，未见其工，迨亲更兵火丧乱，诵其词如出乎其时，犁然有当于人心，然后知为古今绝唱也。"[1] 这种情感共鸣增强了士人对杜甫的普遍认同与尊崇，而杜诗与儒家思想的合拍则使其为统治者所看重，乃至成为教化的工具，蔡梦弼《杜工部草堂诗笺跋》中说："自唐迄今（宋宁宗嘉泰），余五百年，为诗学宗师，家传而人诵之。国家肇造以来，设科取士，词赋之余，继之以诗，主司多取是诗命题。"[2] 相比北宋，杜诗在南宋得到了中央层面的肯定，获得了比北宋更高的政治地位，杜甫忠君忧国的儒家形象也更加深入人心，这也为杜甫草堂在南宋的重建提供了政治基础。

南宋初，杜甫草堂再度因无人管理而荒凉颓废，成都人郭印在其《草堂》诗中描述当时景况说，"栋宇已非昨，松竹尚依依。"[3] 至南宋高宗绍兴九年（1139 年），吏部尚书张焘知成都府兼安抚使，亲到杜甫草堂，见以往的草堂、诗碑、遗像已是"骞哆摧剥"[4]，深愧于心。张焘认为"少陵诗歌一千四百有余篇，考其志致，未尝不念君父而斯民是忧"，而杜甫草堂如今衰败如此，"何以昭斯文之光"。张焘于是决定对草堂重加修缮，特"斥公帑之余，弗匮府藏，弗勤民力，命僧道安董其事"。工程从绍兴十年八月开始，到本年十二月完毕，"虑工一千五百，计泉八十萬有奇"。这次工程不仅重修了草堂，而且将全部一千四百多首杜诗悉数刻于碑上，"次第甲乙，毛末不欠"，共计刻碑二十六块，置于草堂四周，并新建了亭台，新植了竹柏。经此修葺，杜甫草堂面貌一新，成为一座环境优美而颇具规模的纪念馆。此后

---

① 李纲《校定杜工部集序》，《杜诗详注》附编，第 2246 页。
② 蔡梦弼《杜工部草堂诗笺跋》，《杜诗详注》附编，第 2249 页。
③ 郭印《草堂》，《全宋诗》卷 1664，第 18641 页。
④ 喻汝砺《杜工部草堂记》，《成都文类》卷 42，第 460 页。

草堂虽因疏于管理，重又变得荒凉①，但直到南宋末理宗端平二年成都兵乱后，杜甫草堂仍然得以保存。

由唐至宋，杜甫由漂泊流离的落魄诗人被尊为诗圣，不仅表明杜诗的范式意义得到了后人的认可与尊重，而且表明儒学在汉末长期衰落之后，终于在宋代实现了复兴，杜甫诗圣地位的确立与杜甫草堂的重建正是儒学复兴的证明。至元明清三朝，理学上升为统治性的意识形态并得到全国范围的传播，杜甫的诗圣地位更加牢不可破，他遂与诸葛亮一起成为忠君忧国的儒文化人格象征，而杜甫草堂也与邻近的武侯祠一起成为成都醒目的文化地标，昭示着不朽的传统价值，也留给后人永久的思考。

---

① 南宋孝宗乾道八年（1172），陆游到成都作有《草堂拜少陵遗像》诗，中云"虚堂尘不扫，小径门可款""至今壁间像，朱绶意萧散"。

|三|

宋代士风及学术之新变

纵横传统与唐宋巴蜀士风之流变

——以李白、苏轼为主线

一、巴蜀文化的多元构成与纵横传统

古蜀之地虽曾创造过辉煌一时的文明，但因地理隔绝的原因，其文化的发展较为缓慢，蜀文化真正开始获得长足发展是在先秦时期。进入春秋战国，随着蜀文明的发展与扩张，蜀国东与巴、楚，北与秦的矛盾争夺开始加剧，蜀地的隔绝状态被打破，中原文化开始向巴蜀地区大规模渗透。《史记·项羽本纪》载："巴、蜀道险，秦之迁人皆居蜀。"[1]《汉书·高帝纪》注引如淳曰："秦法，有罪迁徙之于蜀汉。"[2]《华阳国志》载："秦惠文、始皇克定六国，辄徙其豪侠于蜀。"[3] 吕不韦失势后，"其与家属徙处蜀"，大批门客随之迁入蜀中，这些门客几乎包罗了战国时代所有的学术门类，儒、墨、道、法、阴阳、纵横无所不有，其中值得注意的便是法家和纵横家。秦惠文王九年，张仪、司马错等率兵灭巴、蜀后，"置巴、蜀郡"，"移秦民万家实

---

[1] 《史记》卷7《项羽本纪》，中华书局1959年版，第316页。

[2] 《汉书》卷1《高纪第一》上，中华书局1962年版，第31页。

[3] 常璩《华阳国志》卷3《蜀志》。任乃强《华阳国志校补图注》，上海古籍出版社1987年版，第148页。

之"①。秦国的大规模移民无疑会将中原地区的文化带入蜀地，张仪作为伐蜀主帅及纵横家代表人物，当有纵横之学流入巴蜀，这或是纵横之学在巴蜀之地的滥觞。

西汉景帝以后，文翁治蜀，大力发展教育，创立郡学之外，又选派蜀中子弟到京师太学"东受七经，还以教授"②，从此，蜀地学风一变旧貌，"蜀学比于齐鲁"，成为经学的又一重心。此后佛教和汉末兴起的道教也泛滥于蜀中，使得西蜀成为各类文化的传播交融之地。尽管如此，纵横家却没有湮没于其他文化的阴影之下，相反却始终具有强大的影响力，自先秦至唐宋而不衰，成为浸淫士人精神、陶冶文化人格的重要思想资源。

巴蜀因其地理的相对隔绝，在历史上往往成为较晚臣服于中央王朝的地方，且即便在臣服以后，也因山川辽远而不易形成对中央政府的依附与忠诚，并在天下动乱时易于分裂割据，如五代朱温称帝后，"蜀人请（王）建行刘备故事，建自帝于成都"③。与这种地理及政治情态相应，巴蜀地域文化对以孝忠为内核的儒家文化便缺乏深刻的亲近感，《汉书·地理志》载："文翁为蜀守，教民读书法令，未能笃信道德，反以好文刺讥。"④可见巴蜀文化作为本土文化有着强烈的排他性，儒学作为外来文化并不能全然改造蜀人"好文刺讥"的文化性格，也未能取代本土文化而成为主导性的文化形态，更未能消灭巴蜀文化的多样性。两汉巴蜀地区著名文人有四、五十人之多，但仅半数是儒家学者，其他则多为文学、辞赋及神仙方术之士，司马相如、王褒擅辞赋，严君平、扬雄精习道家道教，代表了汉代巴蜀文化重辞赋

---

① 常璩《华阳国志》卷3《蜀志》。任乃强《华阳国志校补图注》，上海古籍出版社1987年版，第128页。
② 常璩《华阳国志》卷10上《先贤士女总赞论》，同上书，第534页。
③ 《旧五代史》卷136，第1819页。
④ 常璩《华阳国志》卷10上《先贤士女总赞论》，同上书，第534页。

与道家的时代风气。即便儒家学者也多非纯然专一的儒士，而是兼通道家及方术、卜筮的杂家。蜀中大儒扬雄效法《周易》而作《太玄》，《汉书·艺文志》将《太玄》列为"儒家者流"，但《道教义枢》则认为《太玄》与老子有关。由此可以看出扬雄学术构成不专主儒家而兼收并蓄的驳杂特征，而这其实也反映了蜀文化不以儒家为主导的价值多元性，所以蒙文通先生说："辞赋、黄老、卜筮、易数，这才是巴蜀文化的特点。"①

因此，巴蜀文化与中原文化的根本不同在于：中原文化是以儒家文化为主导而以释道等为辅的主次分明的文化系统，巴蜀文化则属于扁平化的文化系统，儒家文化在这一系统中并不像在中原文化中那样具有居高临下的主导性与统领性。蜀人并非像中原士人一样对儒文化从一而终，更不会倾尽毕生精力专注于某部儒家经典，而是对不同文化等量齐观，一视同仁，如严遵属道家，在蜀地却享有和孔子同样尊崇的地位。三国时蜀国王商曾为严君平立祠，其时的蜀地名士常将严遵与孔子并提，李权说："仲尼、严平，会聚众书，以成春秋、指归之文。"秦宓说："书非史记、周图，仲尼不采；道非虚无自然，严平不演。"②这样一种文化心态就决定了巴蜀文化性格的多元性与自由性，它并不受儒文化的单一约束，而呈现出文化心态的开放性和多向性，这就使得蜀人对王权的皈依相比其他地域尤其是中原士人便有极大的弱化。司马相如以擅长作赋受到汉武帝的宠遇，虽然置身宫廷，却依然保持着类似先秦游士的品格。《汉书·严助传》载："（武帝）尤亲幸者，东方朔、枚皋、严助、吾丘寿王、司马相如。相如常称疾避事。朔、枚不根持论，上颇俳优畜之。"③相如"常称疾避事"，实则不甘被俳优畜之，乃是先秦游士遗

---

① 蒙文通《巴蜀古史论述》，四川人民出版社 1981 年版，第 98 页。
② 《三国志》卷 38，岳麓书社 1993 年版，第 775 页。
③ 《汉书》卷 36，中华书局 1962 年版，第 1957 页。

风。《史记·司马相如传》载："司马相如者，蜀郡成都人也。……相如既学，慕蔺相如之为人，更名相如。"[1] 蔺相如是典型的战国游士，以言辞权谋致位上卿。相如慕其为人而改名，表现了对入世立功而又能保持人格独立的先秦游士传统的企慕。基于这样的文化心态，巴蜀士人往往不是仰视王权，唯上是从，而是以宽广的胸怀独立地观察判断天下大势，由此生发出拯困济溺的忧患意识。司马相如既可以作"苞括宇宙，总揽人物"的大赋，又可以为汉武帝出使巴蜀而"拯民于沉溺"，正是典型的巴蜀文化人格的代表。其后李白"使寰区大定，海县清一"的宏大抱负同样代表了巴蜀文化的特质。也正因为这样，如果说有一种文化可以表现巴蜀士人的精神特质，那就是纵横家。

纵横家产生于战国乱世，其最重要的特征有二：一是可以建功立业，二是可以平交王侯。七雄相争的危迫形势为游士们创造了大显身手的舞台，"苏秦、张仪、公孙衍、陈轸、代、厉之属，生从横短长之说，左右倾侧。苏秦为从，张仪为横；横则秦帝，从则楚王；所在国重，所去国轻"[2]。也正因为苏秦、张仪之徒的杰出才能和不凡业绩，各国诸侯王才把他们奉为上宾，魏文侯为得用段干木，每过其家门而扶轼致敬。在空前的宠遇之下，这些纵横捭阖的游士不免趾高气扬，不可一世，齐宣王召见颜斶，命其近前，反被颜氏要求"王前"。颜氏的举动无疑代表了战国士人高扬的主体人格，也使战国这一特定时代成为后世士人神往的黄金时代。

蜀地僻居内陆，历史上与中央政府之间始终无法形成紧密的关系，极易在天下分崩的乱世形成割据局面，进而形成强烈的区域意识和抗衡中原意识，这两种意识根深蒂固，尤在一些文人中代相传承，积为心态，虽经秦汉

---

[1] 《史记》卷117，中华书局1982年版，第2999页。
[2] 刘向《校战国策书录》，《全上古三代秦汉三国六朝文·全汉文》卷37，中华书局1965年版，第331页。

之后大一统王朝的改造和抑制，也没有完全扑灭。这种区域意识阻碍着大一统观念的深入骨髓，同时培养起巴蜀士人傲视王权的自由人格，它与强调等级秩序、崇尚忠孝礼仪的儒家文化格格不入，而与散放不羁的纵横传统有着天然的契合，因此也使得被儒家人物视若寇仇的纵横家在巴蜀之地始终有着生存空间，成为巴蜀士人重要的思想来源与源远流长的传统，从司马相如到李白到苏轼，这种传统一脉相承。

纵横家本是乱世之学，只有在诸侯相争、天下分崩的年代才有其生存的土壤，因此，秦汉大一统王朝建立之后，纵横家也便趋于式微了。只是在西汉前期，诸侯王势力炙手可热的背景下，还可以看到游士们在各侯国之间穿梭往来的身影。随着汉武帝削藩的不断推进以及独尊儒术政策的施行，纵横家也便沉没于历史的深处了。但纵横之学并未真正死掉，只要条件成熟，纵横家仍会死而复生，重新在错综复杂的政治斗争中大显身手。三国纷争时期，纵横家仍然相当活跃，至唐宋，纵横传统仍然不绝如缕，陈子昂、李白清一天下的志向及大言自夸的习气也明显带有纵横遗风，宋代三苏文章纵横驰骤，也被时人目为纵横家的嫡传，凡此都可以追溯到战国以来纵横思想的遗留。

二、纵横之学与唐代巴蜀士风

因为地理的天然阻隔，巴蜀历来是割据势力的垂涎之地，一旦有天下将乱的征兆，盘踞巴蜀的军阀势力便蠢蠢欲动，割地称王。《华阳国志·序志》云："西土险固，襟带易守，世乱先违，道治后服，若吴楚然，固逋逃必萃，奸雄窥觎。……故公孙、刘氏，以败于前，而诸李踵之，覆亡于后。"[①] 指出

---

① 常璩《华阳国志·序志》，任乃强《华阳国志校补图注》卷12，上海古籍出版社1987年版，第730页。

了西蜀易于割据称雄的地理特征及相关历史。经过三国两晋南北朝四百年的分裂，偏处西南一隅的巴蜀与中央政府貌合神离，在臣服与叛乱中摇摆不定。这种形势一方面为各类游士提供了用武之地，另一方面则造成了巴蜀士人以割据心态观照天下大势的文化眼光，使得纵横家的基本观念在巴蜀士人中得到了深厚的积淀，并深刻影响着他们的思想观念与行为方式。

入唐之后，虽然四海一统，巴蜀也并入了强大的中央王朝，但长期分裂所造成的思维惯性仍在持续，巴蜀士人仍然习惯于以割据心态观照天下大势，并由此生发出平一天下、治国理政的系统性理论，赵蕤写出《长短经》这样的纵横家著作即是明证。该书称"大旨在乎宁固根蒂，革易时弊"，其中大谈霸道，强调"通于时变"，"不纯用德"，"期于有成，不问所以；论于大体，不守小节。虽称仁引义，不及三王；而扶颠定倾，其归一揆"，充满工具论的味道，与儒家道德至上的治国理念迥然有别。该书的重要目的即在于区分王霸，侧重强调霸道之有效，"恐儒者溺于所闻，不知王霸殊略，故叙以长短术，以经论通变者"。寻常迂儒往往大谈王道却一无所成，这正是赵蕤加以批判矫正的原因。该书从治国平天下的大格局出发构建内容板块，纵论用人之道、王霸之道、治国之道、用兵之道，将儒、法、道、阴阳、兵家、纵横等熔于一炉，成为先秦之后纵横家的集大成者。赵蕤在《长短经》自序中说："当代之士，驰骛之曹，书读纵横，则思诸侯之变；艺长奇正，则念风尘之会。"所谓"当代之士，驰骛之曹"更多应指巴蜀之士，是对蜀中士人价值追求及作风行止的观察与概括，他们读纵横之书，幻想着诸侯的攻伐兼并；磨炼奇正之术，渴望着社会的战乱动荡，这与天下一统、四海升平的现实形势显然是背道而驰的，然而这正是长期割据的历史留给巴蜀士人的精神遗产。李白在其出峡不久所作《上安州裴长史书》中，仍然像战国游士一样大言自夸曰："申管、晏之谈，谋帝王之术，奋其智能，愿为辅弼，使寰区大定，海县清一。"这是典型的纵横家口吻，其时正当开元盛世，李白此言完全是虚幻的英雄呓语，与现实情势并不相关。由此不难看出蜀中士人以纵横心态表达人生理想的文化特征，亦可见纵横之学对巴蜀之地的深刻影响。

在这一背景下，精研纵横之术，倡言王霸大略，便成为巴蜀士人的普遍特征。陈子昂"少学纵横术，游楚复游燕"[①]，入仕后却屡屡碰壁，郁郁寡欢，"纵横未得意，寂寞寡相迎"[②]。最终理想破灭，黯然回乡，无奈地哀叹说："纵横策已弃，寂寞道为家。"[③]《陈氏别传》载，陈子昂"工为文，而不好作；其立言措意，在王霸大略而已"[④]。李白同样"好纵横术"[⑤]，且将战国纵横家作为自己的人生楷模而亦步亦趋，如其对苏秦之流多有称引：

> 洛阳苏季子，剑戟森词锋。六印虽若佩，轩车若飞龙。——《魏郡别苏明府，因北游》

> 乐毅方适赵，苏秦初说韩。卷舒固在我，何事空摧残？——《秋日炼药院镊白发赠元六兄林宗》

李白甚至在干谒失败，走投无路时也以苏秦自比，"一朝狐裘敝，百镒黄金空。弹剑徒激昂，出门悲路穷"[⑥]。由此可以看到李白对纵横家的高度认同，包含着对其奇勋伟业与独立人格的双重肯定。

李白尤其欣赏战国游士鲁仲连功成之后"意轻千金赠，顾向平原笑"的

① 陈子昂《赠严仓曹乞推命录》，《陈子昂集》卷2，中华书局1960年版，第25页。
② 陈子昂《还至张掖古城，闻东军告捷，赠韦五虚己》，同上卷2，第20页。
③ 陈子昂《卧病家园》，同上卷2，第41页。
④ 卢藏用《陈氏别传》，《陈子昂集》附，第252页。
⑤ 《唐故翰林学士李君碣记》，王琦《李太白全集》附，中华书局1977年版，第1460页。
⑥ 李白《赠从兄襄阳少府皓》，《李太白全集》卷9，第462页。

潇洒风度。鲁仲连周游天下，排难解纷，以举手之劳化险为夷，且完全不以富贵为意，其杰出的才能、高尚的人格自然令人赞叹，但更重要的是，鲁仲连并不隶属于任何个人，也不服从于任何权力，不仅不奴颜婢膝地仰人鼻息，反倒居高临下地施人恩惠，所以李白称赞说："独立天地间，清风洒兰雪。"① 于是，排难解纷的义举，纵横捭阖的才能，淡泊富贵的品德，功成而去的风度，独立自由的人格完美统一到鲁仲连身上，完美契合了李白的政治理想与自由追求，从而成为李白崇拜与效法的对象。

基于纵横家的基本价值，唐代巴蜀士风便呈现出以下几方面的特点：

1. 心怀天下，积极有为。巴蜀自汉末以来，长期处于分裂状态，这使得巴蜀之士习惯于从分合治乱的高度思考王朝更迭，把握历史规律，并由此形成心怀天下、渴望有所作为的文化性格。如陈子昂父陈元敬"性英雄而志尚玄默，群书秘学，无所不览"，是一个"放息人事"的隐士，"尝宴坐，谓其嗣子子昂曰：'吾幽观大运，贤圣生有萌芽，时发乃茂，不可以智力图也。……昔尧与舜合，舜与禹合，天下得之四百余年。汤与伊尹合，天下归之五百年。文王与太公合，天下顺之四百年。幽厉板荡，天纪乱也。贤圣不相逢，老聃、仲尼，沦溺溷世，不能自昌，故有国者享年不永，弥四百余年。战国如麋，至于赤龙。赤龙之兴四百年，天纪复乱，夷胡奔突，贤圣沦亡，至于今四百年矣。天意其将周复乎！于戏，吾老矣，汝其志之。'"② 陈元敬从历史循环论的角度论证治乱兴亡，并将国祚之长短归结为贤圣是否相遇合，虽然并无新意，却颇能表现蜀中士人总揽全局的胸怀以及通过归纳历史现象把握历史规律以图有所作为的远大抱负。

---

① 李白《留别鲁颂》，《李太白全集》卷15，第704页。
② 陈子昂《我府君有周居士文林郎陈公墓志文》，《陈子昂集》卷6，中华书局1960年版，第116页。

2. 任侠慷慨，急人所难。先秦纵横游士不仅以谋略见长，而且往往扶危济困，具有侠义作风。纵横家虽多苏秦、张仪那样的功利之徒，但也有鲁仲连这样重义轻利的义勇之士，正是这种仗义行侠的精神品格深刻影响着巴蜀士人的价值取向。随武攸宜北征契丹时，陈子昂主动请缨自将万人以为前驱，一定意义上正是任侠品格的体现。《陈氏别传》载：

> 子昂有天下大名，而不以矜人；刚果强毅，而未尝忤物；好施轻财，而不求报；性不饮酒，至于契情会理，兀然而醉；工为文，而不好作；其立言措意，在王霸大略而已，时人不之知也。尤重交友之分，意气一合，虽白刃不可夺也。

这里对陈子昂的描述极可凸显其任侠慷慨的性格，这其实也是纵横家的应有之义。当年的鲁仲连却秦救赵，却坚决拒绝平原君的馈赠，飘然而去，陈子昂"好施轻财，而不求报"与之具有相似的性质。

李白的文化性格类似于陈子昂，李白声称"十步杀一人，千里不留行"①，其英风豪气直追战国刺客。出峡不久，李白"东游维扬，不逾一年，散金三十余万，有落魄公子，悉皆济之"②。在其友人吴指南病死于洞庭后，又剔骨葬友，表现出存交重义的文化性格，凡此都可以追溯到纵横家人格风范的历史影响。刘全白《唐故翰林学士李君碣记》说李白"少任侠，不事产业"③，范传正《新墓碑序》也说李白"少以任侠自任"④。凡此都可佐证李白

---

① 李白《侠客行》，《李太白全集》卷 3，中华书局 1977 年版，第 216 页。
② 李白《上安州裴长史书》，《李太白全集》卷 26，第 1245 页。
③ 刘全白《唐故翰林学士李君碣记》，《李太白全集》卷 31，中华书局 1977 年版，第 1460 页。
④ 范传正《新墓碑序》，同上书，第 1461 页。

与纵横家的渊源关系。

3. 行为疏狂，不拘小节。纵横家生当乱世，以其纵横捭阖的杰出才能为各国君主奉为上宾，志满意得，风光无限，乃至"荧惑诸侯，倾覆万乘，使人主失其所持"[1]。这种翻云覆雨的巨大能量带给战国游士空前的文化自信，也使他们敢于在君主面前趾高气扬。他们将士人的价值和尊严推向极致，也将傲岸不羁的文化性格留存后世。巴蜀之地原本具有割据传统，士人对朝廷并没有强烈的向心力，兼以文化的多样性极大地消解了儒文化对士人忠君思想的陶冶，而战国纵横家傲视王侯、淡泊名利的风范更进一步地强化了巴蜀士人的狂放性格。这在李白身上无疑得到了充分的表现，"天子呼来不上船，自称臣是酒中仙"，"安能摧眉折腰事权贵，使我不得开心颜"等诗句，无不凸显出李白傲岸不羁的狂放性格。唐代巴蜀士人不仅侠肝义胆，快意恩仇，而且在求取功名方面也像先秦游士一样采用不同寻常的手段，计有功《唐诗纪事》载陈子昂曾以摔琴自献的方式暴得大名，李白则四处干谒以求仕进，而不屑于循规蹈矩地参加科举。可以说唐代巴蜀之士对先秦纵横家的接受，不仅在于精神，而且在于行止。

自唐朝立国以来，巴蜀之地长期社会安定，成都逐步发展为经济发达、文化繁荣的名城大都，也是当时重要的政治中心。玄宗、僖宗分别于安史之乱和广明大乱时避难于成都，唐王朝一度改益州为成都府，后再升成都府为南京。尤其是僖宗居蜀五年，成都一时间成为全国的政治中心，此间举行了三次科举考试，吸引了大批士子前来应举。这使巴蜀与中央的联系得到了空前的加强，巴蜀士人对朝廷的心理距离也不再像以往那样疏远，那种以纵横家的超脱眼光观览天下的文化心理随之趋于弱化。与此同时，蜀地的安定和

---

[1] 桓宽《盐铁论·论诽》，王利器《盐铁论校注》卷5，中华书局1992年版，第299页。

繁荣吸引了大批文化精英，形成"天下才人皆入蜀"的奇观。有唐一代大诗人王勃、卢照邻、李白、杜甫、高适、岑参、李商隐、白居易、刘禹锡、元稹、贾岛、温庭筠、韦庄等都曾旅居成都，唐末战乱及前、后蜀时期，更有大批北方士人避居蜀中。人才的富集极大地促进了蜀地文化的繁荣，提高着巴蜀文化的品位，也不断销蚀着杀人红尘、仗剑去国的纵横任侠传统，造成巴蜀士人任侠色彩的不断淡化和文人色彩的逐渐增强。

三、纵横传统与宋代巴蜀士风

熊宪光先生认为："纵横家流变于后世，主要派分为三支，即分别流为谋士、侠士、文士。"[1] 如果说战国纵横家主要是谋士和侠士，那么唐代巴蜀士人则主要是文士而兼侠义之风，宋人则更多是文士而有纵横之气。由唐入宋，巴蜀士人虽仍存有纵横家的流风余韵，但在宋王朝右文政策的影响下，侠士特征不断弱化，文士特征越发凸显，纵横传统更多的不是体现于行为举止，而是积淀为文化性格，内化为学术文章，其代表者无疑是苏氏父子。

对苏氏父子与纵横家之间的关系，时人即有评议，《邵氏闻见后录》载："荆公后修《英宗实录》，谓苏明允有战国纵横之学。"[2] 同书又载王安石语云："（苏）洵《几论》《衡策》（按：当是《几策》《衡论》）文甚美，然大抵兵谋权利机变之言也。"如果说王安石对苏洵的评论还较为理性，那么其后随着苏轼越来越深地陷于党争，政敌对苏轼学术源于纵横的指控就是一种心怀叵测的人身攻击了。元祐二年十二月，赵挺之在《劾苏轼奏》中，指斥苏轼学术源出于《战国策》苏秦、张仪纵横揣摩之说[3]。元祐三年正月，王觌

---

[1] 熊宪光《"纵横"流为文士说》，《文史论稿》，重庆出版社 2002 年版，第 94 页。
[2] 邵博《邵氏闻见后录》卷 14，中华书局 1983 年版，第 111 页。
[3] 赵挺之《劾苏轼奏》，《全宋文》第 97 册，第 6 页。

在《乞勿大用苏轼奏》中称："轼习为轻浮，贪好权利，不通先王性命道德之意，专慕战国纵横捭阖之术。是故见于行事者，多非理义之中；发为文章者，多出法度之外。"① 元祐六年二月，杨康国在《再弹苏辙奏》中称："若谓辙兄弟无文学则非也，蹈道则未也。其学乃学为仪、秦者也，其文率务驰骋，好作为纵横捭阖，无安静理致，亦类其为人也。"② 元祐六年八月，贾易在《弹劾苏辙苏轼奏》中直截了当地说："其学本于战国纵横之术，真倾危之士也。"③ 上述诸人主要从学术、文章、行为三个方面指出了苏轼与纵横家之间的关系，即学为仪、秦，文务驰骋，习为轻浮，攻击苏轼为"倾危之士"，对其作出了全然否定性的判断。

纵横作为所谓"乱世学术"，重利而不重道，尚权变而不守原则，向来遭到正统儒家的鄙弃，桓宽在《盐铁论·论诽》即批评说："夫苏秦、张仪，荧惑诸侯，倾覆万乘，使人主失其所持，非不辩，然乱之道也。"④ 曾巩在其《战国策目录序》中更是将"纵横"称为亡国灭身的"世之大祸"，直斥其言论为"邪说"，主张将《战国策》"放而绝之"⑤。在宋代儒学复兴的背景下，纵横家自然更遭到儒家人物的口诛笔伐。作为苏轼的政敌，赵挺之等人将苏学追溯到纵横家自是别有用心，但从学术角度而言，苏学与纵横家确有渊源。

王安石所提及的苏洵《几策》(审势、审敌)《衡论》(《远虑》《御将》《任相》《重远》)俱为治国御敌施政用人之策，而其《权书》则"兵书也"。曾巩在《苏明允哀词》中称苏洵"好为策谋"，"颇喜言兵"⑥，而好为策谋兵机

---

① 《全宋文》第 84 册，第 66 页。
② 《全宋文》第 104 册，第 26 页。
③ 贾易《弹劾苏辙苏轼奏》，《全宋文》第 119 册，第 238 页。
④ 王利器《盐铁论校注》卷 5，中华书局 1992 年版，第 300—301 页。
⑤ 曾巩《战国策目录序》，《曾巩集》卷 11，中华书局 1984 年版，第 184 页。
⑥ 曾巩《苏明允哀词》，《曾巩集》卷 41，中华书局 1984 年版，第 560 页。

正是纵横家的本色，西汉刘向即称纵横游士善"出奇策异智"①。由此不难看出苏洵学术与纵横之学的继承关系。从思想角度来看，苏洵所论颇近于法家与纵横，而与儒家若即若离，如其《审势》云："用刑不必霸，而用德不必王，各观其势之何所宜用而已。"②其《权书序》则云："故仁义不得已，而后吾权书用焉。然则权者，为仁义之穷而作也。"③在苏洵看来，德与刑一样不过是达到某种政治目的的手段，相对于"刑"，"德"并不具有更高的地位。事实上儒家鼓吹的仁义道德往往华而不实，无济世用，苏秦即贬斥儒家的孝、廉、信不过是明哲保身的"自覆之术"④。当仁义困窘之时，正可用"权"加以补救，苏洵所谓"仁义不得已，而后吾权书用焉"，既指出了仁义的局限性，也表明其《权书》乃是儒家之外的权变之术，几乎变相承认了自家学说的非儒学立场，这自然也为论敌的攻击提供了口实。在儒家极为重视的义利关系上，苏洵反对孔孟等人对利的极端排斥态度，而力主义利结合，认为"不能以徒义加天下"，"义利相为用，天下运诸掌"⑤。这与公开追名逐利的纵横家流极为接近，无怪乎王安石斥之为战国纵横之学了。

如果说苏洵之权变主要表现为政治策略的灵活性，那么苏轼之权变则主要表现为政治立场的多变性。苏轼早年应直言极谏科试时曾上《进策》二十五篇，不仅分析了宋王朝积贫积弱的现状，而且提出了革除积弊、富国强兵的政治主张，并具体阐述了一系列改革举措。但其后王安石力倡变法时，苏轼却又成为反对派，作诗讥评新法。朱熹说："东坡当初议论，亦要

① 刘向《战国策目录序》，《全上古三代秦汉三国六朝文》卷37，中华书局1958年版，第331页。
② 苏洵《权书叙》，《嘉祐集笺注》卷1，上海古籍出版社1993年版，第5页。
③ 同上书，第26页。
④ 《战国策》卷29，上海古籍出版社1985年版，第1047页。
⑤ 苏洵《利者义之和论》，曾枣庄、金成礼《嘉祐集笺注》卷9，上海古籍出版社1993年版，第278页。

变法，后来皆改了。"① 所以改变，是因为"后来见得荆公狼狈，所以都自改了。"这里虽然有朱熹作为道学家对苏轼的偏见，但也不失为事实。朱熹对苏轼对变法态度的前后变化评论说："初年论甚生财，后来见青苗之法行得狼狈，便不言生财。初年论甚用兵，如曰'用臣之言，虽北取契丹可也'。后来见荆公用兵用得狼狈，更不复言兵。他分明有两截底议论。……如东坡以前进说许多，如均户口、较赋役、教战守、定军制、倡勇敢之类，是煞要出来整理弊坏处。后来荆公做出，东坡又却尽底翻转，云也无一事可做。"② 又说："东坡议论大率前后不同，如介甫未当国时是一样议论，及后来又是一样议论。"③ 朱熹认为，东坡之所以立场多变，前后不一，与其学术冗杂不纯大有关系，"然语道学则迷大本，论事实则尚权谋"④，这就含蓄指出了东坡学术与纵横之学的关系。

如前所述，宋代的右文政策及科举制的兴盛为士人提供了更为通畅的入仕途径，读书、科举、仕进成为士人的人生梦想，这种相对稳健的人生设计销蚀了唐代以来巴蜀士风任侠尚武的一面，同时极大强化了士人的文士气质，纵横传统于是由任侠尚武的行为举止逐步流变为自由疏放的文化性格，在现实中又主要表现为对专制权力及儒家礼法的疏离与轻蔑，苏轼无疑是这一文化性格的代表人物。

苏轼熙丰间因明目张胆地讥刺新法，酿成乌台诗案，被贬黄州。尽管此后为诗作文有所收敛，但其无所拘束、自由纵放的性格并没有根本改变。元祐间苏轼陷入洛蜀党争，朱熹认为苏轼所以遭到程颐洛党的排击在于"好放

---

① 《朱子语类》卷130，中华书局1986年版，第3096页。
② 同上书，第3100页。
③ 同上书，第3112页。
④ 《朱子语类》卷30，第1272页。

肆"，"道夫问：'坡公苦与伊洛相排，不知何故？'曰：'他好放肆，端人正士以礼自持，却恐他来检点，故恁诋訾。'"① 所谓"好放肆"是与礼法之士"以礼自持"相对而言的，在道学家朱熹看来，苏轼的言行举止与儒家规范是格格不入的，所以如此，在于苏轼的思想构成并非纯然儒家，而是由儒、老庄、佛禅、纵横等杂糅而成，贯穿其中的则是无所拘束的自由性。

儒学主入世而又强调对礼法秩序的恪守，纵横家则既主入世而坚守自由人格，本质上与苏轼等巴蜀士人的文化心理相契相合。某种意义上甚至可以说儒家只不过是巴蜀士人的精神幌子，其对儒家的接受乃是着眼于入世立功的现世价值，而不是对儒家伦理秩序的恪守，苏轼自由散放的行为方式及对程颐等道学人物的嘲讽最深刻地表明了他对儒家伦理规范的蔑视，事实上苏轼注重者乃是儒家思想的本质而非外在形式。在《东坡易传》中，苏轼以水为喻，论述了表象与本质间的关系，其释《坎卦》说："万物皆有常形，惟水不然。因物以为形而已。世以有常形者为信，而以无常形者为不信。然而方者可斲为以为圆，曲者可矫以为直，常形之不可恃以为信也如此。"② 苏轼虽然在谈"常形"问题，实则也可以引申到对礼法秩序的态度。苏轼并不认为固守礼法就可以成为正人君子，如果保有与物相应之心，"忤物而无伤"，同样可以"行险而不失其信"，保持君子本色。而物之常形未必能反映事物的内在品质，也未必能保证这种品质的实现，因此，专注于规则的恪守而无视本质的维持是"不可恃以为信"的。在《无妄》卦中，苏轼又说："为过正之行者，皆内不足而外慕者也；夫内足者恃内而略外，不足者反之。"③ "内足者"往往忽略外在形迹，反倒是内不足者处处规检，谨言慎

---

① 《朱子语类》卷130，第3109页。
② 《东坡易传》(四库本) 卷2，上海古籍出版社1989年版，第54页。
③ 同上书，第47页。

行。对儒家价值的皈依并不必然表现为对礼法形式上的恪守，忠于儒家精神而忽略外在形式才是苏轼所赞同的。而问题在于，儒家所需要者首先是对礼法形式的遵从，苏轼因言获罪的乌台诗案正是专制秩序对其不羁个性的否定，苏轼由此深切地体会到儒家伦理道德规则的难以逾越，故在释《坎卦》时深有感触地说："朝廷之仪，上下之分，虽有强暴而莫敢犯，此王公之险也。"①

然而这种外在的专制强力并未消泯苏轼的自由心性，反而造成这种自由心性与儒家伦理规则之间更激烈的冲突，只不过这种冲突由外在的政治斗争转化为内在的思想矛盾。乌台诗案后，险恶的政治环境逼迫苏轼变换生存策略，为心性自由寻求新的出路，而水的特性给予了苏轼极大的启发："今夫水，虽无常形，而因物以为形者，可以前定也。是故工取平焉，君子取法焉。惟无常形，是以忤物而无伤。"②所谓"忤物而无伤"自然不可能像以往那样锋芒毕露地批评政治，而只能似水遇物顺势而过，实即向现实妥协以明哲保身。尽管如此，苏轼的自由心性并未改变，只是转化旷放萧散的文化心态与行为方式。随着晚年庄禅思想的深刻浸淫，苏轼以更为宏阔的哲学视野观照现实人生，获得了更为深广的精神自由。

由唐至宋，纵横传统在巴蜀的影响不断弱化，与之相应，巴蜀士人的文化性格由唐前的任侠慷慨递变为宋以后的萧散从容，折射出巴蜀与中央政权的联系不断巩固，巴蜀文化由多元向儒家为主导以及巴蜀士人对中央集权的认同感不断增强的历史走势。但纵横思想的入世追求及对自由人格的坚守与巴蜀士人的文化性格高度契合，因此，纵横传统虽然会变形，却不

---

① 《东坡易传》(四库本)卷2，上海古籍出版社1989年版，第54页。
② 同上。

会消失，它消融了慷慨任侠的一面，而将自由狂放的文化因子沉淀到巴蜀士人的内心深处，熔铸成宋以后的巴蜀士人酷爱自由、从容萧散的精神特质，这既成为巴蜀艺术持续繁荣的源泉，也为巴蜀艺术打上了深刻的地域烙印。

士、庶地位的转换与士、庶文化的消长合流

一

唐末五代最为重要的变化是士庶界限的消失及贵族文化向平民文化的转向。在五代时期空前的黑暗与战乱中，衣冠之家或遭杀戮，或逃难到远方，士族门第遭到几乎彻底的破坏。明人胡应麟指出，"五代以还，不崇门阀；谱牒之学，遂绝不传"[1]。自六朝以来的世家大族作为一种社会文化现象消失无存。士族的消失使得士族大姓世代维系的文化传统绝灭不传，士族作为主流文化主要承担者的地位与功能沦丧殆尽。士族的消失自然混合了士庶界限，并为士庶文化的合流创造了条件。

士族文化的基本特征是注重门第，恪守礼法家教，如唐代范阳卢迈"以谨厚孝友称"[2]，崔佑甫"以清俭礼法，为士流之则"[3]，其核心乃是儒学的基本伦理原则。但唐代三教并流的文化格局削弱了儒学的正统地位及对整个社会生活的影响力，士人在观念上并未被严格限定在忠孝节义的伦理框架

---

[1]　胡应麟《少室山房笔丛》卷23《华阳博议》下，景印文渊阁四库全书第886册，第409页。
[2]　《旧唐书》卷136，中华书局1975年版，第3753页。
[3]　《旧唐书》卷119，第3437页。

内，李白"安能摧眉折腰事权贵，使我不得开心颜"的表白代表了盛唐士人以自我为中心的价值立场和人格特征，士人与政权之间并没有强有力的以忠孝为内核的伦理纽带，安史之乱中大批士人变节附逆反面证明了儒家正统观念的虚弱。安史乱后，韩愈等人排斥佛老力倡儒学，但中唐藩镇割据的分裂局面与儒学君臣父子的伦理原则及大一统的政治理想形成了严重悖离，儒学并没有实现复兴的现实土壤，所谓的儒学复兴在以古文运动形式昙花一现后重新陷入沉寂。随着晚唐五代战乱局面的加剧，忠孝节义的儒家原则更被暴力强权撕成碎片，儒家的伦理道德对士人几乎完全丧失了约束力。如晚唐李珽出身簪缨之家，事父至孝，父没后为之守丧，"日不过食一溢，恒羸卧长庐中不能兴，大为时贤所叹"[1]。然而如此孝顺的李珽后应朱温手下成汭之辟而为掌书记，效力于朱梁王朝，朱友珪杀父篡位后，李珽仍然"除右散骑常侍，充侍讲学士"[2]。又如赵光逢与弟裔，皆以文学德行知名，"光逢幼嗜坟典，动守规检，议者目之为'玉界尺'"。"僖宗朝登进士第"，历任要职。"入梁为中书侍郎，平章事，累转为左仆射兼租庸使"[3]。在广明大乱之后，士人纷纷依托各地割据势力，"是时梁有敬翔，燕有马郁，华州有李巨川，荆南有郑注，凤翔有王超，钱塘有罗隐，魏博有李山甫，皆有文称"[4]。史臣对此感叹说，"梁室大臣，如敬翔、李振、杜晓、杨涉等，皆唐朝旧族，本当忠义立身，重侯累将，三百余年，一旦委质朱梁，其甚者赞成弑逆"[5]。苏循、苏楷父子在唐室多难之际，卖主求荣，廉耻丧尽，"俱无

---

[1] 《旧五代史》卷24，中华书局1976年版，第321页。
[2] 同上书，第323页。
[3] 《旧五代史》卷58，第776页。
[4] 《旧五代史》卷60，第805页。
[5] 同上书，第809页。

士行"，被斥为"唐家之鸱枭，当今之狐魅"①。史臣评论说："苏循赞梁祖之强禅，苏楷驳昭宗之旧谥，士风臣节，岂若是乎！斯盖文苑之豺狼，儒林之荆棘也。"② 其最典型者无疑是自称"长乐老人"的冯道，其苟且迎合、明哲保身的处世哲学极能代表五代乱世士人的价值立场。赵翼在《陔余丛考》中说，"六朝忠臣无殉节者"，"则知习俗相沿，已非一朝一夕之故。延及李唐，犹不为怪。颜常山、张睢阳、段太尉辈，一代不过数人也。直至有宋，士大夫始以节义为重。实由儒学昌明，人皆相维于礼义而不忍背，则诗书有功于世教，匪浅鲜矣"③。赵氏虽然将唐代"无殉节"的"习俗"直接六朝，忽视了盛唐自由开张的士人人格与六朝士人降叛无常的不同，却揭示了唐代三教并流的文化格局造成士人缺少明确的核心价值这一事实。宋儒张载曾批评佛教"不知天命，而以心法起灭天地"，"妄意天性，而不知范围天用"，正因为佛教把一切归于幻妄，穷极到最终处，"溺其志于虚空之大"④，丧失了最后的立场与追求。道教以虚幻的"道"作为万物的本原，并极力引导人们由现实世界向"道"这一本原回归，最终造成与佛教相似的价值虚无，晚唐五代士人的人格蜕变与释、道对儒学的消解所形成的价值空洞密切相关。

随着士族的消失及大批士人屈仕伪朝，士族文化也逐渐湮没于暴力与战乱的阴影中，掌握政权的各类军阀的价值倾向便在事实上填充了文化真空。类似朱温这样的五代军阀大多出身寒微，目不识丁，毫无文化背景，惟以杀戮抢掠为能事，其基本的人生追求便是富贵享乐。朱温称帝之后，竟公然与

---

① 《旧五代史》卷60，第810页。
② 同上书，第812页。
③ 赵翼《陔余丛考》，河北人民出版社1990年版，第310页。
④ 张载《正蒙》，上海古籍出版社2000年版，第148页。

其儿媳淫乱，其寡廉鲜耻之状可谓空前绝后，极为露骨地表现了出身底层的游民一朝大权在握之后颠狂扭曲的纵欲心理。在五代时期空前规模的变乱中，唐以来所创造的带有浓厚贵族气质的文化受到底层游民文化野蛮的蹂躏与践踏，以富贵享乐为核心的价值观甚嚣尘上。在五代短暂的五十四年中，这种原本沉潜的底层价值被走马灯式的政权更迭一次次疯狂地强化着，以致如刘知远、郭威等人发迹变泰、暴得富贵的传奇故事成为后来宋人津津乐道的话题①。宋太祖在"杯酒释兵权"时便露骨地对石守信等人说："人生如白驹过隙耳，所谓富贵者，不过欲多积金钱，厚自娱乐，使子孙显荣耳。汝曹何不释去兵权，择便好田宅市之，为子孙立永久之业，多置歌儿舞女，日饮食相欢以终天命。"②赵匡胤以富贵享乐劝导臣下的一番话正与五代以来流行的价值观一脉相承。它表明经过五代战乱，随着赵匡胤这类底层游民出身的人物上升为统治者，及士庶分立局面的结束，带有浓厚庶民文化色彩的价值观已经深刻影响到社会整体的价值走向，下层民众那类富贵功利的价值观随之迅速渗透到上流社会，并扩展为整个社会的共同价值。在这种功利至上的背景下，士人变节求荣与庶民发迹变泰一样得到了整个社会的认可。冯道在其《长乐老自叙》中，毫不讳言自己历仕四朝的人生经历，不仅不以为耻，而且认为"上显祖宗，下光亲戚"③，并将所任官职所享爵禄一一列出，为自己能在纷纭乱世独享荣宠深感得意。《旧五代史》编者虽对其历仕四朝颇有微辞，仍然赞赏他"郁有古人之风"，"深得大臣之体"④。可见五代以至宋初漠视道德操守而崇尚现实功利的价值取向，而这种取向显然打上了深深的庶民

---

① 苏辙《龙川别志》(卷上)、张舜民《画墁录》生动叙述了周高祖柴后"慧眼"识贵人及郭威发迹故事，字里行间充满艳羡意味。
② 邵伯温《邵氏闻见录》卷1，中华书局1983年版，第3页。
③ 《旧五代史》卷126，中华书局1975年版，第1661页。
④ 同上书，第1666页。

文化烙印。

随着社会价值观的转向，唐代以来富于超越精神的雅文化^①逐渐沦为以富贵享乐为内核的俗文化形态，宋太祖劝导石守信等人的一番话实则奠定了宋代俗文化的基调，宋词的兴盛正是这种价值转向的结果。但宋词作为俗文化形式，并不等同于原生态的市井俗文化，它经过宋代士人的转化，已经打上了鲜明的宋代士人文化人格的烙印，较为集中地折射出宋代士人的价值追求、艺术趣味及士、庶文化心理的内在冲突。宋词实则是宋代士人新型的庶民文化人格的艺术表现，而这种文化人格又是庶民文化与儒学复兴综合作用的产物。

二

士族在晚唐五代的战乱中被消灭殆尽，盛唐以来挺立特出的士文化人格也因这种空前的践踏一蹶不振。入宋后的官僚群体主要是前朝降臣及庶民出身的武人，前者的恭顺及后者的粗俗造成此期社会价值取向的驳杂局面，而中唐一度复兴的儒学此时正处于蓄势待发的酝酿期，主体价值观尚未定型的宋初三朝士人群体呈现出整体的循默状态，张方平概括说，"自真宗以前，朝廷尊严，天下私说不行，好奇喜事之人，不敢以事摇撼朝廷。故天下之士，知为诗赋以取科第，不知其他矣"^②。随着科举取士的不断扩大，庶民士人逐渐成为官僚队伍的主体。政治地位的上升使得庶人出身的士人群体开始获得明确的自我意识，庶民文化先天不受拘束的品格赋予了踏入社会上层的

---

① 如《秦王破阵乐》慷慨激昂的英雄气概，《霓裳羽衣曲》羽化登仙的升腾追求，吴道之佛教绘画的自由精神，唐代诗歌的青春豪情，都并非一种低俗的感官满足，而体现出超越性的精神追求。
② 苏辙《龙川别志》，中华书局1982年版，第82页。

平民士人以强烈的张扬冲动，其进取精神和变革意识对因循守旧的风气造成了强烈冲击，"自设六科以来，士之翘俊者，皆争论国政之长短……轻锐之士稍稍得进，渐为奇论，以撼朝廷，朝廷往往为之动摇"①。发端于真宗朝的儒学复兴运动又为之推波助澜，二者相互作用，最终形成"以傲诞为高"②的景祐、庆历士风。

宋代儒学复兴及学术新变肇始于真宗时期，到仁宗朝蔚成时潮。真宗天禧元年，右正言鲁宗道说："进士所试诗赋，不通治道，诸科对义，但以念诵为工，罔究大义。"③对谨守先儒注疏的学风表示不满，而传统保守势力则对突破旧有经学注疏藩篱的企图严加防范。真宗年间，王旦对士子在科举考试中"舍注疏而立异论"的行为表示反对，认为"不可辄许，恐从今士子放荡，无所准的。……仁宗初年，王沂公（曾）、吕许公（夷简）犹持此论"④。延及政治层面亦复如此，乃至到熙宁初年，穷而思变的神宗就富国强兵之道问计于宰相富弼时，对方竟称"愿且二十年口不言兵"⑤，这种循默作风乃是五代以来畏服强权、苟且自保的士风余绪。这种状况越发不能满足士人儒学影响下的入世追求及庶民文化自由张扬的内在冲动。苏辙即曾对王旦的因循迎合提出批评："（王）旦事真宗，言听谏从，安于势位，亦不以正自终，与（冯）道何异！"⑥苏辙将王旦与冯道相提并论并加以批评，表明此期士人开始冲破五代宋初以来循默无为的士风而欲有所作为，士人的变革精神首先在经学领域得到突出表现。

---

① 苏辙《龙川别志》，中华书局1982年版，第82页。
② 同上。
③ 李焘《续资治通鉴长编》卷90，中华书局2004年版，第2082页。
④ 苏辙《龙川别志》，第82页。
⑤ 《宋史》卷313，中华书局1977年版，第10255页。
⑥ 苏辙《龙川别志》，第69页。

鉴于中唐以迄五代的长期分裂动乱局面，重建失范的伦理道德秩序成为入宋以后的紧迫任务[①]，儒学复兴成为完成这一任务的必要手段和必然结果。经过晚唐五代的士庶转换，儒学复兴的主体已成为并无世家背景的庶民士人，庶民文化不受拘束的自由品格注定儒学复兴不可能是对经典传注的简单重复，而必然会在彼此的碰撞中为复兴的儒学打上庶民文化的烙印，从而使得儒学复兴具有了秩序重建与庶民文化崛起的双重内涵。真宗朝以后，随着庶民士人群体的日益壮大，庶民文化精神的张扬冲动与儒学复兴的时代需求呼应激荡，终于形成求新求变的时代潮流而奔涌前行。欧阳修率先对依循汉唐注疏的作风进行了猛烈批判，"自秦之焚书，六经尽矣，自汉而出者，皆其残脱颠倒，或传之老师昏耄之说，或取之冢墓屋壁之间，是以示者不明，异说纷起"[②]。"自孔子没而周衰，接乎战国，秦遂焚书，六经于是中绝。汉兴，盖久而后出，其散乱磨灭，既失其传，然后诸儒因得措其异说于其间，如河图、洛书，怪妄之尤甚者"[③]。欧氏对汉儒注经的合法性表示了深刻的怀疑，乃至斥"河图""洛书""怪妄之尤甚者"，确可谓惊世骇俗之论。对唐代《正义》同样给予了深刻的怀疑，尤其指出其中谶纬之书不足取信，"至唐太宗时，始诏名儒撰定九经之疏，号为《正义》，凡数百篇。自尔以来，凡不本《正义》者，谓之异端，则学者之宗师，百世之取信也。然其所载既博，所择不精，多引谶纬之书以相杂乱，怪奇诡僻，所谓非圣之书，异乎《正义》之名也"[④]。这种怀疑和批判思潮正为学术丕变提供了理论准备。

在全面批判汉、唐注疏基础上，欧阳修提出"正经"的口号，"正经

① 余英时、葛兆光先生对此论之甚详，见《朱熹的历史世界》第六章，《中国思想史》第二卷第二编第一节。
② 《欧阳修全集》卷48，中华书局2001年版，第673页。
③ 《欧阳修全集》卷43，同上，第615页。
④ 《欧阳修全集》卷112，同上，第1707页。

首唐虞，伪说起秦汉。篇章异句读，解诂及笺传。是非自相攻，去取在勇断"①。欧阳修并著《诗本义》等书对毛传郑笺进行全面批判，摘引毛、郑二家一百多篇错误，表现出不迷信盲从的理性精神。除欧阳修外，范仲淹、胡瑷、孙复等人纷纷对儒家经典及前代注疏表示了怀疑、不满，或进行了批驳与否定，从而形成怀疑经典、解放思想的潮流，以至形成"世之儒者，以异于注疏为学"②的局面。

如果说儒学复兴的原动力是"长期混乱下民间期待文治秩序的迫切心理"③，那么这种疑经、正经潮流则在深层次上发源于五代以后庶民文化的兴起。作为底层文化，庶民文化更少传统儒学观念的渗透与束缚，其强烈的功利性与自由精神在晚唐五代的战乱中随着底层庶民的发迹变泰得到极大的膨胀，其庶民人格也因此得到极大的自信，更易形成突破陈规旧俗的创新精神。随着科举制度的成熟与兴盛，大批庶族士人进入上流社会，并以更少拘束的自由人格观照传统，度量现实，寻找新的价值支点。王安石对《周礼》的详注及对孟子的推尊极大地改变了学术方向，自王安石《淮南杂说》出，"天下之士始原道德之意，窥性命之端"④。庶民士人以对传统的批判重构士人与经典的关系，在理论上解除了经典教条对庶民文化的限制，并以庶民文化的自由精神重释经典，使传统经学焕发出勃勃生机。因而，重释儒家经典或儒学复兴的基本动力并非仅出于重建秩序的需要，亦来自庶民士人的自由渴求，在深刻意义上源于庶民文化的反传统倾向。重释经典的过程一定意义上也是庶民文化对正统文化的颠覆过程，自然也是宋代士人思想解放的过

---

① 《欧阳修全集》卷 9，中华书局 2001 年版，第 139 页。
② 李觏《盱江集》，景印文渊阁四库全书第 1095 册，第 217 页。
③ 余英时《朱熹的历史世界》，生活·读书·新知三联书店 2004 年版，第 45 页。
④ 晁公武《郡斋读书志》(孙猛校证) 卷 12，上海古籍出版社 1990 年版，第 526 页。

程。儒家正统文化以被重释的方式对庶民文化作出让步，庶民文化则借助经典重释表达了自己的声音。重释儒家经典使士人获得了自魏晋以来的又一次精神解放，这种解放的结果便是士人价值观念及艺术趣味的世俗化转向。

敦煌卷在辨别士、庶时说："士人者，未坠弓裘之业，无乖婚官之仪。庶人者，白屋之士也，家无轩冕，世无缙绅，既旷士风，或不知礼。"[①] 这类划分显然针对宋以前的士、庶而言，而宋代士人实则大部分出身庶民，并不能摆脱庶民文化的影响，因没有"轩冕""缙绅"的家世背景，仅通过急功近利的诗书诵读，难以真正形成恪守儒教、依循规矩的士文化人格，相反，在重释经典的学术氛围下，不拘礼数、旷达随意的庶文化特征更易表现出来。《铁围山丛谈》载：

> 世传仁祖一日行从大庆殿，望见有醉人卧于殿陛间者，左右亟将呵遣，询之，曰："石学士也。"乃石曼卿。仁庙遽止之，避从旁过。[②]

又《石林燕语》：

> 天圣、宝元间，范讽与石曼卿皆喜旷达，酣饮自肆，不复守礼法……一时多羡慕效之。[③]

又据《默记》：

---

① 转引自龚鹏程《江西诗社宗派研究》，台北文史哲出版社 1983 年版，第 67 页。
② 蔡絛《铁围山丛谈》卷 1，中华书局 1983 年版，第 15 页。
③ 叶梦得《石林燕语》卷 7，中华书局 1984 年版，第 103 页。

尹师鲁性高而褊，在洛中与欧、梅诸公同游嵩山，师鲁曰："游山须是带得胡饼炉来，方是游山。"诸公咸谓："游山贵真率，岂有此理！"诸公群起而攻之。师鲁知前言之谬，而不能胜诸公，遂引手扼吭，诸公争救之乃免。①

这些庶人出身的士人骤至高位，原本的庶民文化无法立刻适应社会身份的急剧转换，兼以学术新变所带来的思想解放，极易表成张狂自大的变态心理，一直压抑着的庶民文化性格便借助政治地位的提升发泄出来，形成类似魏晋风度的怪诞行为。这种怪诞并非如魏晋士人那样饱受经学束缚及权力威胁之后的纵情发泄，而是久处底层而骤至高位后的无所适从，是带有自卑心理的庶文化在士文化面前的故作姿态。如尹洙的怪异行为很难说是风流之态，实乃"穷措大"骤至高位的心理变态。其"携胡饼炉游山"的提议透露出尚未泯没的庶民文化色调，而"引手扼吭"的举动更是令人作呕的村夫蠢举。此外如李觏、陈烈、陈襄、刘敞、刘攽等一时名士俱有类似的奇行异状。于是，"异时士大夫皆喜为卓越之行，而世亦贵狡悍之才"②。"世之奇特之士，其处也，莫不为异众之行。而其出也，莫不为怪异之词"③。从而形成以"傲诞"为高的景祐、庆历士风。当然，其中亦有挺立特出、孤高峻洁的人格范型，范仲淹三次被贬，却引以为荣，被誉为"三光"④。范仲淹"宁鸣而死，不默而生"的表白正是此期士人"傲诞"人格的积极形态。

可见，五代以来乱极思治的民间心理催生了儒学复兴，庶民文化的兴起

① 王铚《默记》卷下，中华书局 1981 年版，第 44 页。
② 苏轼《上富丞相书》，《苏轼文集》卷 48，中华书局 1986 年版，第 1377 页。
③ 同上书，第 1378 页。
④ 释文莹《续湘山野录》，《全宋笔记》(第一编第六册)，大象出版社 2006 年版，第 71 页。

则促成了学术新变，疑经、正经的学术新变反过来促进了士人的思想解放，宋代士人便在学术新变与庶民文化的双重作用下形成一种特有的人格类型，它既具有儒学的责任感与入世精神，又具有庶民文化的自由性与变革意识，这正是词这一俗文化形式得以兴盛乃至成为宋代标志性艺术的深刻的人文基础。

三

由上文可见，宋代士人文化人格的基本构成是儒文化与庶民文化，儒文化对道德秩序的强调与庶民文化的自由散漫之间始终存在紧张关系，这种紧张的消除便是彼此之间的妥协：儒文化容纳一定的自由性，庶民文化则认可儒文化的正统地位。这种妥协表现在词的发展史中便是词以"雅化"方式进入传统诗文的领地，这一雅化过程实则雅文化不断对俗文化作出让步并逐渐合流的过程。

文化作为观念形态，能够在根本意义上标识出不同阶级阶层的政治地位及社会属性，士、庶文化相应地具有区分士、庶阶层的标志意义。士、庶界限在现实社会的浑合并不等于士、庶等级差别在观念领域的消失，跻身上层的庶民士人需要以各种形式标识自己的政治地位及文化品格的优越性，从而与下层庶民划清界限。因而，随着政治地位的上升，庶民士人会倾向于认可上层雅文化而疏离庶民文化，士大夫对"词"这一俗文学形式事实上的接受与主观上的排斥生动展现了士、庶之间的文化冲突。《北梦琐言》载："晋相和凝，少年时好为曲子词，布于汴、洛。洎入相，专托人收拾焚毁不暇。"[1]足见词这一文体的俗文化性质及士人政治地位上升之后唯恐有玷令誉的拒斥

----

① 孙光宪《北梦琐言》卷6，中华书局2002年版，第135页。

心理。入宋之后填词之风更盛，"文章豪放之士，鲜不寄于此者"①，但士人并不将词看作严肃的雅文学，而看作是一种"谑浪游戏"，并在怡情悦性之后"随亦自扫其迹"，"这是传统儒学'以道制欲'的文化悖论在词的创作和'消费'中引发的一种雅与俗的冲撞"②，更是士、庶文化冲突的外化。张舜民《画墁录》云：

> 柳三变既以词忤仁宗，吏部不敢改官。三变不能堪，诣政府。晏公曰："贤俊作曲子么？"三变曰："只如相公，亦作曲子。"公曰："殊虽作曲子，不曾道'针线闲拈伴伊坐'。"柳遂退。③

晏殊拈出"针线闲拈伴伊坐"句，显然不满于柳词内容之庸俗、语言之俚俗、风格之低俗。在晏殊看来，词这一原本的俗文化形式重新分出了雅、俗，自己所作是雅词，柳词则是俗词。晏殊所以不像和凝那样身居高位后对词敬而远之，乃是因为词已然成为士大夫灯红酒绿的享乐生活中的必需的娱情工具，然而词的俗文化性质及其市井气息与士大夫的政治文化身份格格不入，则通过"雅化"来过滤词的俗文化色彩以使其接近于传统诗文的雅正风范便成为一种退而求其次的选择。因而，所谓"以俗为雅"并非是将俗文化直接搬用过来，而是要对其进行改头换面的"雅"化包装，以调适雅、俗冲突的心理矛盾。因此，词的雅、俗之争并非纯粹的文学论争，本质上是士、庶文化冲突。涉及晏殊的另一则典故深刻地传达出宋代士人力图超越俗趣以求雅正的文化心理：

---

① 胡寅《斐然集》，景印文渊阁四库全书第1137册，第547页。
② 沈松勤《唐宋词社会文化学研究》，浙江大学出版社2000年版，第295页。
③ 张舜民《画墁录》，《全宋笔记》(第二编第一册)，大象出版社2006年版，第218页。

（晏殊）虽起田里，而文章富贵，出于天然。尝览李庆孙《富贵曲》云："轴装曲谱金书字，树记名花玉篆碑。"公曰："此乃乞儿相，未尝谙富贵者。"故公每吟咏富贵，不言金玉锦绣，而唯说其气象，若"楼台侧畔杨花过，帘幕中间燕子飞"。"梨花院落溶溶月，柳絮荷塘淡淡风"之类是也。故公自以此句语人曰："穷儿家有这景致也无？"①

晏殊对李庆孙《富贵曲》"未尝谙富贵"的揶揄并非对李词的彻底否定，晏词实则具有与李词相同的功利富贵的价值底色，不同在于审美趣味的高雅与庸俗，而所谓高雅是指自然流露出"富贵气象"。"富贵"首先指世俗社会的功利价值。如前文所述，晚唐五代底层庶民发迹变泰的传奇人生极大地刺激了庶民阶层对权势富贵的渴望，而宋太祖对功臣的利禄诱惑更使追求富贵享乐成为时尚，于是这类为先儒所不齿的庶民理想堂而皇之地成为社会的主流价值，流风所及，乃至成为诗词创作的美学标准，以致许多文坛名流争言富贵。欧阳修称赞钱惟演"虽生辰富贵而少所嗜好"②，司马光云"人情谁不贪富贵？"③ 苏轼亦云，"自然富贵出天姿，不待金盘荐华屋"④。无论侧重物质享乐还是精神气质或是艺术品格，"富贵"受到士人普遍的推崇，这无庸置疑地表明了宋文化的庶民特征。然而，庶民士人并不甘于露骨地持守功利富贵的庶民价值，而是要力图超越到更高的境界，具体到词的创作便是追求雅致的趣味，即把"富贵"从有意的渲染变成无意的流露，从露骨的炫耀变

---

① 吴处厚《青箱杂记》卷5，中华书局1985年版，第46页。
② 《欧阳修全集》卷127，中华书局2001年版，第1931页。
③ 邵伯温《邵氏闻见录》卷11，中华书局1983年版，第114页。
④ 《苏轼诗集》卷20，中华书局1982年版，第1036页。

成含蓄的暗示，将富贵气稀释到与富贵有关的意象中去，创造一种似有若无而不失雍容的华贵意境，从而将"富贵"由功利层次升华到审美层次。晏殊嘲讽李庆孙词"不谙富贵"，是指李庆孙对富贵的传达仍然停留在庸俗的功利层次，而没有上升到高雅的审美层次，是一种骤得富贵而急于炫耀的暴发户心态，晏殊讥之为"乞儿相"。晏殊对"乞儿相"的鄙弃与其说出于文学趣味不同而产生的排异反应，不如说是出于士、庶文化分野而产生的对自身士大夫文化身份的守护心理。

词作为俗文化形式，具有标志社会底层群体的文化属性，对词这种"低俗"文化形式的全面接受意味着上层身份及政治优越感的丧失，相比世袭贵族，庶民出身的士大夫对其政治地位及文化身份更为珍惜，对所谓俗文化的侵入更为敏感并表现出更强烈的心理反弹，晏殊所谓"穷儿家有此景致也无？"正映现出其以雅趣超越穷儿并与底层划清界限的微妙心理。然而宋代士人的庶民背景使得他们不可能彻底拒绝俗文化，而其上层士人身份又使其力图超越俗文化，因此，他们可以接受词这一俗文学形式，却拒绝其内容及风格的低俗，晏殊讥讽柳永专写"针线闲拈伴伊坐"一类市井词正从反面表达了上层士人的选材取向，而讥讽李庆孙词"不谙富贵"则又间接表达了雍容高雅的美学趣味，其最终指向便是创造一种与俗词及庶民文化划清界限同时可以标识自身政治地位及文化身份的文学形式。庶民士人对词既接受又超越的心态正是士、庶文化之间的冲突与妥协在文学领域的投影。

随着功利价值的甚嚣尘上及俚俗文化的大行其道，士大夫不再斤斤于雅俗文化分野及其对文化身份的标志意义，而是更注重实际的物质功利，并逐渐加入对"俚俗之词"的创作中去。宋末笔记小说《绿窗新话》引《湘江近事》云：

陶榖学士，尝买党太尉家故妓。过定陶，取雪水烹团茶，谓妓曰："党太尉家应不识此。"妓曰："彼粗人也，安有此景，但能销金暖帐下，浅斟低唱，饮羊羔美酒耳。"榖愧其言。①

宋代商业的发达及功利价值的熏染已使取雪烹茶的文人雅事难以与"销金暖帐下，浅斟低唱，饮羊羔美酒"的富贵景象相抗衡，纯粹的精神追求已难以抗拒声色犬马的物质享受。陶榖之"愧"隐喻了雅文化对俗文化的屈服。《绿窗新话》编者在此条之下加了这样一条短评："富贵家气象，其与穷措大，自是不同。"公然表示出对富贵享乐生活的艳羡及对风流雅事的蔑视，更可反映出其时社会价值观由雅向俗的剧烈转向。在这种背景下，饱读诗书的士人为了追求金钱或奔走于达官贵人之门，或与商人交往获取巨额费用，甚至"娶其妻不顾门户，直求资财"②。这类庶族士人少有恪守道德的正人君子，多为见钱眼开的势利之徒，其"直取资财"的举动正是庶民文化价值观的体现。《萍洲可谈》载："近岁富商庸俗与厚藏者嫁女，亦于榜下捉婿，厚捉钱以饵士人，使之俯就，一婿至千余缗。"③又"进士登第赴燕琼林，结婚之家为办支费，谓之'铺地钱'；至庶姓而攀华胄，则谓之'买门钱'；今通名为'系捉钱'。凡有官者皆然，不论其非榜下也。"④

庶民士人既然争持物质功利的价值观，自然也就不会执着坚守儒文化以"三不朽"为核心的超功利的精神价值，士人群体呈现出一种认可乃至低就庶民价值的趋向，词作为俗文化形态也随之堂而皇之地进入士大夫的日

---

① 《绿窗新话》（周夷校补），古典文学出版社1957年版，第139页。
② 《蔡襄集》卷34，上海古籍出版社1996年版，第618页。
③ 朱彧《萍洲可谈》卷1，中华书局2007年版，第127页。
④ 庄绰《鸡肋编》，中华书局1983年版，第71页。

常生活，词之低俗化逐渐成为一种常态，文坛领袖欧阳修即做有不少露骨的俗词：

　　因倚兰台翠云鬐，睡未足、双眉尚锁。潜身走向伊行坐。孜孜地、告他梳裹。

　　发妆酒冷重温过。道要饮、除非伴我。丁香嚼烂偎人睡，犹记恨、夜来些个。(《惜芳时》)①

　　有个人人牵系，泪成痕、滴尽罗衣。问海约山盟何时。镇教人、目断魂飞。梦里似偎人睡。肌肤依旧骨香腻。觉来但堆鸳被。想忡忡、那里争知。(《解仙佩》)②

　　因其格调俚俗，且有露骨的色情味，不少尊崇欧氏的人竭力为之辩护，如王灼说："欧阳永叔所集歌词，自作者三之一耳。其间他人数章，群小因指为永叔，起暧昧之谤。"③王灼显然认为"一代儒宗"不应涉足这类有伤大雅、有玷令德的俗词创作，雅与俗不仅是一种文化分野，而且也是士与庶的政治分野，上层士人应在词的创作中严守雅趣以维护自己的政治文化品格，但欧阳修的俗词创作无疑表明了雅、俗分野的弱化及士、庶合流的趋势。

　　而黄庭坚一些词更为俚俗，其《归田乐》云：

　　对景还销瘦。被个人、把人调戏，我也心儿有。忆我又唤我，见我

---

① 《全宋词》，中华书局1999年版，第151页。
② 同上书，第158页。
③ 王灼《碧鸡漫志》，《词话丛编》，中华书局2005年版，第85页。

嗔我，天甚教人怎生爱。看承幸厮勾，又是樽前眉峰皱。是人惊怪，冤我忒撋就。拼了又舍了，定是这回休了，及至相逢又依旧。①

其词之鄙俚比柳永更甚，以至法秀和尚指责他"笔墨劝淫"，"当下犁舌之狱"②，后代文人更称之为"山谷恶道"，但黄庭坚却有充分的理由为自己辩护：

> 虽然，彼富贵得意，室有倩盼惠女，而主人好文，必当市购千金，家求善本，曰："独不得与叔原同时耶！"若乃妙年美士，近知酒色之虞；苦节臞儒，晚悟裙裾之乐，鼓之舞之，使宴安酖毒而不悔，是则叔原之罪也哉？③

不同于宋初晏殊通过对俗词的雅化而遮遮掩掩地接受，欧阳修、黄庭坚这样的文坛名流公然进行俗词创作，并毫不隐讳声色爱好，表明此期士人无论其艺术趣味还是价值追求都呈现出背离正统士文化而转向庶民文化的趋势，宋初那种较为尖锐的士、庶文化的心理冲突也在这种价值转向中得到缓和，这与仁宗朝以后疑经、正经的学风及以傲诞为高的士风是表里相应的。

随着市井文化的盛行，包括词、曲、杂剧、说书等俗文化艺术在内的各类民间艺术大量涌出，传统诗、文及所谓的"雅词"被日益淹没于层出不穷的市井文化大潮中，诗词标志文化身份的功能越发微弱，士大夫自然也不再

---

① 《全宋词》，第 525 页。
② 黄庭坚《小山集序》，《黄庭坚全集》，四川大学出版社 2001 年版，第 413 页。
③ 同上。

对俚俗的"词"怀有强烈的排斥心理。虽然北宋中期以后词的雅、俗之辩仍在进行，但这种争论并没有真正影响到士大夫对俗词的创作，俗词依然像女人的小脚一样受到士大夫的偏爱，雅与俗也便在士大夫对俗文化的接受中悄悄泯合着彼此的界限，这在一定意义上也标志着自晚唐五代以来开始的士、庶合流进程的最终完成。

庶民文化与北宋"道""势"关系的演化

庶民文化不循礼法的功利性是北宋疑经运动的重要动力，而疑经运动使得北宋士人建立起空前的文化自信，形成了回向三代的政治理想，同时培养起先秦以来沦丧已久的道统观念，使之成为与政统相抗衡的精神力量。事实上，所谓的道统并非如许多论者所认为的那样仅仅与政统相对立，它本身也在不断地追求着重归一统的文化努力[①]，并因此而与专制体制具有内在的同构性，表现为政治层面便是寻求政权力量的支持以及谋求向政统的转化。而北宋中后期党争的激化不断削弱着道统对政统的道德优势，并使道统最终沦丧了制衡政统的独立品格而成为王权专制的工具。

一

如果说儒学复兴激发起士人群体的进取精神与责任意识，那么庶民文化

---

① 余英时《士与中国文化·道统与政统之间》、方同义《儒家道势关系论》（《孔子研究》1993 年第 1 期）较早从历史哲学角度对道、势之间复杂的相互作用关系进行了辩证分析，后来的许多论文对二者的探讨大体不出这一范域。但实际上道统本身谋求自身的统一以重归大道乃是春秋以后中国文化发展更为基本的脉络，《庄子·天下》中"道术将为天下裂"的内在意蕴需要引起格外的注意，在讨论道、势关系时亦应关注"道"在历史发展中对自身统一的追求及所造成的影响。

则培养起庶民士人的主体意识与独立人格，这与先秦士人的人格特征具有极大的相似性，从而在一定意义上使得"道尊于势""士可以为君师"的先秦精神得以复活。

自先秦"官师治教分"之后，从政治权力系统分化出来的士人拥有了独立的文化身份，成为以君权为核心的国家权力之外的另一种软性权力。在儒家看来，真正的士不应汲汲于名利，而应以深沉的责任感担负起引导社会文化、规范政治走向的历史使命，也即孔子所谓"士志于道"。余英时认为，"中国知识分子从最初出现于历史舞台的那一刹那起便与所谓'道'分不开，尽管'道'在各家思想中具有不同的涵义"[1]。至孟子则正式提出了"道"与"势"（即政统）的关系问题，而且把"道"放到了"势"之上，"道"成为士人批评政治社会、抗礼王侯的精神凭藉。自先秦至秦汉大一统，"道"虽因专制权力的威压收敛锋芒，并在汉末以后因儒学的长期衰落湮没不彰，然而"道尊于势"的传统却衰而不绝，并终于在宋代儒学复兴的大背景下上升为一种普遍性的政治文化理念。英宗治平年间，王安石在《虔州学记》中写道，"若夫道隆而德骏者，又不止此，虽天子，北面而问焉，而与之迭为宾主"[2]。这段话直接套用了先秦典籍中的用语，《吕氏春秋·下贤》云："尧不以帝见善卷，北面而问焉。"[3]《孟子·万章下》云："尧尚见帝，帝馆甥于贰室，亦飨舜，迭为宾主。是天子而友匹夫也。"[4] 由此不难看出此期士人对先秦精神的继承性。也正是这种令人神往的政治传说点燃了宋代士大夫以君师自命的时代热忱，苏洵《论衡·远虑》云："圣人之任腹心之臣也，尊之如

---

① 余英时《士与中国文化》，上海人民出版社 1987 年版，第 97 页。
② 王安石《王文公文集》卷 34，第 402 页。
③ 许维遹《吕氏春秋集释》卷 15，中华书局 2009 年版，第 370 页。
④ 朱熹《四书章句集注》卷 10，中华书局 1983 年版，第 318 页。

父师，爱之如兄弟，握手入卧内，同起居寝食，知无不言，言无不尽，……而后可以议天下之机，虑天下之变"①。这种观念极大地培养起士人独立不倚、贵道傲势的人格追求，在"道"与"势"的关系中，士人普遍守"道"而不屈从于"势"，范仲淹三次被贬却不以为意，士林誉为"三光"。司马光反对王安石新法，屡次上书无效后，乞判西京留司御史台，避居洛阳十五年专心修史。熙丰变法期间，大批朝廷官员因反对新法而自请外放。"道尊于势"成为宋代士人普遍性的文化信念，而王安石与宋神宗的君臣遇合及其"帝师"身份无疑强化了这一信念，所以当程颐被任命为崇政殿说书时，甚至提出了"坐讲"的要求。

士人政治主体意识的膨胀进一步形成君臣共治的政治理念，其中蕴含着君臣平等的潜在诉求。彭汝砺《论变法奏》直接引用孟子的原话论述朝廷决策"与众共之"的必要性，"左右皆曰可为，未可也；诸大夫皆曰可为，未可也；国人皆曰可为，然后察之，见可为焉，然后为之。……夫所废兴者与众共之，虽更万世之久，尽天下议论，不可夺矣"②。文彦博在与神宗的对话中更是明确提出君主"与士大夫治天下"③的主张。上述言论表现出一定程度的君臣平等意识，它在一定意义上消解了君礼臣忠的传统儒家观念，使士大夫的主体人格得到空前的彰显。与此同时，五代时期走马灯式的政权变换，底层游民一夜之间发迹变泰的历史传奇不能不使宋人对君主权力的合法性表现出某种程度的怀疑，所谓君权神授、顺天应人的权力神话因为这种篡变无常的政权更迭而受到极大的削弱。

① 《嘉祐集笺注》卷4，上海古籍出版社1993年版，第82—83页。
② 彭汝砺《论变法奏》，曾枣庄、刘琳主编《全宋文》第101册，上海辞书出版社2006年版，第57页。
③ 李焘《续资治通鉴长编》卷221，中华书局2004年版，第5370页。

因而，晚唐五代以来篡变相替的历史一方面打破了君权神授的传统神话及君君臣臣的儒道秩序，同时混乱失序的时代又对尊王攘夷、恢复秩序提出了强烈要求；儒学复兴呼应了加强中央集权的时代需求，而庶民文化的兴起又是对晚唐五代"君权神授"神话破灭的回应；儒学渴望恢复自己原来的正统地位，而庶民文化则又借助于儒学复兴争取自身的生存空间；士人既继承了儒学的礼法规范，同时又以庶民文化的自由精神挣脱着这种规范的束缚。多方面的矛盾统一使得宋代儒学复兴带有复杂的历史与现实因素。在这一过程中，士人"道尊于势"的思想诉求与不断强化的专制权力形成越发紧张的关系，宋太祖撤掉宰相座位的举动极具象征意义地表现了"势"对"道"的排斥，而儒学复兴的深化及儒家道德对士大夫的渗透则又不断驱除着士人人格中的庶民文化因素及由此形成的自由精神，尤其是士人进入权力系统后便身不由己地适应并认同权力话语体系，乃至要以专制权力压制、打击、清除异在力量，从而形成对庶民文化的反噬。

　　王安石实则对士人与权力之间的关系深有识察，《乞退第四表》云："臣闻周之士也贵，秦之士也贱，周之士也肆，秦之士也拘。其纵之为贵，其拘之为贱。贱故尚势利而忘善恶，贵故尊行义而矜廉耻。士知尊行义而矜廉耻，宗庙社稷之安而天下之治也。"[1] 士人唯有得到权力的认可与尊重，其道德意识才能得到激发与张扬，才能自重自爱，正身谨行。反之，如果士人受到权力的凌虐，为求得自保，就可能讨好权力而丧失道德与人格底线，背善从恶，为害天下。王安石因而认为士人与权力的关系关乎国家的兴衰存亡，必须要使之贵而肆，不可使之贱而拘。然而专制的内在逻辑并不以人的意志为转移，专制权力为达到自己的目的必然会毫不留情地清除任何阻力，从而造成权力

----

① 王安石《王文公文集》卷16，第184页。

与士人的紧张关系，并必然造成士人"贱而拘"的结果。为清除变法阻力，宋神宗与王安石不次擢用新人以充台谏。秀州军事判官李定因曲意迎合王安石而受赏识，特擢为御史里行。按宋朝旧制，"进补台官皆诏中丞、知杂与翰林学士于太常博士以上、中行员外郎以下，互举曾任通判者，其未历通判者，即须特旨，方许荐为里行"①。李定本是远州幕职官，"官未终，更非时召对，不由铨考，擢受朝列；不缘御史之荐，直置宪台"，超越资序，大违惯例，且李定"素无声称，偶因谏官论荐，一赐召对，便蒙拔授"②，难以压服公议，故遭到知制诰苏颂、李大临的坚决抵制。但神宗无视祖制，一再强迫苏颂草制，"里行本不计官资，故令于御史里行，欲令止以判官出敕为之"。王安石的态度更是强横："已令改官，于义有何不可，而乃封还词头？若遂从之，即陛下威福为私议所夺，失人君之道矣。"安石将苏颂等人循守祖制指为"私议"，以赤裸裸的相权强迫苏颂等就范，并试图以君主权威为私议所夺、失人君之道的后果激怒神宗，借助君权压制中书舍人封还词头的自主权，是以"势"打压"道"，这便与安石早期"道高于势"的价值理念产生了矛盾。

王安石在这里提出了"人君之道"的概念，所谓"人君之道"即是摆脱任何约束的君主专制，王安石由奉行"道尊于势"转而独尊君权，既与其自身地位发生变化、急于借助君权推行新法有关，更表现出君权不断强化、"道尊于势"的理想性不断丧失的历史走势。苏颂、李大临终因拒草诏旨而被逐出学士院，这一事件实是变法以来制度建设的转折点。自此以后，官员除授便不再遵循祖制，而主要以权臣及君主意志为转移，大量新人被不次拔擢到要害部门，这既为新法推行开辟了道路，也为权相排斥异己大开方便之门。

---

① 李焘《续资治通鉴长编》卷 211，第 5124 页。
② 同上书，第 5127 页。

随着历史的演进，这种随着儒学复兴而重新泛起的"道尊于势"的先秦精神必然会因专制的强化而被逐出政治体系，儒学的理想性终将屈服于现实政治的专制刚性。君主专制的强化不断压缩着儒学复兴以来士大夫的自由思想与独立人格，王安石由对"道尊于势"的坚守到对"人君之道"的尊崇代表了思想对权力的臣服，这未必是王安石的本意，却必然是儒学的内在逻辑与专制的现实逻辑相互为用、相互强化的结果，复兴的儒学也逐渐变质异化，沦为王权专制的工具。

二

宋代士大夫"道尊于势"的文化理念并不止于追求"道""势"合一，而且包括"道"的统一。士大夫所依恃的"道"在转化为"势"之后，为维护自身权威，就可以借助"势"消灭正"道"之外的"异端邪说"，由此形成文化专制。因此，"道尊于势"的文化理念内在包涵着吞噬自由的专制逻辑，这与春秋以后"道术为天下裂"以来"道"、"势"之间的复杂关系有着深刻的历史渊源。

"道尊于势"的观念产生于春秋以后因"天下裂"而导致的"道""势"分裂的社会背景。"春秋以前，礼乐是所谓官师政教合一的王官之学，个别的'士'并不能据之为私有的知识技能，也就不能各就己见对礼乐传统加以发挥"[1]。也就是说，春秋以前"道"与"势"原本合一，自然也就谈不上"道高于势"的问题，所谓"道高于势"的命题出现于"道术为天下裂"之后。不同"道"的拥有者各以正道自命，而将他人之道斥为异端，彼此攻讦不已，由此开启百家争鸣局面。如章学诚所言，"官师治教分，而聪明才智，不入于

---

[1]　余英时《士与中国文化》，第81页。

范围，则一阴一阳，入于受性之偏，而各以所见为固然"。"而诸子纷纷，则已言道矣"，"皆自以为至极，而思以其道易天下者也"①。在这些"道"的持有者看来，"道"的分裂乃是"势"分裂的必然结果，"势"的分裂乃是因为脱离了"道"的指导与规范，"道"欲救治天下，就必须要指导"势"的运行，从而重新实现"道""势"合一。自周室衰微、"道""势"分立以来，追求"道""势"合一的冲动一以贯之，诸子百家中的代表人物多以所持之道游说诸侯，企图倾动人主，获致大用，从而能够以"道"统"势"，重建先王之政。但自春秋以后，在诸侯称霸争雄的历史背景下，由王官之学演化而来的以儒家为代表的所谓"先王之道"已不具备对陷于分裂的"势"的指导功能，"势"的统一也不再依靠儒家的文德之教，而必须借助于强横的武力征伐；"势"所追求者也不再是以德服人而是以"势"压人。秦王朝以专制暴力为特征的"势"由此与儒家心目中以仁义礼乐为内核的先王之"道"形成水火不容的局面，"焚书坑儒"标志着春秋以来四分五裂的"道"不仅未随"势"的统一而实现统一，相反却在分裂的道路上越走越远。事实上，秉承王官之学的先秦士人"道"、"势"合一的理想再也不曾实现，诸子百家各持己见，相互攻伐，再没有终结"道术为天下裂"的局面，不同思想流派的分歧持续存在并日益扩大，"道术为天下裂"成为一种文化常态。尽管如此，"道"追求与"势"合一及实现自身统一的冲动始终存在，如钱穆先生所言，"孔子以下两千五百年来之中国思想，莫不求会通和合以臻于一定论"②。显而易见的是，在大一统背景下，任何一种"道"如欲与"势"合一不仅需要争取"势"的支持，同时必须排斥其他学说，而专制制度同样需要打压"正统"之外的

---

① 章学诚著、叶瑛校注《文史通义校注》，中华书局 1985 年版，第 133 页。
② 钱穆《现代中国学术论衡》，广西师范大学出版社 2005 年版，第 27 页。

"异端"思想，以维护统治的稳定。于是，一旦某一学派被王权确立为官学，便会借助专制权力排斥、挤压其他学说的生存空间，乃至消灭其存在。如果说"焚书坑儒"代表了"势"与"道"的冲突，那么"罢黜百家"则代表了"道"与"道"的矛盾，于是，"道"、"势"合一的过程同时成为不同学术流派相互斗争的过程，所谓"道"的统一也不再是对春秋以后分裂之"道"的重新整合，而表现为官学对非主流学派的防范、排斥、打压与消灭。当然，非主流学派并不甘心于边缘化的命运，同样抱有乘时而起、与势合一、重建大道的文化理想，由此形成连绵不断的思想斗争。

可见，从"道"、"势"关系而言，中国文化发展表现为"道""势"合一的过程，这一过程也是"道"追求自身统一的过程，《庄子·天下》篇所发出的"道术将为天下裂"而不能得"天地之纯，古人之大体"[1]的沉重喟叹成为中国士人的文化隐痛，追求"道"的合一成为中国学术发展的内在动力，也成为士人的文化使命。王安石受神宗重用、入主大政的本质，即是"道"、"势"的合一，这自然也为"道"的合一创造了条件。在《涟水军淳化院经藏记》中，王安石写道：

> 道之不一久矣。人善其所见，以为教于天下，而传之后世。后世学者，或徇乎身之所然，或诱乎世之所趋，或得乎心之所好，于是圣人之大体，分裂而为八九，博闻该见有志之士，补苴调胹，冀以就完而力不足，又无可为之地，故终不得。[2]

---

① 郭庆藩《庄子集释》卷10下，中华书局2004年版，第1069页。
② 王安石《王文公文集》卷35，第422页。

这与庄子的喟叹如出一辙。如果说前代的有志之士"冀以就完而力不足，又无可为之地，故终不得"，那么身处相位、大权在握的王安石已经拥有足够的政治资源对分裂之"道"进行整合统一了。自熙宁变法开始之后，面对反对新法的浪潮，王安石主张将"道"致于一，"今人材乏少，且其学术不一，一人一义，十人十义，朝廷欲有所为，异论纷然，莫肯承听。此盖朝廷不能一道德故也"①。神宗亦主此议，要求王安石尽快将三经新义修订颁布，以统一舆论，并为科举考试提供教材，神宗对王安石说，"经术，今人人乖异，何以一道德？卿有所著可以颁行，令学者定于一"②。熙宁四年（1071 年）二月，科举改制诏书下达，正式将王氏新学著作列为科举参考用书，熙宁六年（1073 年）设立经义局，熙宁八年（1075 年）正式颁布三经新义。三经新义的颁布标志着王氏新学官学地位的正式确立，进一步巩固了新党地位，一定意义上也实现了"道"的统一。王安石的门人陆佃正是在"圣人之道复明于世"的意义上评价王氏新学的：

> 自王者之迹熄而诗亡，夫子没而大义乖。道德之体分裂，而天下多得一体，诸子杂家各自为书，而圣人之大体始乱矣。故言体者迷于一方，言用者滞于一体。其为志虽笃，其为力虽勤，而不幸不见古人之大体，长见笑于大方之家者，由此也。嗟乎，道之不一久矣！而临川先生起于弊学之后，不向于末伪，不背于本真，度之以道撰，持之以德操，而天下莫能罔，莫能移。故奇言异行无所遁逃，而圣人之道复明于世。③

---

① 马端临《文献通考》卷 31，中华书局 1986 年版，第 293 页。
② 李焘《续资治通鉴长编》卷 229，第 5570 页。
③ 陆佃《答李贲书》，《全宋文》第 101 册，第 185 页。

由此可见王氏新学复明圣人之道的文化雄心。然而在旧党士人看来，"道"的统一压缩了其他学术的生存空间，乃是对学术自由的侵害，正如秦观所论，"自熙宁初王氏父子以经术得幸，下其说于太学，凡置博士，试诸生，皆以新书从事，不合者黜罢之，而诸儒之论废矣"①。马端临更是一针见血地指出，"介甫之所谓一道德者，乃是欲以其学使天下比而同之"，"此则李斯所以建焚书之议也，是何言欤！"②马氏将王安石"一道德"与秦焚书坑儒相提并论，尖锐地揭示了其文化专制的本质。王安石并非不知文化专制的危害，早在治平间所作的《虔州学记》中，王安石写道，"周道微，不幸而有秦，君臣莫知屈己以学，而乐于自用，其所建立悖矣，而恶夫非之者。乃烧诗、书，杀学士，扫除天下之庠、序，然后非之者愈多，而终于不胜"③。以专制暴力燔灭文化虽可得逞一时，终究会自取灭亡。王安石当然不认为以《三经新义》"一道德"等同于焚书坑儒，相反，他认为对经义的新注恰恰是对先王之道的恢复，因为"先王之道德，出于性命之理，而性命之理出于人心"④，《三经新义》的意义正在于揭示出了儒家道德出于人心的奥秘，从而可以引导众人返识本心，归于大道，结束春秋以来纷争不已的局面。但王安石片面强调"道"的统一性，而无视人心的多样性；片面强调学术为政治服务，而忽视了学术的独立性，本欲弘道，终于灭道，形成文化专制。这并非王安石的初衷与本意，但却是专制政治的必然逻辑。

至元丰年间，新党完全控制了权力，学术上也形成新学一统天下的局面。虽然之外的洛、蜀、朔学仍在生长，但在新学的巨大阴影下，很难发展

---

① 徐培均《淮海集笺注》卷39，中华书局2000年版，第1273页。
② 马端临《文献通考》卷31，第293页。
③ 王安石《王文公文集》卷34，第402页。
④ 同上。

壮大。司马光在元丰八年（1085年）所上《论风俗札子》中说，"性者，子贡之所不及，命者，孔子之所罕言。今之举人，发言秉笔，先论性命，乃至流荡忘返，遂入老庄。纵虚无之谈，骋荒唐之辞，以此欺惑考官，猎取名第"①。批判矛头直指王氏道德性命之学，甚至将新学比作害政误国的魏晋清谈。由司马光的批判，间接可见新学巨大的社会影响。新学一统天下的代价便是文化多样性及学术活力的丧失，苏轼在《答张文潜书》中感叹说："王氏欲以其学同天下！地之美者，同于生物，不同于所生。惟荒瘠斥卤之地，弥望皆黄茅白苇，此则王氏之同也。"②

随着新党权力的巩固，"一道德"名义下的文化专制便由学术领域扩展到文学领域，讥评新法乃至"讪谤"君亲的诗作便日益引起当权者的注意。据《挥麈录·后录》，汪辅之"熙宁中为职方郎中、广南转运使，蔡持正为御史知杂，摭其谢上表，有'清时有味，白首无能'，以谓言涉讥讪，坐降知虔州以卒。有文集三十卷行于世。后数年，兴东坡之狱，盖始于此"③。一些士人也已经嗅到越发浓重的文化专制气息，熙宁新法推行之后，苏轼因反对新法而自请通判杭州，文同即在离京时劝他"北客若来休问事，西湖虽好莫吟诗"④。章惇、苏辙在乌台诗案前也劝导苏轼谨言慎行，"反覆甚苦"⑤，而苏轼"强狠自用，不以为然"，终于获罪。当权新党不仅通过诗文搜寻罪证，而且敢于刑上大夫，大搞刑讯逼供，暴露出越发狰狞的专制面目。乌台诗案之前，已有祖无择被逮治下狱，陈襄在《论祖无择下狱状》中揭露说，"监察御史里行王子韶察访过实，遂兴大狱。……访闻勘官惨礉，百端

---

① 李之亮《司马温公集编年笺注》第4册，巴蜀书社2009年版，第122页。
② 苏轼《苏轼文集》卷49，中华书局1986年版，第1427页。
③ 王明清《挥麈录》卷6，第119页。
④ 叶梦得《石林诗话》，何文焕编《历代诗话》，中华书局2004年版，第417页。
⑤ 苏轼《与章子厚参政书》（第一首），《苏轼文集》卷49，第1411页。

锻炼，天子近臣既为狱吏耻辱，刻木画地，莫不招承，窃虑讯鞫之间未免冤滥"①。乌台诗案中，如果不是神宗"遣使就狱，有所约敕"②，苏轼大概也会遭到"百端锻炼""莫不招承"的命运。毕仲游在《上苏子瞻学士书》中总结说，"夫言语之累，不特出口者为言，形于诗歌者亦言，赞于赋颂者亦言，托于碑铭者亦言，著于序记者亦言。足下读书学礼，凡朝廷议论，宾客应对，必思其当而后发，则岂至以口得罪于人哉？而又何所惜耶？所可惜者，足下知畏于口，而未畏于文。夫人文字虽无有是非之辞，而亦有不免是非者"③。被贬黄州后，苏轼"深自感悔，一日百省"④，再不敢轻易为文，在与亲朋的书信中反复声称，"但得罪以来，未尝敢作文字"⑤，"但得罪以来，不复作文字"⑥。可见其创巨痛深。乌台诗案政治上表现为专制的严酷，而深层次上则出于作为官学的王氏新学追求"一道德"的文化动机，这一动机与排斥异己的专制体制高度同构，共同构成对文化多样性及士人独立人格的摧残与打击。

绍圣以后，随着党争的日趋激烈，新党的文化专制进一步发展为对元祐党人的学术禁锢，崇宁二年（1103 年），"诏焚毁苏轼集并后集印版"，又"诏三苏集及苏门学士黄庭坚、张耒、晁补之、秦观及马涓文集，范祖禹《唐鉴》，范镇《东斋记事》，刘颁《诗话》，僧文莹《湘山野录》等印板，悉行焚毁"⑦。吴曾《能改斋漫录》云，"崇宁二年，有旨：应天下碑碣牓额，系东坡书撰者，并一例除毁"⑧。其打击目标明显是苏门及苏氏蜀学。同时又

---

① 陈襄《论祖无择下狱状》，《全宋文》第 50 册，第 29 页。
② 苏轼《杭州召还乞郡状》，《苏轼文集》卷 32，第 912 页。
③ 毕仲游《上苏子瞻学士书》，《全宋文》第 110 册，第 301 页。
④ 苏轼《与章子厚参政书》第一首，《苏轼文集》卷 49，第 1411 页。
⑤ 苏轼《与滕达道六十八首》第十五首，《苏轼文集》卷 51，第 1480 页。
⑥ 苏轼《答秦太虚七首》第四首，《苏轼文集》卷 52，第 1536 页。
⑦ 黄以周《续资治通鉴长编拾补》卷 21，中华书局 2004 年版，第 739—741 页。
⑧ 吴曾《能改斋漫录》卷 11，上海古籍出版社 1979 年版，第 327 页。

打击洛学，崇宁二年诏，"程颐追毁出身以来文字，除名，其入山所著书，令本路监司常切觉察"①。当初王安石"一道德"乃是通过将三经新义设定为科举教材的方式加以软性实现，而绍圣新党"一道德"则是通过赤裸裸的强制手段，"名为一道德者，实以钳天下之口"②。其逻辑便是元祐党既是奸党，则其学术自然属于非圣无法、坏人心术的异端邪学，加以禁毁乃是理所当然，这既源于新旧党争不断激化的政治现实，更显现出北宋后期专制强化的历史走势。从这个意义上说，"道尊于势"的命题便因"道"对自身统一的追求及对王权的凭借而具有了吞噬自由的专制内核，追求"大道合一"的文化理想最终沦为专制体制不断强化的幕后动力。

三

绍圣之后，重新得势的新党所求者不再是如何践行原初之"道"，而是打击旧党，排斥元祐学术，全方位地消除旧党的政治威胁与文化影响。王氏新学作为"道"的性质已发生改变，它不再具有引导"势"、规范"势"的形上性质，而成为新党标榜正统、获取政治合法性的招牌，同时也成为打击政敌的工具，而绍圣新党及士大夫群体也因此发生了由尊"道"到弄"权"的人格蜕变。

王安石因为理想破灭而主动求去，章惇、曾布等人则为攫取个人利益玩弄权术，不仅打击旧党，而且相互拆台，不断内讧，暴露出政客面目。章惇为相后，曾布亦还朝，被任命为翰林学士兼侍读，《拾补》载，"初，章惇之初拜相也，曾布在翰林，草惇制词，极其称美，望惇用为同省执政；惇忌

① 黄以周《续资治通鉴长编拾补》卷 21，第 742 页。
② 朱熹《聘士刘公先生墓表》，《朱子全书·朱文公文集》卷 70，上海古籍出版社 2005 年版，第 3382 页。

之，止拜同知枢密院事"。曾布未能达到目的，便转而在哲宗面前倾陷章惇，"章惇专权，日甚一日，若以旧恩欲保全之，则不若制之于初"。又说，"章惇秉政以来，所引者皆阘茸小人，专恣弄权，日甚一日"①。章惇与蔡氏兄弟也很快决裂，《拾补》引《长编》卷487载陈瓘奏蔡京云，"章惇初信京、卞，三人议论如出一口，自绍圣二年（1095年）十月卞为执政，于是京有觖望，而与惇睽矣。四年（1097年）闰二月，林希为执政，于是京始大怨，而与惇绝矣"②。可见新党之间早已没有熙丰年间的意气风发、和衷共济，彼此的亲疏分合完全取决于政治权力的得失，确有"小人喻于利"的特征了。这种基于利益的攫取与分享所形成的政治同盟必然是脆弱的，任何分赃不均都可能造成集团的内讧与分裂。徽宗即位后，曾布终于如愿以偿地跻身相位，但好景不长，不久即被更擅权术的蔡京排挤出朝廷。如果说王安石是行"道"，那么章惇、蔡京等则是弄"权"。王安石坚持"道"高于"势"，发觉行"道"无望便毅然求去；章、蔡等人则是固权自保，机关算尽，沦为彻底的权相与政客。由王安石的独相到蔡京的权相，既是宋代专制体制不断强化的过程，更是宋代士大夫的三代理想逐渐沦丧的过程。绍圣四年八月，时任翰林学士承旨的蔡京上奏说：

> 盖人主单立于万物之上，所以鼓舞群动、役使万物者，以能生、能杀、能与、能夺故也。人主操生杀与夺之柄，而以道揆天下之事，审之以仁义，济之以威权。慢令凌政者必诛，妨功害能者必放，反覆颇僻者必窜，谗说殄行者必罚，则小大、内外，孰敢先后？孰敢拂违？四方将

---

① 黄以周《续资治通鉴长编拾补》卷11，第451～452页。
② 黄以周《续资治通鉴长编拾补》卷14，第560页。

徯志而应，不劳而成矣。

夫生杀与夺之柄，惟人主所独制，非人臣所可共，传曰"惟名与器，不可假人"是也。①

蔡京此番言论明显表现出强化君权以威慑臣下的用意，与熙宁时期文彦博所鼓吹的君主"与士大夫共治天下"的平等诉求大相径庭，标志着宋初以来士大夫"道尊于势"的先秦精神的终结。蔡京强化君权当然是要借助君权铲除政敌，这直接源于党争的不断激化，北宋后期的专制强化正是党争的直接结果，君主专制的内在逻辑在经过党争的千回百转之后仍然无可阻挡地沉入到自我强化、消除异己的泥潭。此期专制强化的表现形式是权相专政，相权的不断加大引起士大夫群体的强烈反弹，常安民对宋哲宗说，"天下，陛下之天下，予夺黜陟，陛下之操柄，奈何是非混淆，黑白不分，尽以付权臣乎？"② 无论权相还是群臣，都主张将权力集中于君主，双方思想的趋同与党争强化的政治形势直接相关。在君主专制的格局下，士大夫主要面对君主，无论表达怎样的政见，都不失对君主的忠诚，政治立场具有更大的转圜余地。而在权相格局下，臣僚除了服从权相意志以换取自身的政治地位几乎别无选择，它剥夺了士大夫的思想自由，压缩了士大夫的生存空间，是比君主专制更专制的形式，自然遭到士大夫的抵制。常安民的话貌似表现出加强君主专制的保守倾向，实则恰恰反映出不甘政治权利被权相剥夺的政治主体意识。但君主与士大夫共治天下的政治传统决定了宋代不可能完全将权力收归君主，宰相必然成为士大夫群体与君主"共治"天下的代言人，而党争背

---

① 李焘《续资治通鉴长编》卷 490，第 11619～11620 页。
② 黄以周《续资治通鉴长编拾补》卷 12，第 470 页。

景及权斗的残酷又必然造成权相局面，于是士大夫只能屈从于权相，将对君主的忠诚转变为对权相的效忠，以寻求政治庇护。而随着权相的易主，士大夫又必然改换门庭，成为毫无操守的政治变色龙，士风的堕落于是日甚一日。曾布在答其弟曾肇的信中以不乏得意的口吻谈了自己的处世哲学，"布自熙宁立朝，以至今日，时事屡变，惟其不雷同熙宁、元丰之人，故免元祐之祸；惟其不附会元祐，故免绍圣之中伤，坐视两党之人，反覆受祸，而独泰然自若，其自处亦必粗有义理，以至处今日风波之中毅然中立。每自谓存心无愧于天，无负于人，神之听之，介尔景福，使此言不足信则已，若果有此理，元祐及惇、卞之党亦何能加祸于我哉？"① 所谓"不雷同熙宁、元丰之人""不附会元祐"并非出于坚守中正的公心，不过是其见风使舵的自保哲学的独白，"无愧于天，无负于人"更是大言不惭的自我吹嘘，其"毅然中立"的姿态在其为相之后便难以维持。韩忠彦为排挤曾布，将蔡京引入朝廷，"子宣（曾布字）知之，反欲通殷勤于京。忠彦方遣其子迓京，则子宣之子已将父命迎之于二十里外矣。先时子宣攻京甚力，至是遂不复谁何。凡京有所论奏，不曰'京之言是'，则曰'京之言善'，又不自知其疏脱"②。尽管曾布曲意迎合，最终仍为蔡京排挤出朝廷，罢相知润州。曾布的所作所为无疑是对其"无愧于天，无负于人"的绝妙讽刺，它既说明中立立场的破产，也暴露出权力斗争的残酷。士大夫无暇追求理想，只能以更残酷的手段应付政敌的攻击，蔡京为相而大搞党禁，正是党争不断强化的历史必然，由此，士大夫群体呈现出整体性的道德沦丧。常安民说，"今日之患，莫大于士不知耻。人苟无耻，则择利而趋，见害而避。无事之时，惟禄仕所诱，奔

---

① 黄以周《续资治通鉴长编拾补》卷17，第640页。
② 《朱子语类》卷130，第3106～3107页。

走俯伏，供为臣职，一旦投之患难之地，则掉臂而去矣。今之大臣，所提撕者，皆无耻之人"①。此话虽不无偏激，却与事实相去不远。常安民又说，"元祐中进言者，以熙宁元丰之政为非，而当时为是；今日进言者，以元祐之政为非，而熙宁、元丰为是，皆为偏论"②。这固然说明士大夫立场不坚，同时说明政局的反复变动、新旧党的纷争不已使士大夫无所适从，难以顾及政治立场及人格操守。

从熙宁到绍圣，经过反复折腾，富国强兵及三代之治的理想越发渺茫，而固有弊端却越发深重，新的问题层出不穷，可谓每况愈下，宋初儒学复兴以来鼓荡而起的君臣共治的政治理念以及大道归一的文化雄心随之破灭。与此同时，专制强化，道屈于势，士大夫的主体人格严重矮化，诚如王安石门生陆佃所批评的那样，"近时学士大夫相倾竞进，以善求事为精神，以能讦人为风采，以忠厚为重迟，以静退为卑弱。相师成风，莫之或止"③。士大夫媚附权势的状况与宋代中前期坚守"道尊于势"的时代风气已判若天壤，道、势关系的逆转与士风的沦落有力地昭示出君主专制的制度刚性及儒学作为文化力量的有限性。

---

① 黄以周《续资治通鉴长编拾补》卷 11，第 453 页。
② 同上。
③ 黄以周《续资治通鉴长编拾补》卷 16，第 616 页。

子部视野下的欧王关系新论

      ————

欧阳修与王安石谊兼师友，关系一度极为亲密，最终却围绕对新法的不同态度产生矛盾，成为史上引人瞩目的事件。学界对二人的关系研究主要限于日常交往的梳理及经学或政治层面的静态对比，没有将二人放在宋代学术发展的大背景下进行系统性和历时态研究，不足以揭示双方经学观念的阶段性差异与政治观念矛盾间的递变逻辑。有鉴于此，笔者拟从双方的经学观念出发，结合北宋的历史背景，对其经学观念的阶段性差异进行梳理，以期更深刻地揭示北宋中后期从经学到政治的演化逻辑。

      一

欧王矛盾首先源于宋代儒学复兴背景下双方不同的学术理念。欧阳修坚持韩愈排斥佛老的传统立场，着眼于兴儒固本以重建道统，对佛老深闭固拒。王安石则入室操戈，借鉴佛老而深究道德性命，表现出融通三教以归大道的宽广胸怀。

基于晚唐五代以来藩镇割据的历史教训，培养君礼臣忠的儒文化人格成为紧迫的时代课题①，欧阳修继承韩愈以来的排佛立场，一方面坚定地排斥佛教，

---

① 欧阳修《王彦章画像记》："五代终始才五十年，而更十有三君，五易国而八姓，士（转下页）

另一方面则鼓吹复兴儒学。在《本论》中，欧阳修论析说："佛所以为吾患者，乘其阙废之时而来，此其受患之本也。补其阙，修其废，使王政明而礼义充，则虽有佛无所施于吾民矣，此亦自然之势也。"①欧阳修认为修明政治、加强礼义教化是攘斥佛教的根本途径，"然则礼义者，胜佛之本也……使天下皆知礼义，则胜之矣"。而问题在于，儒学经典经过两汉儒者的章句训诂，破碎不堪，圣人之意早已汨没于动辄万言的训解中。且在春秋以来的漫长历史中，因战争及焚书等原因，原始的经典文本毁灭殆尽，经典的本来面目模糊不清，"自孔子殁而周衰，接乎战国，秦遂焚书，六经于是中绝。汉兴，盖久而后出，其散乱磨灭，既失其传，然后诸儒因得措其异说于其间，如河图洛书，怪妄之尤甚者"②。经过前人的反复改窜及层累式的错谬堆叠，后人所面对的已非真正的儒家经典。与此同时，当代儒家学者又好自为己说，歧说纷纭，使得本已失真的儒家典籍更加淆乱不堪，"凡今治经者，而为诸儒以自出之说汨之也。今于经外又自为说，则是患沙浑水而投土益之也"③。因此，如欲端正人心，与佛法相抗衡，首先要做的便是正本清源，恢复儒家经典的本来面目。遵循这一理路，欧阳修由疑传而疑经，努力廓清汉代以来笼罩在经学之上的重重迷雾，从文本出发对圣人本意进行索解，掀起北宋学术的疑经思潮。

欧阳修等人的疑经之风对汉唐以来的章句注疏之学造成了强烈冲击，极大地改变了学术风气，自然也深刻影响到王安石的学术观念④。王安石虽然

（接上页）之幸而出乎其时，能不污其身得全其节鲜矣。"《居士集》卷39，《欧阳修诗文集校笺》（洪本健校笺），上海古籍出版社2009年版，第1005页。

① 欧阳修《本论》上，《居士集》卷17，《欧阳修诗文集校笺》，第511—512页。

② 欧阳修《廖氏文集序》，《居士集》卷43，同上书，第1102页。

③ 欧阳修《答徐无党第一书》，外集卷18，同上书，第1823页。

④ 虽然前代资料多认为王安石经学主要受到刘敞影响，如吴曾《能改斋漫录》即云王安石《三经新义》"盖本于原甫"《七经小传》，但欧阳修作为开一代风气的学术领袖，其学术影响当会笼罩整个学界，且刘敞与欧阳修的学术特点相近，王安石受到欧氏影响是很自然的事情。

疑经，但与欧阳修不同，欧氏认为汉儒自出己意，随意改变经典文本，因此需要进行文本还原。王安石则主要从传注角度立论，认为儒学"蔽于传注之学久矣"①，需要清除无知妄说，实现经义的还原。这种所谓还原其实就是将儒家经典研究从汉唐诸儒的琐碎训诂中解放出来，不再纠缠于字句的训解，而是直探义理本身，是从思想到方法的整体转型。如果说欧阳修主要指出了"修其本以胜之"这一攘斥佛教的基本原则，那么王安石等人则是通过对心性义理的探讨，暗采佛教之说，以达到抗衡佛教、复兴儒学的目的。在王安石看来，佛教泛滥、儒学衰微的根本原因并不在于汉儒羼入己说，破坏了儒家经典的原貌，而在于解经方式和目的存在问题。两汉儒者埋首章句之学，囿于字句之间，不见整体的义理，并非真正通经知古，沿袭这种学术传统，即便恢复了儒家经典的真面目也无济于事。王安石认为经术的根本目的在于"经天下之务"②，而"不在章句名数"③，因此反对纯粹的章句训诂，而将经学指向现实变革。在王安石看来，当下儒学最紧迫的任务是实现自身的学术转型，即由章句训诂转向对义理的探究，唯此才能与玄奥精微的佛学相抗衡。因而王安石并未像欧阳修一样将重心放在疑经正经上面，而是更进一步，深入到对道德性命的形上探讨。金朝赵秉文《滏水集·原道》说，"自韩子言仁义而不及道德，王氏所以有道德性命之说也"④，指出了这种思想发展的脉络。所谓道德性命之说肇始于庆历时期王安石所作《淮南杂说》，《郡斋读书志·后志二》引蔡卞曰："（王安石）初著《杂说》数万言，世谓其言与孟轲相上下，于是天下之士，始原道德之意，窥性命之端。"⑤王安石所谓

① 王安石《书洪范传后》，《王文公文集》卷33，上海人民出版社1974年版，第400页。
② 《宋史》卷327《王安石传》。
③ 王安石《答姚辟书》，《王文公文集》卷8，第94页。
④ 赵秉文《滏水集》，文渊阁四库全书第1190册，第79页。
⑤ 晁公武《郡斋读书志》卷12，上海古籍出版社1990年版，第526页。

的"道德""性命"并不神秘玄虚，"先王之道德，出于性命之理，而性命之理出于人心"①，既然如此，那么任何人都可以直接与先王对话，而不必借助琐碎的章句训诂，这就将学者从对经传的迷信中解放出来，并促成了宋代学术由章句之学向义理之学的转型。

欧氏无视佛教已在中土流行近千年的事实，仍然将佛教视为礼法秩序的破坏性力量，并将佛法的流行简单归之于儒学礼义之说的湮没不彰，以恢复儒学原典作为排佛、除佛的根本途径，为此汲汲以求，注定是不能完成的任务。欧阳修没有突破韩愈以来的传统观念与思维定势，视儒、佛为水火不容的两物，以排佛正经为己任，已经难以适应宋代复兴儒学的历史形势，皮锡瑞对宋人疑经之风评论说："宋人不信注疏，驯至疑经；疑经不已，遂至改经、删经、移易经文以就己说。"② 这其实正是欧阳修的经学作风。正因为这样，王安石便对欧阳修等人一味疑经而不讲义理的做法心有不满，熙宁三年五月，王安石说："如欧阳修文章于今诚为卓越，然不知经，不识义理，非《周礼》，毁《系辞》，中间学士为其所误，几至大坏。"③ 王安石批评欧阳修"不知经"，应指欧阳修疑经非古，矫枉过正，对许多公认的儒家经典也持怀疑态度，乃至对《周礼》《系辞》也加以非毁，损害了士人对儒家经典应有的尊崇。

与欧阳修不同的是，王安石的文化理想并不仅是实现儒学的复兴，而是超越文化的隔阂与对立，实现融通三教的大道归一。王安石说，"道之不一久矣。人善其所见，以为教于天下，而传之后世。后世学者，或徇乎身之所然，或诱乎世之所趋，或得乎心之所好，于是圣人之大体，分裂而为八九，博闻

---

① 王安石《虔州学记》,《王文公文集》卷33，第401页。
② 同上卷16，第189页。
③ 李焘《续资治通鉴长编》，卷211，第5135页。

该见有志之士，补苴调胹，冀以就完而力不足，又无可为之地，故终不得。盖有见于无思无为退藏于密寂然不动者，中国之老、庄，西域之佛也"①。王安石认为大道分裂已久，后世学者以种种原因以人为非，以己为是，虽有学识渊博者企图合偏蔽而为一，终不可得，而道、佛作为道之一偏自然应该被纳入于大道之中，这就将儒、道、释置于平等的地位，表现出宽广的文化胸怀。王安石早年即与浮屠交往，庆历七年，王安石调知鄞县，与僧人怀琏、常坦、瑞新、虚白等多有交游，其中怀琏力倡儒、释、老三教合一之说，这对王安石当有影响。熙宁间，王安石对神宗说，"臣观佛书，乃与经合，盖理如此，则虽相去远，其合犹符节也"②。表明王安石已不再如韩愈、欧阳修一样视佛教如水火，而已开始将其纳入儒家的理论系统。因儒家典籍中谈性理者极少，缺少相应的理论资源，故以探讨性理为务的王氏新学不入老庄，则入佛禅，全祖望称"荆公欲明圣学而杂于禅"③，实在是必然的结果。

二

欧阳修继承孔子罕言性与天道的传统，关注现实表象；王安石则由其道德性命之说演绎出道在政事、礼合天道的政治理论，进而提出效仿周制的改革理念。这种学术观念的不同递变为双方政治观念的歧异及围绕熙宁变法而形成的政治矛盾。

欧阳修坚持孔子罕言性与天道的教诫，对当时逐渐流行的探究性理的学术潮流不以为然，《答李诩第二书》云："修患世之学者多言性，故常为说曰：夫性，非学者之所急，而圣人之所罕言也。……今之学者，于古圣

① 王安石《涟水军淳化院经藏记》，《王文公文集》卷35，第422页。
② 李焘《续资治通鉴长编》卷233，第5660页。
③ 黄宗羲、全祖望《宋元学案》，中华书局1986年版，第3237页。

贤所皇皇汲汲者学之行之，或未至其一二，而好为性说，以穷圣贤之所罕言而不究者，执后儒之偏说，事无用之空言。此予之所不暇也。"① 对此，欧氏举出儒家经典都不言性的例子说明"性"于圣人之道并非重心所在，"性者，与身俱生而人之所皆有也。为君子者，修身治人而已，性之善恶不必究也"。因为性无论善恶都不妨碍个体进行持续的心性修炼，性善需要保持，性恶需要改正，追究性之善恶没有实际意义。现实面临的重要问题不是探讨性本身如何，而是改变晚唐五代以来反复无常的士节及不识礼义的世风，当务之急是大力兴学，以儒家礼法观念实现对社会的整体教化。在欧阳修看来，人性完全可以通过教化得以改变，但这需要循序渐进的长期坚持，"然非行之以勤，浸之以渐，则不能入于人而成化"②。如果对人的教化取得成效，就可以人人守礼向善，近乎三代之治。在欧阳修看来，教化众生就是政治，而且是最有效的政治，只有用儒家礼法观念统摄人心，才能从根本上解决一切社会问题。因此，欧阳修完全是从政治功利角度看待人性问题的，他对从纯粹的形上视角探讨人性没有兴趣。而且性理乃是佛禅的中心议题，热衷探究性理未免有亲近佛禅之嫌，因此，欧阳修虽与一些僧人交往，但刻意与其保持距离，由欧阳修所作的几篇僧人传记来看，主要是叙述其生平事迹，肯定其卓异之行，并不对其佛教信仰表示肯定，如《明因大师塔记》只是记述了明因大师艰难困苦的身世，《淅川县兴化寺廊记》对僧延遇"能果其学"表示赞许。欧氏欣赏他们并非因其佛学修养高深，而在于"虽学于佛，而通儒术"③。对儒家立场的坚持是欧阳修不可动摇的底线，这在其天命观上同样如此。

---

① 欧阳修《答李诩第二书》，《居士集》卷47，《欧阳修诗文集校笺》，第1169—1170页。
② 欧阳修《本论》下，《居士集》卷17，同上书，第517页。
③ 欧阳修《释惟俨文集序》，《居士集》卷41，同上书，第1054页。

欧氏虽然并不否定天命，但更注重人事，认为人事才是人类命运的主导因素，《伶官传序》中"虽曰天命，岂非人事哉？"一句话高度概括了欧阳修的天命观，而欧阳修对《周易》的解说更从哲学高度具体阐释了对天、人关系的看法，《易或问》云：

> 或曰："易曰：'君子顺天休命。'又曰：'自天祐之，吉无不利。'其系辞曰：'一垂象，见吉凶，圣人象之。'易之为说一本于天乎？其兼于人事乎？"曰："止于人事而已矣，天不与也，在诸否、泰。"……"否、泰，君子小人进退之间尔，天何与焉？"问者曰："君子小人所以进退者，其不本于天乎？"曰："不也。上下交而其志同，故君子进以道；上下不交而其志不通，则小人进以巧。此人事也，天何与焉？"①

欧阳修在这里将"天"排斥在人事活动的范围之外，表现出敬鬼神而远之的传统立场。欧阳修认为"圣人治其可知者，置其不可知者"，即便要推究"天地鬼神之迹"，也只能通过"修吾人事"，"圣人，人也，知人而已。天地鬼神不可知，故推其迹；人可知者，故直言其情。以人之情而推天地鬼神之迹，无以异也。然则修吾人事而已，人事修，则与天地鬼神合矣"②。在欧阳修看来，所谓"天道"并非玄远不可知的形上本体，"道不远人"，"天道"本质上不过是"百工之事"，即人类日常的生产生活，"孔子之后，惟孟轲最知道，然其言不过于教人树桑麻，畜鸡豚，以谓养生送死为王道之本。夫二典之文，岂不为文？孟轲之言道，岂不为道？而其事乃世人之甚易知而近者，

---

① 欧阳修《易或问》，《外集》卷10，《欧阳修诗文集校笺》，第1593页。
② 欧阳修《易童子问》，《欧阳修全集》卷76，中华书局2001年版，第1109页。

盖切于事实而已"①。那些对道、性等子所罕言的概念进行深入索解的研究不仅不是接近道，反而是对道的偏离，《与张秀才第二书》云："及诞者言之，乃以混蒙虚无为道，洪荒广略为古，其道难法，其言难行。孔子之言道，曰'道不远人'；言中庸者，曰'率性之谓道'，又曰'可离非道也。'"② 所谓"诞者"不仅指老庄之徒，而且应包括当时热衷道德性命等玄奥哲学命题的王安石等人。既然"道不远人"，那么现实政治也应该本于人情，切于事实，而不应故弄玄虚，好古求名，这在欧阳修对《周礼》的态度上得到充分体现。

虽然欧氏曾说，"三代之法皆如此，而最备于周"③，但欧氏认为，周代政制果如《周礼》所述的那样繁琐，必然难以实行，则《周礼》是否确实是周代政治的真实记录令人生疑。且由史实来看，秦王朝建章立制，汉以后诸朝基本沿袭秦制，而非沿袭周代制度，一定意义上表明周代体制缺少可行性。欧阳修并且认为，勉强依照《周礼》施行的朝代也终于遭到了失败，"王莽、后周是也，则其不可用决矣"，"只有祭祀、衣服、车旗似有可采者"④。欧阳修认为修明政治、重建媲美三代的圣政未必一定要蹈袭三代之名与三代之法，根本在求三代之实，"然自秦以来，治世之主几乎三代者，唐太宗而已。其名迹固未尝复三代之一二，而其治则几乎三王，岂所谓名迹者非此之谓欤？"⑤ 由此可见欧氏对《周礼》的怀疑态度及其反对一味好名、步趋古制的立场，这正为此后与王安石以《周礼》为蓝本开展的变法革新形成政治矛盾埋下了伏笔。

与欧阳修不同，王安石热衷道德性命之说，对"道"这一道家哲学的核心概念进行了深入探讨，并由此形成了天道自然、道在政事的政治观。王安

① 欧阳修《与张秀才第二书》，《外集》卷16，《欧阳修诗文集校笺》，第1760页。
② 同上书，第1759页。
③ 欧阳修《原弊》，《外集》卷9，同上书，第1569页。
④ 欧阳修《问进士策三首》，《居士集》卷48，同上书，第1192页。
⑤ 欧阳修《问进士策四首》，《居士集》卷48，同上书，第1201页。

石认为，道作为最高本体，统摄世间万物，万物即是道的外化，道化于万物之中便成为理。"万物莫不有至理焉，能精其理，则圣人也。精其理之道，在乎致其一而已。致其一，则天下之物可以不思而得也。易曰：'一致而百虑。'言百虑之归乎一也。"① 所谓"致其一"也即从更宏观的视角归纳万物的一般规律，以此牢笼百态，方能不思而得。王安石圆融三教，会通百家，所求之道超越了儒家之道的狭隘性而具有了涵容万类的本体意义。在《九变而赏罚可言》中，王安石引《庄子·天道》云，"先明天而道德次之"②。"天"是高于"道德"的最高本体，"道德"的性质从属于"天"。天道自然，则从属于天的道德亦属自然。在对《老子》作注时，王安石说，"夫道者，自本自根，无所因而自然也"③。自然乃是天道的属性，也是道德之本。王安石进而强调说，"古之言道德所自出而不属之天者，未尝有也"④。由此，王安石将道德之意、性命之理完全归属于天地大化的自然运行。

道作为最高本体既具自然属性，它也必然表现在现实社会的各个方面，在《周礼义序》中，王安石说："惟道之在政事，其贵贱有位，其后先有序，其多寡有数，其迟数有时。"⑤ 现实中的各类礼法制度并不仅是人为的设定，更是天道自然的体现，所谓"礼始于天而成于人"⑥。安石门人王昭禹对此作了更清晰的阐发："天地四时，道之所任以致其用者也；六官，圣人任以致其事者也。噫！六官之建岂圣人之私智哉，实天理之所为也。由此以观，则礼之事虽显于形名度数之粗，而礼之理实隐于道德性命之微，即事而幽者

① 王安石《致一论》，《王文公文集》卷29，第339页。
② 王安石《九变而赏罚可言》，《王文公文集》卷28，第324页。
③ 容肇祖《王安石老子注辑本》，中华书局1979年版，第29页。
④ 王安石《九变而赏罚可言》，《王文公文集》卷28，第324页。
⑤ 王安石《周礼义序》，《王文公文集》卷36，第426页。
⑥ 王安石《礼论》，《王文公文集》卷29，第337页。

阐，即理而显者微，然而礼其神之所为乎？"①在王安石等新学学者看来，礼非出于圣人之私智，实天理之所为。天道自然，则现实的礼法制度也应是合乎自然之道的。王安石认为，周代的法令制度才真正合乎天道，"制而用之存乎法，推而行之存乎人。其人足以任官，其官足以行法，莫盛乎成周之时"②。与之相比，"三冗"严重、弊端重重的宋代法令制度显然是不合理的，当然更不合乎道。于是，参酌周代之制变革现实政治以实现富国强兵的目标便成为王安石变法的当然追求，而流传后世、记录周代制度的《周官》正可作为指导变法的理论依据，"其法可施于后世，其文有见于载籍，莫具乎《周官》之书"。在王安石看来，成就圣政的周代之法汲汲以求者便是理财，"政事所以理财，理财乃所谓义也。一部《周礼》，理财居其半"③。参之周代，理财也必然成为王安石变法的中心议题。王安石认为，理财以富民惠民乃是实施教化、使人向善、淳化风俗、建立和谐社会的物质基础，王安石为此引用《孟子》的话说，"孟子所言利者，为利吾国，利吾身耳"。求利不仅合乎大道，而且有周代圣治的样板及《周礼》这样的理论依据，求利图强是无可非议的，王安石以青苗法为核心的变法举措正是以求利为最终目的的。王安石与欧阳修在哲学层面的分歧最终导致政治层面的矛盾。

三

虽然欧阳修并不绝对反对求利，甚至曾声称"足天下之用，莫先乎财"④，然而欧氏基于"何必曰利"的儒家传统理念，反对以青苗法滥取民利。

---

① 王昭禹《周礼详解序》，文渊阁四库全书第 91 册，第 199 页。
② 王安石《周礼义序》，《王文公文集》卷 36，第 426 页。
③ 王安石《答曾公立书》，《王文公文集》卷 8，第 97 页。
④ 欧阳修《本论》，《外集》卷 9，《欧阳修诗文集校笺》，第 1545 页。

熙宁三年，欧阳修连上两疏，明确表达反对青苗法的坚定态度。熙宁三年五月，时任京东路安抚使、知青州的欧阳修在《言青苗钱第一札子》中说："臣伏见朝廷新制俵散青苗钱以来，中外之议，皆称不便，多乞寝罢，至今未蒙省察。臣以老病昏忘，虽不能究述利害，苟有所见，其敢不言？"①欧氏的反对意见可归纳为三点，第一，假惠民之名，行取利之实。朝廷申谕"本为惠民之意"，而"议者言青苗钱取利于民为非"。"臣亦以为等是取利，不许取三分，而许取二分，此孟子所谓以五十步笑百步者"。欲使天下人知道朝廷本意并非"取利"，"乞除去二分之息，但令只纳元数本钱，如此始是不取利矣"。第二，推迟还纳青苗钱加重农民负担。根据青苗法，农民遇到灾荒，收成如果损失一半，"则夏料青苗钱令于秋料送纳，秋料于次年夏料送纳"。但如果接连遭遇两三次水旱灾害，青苗钱会越积越多，以后遇到丰年而"一并催纳，则农民永无丰岁矣"。为了避免此类情况，欧阳修建议，凡本次青苗钱没有还纳的，不得借领下年的青苗钱。第三，上级催督造成抑配大肆泛滥。虽然朝廷三令五申"州县官吏不得抑配百姓"，但"提举等官以不能催促尽数散俵为失职，州县之吏亦以俵钱不尽为弛慢不才"，在官方上下的督责之下，抑配之风泛滥不止。对此，欧阳修提议，"乞先罢提举、管勾等官，不令催督，然后可以责州县不得抑配，其所俵钱，取民情愿"。此次上疏之后，欧阳修又上《言青苗第二札子》，反对俵散秋料钱，他尖锐地指出："若秋料钱于五月俵散，正是蚕麦成熟、人户不乏之时，何名济阙？直是放债取利尔。若二麦不熟则夏料尚欠，岂宜更俵秋料钱，使人户积压拖欠。以此而言，秋料钱可以罢而不散。"②此后，欧阳修未经朝廷批准，便擅自停止了夏季"秋料

---

① 欧阳修《言青苗钱第一札子》，《欧阳修全集》卷 114，第 1730 页。
② 欧阳修《言青苗钱第二札子》，《欧阳修全集》卷 114，第 1732 页。

钱"的发放，从而激化了与王安石及新党的矛盾。

如上节所述，欧阳修基于"道不远人"的哲学理念，认为任何政治举措都应本于人情，切于事实，只有与人情相应，与事实相合，才能顺应民心，收到实效。庆历时期，欧阳修曾积极参与范仲淹发动的庆历新政，十条改革举措中涉及生产的有两项，即"厚农桑""减徭役"，实即鼓励生产，让利于民。如今青苗法公开收取利息，且在执行过程中不顾实际情况，大搞抑配，形同盘剥，不仅不能惠民，反且害民，自然令欧阳修以及曾主持庆历新政的韩琦、富弼等人难以接受。欧阳修不仅公然抵制新法，而且寄望神宗"赫然开悟，悉采群议，追还新制，一切罢之，以便公私，天下之幸也"[1]。与王安石特立独行的作风不同，欧阳修谨慎持重，不喜标新立异，对激进的言行格外警惕。庆历二年，欧阳修作《为君难论》，其中云："予又以谓秦、赵二主，非徒失于听言，亦由乐用新进，忽弃老成，此其所以败也。大抵新进之士喜勇锐，老成之人多持重。此所以人主之好立功名者，听勇锐之语则易合，闻持重之言则难入也。"[2] 这表明欧阳修对君主急于求成与臣下投其所好以致害民误国的历史教训有着清醒的认识，虽然一年后欧阳修积极参与庆历新政，但并非处处迎合圣意，故作惊人之论，而是针对时弊提出切实的改革意见，多为切于实际的持重之言，而非好大喜功的勇锐之语，比如庆历新政中的"明黜陟"一条，欧阳修此前就已多次上疏，提出沙汰庸愚、澄清吏治的具体方案，新政将其当作首要内容当与欧氏积极建言有关。二十多年后的今天，当渴望有所作为的神宗面对积贫积弱的现实问计于富弼时，对方称"愿二十年口不言兵"，令神宗无比失望，在这种情况下，王安石的全套改革

---

① 欧阳修《言青苗钱第一札子》，《欧阳修全集》卷114，第1730页。
② 欧阳修《为君难论下》，《居士集》卷17，《欧阳修诗文集校笺》，第533页。

方案自然更易引起神宗的兴趣。这种惊人相似的历史翻版不能不令有着丰富经验的欧阳修心存疑虑，而这种疑虑不幸成为现实。欧氏根据自身的观察及社会舆论的否定性反应，毅然上疏反对青苗法，并擅自抵制，成为醒目的政治事件，也把与王安石的矛盾公之天下。这并非晚年的欧阳修趋于保守，原因在于，青苗法的逐利性及其执行方式与欧阳修本于人情、切于事实的哲学观念及其"节用而爱农""均财而节兵"的政治思想存在冲突，遭其抵制在所难免。王安石出于推进新法的现实需要，对欧阳修的反新法言行给予了回击，使得晚年一再遭到毁谤、身心俱疲的欧阳修终于不堪压力，辞官归隐。

欧、王的政治矛盾并未完全影响二人的私谊，王安石于熙宁三年十二月拜相后，欧阳修次年春于蔡州任上写了《贺王相公安石拜相启》，其中有"高步儒林，著三朝甚重之望；晚登文陛，当万乘非常之知"①这样的句子，既是祝贺，更有期望，这是欧阳修作为师友对王安石的最后表白。

追溯历史，欧阳修对王安石无疑有奖掖之恩。自庆历七年曾巩向欧阳修推荐王安石始，欧、王开始了二十多年的交往。至和间，欧阳修屡向朝廷推荐王安石，《再论水灾状》中称王安石"学问文章，知名当世，守道不苟，自重其身，议论通明，兼有时才之用，所谓无施不可者"②，可谓赞誉有加。嘉祐元年，欧、王初见，欧氏作《赠王介甫》诗，寓含以文坛盟主相托付之意，诚谓知遇之恩。而王安石对欧阳修的奖掖自是极为感念，《上欧阳永叔书四》即表达了"蒙恩不弃，知遇特深"③的感戴之情，并由衷地表白心迹，"推奖存抚，甚非后进所当得于先生大人之门，以愧以恐，何可以言也"，感

---

① 《欧阳修全集》卷96，中华书局2001年版，第1474页。
② 同上书，第1662页。
③ 王安石《上欧阳永叔书四》其四，《临川先生文集》卷74，《王安石全集》，复旦大学出版社2017年版，第1324页。

激之情溢于言表。在熙宁变法前的二十多年中，双方交往密切，相知甚深。

虽然如此，并不表明双方有完全相同的政治观点。王安石以政治家的眼光观察欧阳修，并不认为欧氏有高远的政治见识，变法之前即反对神宗起用欧阳修为执政，对神宗说："修性行虽善，然见事多乖理，陛下用修，修既不尽烛理有能惑其视听者，陛下宜务去此辈。"又云："修所见多乖理，恐误陛下所欲为。"① 在王安石看来，欧阳修本质上不过是与苏轼一样文章卓越的文人，而非知道明理的治国之材。欧阳修去世后，王安石在祭文中主要肯定其道德文章，对其政治才干则不置一词。王安石认为，欧、苏这类人"若从事于放辞而不知道，适足以乱俗害理"②，变法开始后，欧阳修连上二札反对青苗法，苏轼则不断作诗讥评新法，为反变法浪潮推波助澜，似乎验证了王安石此前的判断。安石对神宗说："臣固尝论修在政府必无补时事，但使为异论者附之，转更纷纷耳。"其后欧阳修乞致仕，冯京请留之，安石曰："修附丽韩琦，以琦为社稷臣。如此人，在一郡则坏一郡，在朝廷则坏朝廷，留之安用？"③ 虽然此后王安石在祭悼欧阳修的文章中对其给予了高度评价，却并不能掩饰双方从学术到政治的深刻矛盾。

欧阳修恪守传统，排佛而正经，致力于道德教化，成为北宋儒学复兴第一阶段的代表人物。王安石充分汲取佛禅的理论资源，倡言道德性命，将儒

① 《长编》卷211，第5134—5135页。
② 同上书，第5135页。
③ 《宋史·王安石传》卷327，中华书局1977年版，第10547页。前代及当代不少学者对这类材料的真实性提出质疑，如蔡上翔即认为"在一国则乱一国"诸语乃是范冲出于报复目的的造谤之语，不足采信。笔者以为，王安石在新法开始全面推行的关键时刻遭到欧阳修的公然批评与抵制，其政治打击非同小可，以王安石刚愎执拗的个性，与曾经的好友司马光可以决裂，在神宗面前批评欧阳修也未始没有可能。此后范冲、杨时等人出于特定的政治目的容或有造谤安石的言论，但与事实相比，这类谤言恐怕更是程度上的夸大，而不是无中生有的捏造。且认定范冲、杨时等诬陷安石多出推测，并无确凿的文献证据。故此笔者仍然有限度地采用相关材料。

学发展为义理之学，则是第二阶段的代表人物。双方学术观念的不同在更深刻的意义上决定了政治理念的不同，双方的矛盾既是个人之间的矛盾，更是儒学复兴不同阶段的矛盾，正是这种矛盾折射出了北宋学术及政治的复杂嬗变历程。

"道"与王氏新学从内圣到外王的转化逻辑

————

王安石变革现实的外王举措正是道德性命的内圣之学逻辑展开的结果，荆公新学不同于旧党的内圣理论造成新旧党无可调和的政治对立和持续冲突。这里的要害是荆公新学内圣与外王之间究竟存在怎样的逻辑转化关系，不对此加以澄清就难以深入揭示双方矛盾不断激化的原因。余英时先生曾对荆公新学内圣与外王之间的关系有所讨论[①]，但仅指出内圣与外王的相关性，至于内圣如何演化到外王，余先生并未作出清晰的揭示。有鉴于此，笔者拟抓住"道"这一核心概念，从分析南北学术的歧异入手，探究荆公新学的内圣理论及其从内圣到外王的转化逻辑，以揭示北宋新旧党争的深层动因。

一

一般认为，王安石并没有如二程那样构建一个完整的理论体系，重要表现即是没有形成一个明确统一、贯穿始终的本体概念。这种说法似是而非。如果仔细考察王安石的理论，就会发现，荆公新学不仅具有明确的本体范畴，且在其貌似庞杂的学术背后，潜藏着从内圣至外王的演化逻辑，而

————

① 见《朱熹的历史世界》（上），生活·读书·新知三联书店 2004 年版，第 56—64 页。

"道"这一本体性范畴正是演化的枢机。

"道"原本是《老子》的核心范畴,中唐韩愈为振兴儒学,排斥佛老,首倡儒道,构建起儒家道统。韩愈在《原道》中说,"博爱之谓仁,行而宜之之谓义,由是而之焉之谓道,足乎己,无待于外之谓德。仁与义为定名,道与德为虚位。故道有君子小人,而德有凶有吉"[①]。韩愈之"道"是包括儒家道德原则、典章制度在内的整个社会运行规范,核心是儒家倡导的仁义。韩愈明确宣称,"斯吾所谓道也,非向所谓老与佛之道也"[②]。韩愈如此界定儒"道",带有极强的排斥佛老、维护儒学正统的意味,是对安史乱后藩镇割据、王纲解纽、礼崩乐坏的文化回应。基于对历史的反思及"长期混乱下民间期待文治秩序的迫切心理"[③],以宋初以三先生为代表的儒家学者承继韩愈之说,以"尊王攘夷"作为着力强调的重点掀起儒学复兴运动,以配合宋王朝强化中央集权的时代需要。庆历以后,随着恢复儒学正统、重建道德秩序这一历史任务的基本完成,南北学术承接各自的地域文化背景发展下去,形成越发不同的学术理念及学术形态,双方对"道"这一核心范畴的理解也渐行渐远。

北方学术具有深厚的传统经学渊源,即所谓汉唐以来的章句之学。《长编》卷二三三王安石云,"西北人旧为学究,所习无义理"[④]。所谓"学究"乃是旧习章句注疏之学的儒生,所谓"义理"乃是熙宁变法之后兴起的荆公新学。宋人晁说之认为"南方之学异乎北方之学","师先儒者北方之学也,主新说者南方之学也"[⑤]。而所谓"主新说"即是庆历以来疑传惑经的学

---

① 《韩昌黎文集校注》,上海古籍出版社1987年版,第12页。
② 同上。
③ 余英时《朱熹的历史世界》,生活·读书·新知三联书店2004年版,第45页。
④ 李焘《续资治通鉴长编》卷233,中华书局2004年版,第5660页。
⑤ 晁说之《儒言》,文渊阁四库全书第698册,第79页。

术新风。《困学纪闻》引陆游语云："唐及国初，学者不敢议孔安国、郑康成，况圣人乎？自庆历后，诸儒发明经旨，非前人所及。然排《系辞》，毁《周礼》，疑《孟子》，讥《书》之《胤征》《顾命》，黜《诗》之《序》，不难于议经，况传注乎？"[1] 而疑经主体乃是南方士人，尤其是同为江西人的刘敞与欧阳修以其对经典的大胆怀疑引导了一时的学术风气，朱熹云："旧来儒者不越注疏而已，至永叔、原父、孙明复诸公，始自出议论。"[2] 章太炎在《国学概论》中对三人在经学发展中的作用给予了不同的评价，认为疑经之风虽"首推孙复"，但是孙复的主张"在唐人已有赵匡、啖助创议于先，孙不过推衍成之"。"继孙复而起，是欧阳修，他改窜《诗经》的地方很多，并疑《易》的《系辞》非出自孔氏；立说之中很多荒谬，因为他本人是文人，非能说经的。同时有刘敞（字原甫）说经颇多，著有《七经小记》，原本虽不存，但从别书考见他的主张，虽和注疏背驰，却不是妄想臆测"[3]。章太炎虽不否认孙复疑经的首创之功，但认为真正起到推进作用的是欧阳修与刘敞，欧、刘二人又有不同，欧疑经更大胆，而刘相对严谨。从文献来看，欧阳修的确表现出比刘敞更加激烈的疑经态度，欧阳修认为，"自秦之焚书，六经尽矣。自汉而出者，皆其残脱颠倒，或传之老师昏耄之说，或取之冢墓屋壁之间，是以示者不明，异说纷起"[4]。秦之焚书已使原始经典荡然无存，今人所见出于汉代，并不可信。欧阳修甚至将儒家奉为神圣的河图、洛书也斥为"怪妄之尤甚者"[5]，"盖自汉儒董仲舒、刘向与其子

---

① 王应麟《困学纪闻》（全校本）卷 8，上海古籍出版社 2008 年版，第 1095 页。
② 朱熹《朱子语类》卷 80，中华书局 2007 年版，第 2089 页。
③ 章太炎《国学概论》，上海古籍出版社 1997 年版，第 25—26 页。
④ 《居士集》卷 48，《欧阳修诗文集校笺》，上海古籍出版社 2009 年版，第 1191 页。
⑤ 《居士集》卷 43，同上书，第 1101 页。

歆之徒，皆以《春秋》《洪范》为学，而失圣人本意"①。表现出毫不盲从迷信的理性精神。

刘敞、欧阳修等人的疑经之风对汉唐以来的章句注疏之学造成了强烈冲击，极大地改变了学术风气，自然也深刻影响到王安石的学术观念。王安石认为儒学"蔽于传注之学久矣"②，它扭曲乃至遮蔽了先儒典籍所表现的圣人原意，主张排斥传注而反归原典，直探道德性命，"先王之道德，出于性命之理，而性命之理出于人心"③。既然先王之道德出于人心，那么任何人都可以直接与先王对话，而不必借助于琐碎的注解，这就将学者从对经传的迷信中解放出来。在疑经风气的影响下，王安石等南方士人更加不满足于囿于传统儒学的价值范域，而是融通释道，深入到对道德性命的形上探讨，金朝赵秉文《滏水集·原道》说，"自韩子言仁义而不及道德，王氏所以有道德性命之说也"④，指出了这种思想发展的脉络。所谓道德性命之说肇始于庆历时期王安石所作《淮南杂说》，《郡斋读书志·后志二》引蔡卞曰："（王安石）初著《杂说》数万言，世谓其言与孟柯相上下，于是天下之士，始原道德之意，窥性命之端。"⑤但"性者，子贡之所不及；命者，孔子之所罕言"⑥。因儒家传统中谈性理者极少，缺少相应的理论资源，故以探讨性理为务的王氏新学不入老庄，则入佛禅，张方平说，"儒门淡薄，收拾不住，皆归释氏"⑦。所谓儒门淡薄乃指儒学思辨性不足，无力解决士人关心的终极性问

---

① 欧阳修《五行志序》，《新唐书》卷34，中华书局1995年版，第872页。
② 王安石《书洪范传后》，《王文公文集》卷33，上海人民出版社1974年版，第400页。
③ 王安石《虔州学记》，同上书，第401页。
④ 赵秉文《滏水集》，文渊阁四库全书第1190册，第79页。
⑤ 晁公武《郡斋读书志》卷12，上海古籍出版社1990年版，第526页。
⑥ 司马光《论风俗札子》，《司马温公集编年校注》，巴蜀书社2009年版，第4册，第122页。
⑦ 释志磬《佛祖统纪》，《续修四库全书》第1287册，第632页。

题，全祖望称"荆公欲明圣学而杂于禅"① 实在是必然的结果。王应麟《困学纪闻》卷八《经说》云："自汉儒至于庆历间，谈经者守训故而不凿，《七经小传》出而稍尚新奇矣。至《三经义》行，视汉儒之学若土梗。"②《七经小传》的出现标志着南方学术逐渐从传统儒学的母体中分离出来，而《三经新义》更与固守章句注疏的北方儒学拉开了距离。

因此，从思想发展史角度而言，王氏新学乃是儒学复兴及惑传疑经的学术风气的产物；从地域文化角度而言，又表现出求新求变、富于叛逆精神的南方文化特征。钱穆概括此期的思想动态时说，"所谓新旧思想之冲突，亦可以说是两种态度之冲突。此两种态度，隐约表现在南北地域的区分上"③。

疑经虽然成为庆历以后的学术风气，但主要局限于南方文化圈，北方学者虽受到影响，但并未表现出整体性的疑经思潮，疑经的深度与规模都无法与南方学者相比。代表人物司马光虽有《疑孟》这一疑经之作，但《疑孟》作于元丰年间，远晚于疑经风气大盛的庆历、嘉祐时期，且《疑孟》主要是针对王安石尊崇《孟子》而进行的学术反击，带有很强的政治色彩，并非出于纯粹的学术动机。虽然此期北方学者的学术理念有所改变，但仍然坚守以儒家伦理道德秩序为核心的价值立场，司马光在《资治通鉴》开篇所抒发的一通天尊地卑、上下名分的议论便是这一观念的反映。熙宁二年八月，司马光进《上体要疏》，对此作了更为系统的阐发。他说，治理天下要"为政有体，治事有要"，其言"体"即是"君为元首，臣为股肱，上下相维，内外相制，若网之有纲，丝之有纪"之类；其言"事"即是"尊者治众，卑者治

---

① 黄宗羲、全祖望《宋元学案》卷98，中华书局1986年版，第3237页。
② 王应麟《困学纪闻》（全校本）卷8，上海古籍出版社2008年版，第1094页。
③ 钱穆《国史大纲》，商务印书馆1996年版，第581页。

寡。治众者事不得不约，治寡者事不得不详。约则举其大，详则尽其细"①。在熙宁三年二月给王安石的信中也强调说："自古圣贤所以治国者，不过使百官各称其职，委任而责成功也。"② 对儒家伦理道德秩序的强调与恪守始终是北方学术的主导原则，二程虽然后来揣摩出"天理"二字，建构起一个完整的理论系统，实际上不过是以"天理"这一最高本体为核心，将外在的宇宙秩序与人间的社会道德秩序统一起来，仍然不过是论证了儒学道德规范与伦理秩序的先天合理性，它的最根本的意义在于使个体对儒家的礼法规范由被动服从转向主动皈依，其"天理"的本质仍然不过是儒家道德。有人问明道先生："如何是道?"明道先生曰："于君臣父子兄弟朋友夫妇上求。"③ 就此而言，二程道学与司马光的朔学有相同的价值内核，不过论证更加完整深入罢了。因而，从地域文化角度而言，司马光与二程属于北方传统儒学的价值体系，而与王氏新学所属的南方文化判然有别。王氏新学已由强调儒家伦理规范的外在约束转入到对道德性命的形上探讨，作为其本体范畴的"道"也已超越儒学的狭隘伦理内核而具有了包括宇宙、兼融三教的意义。正是双方所持守的"道"的学术基因的根本不同，决定了各自由"道"所展开的理论体系的本质差别。

二

如前所述，南方地域文化并不具有深厚的经学传统，因而也没有对传统儒学的深刻的精神皈依，在这样的学术背景下，王安石逐渐超越以往狭隘的儒文化立场，而以更宽广的视野与胸怀将释道理论纳入到儒文化体系中来。

---

① 司马光《上体要疏》，《司马温公集编年校注》，巴蜀书社2009年版，第4册，第4页。
② 司马光《与王介甫书》，同上书，第4册，第550页。
③ 《二程集》卷12，中华书局1981年版，第432页。

王安石对神宗说，"臣观佛书，乃与经合，盖理如此，则虽相去远，其合犹符节也"①。由此，王安石对韩愈所倡导的"道"的理解与诠释也发生了根本的变化，由单一的儒家之道上升为融会三教的终极大道，"道之不一久矣。人善其所见，以为教于天下，而传之后世。后世学者，或徇乎身之所然，或诱乎世之所趋，或得乎心之所好，于是圣人之大体，分裂而为八九，博闻该见有志之士，补苴调脏，冀以就完而力不足，又无可为之地，故终不得。盖有见于无思无为退藏于密寂然不动者，中国之老、庄，西域之佛也"②。王安石认为大道分裂已久，后世学者以种种原因执道一偏自以为是，虽有学识渊博者企图合偏蔽而为一，终不可得，而道、佛作为道之一偏自然应该被纳入于大道之中，这就将儒、道、释置于平等的地位，表现出王安石追求三教合一、重归大道的理想。显然，王安石之"道"超越了韩愈以仁义为核心的儒家之道，而具有了"万物之所自生"③"万物莫不由之"④的本体意义。

王安石认为，道作为最高的本体，统摄世间万物，万物即是道的外化，道化于万物之中便成为理。"万物莫不有至理焉，能精其理，则圣人也。精其理之道，在乎致其一而已。致其一，则天下之物可以不思而得也。易曰：'一致而百虑。'言百虑之归乎一也。"⑤王安石追求成圣的重要方面在于"精其理"，所谓"致其一"，指在研究事物时，应能屏除事物的表象及特殊性而发现其本质及普遍性，即发现掩藏在不同事物背后的共性与规律，以此反观万物，便能以一驭万，牢笼百态。这一致道的途径与王安石将破裂的大道

---

① 李焘《续资治通鉴长编》卷233，中华书局1995年版，第5660页。
② 王安石《涟水军淳化院经藏记》，《王文公文集》卷35，上海人民出版社1974年版，第422页。
③ 容肇祖《王安石老子注辑本》，中华书局1979年版，第45页。
④ 王安石《洪范传》，《王文公文集》卷25，第280页。
⑤ 王安石《致一论》，《王文公文集》卷29，第339页。

重新绾合为一的思路是一致的。求理是成圣的重要方面，但又不限于此，王安石说，"圣之为称，德之极；神之为名，道之至"①。"德之极"亦是成圣的重要组成部分，而所谓"德"乃是"道之在我者"②，修德本质上也是体道。于是，无论求"理"还是修"德"，都成为通向大道的途径，所谓圣人便是在"道""德"方面都达到他人无可企及的高妙境界，"故凡古之所谓圣人者，于道德无所不尽也"，"夫圣者，至乎道德之妙，而后世莫之增焉者之称也"③。于是，王安石所谓成圣便是求理修德以体悟终极大道，这也是其内圣的基本内涵。

为了求得大道，王安石主张广泛吸取各家知识学问，以救弊补偏，而不能固步自封于儒家的狭隘范围。在《答曾子固书》中，王安石说："世之不见全经久矣。读经而已，则不足以知经。故某自百家诸子之书，至于《难经》《素问》《本草》、诸小说无所不读，农夫、女工无所不问，然后于经为能知其大体而无疑。盖后世学者与先王之时异矣。不如是不足以尽圣人故也。"④王安石因此不仅训释儒家经典，而且对佛道经典也进行研究性的注释，如《老子注》二卷、《庄子解》四卷、《楞严经解》十卷，并注《金刚经》《维摩诘经》奏进神宗。王安石毫不掩饰对儒学之外的所谓异端之学的吸取态度，他曾对神宗说，"臣愚以为，苟合于理，虽鬼神异趣，要无以易"⑤。所谓"理"乃是超越了儒家道德原则的本体与规律，王安石摒弃了韩愈以来固守儒家道统的狭隘立场，会通百家，博取众长，求道德之善，求万物之理，趋向终极大道。故荆公云，"善学者读其书，惟理之求。有合吾心

---

① 王安石《夫子贤于尧舜》，《王文公文集》卷28，第322页。
② 王安石《九变而赏罚可言》，《王文公文集》卷28，第324页。
③ 王安石《夫子贤于尧舜》，《王文公文集》卷28，第322页。
④ 《临川先生文集》卷73，《王安石全集》，复旦大学出版社2017年版，第1314页。
⑤ 李焘《续资治通鉴长编》卷233，中华书局1995年版，第5660页。

者，则樵牧之言犹不废；言而无理，则周孔所不敢从"①。正是从这种宽广的文化视野出发，王安石并不认为佛教有害人心，当曾巩指出佛教乱俗时，安石回答说，"方今乱俗不在于佛，乃在于学士大夫沉没利欲，以言相尚，不知自治而已"②。王安石认为读佛书并非为异学所惑，欲坚守儒学，正需要了解异学，"彼致其知而后读，以有所去取，故异学不能乱也"。

正因为王安石兼融三教，会通百家，其所求之道便超越了儒家之道的狭隘而具有了涵容宇宙的本体意义。王安石在《九变而赏罚可言》中引《庄子·天道》云，"先明天而道德次之"③。"天"是高于"道德"的最高本体，"道德"的性质从属于"天"。郭象注曰，"天者，自然也。自然既明，则物得其道也"。成玄英疏曰，"此重开大道次序之义，言古之明开大道之人，先明自然之理，为自然是道德之本，故道德次之"。④天道自然，则从属于天的道德亦属自然。在对《老子》作注时，王安石说，"夫道者，自本自根，无所因而自然也"⑤。自然乃是天道的属性，也是道德之本。王安石进而强调说，"古之言道德所自出而不属之天者，未尝有也"⑥。由此，王安石将道德之意、性命之理完全归属于天地大化的自然运行：

> "阴阳往来不穷，而与之出入作息者，天地万物性命之理，非特人事也"。⑦

---

① 释惠洪《冷斋夜话》，《全宋笔记》（二编九册），大象出版社 2006 年版，第 57 页。
② 《临川先生文集》卷 73，《王安石全集》，第 1314 页。
③ 王安石《九变而赏罚可言》，《王文公文集》卷 28，第 324 页。
④ 《南华真经注疏》，中华书局 1998 年版，第 272 页。
⑤ 容肇祖《王安石老子注辑本》，中华书局 1979 年版，第 29 页。
⑥ 王安石《九变而赏罚可言》，《王文公文集》卷 28，第 324 页。
⑦ 邱汉生《诗义钩沉》，中华书局 1982 年版，第 115 页。

"人之精神，与天地阴阳流通，故梦各以其类至。先王置官，观天地之会，辨阴阳之气，……知此则可以言性命之理矣"。①

"人之精神与天地同流，通万物一气也。《易》曰：'乾道变化，各正性命，保合太和，乃利贞。'"②

而万物运行的动力来自事物的内部矛盾，即王安石所谓的"耦"，"道德之意，性命之理"即寓含其中：

五行之为物，其时，其位，其材，其气，其性，其形，其事，其情，其色，其声，其臭，其味，皆各有耦，推而散之，无所不通，一柔一刚，一晦一明。故有正有邪，有美有恶，有丑有好，有凶有吉。性命之理，道德之意，皆在是矣。耦之中又有耦焉，而万物之变遂至于无穷。③

王安石由此将天道与人事联系起来，将道德性命统一于天道，以天道解释道德性命，无论"道德"还是"性命"都体现于"道"的矛盾运动。则安石所谓道德性命并非传统儒家的伦理规范与道德完善，而是以矛盾运动的眼光看待宇宙及人事变化的认识论，或者说要以矛盾运动眼光把握贯穿于人事中的天道。王安石进而将"道德"与"性命"统一起来，认为欲探"道德之意"，必求"性命之理"，"先王之道德，出于性命之理，而性

① 邱汉生《诗义钩沉》，中华书局 1982 年版，第 160 页。
② 王安石《周官新义》，程元敏《三经新义辑考汇评》（下），华东师范大学出版社 2011 年版，第 357 页。
③ 王安石《洪范传》，《王文公文集》卷 25，第 280 页。

命之理出于人心,《诗》《书》能循而达之"①。所谓"出于人心"是指性命之理需要主体的主动探索,而《诗》《书》两部儒家经典正是悟得性命之理的津梁。《诗经》中《小雅正月》第三章"忧心惸惸,念我无禄。民之无辜,并其臣仆。哀我人斯,于何从禄。瞻乌爰止,于谁之屋"。王安石训释说:"民有欲而无主乃乱。天生聪明时乂,王不能乂,而民无所得禄,则释王而从禄于他。乌之为物,唯能食己,则止其屋。民之从禄,将如此矣。"②王安石并不进行琐碎的章句注疏,而是借机发挥自己的政治见解,指出国君必须满足百姓基本的生活欲望,民心才能归附,否则百姓困穷,无以为生,则必然失去对王的尊崇,发生变乱。《尚书新义》已佚,《郡斋读书志》王令《论语》条"解《尧曰》篇云:'四海不困穷,则天禄不永终矣。'王安石书新义取此"③。由此亦约略可见王安石解《尚书》亦着重发挥政治见解。

可见,王安石所求之理,并非脱离现实的抽象理性,而是带有强烈现实指向的万物之理、治国之道。这些理或道从属于大道,而大道正是自然。但王安石并非被动地服从于自然,而是既认同自然之道,又不废弃人力。王安石在《老子》一文中说,"道有本有末。本者,万物之所以生也;末者,万物之所以成也。本者,出之自然,故不假乎人之力而万物以生也;末者,涉乎形器,故待人力而后万物以成也"④。王安石因而对老子纯任自然而排斥人力的观点提出了批评,"老子者,独不然,以为涉乎形器者皆不足言也、不足为也,故抵去礼乐刑政而唯道之称焉。是不察于理而务高之过矣。夫道之

---

① 王安石《虔州学记》,《王文公文集》卷34,上海人民出版社1974年版,第401页。
② 邱汉生《诗义钩沉》,中华书局1982年版,第167页。
③ 晁公武《郡斋读书志》卷4,上海古籍出版社1990年版,第135页。
④ 王安石《老子》,《王文公文集》卷27,第310页。

自然者，又何预乎？唯其涉乎形器，是以必待于人之言也、人之为也"。不能因自然之"本"而否定形器之"末"，恰恰相反，正因为"涉乎形器"，"是以必待于人之言也、人之为也"，正如《答司马谏议书》中所说，"如曰今日当一切不事事"，"则非某之所敢知"①。这也成为王安石变法革新的基本依据。于是，王安石以体悟自然大道为内核的内圣理论最终指向以变法革新为内容的外王实践。

三

王安石由对天道自然的体悟，合乎逻辑地转向对物质欲望的肯定、对食货之利的追求及与之相关的法令制度的构建，整个变法运动正是其以自然大道为核心的内圣理论的现实推衍。

道作为最高本体既具自然属性，它也必然表现在现实社会的各个方面，在《周礼义序》中，王安石说，"惟道之在政事，其贵贱有位，其后先有序，其多寡有数，其迟数有时"②。现实中的各类礼法制度并不仅是人为的设定，更是天道自然的体现，所谓"礼始于天而成于人"③。安石门人王昭禹对此作了更清晰的阐发，"天地四时，道之所任以致其用者也；六官，圣人任以致其事者也。噫！六官之建岂圣人之私智哉，实天理之所为也。由此以观，则礼之事虽显于形名度数之粗，而礼之理实隐于道德性命之微，即事而幽者阐，即理而显者微，然而礼其神之所为乎？"④ 在王安石等新学学者看来，礼非出于圣人之私智，实天理之所为。天道自然，则现实的礼法制度也应是合

---

① 王安石《答司马谏议书》，《王文公文集》卷8，第97页。
② 王安石《周礼义序》，《王文公文集》卷36，第426页。
③ 王安石《礼论》，《王文公文集》卷29，第337页。
④ 王昭禹《周礼详解序》，文渊阁四库全书第91册，第199页。

乎自然之道的。王安石认为，周代的法令制度才真正合乎天道，"制而用之存乎法，推而行之存乎人。其人足以任官，其官足以行法，莫盛乎成周之时"①。与之相比，"三冗"严重、弊端重重的宋代法令制度显然是不合理的，当然更不合乎道，于是，参酌周代之制变革现实政治以实现富国强兵的目标便成为王安石变法的当然追求。学界普遍认为，李觏在这方面对王安石产生了不可忽视的影响②。

李觏认为形气性命之理就是天道，即自然之理，天地万物的各类习性无不遵循自然之理，是天道的具体表现。这种自然之理即是所谓的元、亨、利、贞四德。君子法乾之德以治天下，故人事必须效法天道。天道无他，就是顺应形气性命之自然，因此，人事也该顺应人类生活要求之自然，使人类生活得到满足。如果将李觏的观点与后来二程洛学的哲学政治观加以比较就会发现其中的差别，其本质区别即在于对天道的解释。李觏的天道概念乃是天地万物运行的自然之道，表现在万物即是其与生俱来的自然本性，李觏以"自然"确定"天道"的属性，等于承认万物本性的天然合理。而二程所谓"天理"实乃"礼"，即儒家的伦理道德原则，天地万物之理乃是"礼"的泛化，实则强调外在的约束与强制。双方本体论及价值观念存在根本不同，这当然也是王氏新学与二程洛学的不同。从哲学自然观出发，面对宋王朝长期积弱局面，李觏率先提出"富国""强兵"的主张。他认为儒者贵义贱利是本末倒置，实际应该是"治国之实，必本于财用"。国家的政治礼教，一切依靠"财用"。"愚窃观儒者之论，鲜不贵义而贱利，其言非道德教化则不出

① 王安石《周礼义序》，《王文公文集》卷36，第426页。
② 侯外庐引王安石《答王景山书》，表明王安石与李觏有过交往，且李觏学生邓润甫参与变法，并于熙宁年间将李觏遗集上于朝廷。侯外庐因此认为，"李觏、王安石在思想上有某些关联是完全可以肯定的"。见侯外庐等《中国思想通史》第四册卷上，人民出版社1957年版，第398页。

诸口矣。然洪范八政，一曰食，二曰货。孔子曰："足食足兵，民信之矣。"是治国之实，必本于财用"①。

由此可以看出李觏哲学观与其政治观之间的逻辑转化关系。既然万物都遵循自然之理，凡走兽之胎，飞禽之卵，人有衣食，兽有山野，虫豸有陆，鳞介有水等天地万物的一切生命活动都是符合天道的，那么人类的食色之欲同样也是天道自然的表现。既然食货符合天道，并且是人类生存的基本条件，那么富国强兵也便是理所当然的，更何况宋王朝面临着国弱兵疲、强敌伺隙的严重危机。王安石深受此种观念影响，遵循同样的由哲学到政治的转化逻辑，并由此而与司马光、二程为首的以北方传统经学为背景的学术及政治观念区别开来。可见，双方分歧的根本点乃在于对天道或天理的不同理解，前者认为天道乃自然大道，颇似于老庄的自然本体；后者则认为天道乃是儒学之伦理道德规范，严斥功利欲望，因而难以认可王安石以求利为核心及以富国强兵为目标的变法举措。

王安石取法周代之政，而流传后世的《周官》正可作为指导变法的理论依据，"其法可施于后世，其文有见于载籍，莫具乎《周官》之书"②。实际上，王安石所谓的"道"在现实社会中的重要表现便是所谓"法"，周代所以能成就圣政，在于周代有合理的可以垂范后世的法度，"其人足以任官，其官足以行法"，"其法可施于后世"。"法"既是"道"的具体表现，也是建设盛世的基本保障，王安石在《周公》一文中即鼓吹善"法"对治理国家的重要意义，"盖君子之为政，立善法于天下，则天下治；立善法于一国，则一国治。如其不能立法，而欲人人悦之，则日亦不足矣"③。王安石批评周公

---

① 李觏《富国策》第一，《李觏集》，中华书局 1981 年版，第 133 页。
② 王安石《周礼义序》，《王文公文集》卷 36，第 426 页。
③ 王安石《周公》，《王文公文集》卷 26，第 302 页。

不立学校之法，虽然鞠躬尽瘁，其实事倍功半，"使周公知为政，则宜立学校之法于天下矣；不知立学校而徒能劳身以待天下之士，则不唯力有所不足，而势亦有所不得也。周公亦可谓愚也"。可见，王安石认为"善法"对治理国家具有事半功倍的意义。在王安石看来，成就圣政的周代之法汲汲以求者便是理财，"政事所以理财，理财乃所谓义也。一部《周礼》，理财居其半"①。参之周代，理财也必然成为王安石变法的中心议题。

司马光等旧党则从传统儒家德治观念出发，重人而不重法，"光以为治之机在于用人"②。程颐亦说，"善言治者，必以成就人才为急务，人才不足，虽有良法，无与行之矣"③。而人之核心便是"德"，而德有优劣，人有邪正，区别邪正的重要标准便是义利之辨，司马光在《与王安石第一书》中引孔子的话说，"君子喻于义，小人喻于利"，新党毫不掩饰地汲汲求利，在旧党看来当然是小人之行。但在王安石看来，理财实非最终目的，最终目的乃是培养人之善性。使人向善的手段固然是教化，然而仅有教化是不够的，首先必须要"富之"，保证百姓有富足的生活，才能为人心向善提供坚实的基础。"所谓治人者，教化以善之也；所谓富之然后善，政以善之也。徒教化不能使人善，故继之曰凡厥正人，既富方谷"④。王安石在这里显然承继了孟子的观点，孟子认为，"无恒产而有恒心者，惟士为能"，普通百姓"苟无恒产，则无恒心。放僻邪侈，无不为矣"。不仅一般百姓如此，即便是接受儒家道德教化的士大夫如果生活贫困，同样也难以固守所谓的"恒心"。王安石在《看详杂议》中说："方今士大夫所以鲜廉寡耻，其原亦多出于禄赐不足，又

---

① 王安石《答曾公立书》，《王文公文集》卷8，第97页。
② 徐自明《宋宰辅编年录》（王瑞来校补）卷9，中华书局1986年版，第543页。
③ 《二程集》，中华书局1981年版，第1210页。
④ 王安石《洪范传》，《王文公文集》卷25，第280页。

以官多员少之故，大抵罢官数年而后复得一官。若罢官而止俸，恐士大夫愈困穷而无廉耻。"① 故而，求财以富民惠民乃是实施教化、使人向善、淳化风俗、建立和谐社会秩序的物质基础，王安石为此引用《孟子》的话说，"孟子所言利者，为利吾国，利吾身耳"。

由此可见，王安石的变法理念根本上渊源于终极性的范畴——"道"，"道"的自然属性赋予了人类求利的天然合理性。在王安石看来，求利不仅合乎大道，而且有周代圣治的样板及《周礼》这样的理论依据，求利图强是无可非议的。他以超越儒道的"大道"观照人类活动，便拥有了不同于司马光、二程等人的眼光与胸怀，与固守儒家道德原则的士大夫发生冲突便在所难免了。因而，北宋士大夫群体的分化本质上源于学术观念的歧异，这种深层的学术歧异使得双方的政见之争无法化解，且呈愈演愈烈之势，最终形成持续不断的党争局面。

---

① 《临川先生文集》卷62，《王安石全集》，第1142页。

《伊川易传》对党争的反思及对"天理"的皈依

    ———

"从《周易》寻求自己的存在意义和行动原理是士大夫的普遍需求"①，宋代被贬士大夫多从《易》中究天人之际，寻悟生命的奥秘，以道学自命的程颐更是如此。元符二年，程颐在《易传序》中自述创作动机时说，"去古虽远，遗经尚存。然而前儒失意以传言，后学诵言而忘味。自秦而下，盖无传矣。予生千载之后，悼斯文之湮晦，将俾后人沿流而求源，此传所以作也"②。尽管程氏宣称作传乃是为了发掘《易》的原始意义，但从北宋末年党争不断、政治衰败、士风堕落的历史背景来看，程氏易传又有解救现实危机、探究文化出路的深刻用意。

经历变法的失败以及反复的党争，原本沉潜的南北学术裂隙更为明显地呈现出来，在北方学术看来，王氏新学及苏氏蜀学混入了释道思想而驳杂不纯，并非正统的儒家学术，这也正是政治颓败、士风堕落的总根源，因而，收束释道所造成的人欲的散放，重新强调对传统伦理道德秩序的恪守及内在心性的修炼便成为消除时弊的基本步骤，而程氏被编管涪州的人生经历更加强化了他对现实政治及道德历练的思索，使得道德内修与秩序重建成为《周

---

① 土田健次郎《道学之形成》，上海古籍出版社 2010 年版，第 263 页。
② 《易传序》，《二程集》，中华书局 2004 年版，第 689 页。

易程氏传》的核心内容。以下即从《周易程氏传》中抽绎出相关信息，从三个方面考察程颐作为洛学代表人物在党争与贬谪背景下的思想动态，同时与苏轼《东坡易传》的相关言论进行比较，以见二人价值取向的不同，以及洛学与蜀学的不同价值内核。

一、"天理"与秩序

程颐释《剥卦》说："君子尚消息盈虚，天行也；君子心存消息盈虚之理而能顺之，乃合乎天行也。理有消衰，有息长，有盈满，有虚损，顺之则吉，逆之则凶，君子随时敦尚，所以事天也。"① 程氏将天行视为"消衰""息长""盈满""虚损"的动态变化过程，"事天"即是要顺从天理，而所谓的天理主要表现为万物存在及发展的"位"及"序"，"位者，所处之分也。万事各有其所，得其所则止而安。若当行而止，当速而久，或过或不及，皆出其位也，况踰分非据乎？"② 即便是君子进用也必须循序渐进，唯此才能不失其吉，"君子之进，自下而上，由微而著，跬步造次，莫不有序。不失其序，则无所不得其吉，故九虽穷高而不失其吉"③，"不以其序，则陵节犯义，凶咎随之"④。天理表现于人类社会主要是强调上下尊卑的伦理道德秩序，由家到国，构成完整的体系，程颐释"家人"卦说，"家人者，家内之道；父子之亲，夫妇之义，尊卑长幼之序，正伦理，笃恩义，家人之道也"，"家人之道，必有所尊严而君长者，谓父母也。虽一家之小，无尊严则孝敬衰，无君长则法度废。有严君而后家道正，家者国之则也"。⑤ 为保证家国秩序，就

① 《周易程氏传》卷2，《二程集》，第813页。
② 《周易程氏传》卷4，《二程集》，第969页。
③ 同上书，第977页。
④ 同上书，第973页。
⑤ 《周易程氏传》卷3，《二程集》，第884页。

必须舍弃人情，"盖严谨之过，虽于人情不能无伤，然苟法度立，伦理正，乃恩义之所存也"。"若嘻嘻无度，乃法度之所由废，伦理之所由乱，安能保其家乎？"①对秩序与法度的强调进一步展开为加强君主集权的专制思维，程氏曰，"为臣之道，当使恩威一出于上，众心皆随于君。若人心从己，危疑之道也，故凶"②。这恐怕也是对王安石变法以来新旧党彼此攻讦不已、哓哓不休以致政治失序、士风沦落的深刻反思。宋初以来的士大夫缘于自由张扬的庶民文化的影响及疑经之风所造成的文化自信，有着强烈的政治参与意识及人格独立意识，王安石提出"君臣迭为宾主"，而程颐为崇政殿说书时也曾要求"坐讲"，然而经过长期的党争与贬谪之苦，程颐深切感受到士人恃道自强、自以为是的危害。士人在这样的价值原则支配下，不问是非，拒绝合作，以坚守"儒节"为高，以主动求去为荣，司马光熙宁变法之后闲居洛阳十五年便是对这种价值立场的生动诠释，它只能使士大夫的分化牢不可破，使新旧党的倾轧愈演愈烈，最终造成政治的混乱与颓败，即所谓"人心从己，危疑之道也"。因此，欲重建社会秩序，"当使恩威一出于上，众心皆随于君"，以君主意志统一臣下意志，臣下无条件地服从君主，实际上就是要消灭士人人格的独立性，加强君主专制。由强调个体人格到强化君主专制，这种转变无疑是极大的倒退，它既反映出儒文化探求自身出路的极大局限性，更反映出君主专制的制度刚性，儒文化只能在肯定君权至上的前提下寻求解决社会危机的出路，只能通过对个体自由与权利的压缩来实现与君主权力的平衡，而不可能通过压缩君主权力为个体提供更大的生存空间。而为消除士大夫的"异见"，使人心统一到君主意志上来，程颐甚至主张采用强

---

① 《周易程氏传》卷3，《二程集》，第886页。
② 《周易程氏传》卷2，《二程集》，第786页。

横的刑罚手段。在释《噬嗑》卦时，程颐说，"天下之事所以不得亨者，以有间也，噬而嗑之，则亨通矣。利用狱：噬而嗑之之道，宜用刑狱也。天下之间，非刑狱何以去之？"[1] 显然，程氏倾向于用专制手段强行消除不同观点的分歧，这与苏轼的观点明显不同。

苏轼释《同人》卦时说，"立于无求之地，则凡从我者，皆诚同也。彼非诚同，而能从我于野哉！'同人'而不得其诚同，可谓'同人'乎？"[2] 苏轼所谓"诚同"乃是建立在"诚"基础之上的同一。它排斥表面形式的同一，而追求交往者真诚的心息相通。苏轼所谓"诚同"不仅不排斥"异"，相反是以"异"为基础的。苏轼释《同人》卦九五爻说，"子曰：'君子之道，或出或处，或默或语。二人同心，其利断金；同心之言，其臭如兰'。由此观之，岂以用师而少五哉？夫以三、四之强而不能夺，始于'号咷'，而卒达于'笑'。至于用师，相克矣；而不能散其同，此所以知二、五之诚同也。二，阴也；五，阳也；阴阳不同而为'同人'，是以知其同之可必也。君子出、处、语、默不同而为'同人'，是以知其同之可必也。苟可必也，则虽有坚强之物，莫能间之矣。故曰'其利断金'。兰之有臭，诚有之也；二五之同，其心诚同也；故曰'其臭如兰'"。苏轼在这里就二、五两爻的关系进一步说明，真正的牢不可破的"同"恰恰源于不同主体的"异"，"二，阴也；五，阳也；阴阳不同而为'同人'，是以知其同之可必也"。在《暌卦》中，苏轼说，"有'同'而后有'暌'。'同'而非其情，'暌'之所由生也"[3]。苏轼认为，物之不齐，物之情也，事物存在不同的特征乃是天经地义的，也是"道"本体千变万化的结果，为求同而无视常情，强行取消事物的不同特性，

---

① 《周易程氏传》卷2，《二程集》，第802页。
② 《东坡易传》（四库本），上海古籍出版社1989年版，第27页。
③ 同上书，第69页。

则所谓的"同"只能是表面的和暂时的，"同"之下潜藏着"睽"的裂痕，这种裂痕必然会随着时间的推移不断扩大，"同"最终会转化为"睽"。"人苟惟'同'之知，若是必'睽'"①。因此，要想实现牢固的"同"，必须要尊重和容许"睽"的存在，而表面的"睽"并不代表本质的不同，对"睽"的尊重与维护恰恰可以为不同的个体提供足够宽松的生存空间，构筑起实现"同"的牢固的基础，"人苟知'睽'之足以有为，若是必'同'"。苏轼对卦象解释说，"是以自其'同'者言之，则二女同居而志不同，故其吉也小；自其'睽'而'同'者言之，则天地'睽'而其事'同'，故其用也大"。表面同而志不同，不可能产生大的效果；表面不同而本质相同，才会造成更大的积极的效果。因此，"异"是表面的，而"同"才是本质的，异相可以为同质构筑坚固的基础，而同质则可以消除异相之"异"而实现异相的统一。在《同人》卦中，六二与九五两爻虽然一阴一阳，属性不同，但却可以超越其不同属性而相互为用，正在于它们在表面的"异"的背后有着本质的"同"，"二五之同，其心诚同也"，只有这种心之同才是最可靠的同，"虽有坚强之物，莫能间之矣。故曰'其利断金'"②。苏轼在这里对"同"与"睽"之间的辩证关系进行了深入阐发，表现出宽广的文化视野及卓越的政治智慧，显然超越了程颐拘守于儒文化及专制思维的偏颇与狭隘。

以刑狱手段强行消除隔阂虽然暂时会实现"亨通"，而从长远来看，只能冤冤相报，后患无穷，熙丰以来的党争有力地证明了这一点。程氏的出发点并非出于哲学的辩证思维及宽容的政治考量，而出于消除异见、打击异己以求同一的专制思维，体现出与苏氏蜀学相反的价值取向，它表明洛学与专

---

① 《东坡易传》(四库本)，上海古籍出版社 1989 年版，第 69 页。
② 同上书，第 29 页。

制政治更具有内在的同构性，也是洛学回归儒学传统道德的内在逻辑使然。

二、"至诚"与修德

程颐认为，"治天下之道，盖治家之道也"①，欲建立合理的社会秩序，首先在正家，"正家之本，在正其身"②，而正身之道的要义在于诚，"不由至诚，己且不能常守也，况欲使人乎？"③ 于是，"至诚"便成为正身、齐家、事天的出发点及基本依据，成为统贯个体、家庭、国家与天地的终极本体。程颐释《豫卦》九四说，"居大臣之位，承柔弱之君，而当天下之任，危疑之地也，独当上之倚任，而下无同德之助，所以疑也；唯当尽其至诚，勿有疑虑，则朋类自当盍聚。夫欲上下之信，唯至诚而已。苟尽其至诚，则何患乎其无助也？"④ 这段议论也隐约有现实的影子。王安石被神宗委以重任，力行新法，不仅遭到以司马光为首的大批旧党的反对，而且与吕惠卿这样的同党最终也反目成仇，正是程氏所谓"下无同德之助"。在程颐看来，责任在于王安石未能尽其至诚，"苟尽其至诚，则何患乎其无助也？"实际上，道德品质的高下与政治的分合并不完全对应，甚至没有什么关系，以"至诚"自居的程颐为崇政殿说书时"承柔弱之君，当天下之任"，不仅未能使小皇帝领会为君之道，相反却因其迂腐教条而招致高后的反感；不仅未形成"朋类盍聚"的局面，反而遭到蜀党的攻击及新党的迫害，这无疑是对其"至诚"论的莫大讽刺。

"至诚"在程氏那里几乎就是万能良药，似乎以"至诚"为核心的心性

---

① 《周易程氏传》卷3，第884页。
② 同上书，第885页。
③ 同上书，第888页。
④ 《周易程氏传》卷2，第781页。

修养可以解决包括政治纠纷在内的一切问题，"无妄者至诚也，至诚者，天之道也。天之化育万物，生生不穷，各正其性命，乃无妄也。人能合无妄之道，则所谓与天地合其德也。无妄有大亨之理，君子行无妄之道，则可以致大亨矣"①。表现出道德至上论的倾向。又说，"以无妄而往，无不得其志也。盖诚之于物，无不能动，以之修身则身正，以之治事则事得其理，以之临人则人感而化，无所往而不得其志也"②。可见"至诚"即"无妄"，而"妄"乃是人欲的泛滥，"人所欲为者乃妄也"，"人之妄动，由有欲也。妄动而得，亦必有失，虽使得其所利，其动而妄，失已大矣，况复凶悔随之乎？"③而欲望的泛滥必然是对天理的悖离，程颐释"无妄卦"上九时说，"上九居卦之终，无妄之极者也。极而复行，过于理也，过于理则妄也"④。"无妄"即是对欲望的排斥，也是对天理的顺应，"所谓无妄，正而已"，"无妄者，理之正也"⑤。"天道生万物，各正其性命而不妄"，"凡理之所然者非妄也"⑥。归根结底，程颐主张要克制欲望，坚守道德，而"善"则是通向"道"的津梁，程颐释"随卦"九五说，"自人君至于庶人，随道之吉，唯在随善而已。下应二之正中，为随善之义"⑦。程氏将"道之吉"归之于"善"，实际上将"随善"作为"随道"之阶，而"刚中"乃是"善"的极致，"善莫善于刚中"⑧，"人之贵乎刚者，为其能立而不屈于欲也"⑨，"刚中"即是为了制

---

① 《周易程氏传》卷2，第822页。
② 同上书，第824页。
③ 同上书，第825页。
④ 同上书，第827页。
⑤ 同上书，第823页。
⑥ 同上书，第824页。
⑦ 同上书，第787页。
⑧ 同上书，第829页。
⑨ 同上书，第835页。

欲，而制欲才能随道。由此出发，程颐对君子与小人处穷的不同原因与状态进行了较为深入的比较分析，指出小人穷而失节乃是因为贪欲，是主观原因所致，"小人所处，常失其宜：既贪而纵欲，不能自择安地，至于困穷，则颠沛不知所为"①。"所困者，唯困于所欲耳"②。可以说，所谓小人乃是人之原始欲望不加约束、散放不收的人格形态，一定意义上代表了人类的原始欲望，"若切于好利，蔽于自私，求自益以损于人，则人亦与之力争，故莫肯益之，而有击夺之者矣"③。这正是人性之恶的根源，自然也是人类矛盾斗争的根源。而君子则是道德的代言人，小人与君子乃是纵欲与守道的化身，代表了两种对立的人格类型。在程氏看来，小人乃是君子人格的破坏力量，君子遭贬处穷往往是由小人造成的，"阴过之时，必害于阳，小人道盛，必害君子，当过为之防，防之不至，则为其戕矣"④。"君子为小人所掩蔽，穷困之时也"⑤。这与司马光君子小人如冰炭不可同器的观念如出一辙，"小人去，则君子自进，正道自行，天下不足治也"⑥。而君子制服小人则应依靠道德力量，"君子之治小人，以其不善也，必以己之善道胜革之，故圣人诛乱，必先修己"⑦。归根到底，小人之所以为小人乃在于欲望的泛滥，君子所以为君子则在于能以道制欲，程颐通过上述比较高扬了制欲从道、顺应天理的道德命题。

苏轼同样强调"诚"，而苏轼之所谓"诚"乃是道家老庄的自然心

---

① 《周易程氏传》卷3，第935页。
② 同上书，第943页。
③ 同上书，第918页。
④ 《周易程氏传》卷4，第1016页。
⑤ 同上书，第940页。
⑥ 《周易程氏传》卷3，第905页。
⑦ 同上书，第919页。

性，是抛弃现实功利与阴谋算计的"真"，彼此赤诚相待，肝胆相照，是为"同"。它不仅抛弃了"小人喻于利"，而且超越了"君子喻于义"，并不仅是以儒家之"义"统领的道德内涵，而且是一种抛弃社会及道德属性的自然人性，出乎自然之真乃是人性的本原形态及人格的最高境界。苏轼"诚"这一自然属性源于《东坡易传》与老庄道家之间的密切联系。《东坡易传》属义理学派，继承了王弼、郭象易学，而以老庄解易，在本体论方面吸取老子道论，以道作为宇宙本体。而老子之道的内核乃是自然，具有先天的合理性与合法性。苏轼以水喻道，以水之随物赋形喻道之千变万化，道的性质借助于水而得到充分的表现，"唯其不自为形，而因物以赋形，是故千变万化而有必然之理"①，"不自为形"即类似于道之不可见，"随物赋形"即类似道之化生万物，道既然"千变万化而有必然之理"，则万物作为变化的结果当然也具有先天的合理性，这种本体性的"道"应之于人便是性。苏轼一反孟子"性善论"，认为性无善恶，所谓善恶乃是性之用，而非性的本质。性表现于人即为情，人的一切社会活动最终表现为情的各种形态。苏轼此论一方面为其人性自由的合理性提供哲学依据，同时也是对司马光等北方儒家学者君子小人论的反驳。司马光虽然也认为性无善恶，然而具体到人事判断，便又重新陷入君子小人二元划分的牢不可破的思维定势，似乎君子生来即为君子，小人生来即为小人，君子自然性善，小人当然性恶，实际上仍然认为性有善恶。这种机械僵化的道德观念牢牢限制了旧党的思维，使其习惯于对士大夫群体进行一成不变的道德划分，这也正是党争不断的文化源头。王安石虽也认为性无善恶，但在实际的变法过程中，又以是否支持变法的政治立场划线，支持者为君子，反对者为小人。在这种偏狭的文化视野中，新旧两党分

①《苏轼文集》卷1，第1页。

别以君子自居，而视对方为小人，势同水火，矛盾牢不可破。

　　苏轼认为，性表现为情，情作为性的表现当然亦无善恶之分，而只有喜怒哀乐之别。人在不同情境下自然会表现为不同的情，没有必要将其上升为君子小人的道德高度，更不必进行人性善恶的终极判定。情是道在人身上的最终显现，所谓"千变万化而有必然之理"肯定了性的合理性，同时也便肯定了情的合理性，不同的人自然会表现出不同的性情，正常的人应是展现出真性情的人，"道"通过人而表现为性情，人也通过真性情的呈现而与大"道"相通，这之间不应该有任何障碍。因此，苏轼追求的是"性"与"情"的本真显现，崇尚真情至性。道学家程颐一本正经，实则以儒家之伦理规范阻塞了真情至性的自然流露，真性情经过这种伦理规范的拘束改造，最终被扭曲为主体机械呆板的视听言动。从儒文化角度来看，程颐模范践履了儒家的伦理道德信条，而在苏轼看来，则是矫情作伪。正因为立足于情，而不是立足于具有善恶内涵的性，苏轼更能以宽容的眼光看待人事活动，而不是轻易为人贴上君子小人的道德标签，这种以真情至性为核心的价值观超越了儒家道德性的价值观的狭隘性而获得了更为宽广的视野与胸怀。《渑水燕谈录》载，"子瞻虽才行高世而遇人温厚，有片善可取者，辄与之倾尽城府，论辩唱酬，间以谈谑，是以尤为士大夫所爱"[1]。张耒说，苏轼被贬出知定州时，"士愿从者半朝廷"[2]，虽不免夸张，却极能反映苏轼坦率真诚、与人为善的人格魅力，即便与政敌王安石也可一笑泯恩仇，这与程颐之呆板做作、遭人嫌恶形成鲜明对照。可见，苏轼与人的交往及对人的评价并不拘执儒家的道德标准，而更近于道家的自然标准。不拘礼

---

① 《渑水燕谈录》，《宋元笔记小说大观》，上海古籍出版社 2001 年版，第 1254 页。
② 《张耒集》卷 48，中华书局 1990 年版，第 747 页。

法、性情洒落者视之为友；规形矩步、道貌岸然者视若寇仇。这种标准深刻反映出苏轼哲学观念的自然性。

就此而言，如果说程氏之"诚"的内核是天理秩序，那么苏轼之"诚"的根本内涵乃是真情至性。历经党争与贬谪的打击，基于对党争及儒学的反思，苏轼提出"诚同"概念，正是企图对儒家的道德观念进行一种超越性的文化突围，代表了北宋中后期的士大夫破解党争困境、超越儒学狭隘性的努力，具有不可忽视的文化意义。

三、处穷与"顺命"

对于被贬的士人而言，既然处"无位之地，无所施于天下"，则唯一的选择便只能是"自贲饰其所行而已"[①]，即独善其身，但这同时也是伸张道义的机会，"小人道长之时，君子遁退，乃其道之亨也。君子遁藏，所以伸道也"[②]。君子遭贬处穷虽是政治失意，却正可借此身体力行，彰显儒家之道，所谓"道之亨也"，而支撑君子处穷而不移的精神内核便是"义"，"君子之于进退，或迟或速，唯义所当，未尝不裕也"[③]。因有儒家之"义"充斥于心，被贬者因此泰然自若，不累于心，虽然貌似穷厄，实乃亨通，"君子慎其所处，非义不居，不幸而有危困，则泰然自安，不以累其心"。"时虽困也，处不失义，则其道自亨，困而不失其所亨也"[④]。这自然不同于庄禅随缘任运的处世哲学，更体现出儒家的坚毅品质，这在程颐对水的认识上亦有清晰的体现，程氏在释《序卦》时说，"其因势就下，信而有常。君子观坎

---

① 《周易程氏传》卷 2，第 809 页。
② 《周易程氏传》卷 3，第 866 页。
③ 同上书，第 875 页。
④ 《周易程氏传》卷 4，第 941 页。

水之象，取其有常，则常久其德行。人之德行，不常则伪也，故当如水之有常"①。这与苏轼对水的认识截然不同，苏轼侧重于"水无常形"的特征，并将这一特征与庄禅之安时处顺、随缘任运结合起来，形成与时俱化的处世哲学，所求者乃是在保持恒心前提下的随俗为变，以避免与专制政治的直接碰撞而有效地保全自我。《东坡易传·坎卦》云：

> 万物皆有常形，惟水不然，因物以为形而已。世以有常形者为信，而以无常形者为不信。然而方者可斫以为圆，曲者可矫以为直，常形之不可恃以为信也如此。今夫水，虽无常形，而因物以为形者，可以前定也。是故工取平焉，君子取法焉，惟无常形，是以迕物而无伤；惟莫之伤也，故行险而不失其信。由此观之，天下之信，未有若水者也。②

东坡此处将有形之物与无形之水进行对比，指出有形者未必有信，方者可斫以为圆，曲者可以矫直，就因为它们缺少变通的智慧。水则不然，虽无常形，却可以因物为形，迕物无伤，无伤才可以在险恶的地势中前行无碍而保持信誉。东坡与其说在这里揭示随物赋形的水的智慧，不如说在表达一种人生理想。在专制体制下，士人欲求安自保必须与皇权意志保持一致。新法推行之后，政见之争表现为支持与反对新法的斗争，非此即彼，难以依违其间，既欲守道不屈，又欲不被排斥，实在是戛戛乎其难哉！东坡不仅反对新法，而且将对新法的反对态度诉诸诗文，公然对抗，终于酿成乌台诗案。在专制体制下，想要迕物而无伤几乎是不可能的。尽管如此，苏轼对"随物赋

---

① 《周易程氏传》卷2，第845页。
② 《东坡易传》（四库本），第54页。

"形"的首肯表明苏轼意欲对自己的生存哲学进行调整，那就是要"水无常形，迕物无伤"。无常形必然是磨去棱角，不与外物作硬性对抗，但如果仅仅强调避祸自保，则随物赋形的生存哲学只能沦为丧失原则、苟且偷生的庸人哲学，实则苏轼对"水无常形"的阐发又并非仅强调毫无原则的变化，在解释"维心，亨，乃以刚中"时说，"所遇有难易，然而未尝不志于行者，是水之心也"①。即无论事件的难易如何，应始终保持"志于行"之心，锲而不舍，坚持不懈，"物之窒我者有尽，而是心无已，则终必胜之。故水之所以至柔而能胜物者，维不以力争而以心通也"。苏轼以"志于行"之心对"水无常形"加以限定，表现出儒家立场。苏轼指出既要保持必胜信念，又要保持斗争的韧性，即使处于劣势也要坚持下去，最终必能依靠"心通"赢得胜利。苏轼在这里实际上假定最终的胜利者必然是正义的化身，现实矛盾无论怎样复杂都必将遵循正义必胜的逻辑，关键在于斗争主体必须要有坚强的意志和坚韧的斗争品质，苏轼最后总结说，"不以力争，故柔外；以心通，故刚中"。从哲学角度讲这自然是不错的，而专制背景下的政治斗争遵循的乃是强权逻辑，斗争的胜败最终都将取决于皇权的意志与立场，而皇权的刚性并没有为"正义"留下多少转圜的余地，因而，苏轼柔外刚中的哲学信条也难以成为"终必胜之"的法宝。

如果说苏轼所着意者是水之"变"，程颐所着意者则是水之"常"，只有"常久其德行"，才不致道德的伪滥。所谓"常"推而广之即是恒定不变的"中道"，"天下之理，莫善于中"，"苟不失中，虽有危，不至于凶也"②。因此，程氏对"常"的执守不仅出于恪守儒道的立场，也是出于从应天理

---

① 《东坡易传》（四库本），第54页。
② 《周易程氏传》卷4，第963页。

的信念，这在其对"同"与"异"的辨析中亦有体现，程氏在释《睽卦》时说，"见同之为同者，世俗之知也。圣人则明物理之本同，所以能同天下而和合万类也"，"物虽异而理本同，故天下之大，群生之众，睽散万殊，而圣人为能同之"①。程颐认为既要保持与群体的同，又要保持个体品质的异，"不能大同者，乱常拂理之人也；不能独异者，随俗习非之人也；要在同而能异耳。中庸曰'和而不流'是也"②。唯有"大同"，才能循守常理；唯有"独异"，才能持节正德，而保持个体的"异"乃是重心所在，尤其是身处危难之时，对个体品质的持守乃是更为重要的要求，"凡处难者，必在乎守贞正"③。但坚守儒节并不等于与现实对抗，所谓"守贞正"乃是内在的对自我人格的坚守，表现为与现实社会的关系则是"乐天顺命"。程颐释《未济》卦说，"居未济之极，非得济之位，无可济之理，则当乐天顺命而已"。"人之处患难，知其无可奈何，而放意不反者，岂安于义命者哉？"④。可见天命即是无法改变、不可抗拒的现实，"君子当困穷之时，既尽其防虑之道，而不得免，则命也"⑤。这里的"命"并不是冥冥中的外在力量，本质上乃是君权对个体命运的处理与安排，一定意义上也可以看作是天理的表现形式，"命谓正理，失正理为方命"⑥，因此，程氏所谓"乐天顺命"不同于庄禅之安时处顺、随缘任运，根本上是对君权所象征的儒家伦理秩序的服从，个人如果无法违拗秩序的规定性，那么只能服从它，这便是程氏的最终选择。因此，程颐被编管涪州，却把这种境遇归之于天命而毫无怨言，其本质乃是对

---

① 《周易程氏传》卷3，第889页。
② 同上书，第890页。
③ 同上书，第895页。
④ 《周易程氏传》卷4，第1026页。
⑤ 同上书，第941页。
⑥ 《周易程氏传》卷1，第731页。

君主最高权威的认同与接受，这正体现出程颐的儒家立场及其道学家的本色。由上可见，苏轼之"随物赋形"貌似丧失立场，实则"柔外"而"刚中"，本质上是对自我的坚守。程氏之"信而有常"貌似守道不移，"乐天顺命"又貌似随缘旷放，实则"常"与"命"分别从内在与外在体现出程氏对天理的皈依及对王权的顺从。

综上所述，"天理"、"至诚"、"顺命"归根到底都是对儒家伦理秩序的恪守与皈依，党争与贬谪不仅没有让程颐超越儒文化的狭隘性，相反使他更加坚信强化儒家秩序的必要性，这便与苏轼的通达形成了鲜明对照。这种不同既源于双方不同的个性气质，更源于洛学与蜀学不同的文化构成与价值内核。

党争及贬谪与苏辙的思想蜕变

———————

一

元丰三年，苏轼因乌台诗案被贬黄州，受其牵累，苏辙同时贬往筠州。贬谪期间，兄弟二人时有书信往来。苏轼《与滕达道》第二十二简云，"近得筠州内舍弟书，教以省事，若能省之又省，使终日无一语一事，则其中自有至乐，殆不可名"[①]。《老子》第四十八章云："为学日益，为道日损，损之又损，以至于无为，无为而无不为。"河上公注曰："道谓自然之道也，日损者，情欲文饰日以消损。"[②] 所谓"省之又省"几乎就是"损之又损"的同义语，实即要消损情欲，使心思回归到"玄觉"与"静观"状态，以心灵的寂灭而致清净澄明之境，以与大道相通。苏辙《老子解》四十八章云，"苟一日知道，顾视万物无一非妄，去妄以求复性，是谓之损"[③]。苏辙的注解虽然基本上反映了《老子》的本意，但又明显打上了佛教烙印，《大方广佛华严经·如来出现品》云，"但诸凡愚，妄想执著，不知不觉，不得利益"。"若

———————

① 《苏轼文集》卷 51，中华书局 1986 年版，第 1482 页。
② 陈鼓应《老子注译及评介》，中华书局 1984 年版，第 251 页。
③ 《老子解·为学日益章第 48》，文渊阁四库全书第 1055 册，第 219 页。

离妄想，一切智、自然智、无碍智，则得见前"①。远离妄想，才能修得圣道，习得圣道，则视万物皆妄，从而证得如来无量智慧，这与绝圣弃智以求大道的老子哲学具有相似的理路。因此，佛教理论的介入为苏辙损之又损的老子哲学提供了更为坚强的理论支持，自然也使其返本复性的信念更其坚定。

苏辙之"省之又省"一方面是避祸自保之道，同时又是返道复性的途径。在《老子解》中，苏辙将"道"置换为"性"，《老子解》第四十七章云，"性之为体，充遍宇宙，无远近古今之异。古之圣人，其所以不出户牖而无所不知者，特其性全故耳。世之人为物所蔽，性分于耳目，内为身心之所纷乱，外为山河之所障塞，见不出视，闻不出听。户牖之微，能蔽而绝之。不知圣人复性而足，乃欲出而求之，是以弥远而弥少也"②。排斥耳目感官的一偏之见，去除障蔽，方能复性，此处的"性"显然是一个本体概念，类似《老子》之"道"。苏辙的复性理论既与老子哲学"损之又损"以趋道的观念相通，又直接继承了中唐李翱儒学的复性说③，李翱《复性书》上篇云："人之所以为圣人者，性也，人之所以惑其性者，情也。喜怒哀乐爱恶欲，七者皆情之所为也，情既昏性，斯匿矣，非性之过也。"④只有灭情，方能复性，才能达到心灵的澄净状态而与道相通。苏辙实则将性与道绾合为一，复性即体道，则苏辙之道又不免带有儒家内涵，《答李昭玘书》云，"夫古之所谓知道者，富贵不能淫，贫贱不能忧。……收其精以治身，而斥其七

---

① 《大方广佛华严经》卷51，大正新修大藏经卷十，第272页。
② 《老子解》，文渊阁四库全书第1055册，第218—219页。
③ 《栾城遗言》载，苏辙称"唐士大夫少知道，知道惟李习之、白乐天"，"喜《复性书》三篇"。则苏辙屡用"复性"一词良有以也。
④ 李翱《复性书》，《全唐文》卷637，中华书局1982年版，第6433—6435页。

苴以惠天下"①。为实现复性的目标，苏辙认为"士居尘垢之中，纷纭之变，日构于前，而中心未始一日忘道"②。在其他许多篇章中，苏辙亦一再称赞所谓的"有道者"，《孟德传》在叙述孟德面对猛虎"未尝为动"，虎"逡巡弭耳而去"的轶事后说，"夫孟德可谓有道者也。世之君子皆有所顾，故有所慕，有所畏。慕与畏交于胸中，未必用也，而其色见于面颜，人望而知之。故弱者见侮，强者见笑，未有特立于世者也。今孟德其中无所顾，其浩然之气，发越于外，不自见而物见之矣。推此道也，虽列于天地可也，曾何猛兽之足道哉！"③"慕"与"畏"都出于人之物欲，是对纯朴人性的破坏因素，不慕不畏方能趋道归真，养其浩然之气。作于筠州期间的《丐者赵生传》叙述了赵生与地狱相通的神异本领后叹曰："此亦邪术，非正道也。君能自养使气与性俱全，则出入之际，将不学而能，然后为正也。"④苏辙此处指出了趋"道"的途径，那就是"使气与性俱全"。气乃是排斥世俗之念后的浩然之气，而性则无疑是人的原始本性，复归本性自有浩然之气，浩然之气正是原始本性的外在表现，因此，复性即是体道。也正是在对"道"的归趋及对"性"的回复中，苏辙体味到"不可名"的"至乐"。

所谓"至乐"实则安贫乐道的颜回之乐，苏辙在《武昌九曲亭记》中写道，"盖天下之乐无穷，而以适意为悦，方其得意，万物无以易之。……惟其无愧于中，无责于外，而姑寓焉"⑤。"无愧于中，无责于外"方能澄净物欲，返道归真，与物相游，得天地之大乐，即所谓"适意"。《答黄庭坚书》云，"盖古之君子不用于世，必寄于物以自遣，阮籍以酒，嵇康以琴。阮无

---

① 《栾城集》卷22，《苏辙集》，中华书局1990年版，第392页。
② 《庐山栖贤寺新修僧堂记》，《栾城集》卷23，《苏辙集》，第402页。
③ 《栾城集》卷25，《苏辙集》，第424页。
④ 同上书，第425页。
⑤ 《栾城集》卷24，《苏辙集》，第406页。

酒，嵇无琴，则其食草木而友麋鹿，有不安者矣。独颜氏子饮水啜菽，居于陋巷，无假于外，而不改其乐，此孔子所以叹其不可及也"①。如颜回一样默然自处，不假外求，而自得其乐，乃是士人守道处穷的最高境界。虽然颜氏之乐未必源于对"道"的体悟，却未必不能被苏辙赋予老庄哲学体悟天道的文化内涵，事实上，庄子的"坐忘论"一定意义上正是对"颜回乐处"内涵的揭示，《庄子·大宗师》云，"（颜回）曰：'回坐忘矣。'仲尼蹴然曰：'何谓坐忘？'颜回曰：'堕肢体，黜聪明，离形去知，同于大通，此所谓坐忘。'"②所谓"同于大通"即同于大道，同于大道方有至乐。苏轼在《答李昭玘书》中说，"舍弟子由，……学道三十余年，今始粗闻道，考其言行，则信与昔者有间矣"③。苏轼所据大概包括苏辙的《黄州快哉亭记》，其中云，"士生于世，使其中不自得，将何往而非病；使其中超然，不以物伤性，将何适而非快！"不以物伤性方可复性，方能无适而非快，即使遭贬处穷也可以获得颜回一样的穷巷之乐，苏辙称"颜子箪瓢陋巷，我是谓矣"④，其安贫乐道与苏轼之随缘任运颇为接近，故而受到苏轼的赞赏。

苏辙筠州期间与不少禅僧有着密切的交往，佛禅观念对苏辙此期的文化心态有着不可忽视的影响。尽管苏辙早年在蜀中时即受到佛教的濡染，但强烈的用世之心阻遏了佛教的效用，只是在贬至筠州后，佛禅观念才开始深入苏辙的心灵世界，《逍遥聪禅师塔碑》云："予元丰中，以罪谪高安，既涉世多难，知佛法之可以为归也。是时洞山有文、黄檗有全、圣寿有聪，是三老人皆具正法眼，超然无累于物。予稍从之游，既久而有见也。"⑤"超然

---

① 《栾城集》卷 22，《苏辙集》，第 391 页。
② 郭庆藩《庄子集释》卷 3 上，中华书局 2004 年版，第 284 页。
③ 《苏轼文集》卷 49，第 1439 页。
④ 《栾城遗言》，文渊阁四库全书 864 册，第 177 页。
⑤ 《栾城后集》卷 24，《苏辙集》，第 1145 页。

无累于物"与"既久而有见"乃是两个重要信息。就前者而言，乃是以佛教空观观照万物，认识到"万法皆空，惟有此心不生不灭"①，将诸种磨难视为虚妄，以消除遭贬处穷的人生苦痛。所谓"久而有见"，则是苏辙认识到禅宗之明心见性、识了本性的禅法实与其复性论相通，这在《筠州圣寿院法堂记》得到清晰的说明，"夫多病则与学道者宜，多难则与学禅者宜。既与其徒出入相从，于是吐故纳新，引挽屈伸，而病以少安。照了诸妄，还复本性；而忧以自去，洒然不知网罟之在前与桎梏之在身，孰知夫险远之不为予安，而流徙之不为予幸也哉！"②"照了诸妄，还复本性"实即将佛教空观、禅宗明心见性理论与其复性论统一起来，或者说是将儒释道统一起来，初步构成了其初贬筠州期间三教合一、以悟道复性为核心的文化理念。

尽管苏辙此期思想庞杂，与苏轼相类，然而总体看来，苏辙却并未如苏轼一样形成"任性逍遥，随缘放旷"的文化性格，而是戒惧谨慎，小心度日。贬筠之后，苏辙闭口不谈政治，唯有《和子瞻蜜酒歌》中有对新法的含蓄批判，"城中禁酒如禁盗，三百青钱愁杜老"③。真可谓"省之又省"了。不仅如此，苏辙倡导忍让哲学，《次韵子瞻夜字韵作中秋对月》诗云，"娄公见唾行自干，冯老尚多谁定骂"④。以唐代唾面自干的娄师德典故劝导苏轼忍辱苟且，以避祸保身。苏轼量移汝州过筠州过访苏辙时，苏辙又叮咛乃兄慎言慎行，"涵本《说郛》卷十二《悦生随抄》谓轼见辙筠州，辙'戒以口舌之祸，及饯之郊外，不交一谈，唯指口以示之'"⑤。苏辙之戒惧谨慎不仅与其个性及专制环境有关，更内在决定于他的"复性论"。

---

① 《颖滨遗老传》，《苏辙集》，第 1041 页。
② 《栾城集》卷 23，《苏辙集》，第 401 页。
③ 《栾城集》卷 12，《苏辙集》，第 230 页。
④ 《栾城集》卷 10，《苏辙集》，第 187 页。
⑤ 孔凡礼《苏辙年谱》，学苑出版社 2001 年版，第 272 页。

"道"或"性"在苏辙的思想体系中乃是最高本体，主体精神的最终追求乃是归趋于"道"或"性"，"道"或"性"作为最高本体形成了对主体精神的束缚，客观上限制了主体精神的自由性与灵活性。如果说苏轼之庄禅观念形成了对外在秩序的消解，那么苏辙之"道"或"性"则恰恰形成了对主体精神的束缚与压抑，成为凌驾于主体之上的支配力量，于是，"道"在苏辙的观念中有时会转化为不可把握、难以逃脱的"天命"，《老子解》云，"命者，性之妙也，性可言，至于命则不可言矣"[1]。《次韵知郡贾蕃大夫思归》云，"得坎浮槎应有命，投林惊鹊且安枝"[2]。《答王定国问疾》云，"南迁昔所同，卧疾今亦并。远行信由天，未死庸非命"[3]。受这种哲学观的支配，主体表现于外便是默照静观，缄默不言，正如《老子》所言，"我愚人之心也哉！俗人昭昭，我独昏昏；俗人察察，我独闷闷"。苏辙注曰："世俗以分别为智，圣人知群妄之不足辩也，故其外若昏，其中若闷"[4]。所谓"愚人"乃是主体返璞归真的状态，面对外部环境的压迫，无须进行任何分辨，以"昏昏""闷闷"应之方可保身，即所谓"省之又省"。因此，苏辙贬筠期间的缄默拘谨并不仅是性格及专制环境使然，在深层次上更决定于其求道复性的哲学观。

二

绍圣元年，苏辙再贬筠州后，着意学道，且颇有成，苏轼与王定国书云，"子由不住得书，极自适，学道有成矣"[5]。欲学道有成，一个基本条件便是断

---

[1] 《老子解·致虚极章第十六》，文渊阁四库全书第 1055 册，第 198 页。
[2] 《栾城集》卷 12，《苏辙集》，第 234 页。
[3] 《栾城集》卷 14，《苏辙集》，第 272 页。
[4] 《老子解》，文渊阁四库全书第 1055 册，第 202 页。
[5] 苏轼《与王定国四十一首》之四十，《苏轼文集》卷 52，第 1531 页。

绝俗虑，忘却世务，消却入世之心。相对苏轼，苏辙更善于自保，一旦遭贬处穷，形势危峻，便缄口不言，闭户深居。苏轼虽然心向往之，无奈不能澄心静虑，最终无所成就。绍圣二年八月二十七日，苏轼又致书于苏辙，谈及养生三法，"食芡法，胎息法，藏丹砂法"。书末云，"由端静淳淑，使少加意，当先我得道"①，反面说明了苏轼不能得道的原因。尽管如此，苏辙内心其实并非真正浑然与物同一，《龙川略志》载有苏辙请布衣术士徐三翁为自己占卜的事情，徐氏书"十遍转经，福德立至"相赠，并解释说，"十，数也，过去十，见在十"。苏辙自忖，"予流窜患难，已六年矣。岂十年之间，当有再生之理?"②可见苏辙对自己一朝复用仍存幻想。《后集》卷十八《大赦天下贺表》同样表达了思归衷曲。由此，苏辙与苏轼极大不同处在于，苏轼已逐渐将入世与出世、顺境与逆境看作浑然无别的自然流程，并消除了与外物的阻隔，无论何种境遇，俱能随物而应，应变无穷，其哲学观念兼容了华严法界观的一心法界、一即一切的宇宙观及庄子齐物论。苏辙则不然，其着意所在是省心静虑，抛却尘念，省之又省，达到空寂境界，即老子所谓"我独闷闷"。主体原本丰富的内心活动被取消了，退回到无知无欲的真朴状态，与苏轼相比，乃是两种不同的致道途径：前者是开放的，后者是封闭的；前者将自我连通于天地宇宙，悟得与物同流的大道；后者则将自我与外物隔绝开来，臻于玄冥寂灭之境。苏辙这种致道叙径最终使其与外界的交流趋于停滞，"晚年筑室于许，号颍滨遗老，自作传万余言，不复与人相见。终日默坐，如是者几十年"③。这不仅出于对政治迫害的恐惧，而且也是其省之又省的处世哲

---

① 苏轼《寄子由三法》，《苏轼文集》卷73，第2339页。
② 苏辙《龙川略志》，中华书局1982年版，第65页。
③ 《宋元学案》卷99，第3297页。

学使然，苏辙甚至劝乃兄不读书，同样出于这一哲学①。

绍圣再贬之后，苏辙不仅痴迷老子及道教修炼之术，更对佛教重新产生了浓厚兴趣。元丰贬谪筠州时，苏辙即与洞山有文、黄檗有全、圣寿有聪交游，"是三老人皆具正法眼，超然无累于物。予稍从之游，既久而有见也"。十年后，苏辙再贬筠州，力劝废退不出的聪禅师开场弘法，并将从圣寿寺所得《般若》《宝积》《涅槃》《华严》四大部旧经"补其残破而授之"②，可见苏辙倾心佛教的热忱。《次韵子瞻和渊明拟古九首》其六云，"佛法行中原，儒者耻论兹。功施冥冥中，亦何负当时"③。苏辙认为佛教空观方能真正消除人生烦恼，"忧来感人心，悒悒久未和"。"不悟万法空，子如此心何？"在苏辙看来，士大夫的最大问题乃是难以割舍入世情怀，如能悟得万法皆空，就没有什么烦恼可言，《午窗坐睡》云："定中龙眠膝，定起柳生肘。心无出入异，三昧亦何有？"④将出世入世的区别都消解掉了，也就不必恪守佛家"三昧"，自然可以息止尘虑，凝神入定了。苏辙因此彻悟似地说，"名身孰亲疏，慎勿求封侯"。这正是苏辙"三昧亦何有"的基本依据。由此出发，苏辙又劝导热衷道家炼养之术的苏轼改修无生法，《劝子瞻修无生法》云，"除却灵明一一空，年来丹灶漫施功"⑤。认为外丹之法空无所用，不如修练"无生"之法。所谓"无生"法乃是炼心之法，该诗末两句云，"谁言逐客江南岸，身世虽穷心不穷"。"无生"乃佛教"无生忍"的简称，苏轼的修炼遵循

---

① 《苏轼诗集》卷41《客俎经旬无肉，又子由劝不读书，萧然清坐，乃无一事》，中云："老去独收人所弃，游哉时到物之初。从今免被孙郎笑，绛帕蒙头读道书。"孔凡礼解为，"意谓不读道书，游心于大自然蒙昧之境"。见孔凡礼《苏辙年谱》，第567页。
② 《逍遥聪禅师塔碑》，《栾城后集》卷24，《苏辙集》，第1145页。
③ 《栾城后集》卷2，《苏辙集》，第901页。
④ 《次韵子瞻谪居三适·午窗坐睡》，《苏辙集》，第900页。
⑤ 《栾城集》卷47，《苏辙集》，第829页。

的乃是道家的自然哲学，并不拒绝与外界的交流，亦不弃绝七情六欲，苏轼是将自我置于宇宙，将宇宙置于心中，并非要将一切思虑从心中除去，使心如死水，波澜不生。故苏轼虽然向道，所钟情者乃是活泼泼的动态的对天地大化的感受及对现实人生的体悟，并不否弃思虑的存在。老子之道则是静心默念，类似禅定，当然更接近庄子的坐忘，这其实并非苏轼所喜，所以始终未有确证表明苏轼有过那种澄心静虑的修道行为。

由苏辙所留诗文来看，再贬后初喜《华严》，此后转向《楞严》。苏辙《浴罢》诗云，"华严有余秩，默坐心自读。诸尘忽消尽，法界了无瞩"①。描述了读《华严经》而了悟诸尘皆幻、心灵超脱的体验。本诗一定意义上显示出二苏佛教信仰的微妙差别，该诗前面有句云，"逐客例幽忧，多年不洗沐。予发栉无垢，身垢要须浴"。苏轼元丰七年在黄州作《如梦令》词云，"水垢何曾相受，细看两俱无有。寄语揩背人，尽日劳君挥肘。轻手，轻手，居士本来无垢"。②苏轼更向禅，摆脱拘束，明心见性；苏辙更信教，不废戒律，严守程序。即便进行形同禅定的养生修炼，苏辙也是一丝不苟，《次韵子瞻谪居三适》其一云，"道人鸡鸣起，趺坐存九宫。灵液流下田，伏苓抱长松"③。这与苏辙所持守的渊默严谨的老子哲学不无关系。

由前期心好《华严》，苏辙逐渐转向《楞严经》。崇宁二年三月，苏辙在其《书楞严经后》中云，"崇宁癸未自许迁蔡，杜门幽坐，取《楞严经》翻覆熟读，乃知诸佛涅槃正路从六根入。每趺坐宴安，觉外尘引起六根，根若随去，即坠生死道中，根若不随，返流全一，中中流入，即是涅槃真际"。苏辙所言乃是《楞严经》的基本原理。欲使六根清净，须要使六识对六根有

① 《栾城后集》卷2，《苏辙集》，第897页。
② 《苏轼词编年校注》，中华书局2007年版，第547页。
③ 《栾城后集》卷2，《苏辙集》，第900页。

强大的控制力，避免受六尘的诱惑，这就需要主体进行戒、定、慧的息心修炼，将六根从六尘中解放出来。六根既净，便不至坠入生死之流，六根之间便会形成良性循环，使主体摆脱六尘的控制获得自由，即"涅槃真际"。《示资福谕老》小引表达了同样的意思，"予读《楞严》至'尘既不缘，根无所偶，反流全一，六用不行'。释然而笑曰：'吾得入涅槃矣。'"① 入涅槃路无非是断绝尘缘，灭绝六根对应的六尘，保持六根的清净，六根因此可以相互贯通，主体就可以逃脱六尘的诱惑与支配而进入自由状态。而问题是，苏辙"孤坐终日，犹苦念不能寂，复取《楞严》读之。至其论意根曰：'见闻逆流，流不及地，名觉知性。'乃叹曰：'虽知返流，未及如来法海，而为意所留随识分别不得，名无知觉明，岂所谓返流全一也哉！'"② 既见闻二尘，逆流至第六意识，还未到第八识，所以叫流不及地。在第六意识里，有知觉心，叫觉知性。苏辙意为虽然修行者懂得绝灭六尘，反流全一，无奈其他低级的识未及返回本有元明，便为意识所阻留了，因而便很难实现"反流全一"，即诗中所谓"意念纷无端，中止不及地"。苏辙以水描述意识的流程说，"百川入沧溟，众水皆一味。止为潭渊深，支作涛澜起。动止初何心，乃遇适然耳"。人心如水，不必强行违拗水流的形势，只需顺其自然，如果像《楞严》所说的那样绝灭六尘以使六根俱净，则未免过于辛苦了，所以苏辙最后说，"吾心未尝劳，万物将自理"。这实际上是认同道家自然观而扬弃了佛教绝灭意识的辛苦修炼。这种观念固然与苏辙受到老子根深蒂固的影响有关，而更根本的原因在于苏辙无法真正摆脱世事，苏辙此期作有不少忧患民生的诗篇，即表现出挥之不去的儒家情怀：

---

① 《示资福谕老》并引，《栾城后集》卷3，《苏辙集》，第917页。
② 同上。

今年恶蝗旱，流民鬻妻子。

一食方半菽，三日已于耜。

号呼人谁闻，恻恻天自迩①。

一春百日旱，田作龟板拆。

老农泪欲坠，无麦真无食。

时闻吏号呼，手把县符赤。

岁赋行自办，横敛何时毕？②

风频雪犹客，来岁恐无麦。

天公听一言，惟幸旱诛魃。③

　　这些诗多标年月日，仅以《后集》卷三为例，据朱刚统计，其标明时间的诗题就有：崇宁元年所作《十一月十三日雪》。二年所作《癸未生日》，《寒食二首》，《春尽三月一十三日立夏》(小字为题下自注，下同)，《梦中咏醉人四月十日梦得篇首四句，起而足之》，《立秋偶作六月二十三日》，《九日三首》，《立冬闻雷九月二十九日》，《将归二首十月初三日作》，《次迟韵对雪十一月二十七日》。三年所作《还颍川甲申正月五日》，《上巳日久病不出示儿侄二首》，《葺东斋三月十八日》，《记梦七月二十六日》。如此多的诗标注时间并非偶然，朱刚认为此乃借用《春秋》笔法，暗寓微意，"他的那

① 《次适韵对雪》，《苏辙集》，第919页。
② 《喜雨》，《栾城后集》卷4，《苏辙集》，第926页。
③ 《冬至雪》，同上书，第930页。

么多标明时间之诗，并不属于中国古代诗歌中占着一大类目的'岁时节气'诗，其表层含义是忧农，其深层含义是喻政，——这是苏辙创造的《春秋》诗法"①。重返朝廷已不可能，但像孔子一样立言不朽仍可做到。孔子周游列国，四处碰壁，最终"归来闭户理诗书，弁冕时出从大夫。梦见周公已不复，老死故国心亦足"②。这自然也是苏辙的心愿，因而继承孔子之志，立言不朽成为苏辙晚年归居颍昌之后的文化自觉。由此可见，苏辙晚年虽然以释道修养身心，然而始终无法在消除现实真实的虚空中寻找到精神的支点，最终仍然落脚于儒家的现实关怀，这与苏轼的思想转变表现出相似的轨迹。

苏辙晚年主要沿袭着此前三教各有分属的格局，以道术养生，以佛禅养性，又不废儒家之道，最终完成《春秋传》。《岁暮二首》其二可谓对其晚年生活的全面概括，诗云，"文章习气消未尽，般若初心老渐明。粗有春秋传旧学，终凭止观定无生"③。既作诗为文，又修身养性，且兼治儒学，确有功德圆满的意思了。尾句似乎表明苏辙借助止观修习"无生忍"，终于有所成就，自然就消释了读《楞严》从六根悟入而不得的困惑。而愈至老境，苏辙愈感到自己学有所成，并不止一次地表述这种体验，《春深三首》其三云，"三十年前诵《圆觉》，年来虽老解安心"。苏辙晚年并非只习佛禅，而是佛道禅三者兼习，既读佛经，又治老子，"近存八十一章注，从道老聃门下人"④。既坐禅静心，又坐忘遗世，"尔来观坐忘，一语顿非渐。道妙有至力，端能破诸暗"⑤。可见晚年的苏辙确实打通了佛道禅的界限，往来于三者

---

① 朱刚《论苏辙晚年诗》，《文学遗产》2005 年第 3 期。
② 《三不归行》，《栾城后集》卷 3，《苏辙集》，第 918 页。
③ 《岁暮二首》其二，《栾城后集》卷 4，《苏辙集》，第 931 页。
④ 《予昔在京师……以记其变偶作》，《栾城后集》卷 4，《苏辙集》，第 939 页。
⑤ 《坐忘》，《栾城后集》卷 4，同上第 933 页。

之间自由无碍，臻于悟道境界，"久尔观心终未悟，偶然见道了无疑"①。就三者关系而言，《华严》宣扬一心法界，万象皆幻；《老子》强调随顺自然，返璞归真；而《楞严》的涅槃真际是对道教呼吸吐纳之术的超越与升华，它使得主体由单纯的肉体调养上升到对生命本质的解悟。因此，在晚年的苏辙这里，释道观念已然彼此贯通，相互为用，成为对抗磨难、消解苦痛的思想工具。也正因为这样，苏辙遭到以醇儒自命的朱熹的猛烈攻击，"苏侍郎晚为是书（指《老子解》），合吾儒于老子，以为未足，又并释氏而弥缝之，可谓舛矣。然其自许甚高，至谓'当世无一人可与语此者'，而其兄东坡公亦以为'不意晚年见此奇特'。以予观之，其可谓无忌惮者与！"②朱熹的批评一方面指出了苏辙思想构成的复杂性，同时揭示出苏辙思想由前期偏于老子到后期陷溺释氏、调和儒释乃至圆融三教的嬗变历程。

无论前期偏向老子而"省之又省"，还是后期趋向佛禅而圆融三教，苏辙的思想变化都呈现出对主流儒家价值的退避姿态，折射出被贬士大夫群体对党争的深深厌倦、对政治的灰心绝望以及儒文化自我拯救的衰弱无力。既然外向的事功追求无从实现，那么内向的省悟与修炼便成为被贬者唯一的精神出路。从"省之又省"到三教圆融，苏辙的思想越发老练柔韧，左右逢源，却在不断沦丧着兼济天下的儒家价值，苏辙虽仍以"迂儒"③自称，实则不断丧失着儒家本色。这固然是苏辙的不幸，更是时代的悲剧。

① 《诸子将筑室以画图相示三首》其三，《栾城后集》卷4，《苏辙集》，第938页。
② 《朱熹集》，四川教育出版社1996年版，第3765页。
③ 苏辙《上巳日久病不出示儿侄二首》其二云："春服既成沂可浴，孔门世不乏迂儒"。《栾城后集》卷3，《苏辙集》，第921页。

四

宋代文狱的暗影

道势合一与春秋笔法视野下的乌台诗案

乌台诗案作为古代著名案狱，历来受到学界关注，产生了不少成果。近年来，乌台诗案再次引起学界重视，并产生了一些重要论文，如朱刚《"乌台诗案"的审与判——从审刑院本乌台诗案说起》①、戴建国《东坡乌台诗案诸问题再考析》②、赵晶《文书运作视角下的东坡乌台诗案再探》③等。这些论文通过对不同材料的精细比勘，对诗案的历史过程进行了诸多还原，丰富了对诗案的认识，推进了对这一问题的研究。但这些论文多是对历史史实及细节的考证，缺乏宏观的文化透视。澄清事实固然重要，而揭示诗案的文化本质，深化对该案的认识以鉴往知来，更是研究的应有之义。笔者以为，乌台诗案虽是政治事件，更是文化事件，它与春秋以来的道、势关系及北宋儒学复兴背景下的春秋笔法有着千丝万缕的联系，是新旧党之间的政治及学术矛盾在文学领域的表现，值得从历史文化角度再加发掘。

---

① 《北京大学学报》2018 年第 6 期。
② 《福建师范大学学报》2019 年第 3 期。
③ 同上。

一、"道""势"合一与文化专制

从现实层面而言，乌台诗案无疑源于专制权力向文化领域的蔓延；从文化层面而言，则与春秋以后"道术为天下裂"以来"道"、"势"之间的复杂关系有着深刻的历史渊源。庄子在《天下》篇中所发出的"道术为天下裂"而不能得"天地之纯，古人之大体"①的沉重喟叹成为中国士人的文化隐痛，追求"道"重新合一成为中国学术发展的内在动力，也成为士人的文化使命。

自汉末以至五代，儒学在佛道大盛的环境下长期衰落不振，虽然中唐韩愈大声疾呼排斥佛老，中兴儒学，但藩镇割据的局面使这一理想注定无法实现。直到宋王朝重建一统，才迎来了儒学复兴的契机。但儒学的长期衰落已经造成了各类"异端邪说"的扰攘不息，如欲重建道统，必须大道归一。欧阳修在其《正统论》中说："盖自孔子殁，周益衰乱，先王之道不明，而人人异学，肆其怪奇放荡之说。后之学者，不能卓然奋力而诛绝之，反从而附益其说，以相结固。……惟天下之至公大义，可以祛人之疑，而使人不得遂其私。夫心无所私，疑得其决，则是非之异论息而正统明。"②王安石在其《涟水军淳化院经藏记》中写道："道之不一久矣。人善其所见，以为教于天下，而传之后世。后世学者，或徇乎身之所然，或诱乎世之所趋，或得乎心之所好，于是圣人之大体，分裂而为八九，博闻该见有志之士，补苴调胹，冀以就完而力不足，又无可为之地，故终不得。"③这与庄子的喟叹如出

---

① 《庄子集释》卷 10 下，中华书局 2004 年版，第 1069 页。
② 欧阳修《居士集》卷 16，洪本健《欧阳修诗文集校笺》，上海古籍出版社 2009 年版，第 498 页。
③ 王安石《王文公文集》卷 35，上海人民出版社 1974 年版，第 422 页。

一辙。欧、王的言论表明，消除异论，统一思想，重建儒家道统，已经成为宋代士大夫的共识。但随着"道术为天下裂"的常态化，依靠"道"本身的力量已难以实现自身统一，于是获得政治支持的新的王官之学借助"势"打压"异端邪说"便成为实现"道"一的唯一选择。王安石受神宗重用、入主大政的本质，即是"道"、"势"的合一。如果说前代的有志之士"冀以就完而力不足"，那么身处相位、大权在握的王安石已经拥有足够的政治资源对分裂之"道"进行整合统一了。

自熙宁变法开始之后，面对反对新法的浪潮，王安石主张将"道"致于一："今人材乏少，且其学术不一，异论纷然，不能一道德故也。"① 神宗亦主此议，要求王安石尽快将《三经新义》修订颁布，以统一舆论，并为科举考试提供教材，神宗对王安石说："经术，今人人乖异，何以一道德？卿有所著可以颁行，令学者定于一。"② 熙宁四年二月，科举改制诏书下达，正式将王氏新学著作列为科举参考用书，熙宁六年设立经义局，熙宁八年正式颁布三经新义。三经新义的颁布标志着王氏新学官学地位的正式确立，进一步巩固了新党地位，一定意义上也实现了"道"的统一。王安石的门人陆佃正是在"圣人之道复明于世"的意义上评价王氏新学的：

> 自王者之迹熄而诗亡，夫子没而大义乖。道德之体分裂，而天下多得一体，诸子杂家各自为书，而圣人之大体始乱矣。故言体者迷于一方，言用者滞于一体。其为志虽笃，其为力虽勤，而不幸不见古人之大体，长见笑于大方之家者，由此也。嗟乎，道之不一久矣！而临川先生

---

① 《宋史》卷155，中华书局1977年版，第3617页。
② 《续资治通鉴长编》卷229，第5570页。

起于弊学之后，不向于末伪，不背于本真，度之以道撰，持之以德操，而天下莫能罔，莫能移。故奇言异行无所遁逃，而圣人之道复明于世。①

　　由此可以看到王氏新学复明圣人之道的文化雄心，这与北宋以疑经为特征的儒学复兴所激发的士大夫的文化自信密切相关。在宋人看来，疑经辨惑、正本清源的疑经运动使其真正洞彻了经典大义，从而完全可以站在学术及道统的制高点上俯视汉唐以来的儒家者流，故而宋人在描述儒家道统序列时，往往以宋人直接尧、舜、禹、汤、文王、周公、孔子、孟子等往圣先贤，而对汉唐以来的儒家大师不屑一顾，程颐评自周公以来的儒学传承说："周公没，圣人之道不行；孟轲死，圣人之学不传。道不行，百世无善治；学不传，千载无真儒。"② 在这样的文化背景下，雄心勃勃的王安石自然可以借助政治权力实现大道归一了。

　　然而在旧党看来，"道"的统一压缩了其他学术的生存空间，乃是对学术自由的侵害，正如秦观所论："自熙宁初王氏父子以经术得幸，下其说于太学，凡置博士，试诸生，皆以新书从事，不合者黜罢之，而诸儒之论废矣。"③ 马端临更是一针见血地指出："介甫之所谓一道德者，乃是欲以其学使天下比而同之"，"所谓学术不一，十人十义，朝廷欲有所为，异论纷然，莫肯承听，此则李斯所以建焚书之议也，是何言欤！"④ 马氏将王安石"一道德"与秦焚书坑儒相提并论，尖锐地揭示了其文化专制的本质。王安石并非不知文化专制的危害，早在治平间所作的《虔州学记》中，王安石写道：

---

① 陆佃《答李贲书》，《全宋文》第 101 册，第 185 页。
② 程颐《明道先生墓表》，《二程集》，第 640 页。
③ 《淮海集笺注》卷 39，中华书局 2000 年版，第 1272 页。
④ 马端临《文献通考》卷 31，中华书局 1986 年版，第 293 页。

"周道微，不幸而有秦，君臣莫知屈己以学，而乐于自用，其所建立悖矣，而恶夫非之者。乃烧诗、书，杀学士，扫除天下之庠、序，然后非之者愈多，而终于不胜。"① 以专制暴力燔灭文化虽可得逞一时，终究会自取灭亡。王安石当然不认为以《三经新义》"一道德"等同于焚书坑儒，相反，他认为对经义的新注恰恰是对先王之道的恢复，因为"先王之道德，出于性命之理，而性命之理出于人心"②，《三经新义》的意义正在于揭示出了儒家道德出于人心的奥秘，从而可以引导众人返识本心，归于大道，结束春秋以来纷争不已的局面。但王安石片面强调"道"的统一性，而无视人心的多样性；片面强调学术为政治服务，而忽视了学术的独立性，本欲弘道，终于灭道，形成文化专制。这并非王安石的初衷与本意，却是专制政治的必然逻辑。至元丰年间，新党完全控制了权力，学术上也形成新学一统天下的局面。虽然之外的洛、蜀、朔学仍在生长，但在新学的巨大阴影下，很难发展壮大。司马光在元丰八年所上《论风俗札子》中说："性者，子贡之所不及，命者，孔子之所罕言。今之举人，发言秉笔，先论性命，乃至流荡忘返，遂入老庄。纵虚无之谈，骋荒唐之辞，以此欺惑考官，猎取名第。"③ 批判矛头直指王氏道德性命之学，甚至将新学比作魏晋误国之清谈。由司马光的批判，间接可见新学巨大的社会影响。新学一统天下的代价便是文化多样性及学术活力的丧失，苏轼在《答张文潜书》中感叹说："王氏欲以其学同天下！地之美者，同于生物，不同于所生。惟荒瘠斥卤之地，弥望皆黄茅白苇，此则王氏之同也。"④

---

① 《王文公文集》卷 34，第 402 页。
② 同上。
③ 《司马温公集编年笺注》，巴蜀书社 2009 年版，第 4 册，第 122 页。
④ 《苏轼文集》卷 49，中华书局 1986 年版，第 1427 页。

随着新党权力的巩固，对社会的控制便逐渐扩大到社会舆论层面，并随新旧党争的激化而延伸到学术文化领域。《长编》载："曾孝宽以修起居注侍上，因言民间往往有怨语，不可不禁。安石乃使皇城司遣人密伺于道，有语言戏笑及时事者，皆付之狱。"① 与此同时，类似苏轼讥评新法乃至"讪谤"君亲的诗作便日益引起当权者的注意。早在乌台诗案之前，便已出现以言得罪的案例，据《挥麈录·后录》，汪辅之"熙宁中为职方郎中、广南转运使，蔡持正为御史知杂，摭其谢上表，有'清时有味，白首无能'，以谓言涉讥讪，坐降知虔州以卒。有文集三十卷行于世。后数年，兴东坡之狱，盖始于此"②。一些士人也已经嗅到越发浓重的文化专制气息，熙宁新法推行之后，苏轼因反对新法而自请通判杭州，文同即在离京时劝他"北客若来休问事，西湖虽好莫吟诗"③。章惇、苏辙在乌台诗案前也劝导苏轼谨言慎行，"反覆甚苦"④，而苏轼"强狠自用，不以为然"，终于获罪。当权新党不仅通过诗文搜寻罪证，而且刑上大夫，大搞刑讯逼供。乌台诗案之前，已有祖无择被逮治下狱，陈襄在《论祖无择下狱状》中揭露说："监察御史里行王子韶察访过实，遂兴大狱。……访闻勘官惨礉，百端锻炼，天子近臣既为狱吏耻辱，刻木画地，莫不招承，窃虑讯鞫之间未免冤滥。"⑤ 乌台诗案中，如果不是神宗"遣使就狱，有所约敕"⑥，苏轼大概也会遭到"百端锻炼""莫不招承"的命运。毕仲游在《上苏子瞻学士书》中总结说："夫言语之累，不特出口者为言，形于诗歌者亦言，赞于赋颂者亦言，托于碑铭者亦言，著于序记者亦

① 《续资治通鉴长编》卷229，第5581页。
② 王明清《挥麈录·后录》，上海书店出版社2001年版，第119页。
③ 叶梦得《石林诗话》，何文焕《历代诗话》，中华书局2004年版，第417页。
④ 苏轼《与章子厚参政书》(第一首)，《苏轼文集》卷49，第1411页。
⑤ 陈襄《论祖无择下狱状》，《全宋文》第50册，第29页。
⑥ 苏轼《杭州召还乞郡状》，《苏轼文集》卷32，第912页。

言。足下读书学礼，凡朝廷议论，宾客应对，必思其当而后发，则岂至以口得罪于人哉？而又何所惜耶？所可惜者，足下知畏于口，而未畏于文。夫人文字虽无有是非之辞，而亦有不免是非者。"[1] 被贬黄州后，苏轼"深自感悔，一日百省"[2]，再不敢轻易为文，在与亲朋的书信中反复声称，"但得罪以来，未尝敢作文字"[3]；"但得罪以来，不复作文字"[4]。可见苏轼在乌台诗案中之创巨痛深。

从具体的历史事实来看，乌台诗案既出于新党打击旧党以推行新法的政治需要，也与王安石对苏氏蜀学的偏见颇有关系。王安石曾直斥苏洵学术乃是"战国纵横之学"，将苏轼的制策斥为"全类战国文章"，并说，"若安石为考官，必黜之"[5]。神宗多次欲重用苏轼，都遭到王安石的阻挠，重要原因即在于安石所说"轼与臣所学及议论皆异"，即苏轼学术与政见都与王氏不同。在王氏看来，如果重用苏轼，则苏轼极有可能如司马光一样成为旧党主谋而成为推行新法的巨大阻力。神宗曾欲用苏轼修中书条例，安石曰："恐却为异论，沮坏此事。"神宗又欲让苏轼进入制置三司条例司，安石曰，"轼兄弟大抵以飞箝捭阖为事"。神宗又欲以苏轼修起居注，安石又指苏轼为"邪险之人"。"上数欲用轼，安石必诅毁之"。神宗曾以苏轼所作《拟进士对御试策》示王安石，安石曰："轼材亦高，但所学不正，今又以不得逞之故，其言遂佚荡如此，请黜之。"其后又对神宗说："陛下何以不黜苏轼？岂为其材可惜乎？譬如调恶马，须减刍秣，加棰扑，使其贴服，乃可用。如轼者，不困之使自悔，而绌其不逞之心，安肯为陛下用？且如轼辈，其才为世用甚

---

① 毕仲游《上苏子瞻学士书》，《全宋文》第 110 册，第 301 页。
② 《与章子厚参政书》第一首，《苏轼文集》卷 49，第 1411 页。
③ 《与滕达道六十八首》第十五首，《苏轼文集》卷 51，第 1480 页。
④ 《答秦太虚七首》第四首，《苏轼文集》卷 52，第 1536 页。
⑤ 《邵氏闻见后录》卷 14，中华书局，1983 年，第 111 页。

少，为世患甚大，陛下不可不察也！"① 由上可见，王安石反对重用苏轼的立场是明确而坚定的，这无疑深刻影响到神宗对苏轼的态度，而苏轼以诗"谤讪"新法的行为似乎更加验证了王安石的判断，于是贬黜苏轼以"使其贴服"，同时打击旧党便成为乌台诗案的直接诱因。

因此，乌台诗案政治上表现为专制的严酷，而深层次上则出于作为官学的王氏新学追求"道势合一"的文化动机，这一动机与排斥异己的专制体制高度同构，从这个意义上说，"道尊于势"的命题便因"道"对自身统一的追求及对专制权力的凭借而具有了吞噬自由的专制内核，而"道势合一"的文化理想也最终沦为专制体制不断强化的幕后动力。

二、《春秋》笔法与专制思维的合流

乌台诗案一方面源于专制权力向文化领域的蔓延，同时又源于宋代《春秋》学的发达及由此形成的"微言大义"的思维方式的政治化。

宋代儒学复兴几乎是以注释《春秋》拉开序幕的。基于对藩镇割据的历史反思，赵宋王朝建立之后即着手道德文化秩序的重建，"尊王"成为道德及文化重建的第一义，《春秋》所蕴含的"尊王攘夷"思想由此受到高度重视，并受到众多学者的深入研究和反复阐发。唐代赵匡已明确提出"尊王室，正陵僭"② 的口号，直接启导了入宋后《春秋》学的"尊王"主题。宋初孙复《春秋尊王发微》开宗明义地标榜"尊王"宗旨，从字里行间发掘《春秋》"尊王"大义。孙复突破了两汉以来的章句传统，不惑传注，自出己义，基本确立了《春秋》学的主题及研究范式。孙复之后，王皙、胡瑗、石

---

① 以上材料见杨仲良《续资治通鉴长编纪事本末》，北京图书馆出版社 2003 年版，第四册，第 2040—2044 页。

② 陆淳《春秋集传纂例》，文渊阁四库全书第 146 册，第 383 页。

介、刘敞、欧阳修、程颐、孙觉、苏辙等人俱有《春秋》学著作,《春秋》学随之成为宋代显学。据张高评先生统计,"《宋史·艺文志》著录《春秋》学专著在二百四十种以上,朱彝尊《经义考》所录,亦在四百种以上。《四库全书》共著录《春秋》类一一四部,一八三八卷,其中宋人著作占三八部,六八九卷;居三分之一部,卷数亦占三分之一强。欧阳修《春秋论》、程颐《春秋传》等尚不包含在内。《四库全书总目》卷二十九《日讲春秋解义》称:'说《春秋》者,莫夥于两宋。'诚哉斯言!"①《春秋》学的兴盛一方面适应了加强中央集权的时代需求,使得"尊王"思想深入人心,同时也使微言大义成为一种常态化的思维方式渗透到政治及文学的诸多方面,并在激烈的党争中沦为政治斗争的工具。乌台诗案一定意义上正是《春秋》文化兴盛背景下,政治介入学术与文学并以后者服务于政治的典型个案。

《汉书·艺文志》称,"昔仲尼没而微言绝,七十子丧而大义乖",李奇注"微言"为"隐微不显之言也",颜师古注为"精微要妙之言耳"②。皮锡瑞则将"微言"解为"改立法制",将"大义"解为"诛讨乱贼"③,完全从政治角度着眼,虽然有些偏狭,但大体合乎两汉以来经学的传统认识。概而言之,所谓"微言大义"是以隐晦含蓄的语言暗寓讽喻劝惩之意,实际上就是一种政治性的暗示或隐喻。在学而优则仕的背景下,微言大义的《春秋》笔法不可避免地会侵入到文学创作中去,与《诗经》的比兴传统合流,共同构成强调含蓄蕴藉的文学观念。王应麟云:"《诗》亡然后《春秋》作,《诗》《春秋》相表里,《诗》之所刺,《春秋》之所贬也。"④指出了《春

① 张高评《春秋书法与左传学史》,上海古籍出版社 2005 年版,第 131 页。
② 陈国庆《〈汉书·艺文志〉注释汇编》,中华书局 1983 年版,第 1 页。
③ 皮锡瑞《经学通论》,中华书局 1954 年版,第 11 页。
④ 王应麟《困学纪闻》(全校本)卷 6,上海古籍出版社 2008 年版,第 718 页。

秋》对《诗》的继承关系及二者相同的政治批判功能。章学诚对二者关系进行了更明确的揭示："通六艺比兴之旨，而后可以讲春王正月之书。"① 所谓"六艺比兴之旨"既包括政治批判，也包括委婉曲折的修辞特征，而《春秋》之微言大义一定意义上正是对《诗》比兴的继承与发展。郑玄注"比兴"说："比，见今之失，不敢斥言，取比类以言之。兴，见今之美，嫌于媚谀，取善事以喻劝之。"② 郑玄从政治角度解释比、兴的功用，指出"比兴"的基本目的乃是借助譬喻手段消隐语言的锋芒，这与《春秋》"微言"异曲同工。不过比兴更强调修辞属性，《春秋》微言更具有政治色彩，二者的融通无疑使得文学观念的政治性得到强化，这在儒学复兴的宋代就更是如此了。

《春秋》学的兴盛牢固树立了宋人的尊王观念，同时使得微言大义成为一种思维习惯，并渗入文学尤其是诗学观念，宋人的诗话、笔记多以《春秋》笔法评价前人作品，如《彦周诗话》称赞杜甫《丹青引》云："将军下笔开生面，……此语微而显，《春秋》法也。"③ 又如《梁溪漫志》卷七云："陈子高观《宁王进史图》，作诗云：'汗简不知天上事，至尊新纳寿王妃。'……《春秋》之称也。"④ 张高评先生认为："宋代诗学评论中，受传统儒家诗教影响，加上宋代《春秋》学昌明衍生之推波助澜，孕育而成以《春秋》书法论诗。"⑤ 但《诗经》"比兴"与《春秋》"微言"的融通并不仅限于诗学层面，宋代《春秋》学的兴盛赋予了诗论强烈的政治伦理色彩，对诗什的判断便不仅看其是否具有言约意远的艺术意蕴，而且也注意是否以比兴之

① 章学诚《文史通义》，浙江古籍出版社 2005 年版，第 267 页。
② 《周礼·春官》，《十三经注疏》，中华书局 1980 年版，第 796 页。
③ 许顗《彦周诗话》，何文焕《历代诗话》，中华书局 2004 年版，第 381 页。
④ 《梁溪漫志》，文渊阁四库全书第 864 册，第 741 页。
⑤ 张高评《春秋书法与左传学史》，第 134 页。

法传达出儒学大义。周辉《清波杂志》卷十载："辉复考少陵诗史，专赋梅才二篇，……叩于汝阴李遘年，李曰：'诗史犹国史也，春秋之法，褒贬于一字，则少陵一联一语及梅，正《春秋》法也。'"[①] 李遘年以《春秋》评杜诗，所关注者乃是其"一字寓褒贬"的《春秋》大义，正可见出《春秋》的经学内涵及思维方式对宋人诗学观念的深刻影响。

虽然《诗经》"比兴"具有一定的政治讽喻功能，但这种功能是借助婉曲的修辞手段实现的，其文学性往往压倒了政治性，使得"比兴"的文学色彩更加浓厚。而《春秋》"微言"则具有明确的政治指向，"大义"的政治性无可置疑地将"微言"可能的多义导入儒家的伦理道德范畴。如果说"比兴"的运用为解诗提供了多向度的阐释空间，那么"微言大义"的《春秋》笔法则将这种阐释带入了政治领域。在实际的政治操作中，往往并非从"微言"中挖掘"大义"，而是以"大义"解释"微言"，任何捕风捉影的言论都可能在"大义"面前被人为赋予某种难以分辩的政治动机，而宋代党争因素的介入更将"微言"的多样化阐释导向人身攻击与政治诬陷。董仲舒说，"《诗》无达诂，《易》无达占，《春秋》无达辞"[②]。这种观念既为思想家发挥能动性进行理论创造提供了依据，同时也为特定背景下对语义的曲解或歪曲大开了方便之门，宋代乌台诗案这样的文字狱很大程度上也正是"微言大义"的话语模式的畸形产物。在党争背景下，对诗什的评判自然不可能依照纯粹的艺术审美标准，当权者往往出于政治目的对政敌的作品进行穿凿附会乃至随心所欲的索解，力图从中发掘出居心叵测的"罪证"，即便寻常话语也变成了含蕴丰富的"微言"。这种微言大义式的评诗标准随着诗歌创作的兴盛及

---

① 刘永翔《清波杂志校注》，中华书局1994年版，第455页。
② 苏舆《春秋繁露义证》，钟哲点校，中华书局1992年版，第94—95页。

诗歌评论的成熟日渐沉淀为一种烛幽照微的思维方式，并因党争背景而异化为政治斗争的工具。实际上，其思维逻辑已不再是由"微言"索解"大义"，而已倒置为由"大义"到"微言"的有罪推定。党争双方相互弹劾的奏疏大都从尊王立场对政敌进行有罪推定的诋毁与诬陷，熙宁二年六月，吕诲《论王安石奸诈十事状》便典型地体现出上述逻辑。吕诲在奏状中开宗明义，直称王安石"大奸似忠，大诈似信……言伪而辩，行僻而坚"。"外示朴野，中藏巧诈，骄蹇慢上，阴贼害物"①。为证明上述指控，吕诲指出王安石在英宗朝"托疾坚卧，累诏不起，终英宗朝不臣"。"就如有疾，陛下即位，亦合赴阙一见，稍存人臣之礼。及就除知江宁府，于私计安便，然后从命"。吕诲从有罪推定的逻辑出发，在将王安石定性为奸诈伪僻之后，将其种种行为或指为"不臣"，或指出于"私计安便"，完全是查无实据的恶意猜测。

在乌台诗案中，何正臣、李定、舒亶、李宜之四人劾奏苏轼同样是有罪推定。苏轼之罪不过是反对新法，既然以之为罪，则任何与之相关的言行都可以肆意索解，纵言夸张，以坐成其罪，其中难以证实的有罪推定在在皆是。苏轼批评新法是确凿的事实，且许多诗什用语露骨，直指现实弊害，谈不上微言大义。但这种批评针对的是新法之弊，而非对新法不分青白皂白的盲目否定；是出于关心民瘼的责任感，而非发泄私愤，肆行嘲讽。李定、舒亶等人对此置之不顾，牵强附会，肆意歪曲，舒亶指斥苏轼"包藏祸心，怨望其上，讪讟慢骂而无复人臣之节"，李定云，"轼自度终不为朝廷奖用，衔怨怀怒，恣行丑诋"。完全是欲加之罪的猜测与诬陷。舒亶又对苏轼涉嫌"讥谤"的诗作深入索解，挖掘"微言"外的深旨，最后得出结论说，"应口

---

① 吕诲《论王安石奸诈十事状》，《全宋文》第 48 册，第 140 页。

所言，无一不以讥谤为主"。在取得苏轼"讪上骂下"的诸多"罪证"后，李定、舒亶等人又上纲上线，指控苏轼"指斥乘舆，盖可谓大不恭矣"，"且人道之所自立者以有义，而无逃于天地之间者，义莫如君臣。轼之所为，忍出于此，其能知有君臣之义乎！"放弃君臣之义自然是十恶不赦，"虽万死不足以谢圣时"[①] 了。这既可见出李、舒等人欲置苏轼于死地的险恶用心，同时又映现出《春秋》大义及《春秋》笔法的魔影。

所谓的"讥谤"之词正是继承了有为而作的风骚传统，苏轼在《题柳子厚》诗中说："诗须要有为而作。"[②]《凫绎先生诗集叙》对所谓"有为而作"作了清晰的说明："先生之诗文，皆有为而作。精悍确苦，言必中当世之过。凿凿乎如五谷必可以疗饥，断断乎如药石必可以伐病。"[③] "言必中当世之过"成为苏轼诗案之前的创作原则，早年《骊山三绝句》《郿邬》等即已揭露社会流弊，熙宁之后又创作相当数量针砭新法之弊的诗作，如《汤村开运盐河雨中督役》《山村五绝》《吴中田妇叹》等。苏轼说这类政治讽刺诗的创作乃是"杂以嘲讽穷诗骚"[④]，但具有讽刺意味的是，当权新党对苏轼打击背后却映现着《春秋》大义的阴影，大义对尊王的片面强调剥离了其原本应有的爱民忧国的内涵，从而成为专制权力打击异己、压制舆论的帮凶。专制权力通过乌台诗案昭示了自身的至高无上，并为文学的现实批判功能划定了界限，自然也对士大夫群体进行了有力的恫吓。

所谓"微言大义"原本不过是著史或解经方式，但在专制背景及党争环境中，这种"微言大义"不可能独立存在，必然要依附于党争，并被党争

---

① 以上材料俱见《苏轼资料汇编》，中华书局 2004 年版，第 580—582 页。
② 《苏轼文集》卷 67，第 2109 页。
③ 《苏轼文集》卷 10，第 313 页。
④ 《苏轼诗集》卷 16，中华书局 1982 年版，第 788 页。

利用，成为士大夫攻击政敌、欲加之罪的利器，从乌台诗案到元祐年间的车盖亭诗案及苏轼策题之谤，无不映现出《春秋》文化的影子。它遮蔽了儒文化的正向意义，使得士大夫不是培养积极健全的君子人格，而是历练出敏锐的政治嗅觉及迎合巧变的生存本领。归根结底，政治体制的专制特征在根本上造成了儒文化的异化及士大夫人格的畸变。

乌台诗案在士大夫中造成了极大震动，张方平在论救苏轼的奏疏中说："自夫子删诗，取诸讽刺，以为言之者足以戒。故诗人之作，其甚者以至指斥当世之事，语涉谤黩不恭，亦未闻见收而下狱也。"①张方平并且举韩愈谏迎佛骨用语尖刻而仅受贬谪的例子说明苏轼不当下狱，表明此期士大夫仍然秉承先秦以来托诗兴讽的传统，他们并未将这类诗作上升到谤讪君父、摇惑众听的政治高度，更不会想到作诗也可以招致身陷囹圄的无妄之灾。吕陶《答任师中》诗曰："顷闻湖州祸，文字倦且废。朝廷极仁恕，风俗当训厉。终令服宽典，不忍投四裔。吾侪今唱酬，正可颂治世。况当导情性，无自取罪戾。敢于韶濩前，率尔献郑卫。"诗尾自注曰："时苏子瞻以诗得罪，贬黄州。责词云：'黜置方州，以励风俗，往服宽典，勿忘自新。'故及之。"②新党以诗文构祸于苏轼，不仅使苏轼的身心与人格遭到极大的伤害与折辱，而且株连甚众，具有明显的恫吓意味。吕陶在诗中故意以"仁恕""治世"称扬朝廷，讽刺之意不言自明。而"顷闻湖州祸，文字倦且废"正描述了乌台诗案对士大夫心理的打击及一时间人人噤声的局面，这就逼迫诗人收敛锋芒，重归"主文谲谏、温柔敦厚"的儒家诗教。杨时云："诗尚谲谏，言之者无罪，闻之者足戒，乃为有补。若谏者涉于毁谤，闻者怒之，何补之有？

---

① 《续资治通鉴长编》卷301，第7335页。
② 吕陶《答任师中》，《全宋诗》卷662，第7758页。

观东坡之诗，只是讥诮朝廷，殊无温柔敦厚之气，以此人故得而罪之。若是伯淳诗，则闻之者自然感动矣。因举伯淳《和温公诸人禊饮》诗云，'未须愁日暮，天际乍轻阴'。又《泛舟》诗云，'只恐风花一片飞'，何其温厚也。"[1] 由乌台诗案开始，宋人诗论便逐渐由前期的蹈砺风发、有为而作过渡到后期的主文谲谏、温柔敦厚的儒家诗教，崇尚平淡有味的诗风。就苏轼而言，经过乌台诗案及黄州之贬，其创作便由早期的豪横不羁渐变为中后期的淡然平易，尤其是远贬岭南后，更是膜拜陶渊明，追和陶诗殆遍。黄庭坚批评苏轼诗文"短处在好骂"[2]，而欣赏其波澜不惊的平淡之作，并将远贬岭海的苏轼与陶渊明相提并论，称赞二人"出处虽不同，风味乃相似"[3]。宋人审美情趣的变化实则畏祸及身心理的文学呈现，与乌台诗案后文化专制不断强化及微言大义的《春秋》文化盛行的历史背景有着深厚的渊源。

① 杨时《龟山集》卷10，文渊阁四库全书第1125册，第204页。
② 黄庭坚《答洪驹父书》，《黄庭坚全集》，四川大学出版社2001年版，第474页。
③ 《山谷诗集注》卷17，上海古籍出版社2003年版，第416页。

车盖亭诗案的历史还原

————

元祐三年，前宰相蔡确徙知安州，其间游车盖亭，作《夏日登车盖亭十绝句》。时知汉阳军吴处厚对其中五首加以笺注，并缴进朝廷，称蔡确谤讪太后，阴怀异志。其后蔡确被贬知英州别驾，新州安置，并死于贬所。是为车盖亭诗案。尽管学界对该诗案的缘起、原因有所探讨①，但对诗案的核心，即蔡确所谓"定策"一事缺乏应有的辨析，而高太后与旧党士人在促成诗案过程中的不同动机、旧党就贬谪蔡确一事的内部矛盾及旧党心态在诗案之后的复杂变化等重要方面也未能给予必要的分析，以上内容对认识元祐年间的新旧党争、党人心态及政治走向有着重要意义，有鉴于此，该诗案仍有重新考察的必要。

一、车盖亭诗案的再考察

车盖亭诗案始于蔡确与吴处厚之间的恩怨，《挥麈三录》对此记述颇详，

————

① 迄今相关论文只有两篇，即萧庆伟《车盖亭诗案平议》，《河北大学学报》1995 年第 1 期。詹卫《关于车盖亭诗案》，《中国文化与典籍》1997 年第 4 期。詹文只是常识性介绍，萧文相对详赡，但对车盖亭诗案的相关事实仍然缺乏细致的梳理。沈松勤《北宋文人与党争》一书亦有论及，但偏于诗案对文学的影响。

归纳起来主要有四事。1. 元丰年间，蔡确作相，吴处厚恳请蔡氏汲引，遭到拒绝。后王和甫与舒亶争讼不已，吴氏在大理，蔡确致意吴氏救亶，处厚不从，蔡确指其为反复小人，不可用。2. 宋哲宗即位，王珪为山陵使，辟处厚掌牋表。王珪死后，蔡确接任山陵使，首罢处厚。山陵事毕，处厚乞以众例迁官，不许，出知通利军，又易知汉阳军。吴氏积怨日深。3. 蔡确罢相守陈，又移安州，有静江军指挥卒当戍汉阳，蔡确固留不遣，惹怒吴处厚。4. 处厚作诗，被蔡确嘲笑，此后，蔡确作车盖亭绝句，辗转为吴处厚所知，遂加笺注缴进朝廷。[①]

蔡确车盖亭诗十首，其中五首为吴处厚笺释，最为重要的是第八首和第十首，吴处厚认为两诗"讥讪尤甚，上及君亲，非所宜言，实大不恭"[②]。对第八首诗，吴处厚引唐郝处俊谏高宗不应传帝位于武后的历史，指蔡确此诗乃是以武后影射高后。对第十首诗则曰，"言海会有扬尘时，人寿几何，尤非佳语"。并进而附会说，"沧海扬尘""乃时运之大变"，暗指新党不甘失势，始终伺机而动，以便卷土重来。

在吴处厚缴进上述笺释后的次日，右司谏吴安诗即上疏论蔡确讥讪。随后左谏议大夫梁焘，右正言刘安世分别连续上疏劾奏蔡确"包藏祸心，合党诞妄，上欲离间两宫，下欲破灭忠义"[③]。尽管吴氏之笺释及言官的疏奏用语激烈，充满危言耸听的指摘，然而高太后对此反应冷淡，《长编》引王巩《随手杂录》云："明日进呈，殊不怒，但云：'执政自商

---

① 王明清《挥麈录》，上海书店出版社 2001 年版，第 184—186 页。王氏所记有可疑之处，如写到吴处厚在遭到其子责备后，良心发现，"遣数健步追之"。实则吴处厚在缴进笺释后，再上奏章补充说明，如果悔悟，此举便无法解释。这一情节盖为后来小说家言，但诗案源于双方私怨则属可信。

② 李焘《续资治通鉴长编》卷 425，中华书局 2004 年版，第 10270 页。

③ 《续资治通鉴长编》卷 425，第 10274 页。

量．'"① 可见高后并不认为蔡确作诗一事有多么严重。高后态度发生根本转变乃是在听到邢恕极论蔡确有策立功之后。据《随手杂录》，"会梁焘自潞州召为谏议大夫，至京日，北过河阳，邢恕极论蔡确有策立勋，社稷臣也。谏官以恕之言论之，日益切，宣仁始怒焉，泣谕执政曰：'当时谁曾有异议？官家岂不记得？但问太妃。'遂促蔡相谪命"。其后蔡确被分司南京，继而安置新州。行遣制词对其自炫定策之功大加挞伐，责授光禄卿分司南京的制词严斥蔡确"奸回无惮，险诐不疑，以舞文巧诋为身谋，以附下罔上为相业，先帝与子，何云定策之功，太母立孙，乃敢贪天之力，阴结朋党之助，显为众正之仇"②。其后才又重复其弟蔡硕贪黩之罪及车盖亭诗中的内容，所谓"味思人之作，见切愤于权宜；览观水之章，和乐逢于变故"。责授新州的措词更加严厉，再次批判其自炫定策之功的言行，"阴遣腹心之党，自称社稷之臣。欺惑众人，邀求后福"。随后才重提车盖亭诗中所谓的讥讪内容，"险意潜惊于群听，丑词明诋于慈闱"③。可见，真正触痛高后的并不是车盖亭诗，而是邢恕关于蔡确有所谓策立大功及其高后"有异议"的议论。如果说吴处厚是车盖亭诗案的始作俑者，那么邢恕最终促成了这一诗案。

而问题是蔡确在担任神宗山陵使回朝以后，便使其门下宣扬"确有定策大功"，且邓润甫所撰由山陵使转官的制词中亦有"独高定策之功"④ 的话。对此，高太后不可能一无所知，为何没有作出激烈反应呢？原因在于蔡确等人称扬自己有定策功并未涉及高后有异议，只是自我吹嘘而已，因此没有

---

① 《续资治通鉴长编》卷425，第10273页。
② 徐自明《宰辅编年录》卷9，王瑞来校补，中华书局1986年版，第534页。
③ 同上书，第535页。
④ 徐自明《宰辅编年录》卷9，第532页。

刺痛高后的神经。对于策立之功，刘挚曾发表见解说，"臣窃以为昔之所谓定策者，盖国有变故，未知所立，方艰难之时，大臣能奋不顾身，议于危疑不可知之中，择贤而立，以扶颠定倾，则大策由此人定。古之人则霍光，今之人若韩琦是也"①。由此可知，所谓"定策"乃是顾命大臣面对危疑局面作出决断，确立皇储。如果蔡确果真有定策之功，那么必然是高后曾有"异见"。《朱子语类》卷130载，"邢恕令王直方父为高（忘其名。原文如此）做一脱宣仁欲废哲宗事由文字，令高上之，人初不知。直方临死，以文字笼分人，笼中有其文字在，其说谓宣仁欲立其所生神宗弟"②。该则材料如果属实，当可证明高后当初确有"异见"，而邢恕似乎也不致胆大妄为到伪造罪证以诬谤高后的地步，其说当有所据。

由于新旧两党的激烈斗争，时政记、实录等第一手材料随着权力的易主而被反复改窜，神宗去世前的历史事实也已模糊不清，现在流传的资料庞杂混乱，真伪难辨，很难复原历史面目，然而从既有材料来看，有一点是确定的，那就是神宗去世前夕并未完成建储一事，立延安郡王为太子乃是极短时间内确定的，并不排除其中曾有高后与朝臣间的明争暗斗。而神宗之所以迟迟未立太子，当与曹后、高后等外戚势力反对新法的立场有关。熙宁七年大旱，农民流离失所，天下骚动，群情汹汹，曹后、高后"流涕为上言新法之不便者，且曰'王安石变乱天下'"③。其反对新法的态度是明确而坚定的。哲宗幼冲，难以独政，如果立为太子，则一朝神宗驾崩，太后临朝，极可能废弃新法，使神宗多年的苦心经营毁于一旦。而如果仿照太祖传位太宗之旧例将皇位传之皇弟，则同样难免新法被废的命运。熙宁七年曹太后提出废除

---

① 《续资治通鉴长编》卷362，第8671页。
② 《朱子语类》卷130，《朱子全书》，上海古籍出版社2002年版，第18册，第4049页。
③ 《续资治通鉴长编》卷252，第6169页。

青苗法、助役法并罢免王安石时，雍王赵颢即附和说，"太皇太后之言，至言也。陛下不可不思"。神宗发怒说，"是我败坏天下耶？汝自为之"①。赵颢反对新法的立场决定了神宗不可能传位于他，这应是神宗一直犹豫不决、未立皇嗣的根本原因。直到临终时，神宗才在宰执大臣的一再奏请下无可奈何地勉强作出了决断②，大概因为传位于弟，必废新法；传之于子，即便暂时毁弃，将来可能会有绍述的一天。

高后曾说，"皇帝（哲宗）为先帝长子，嗣位乃从来常事，孰有间言？蔡确班在珪下，何以独更有定策功耶？"高后所言不过是重复长子继位的历史定制，仍然不过表明哲宗嗣位乃是因其长子③地位，而不是因为早已被立为太子之故。且高后所举事实也主要是神宗曾命延安郡王侍宴群臣一事，但神宗始终没有正式发布立延安为太子的诏命。正因为太子未定，蔡确等人才可能上下其手，谋取自己的政治利益，并可能与高后产生矛盾。高后追述与宰执大臣建储情形说，"其时众中只是首相王珪曾奏乞立延安郡王为皇太子，其余人别无言语，今安焘其时亦在，尽见仔细。确有何策，立功劳若是？"元祐四年九月戊辰，右谏议大夫范祖禹以收藏圣语不出之罪弹劾安焘。安焘亲闻神宗临终之语，却收藏不出，颇耐寻味。"累次取索，方肯将出"④。这不大可能如范氏所言"包藏奸慝，别有所任"，更可能是其中圣语与高后所

---

① 《续资治通鉴长编》卷 252，第 6169 页。又《宋史·赵德昭传》："四年，从征幽州。军中尝夜惊，不知上（太宗）所在，有谋立德昭者，上闻不悦。及归，以北征不利，久不行太原之赏。德昭以为言，上大怒曰：'待汝自为之，赏未晚也！'德昭退而自刎。"可见"汝自为之"一语渊源有自且有特定内涵，神宗此时以"汝自为之"指斥赵颢，似表明当时已有传位于皇弟的计划，而该计划显然并非出于神宗的本心，或出于高太后的心意。

② 《长编》引相关材料云，神宗弥留之际，韩缜、张璪、章惇、王珪等人奏请欲立延安郡王为皇太子。"时神宗风喑不能语，但惨怛久之。众人皆拱立，未敢复言。时太妃亦在帐中露半面，国婆婆抱上坐。顷之，再奏，国婆婆云：'圣意已允。'"见《长编》卷 351，第 8414 页。

③ 哲宗实为神宗第六子，神宗前五子夭折。

④ 《续资治通鉴长编》卷 433，第 10440 页。

谓神宗传位延安的话存在冲突，或表达了神宗的种种顾虑，否则安焘大可不必收藏不出。果真如此，则安焘并非不想出示，而是不敢。此则材料似可旁证当时事实未必如高太后所言那样简单，不能排除高后有谋立神宗之弟为皇嗣的念头。而神宗弥留之际立延安郡王为嗣，与蔡确等人的积极运作不无关系。

《长编》载，"是日，三省、枢密俱入问疾，初亦未敢及建储事。既退，乃于枢密院南厅共议之。确、惇屡以语迫珪，幸其应对或有差误，即以珪为首诛。珪口吃，连称是字数声，徐曰：'上自有子，复何议！'盖珪实无他志，但蓄缩不能先事纳说，所以致疑，及是出语，确、惇顾无如珪何。寻复入奏，得请，俱出。[①]逢雍王颢及曹王頵于殿门外，惇更厉声曰：'已得旨，立延安郡王为后太子矣！奈何？'颢曰：'天下幸甚。'已而禁中安堵如故。辅臣等各罢归。翌日，遂立皇太子"[②]。章惇对二人的厉声之言也似是对所谓"异议"的警告，而据史料，雍王赵颢确有觊觎之意。《长编》引蔡确子蔡懋上殿札子云，"二王每问神宗圣体，多不避宫人，直诣宣仁圣烈皇后左右，屏人语，移时不出。神宗疾不能言，但怒目之而已"[③]。《长编》又引赵颢列传云，"元丰末，神宗疾弥月，太子未建，中外汹汹。颢有觊幸意，每问疾，辄穿帷径至皇太后所语，见宫嫱不避，神宗数怒目视之，颢无忌惮。二月，神宗疾甚，辅臣入问，至紫宸殿，颢乃邀于廊，请曰：'上疾如此，军国事当请皇太后垂帘。'又奏乞止宿侍疾，皇后力争，荆王頵亦奏止之，得不宿"。"居两日，太子立，是日颢牵幕欲入，頵挽止之，意不满。宣仁遇颢

---

① 《续资治通鉴长编》所引其他各类材料亦记述了相关事实，见《长编》卷351，第8414页。虽谋主及经过与上述有所出入，但大体不差。

② 《续资治通鉴长编》卷351，第8411页。

③ 《续资治通鉴长编》卷352，第8435页。

朝，不使见上"①。赵颢"无忌惮"的背后显然有高太后的影子。尽管赵颢心存觊觎，但在王珪、蔡确、章惇等宰执大臣的一再奏请下，神宗最终立延安郡王为皇嗣。面对这一结果，高后从大局出发，当然要顺水推舟，以避免政局的混乱，由此大概可以凸显蔡、章等人"策立"的意义。《长编》载，"王文恭公薨时，举朝名士挽诗，皆以立子之功归之，当时无异论也"②。邓绾所草王珪的麻词中亦有"预定议于禁涂"之语，而为蔡确的制词中则曰"尤嘉定策之功"。细味文意，"定策"相较"定议"似更具决定作用，邓绾代朝廷草制不可能凭空妄语，必有所据。其时高后亦未提出异议，显然是默认了这一事实。可见，即便当时建言者是王珪，也不能抹杀蔡确的作用。对于立储这样的重大决定，不大可能只有王珪一人临时表态，必然要经过宰执官的集体讨论程序，至少应曾互通声气。其实对高后而言，无论立谁为嗣，都不妨碍既定的更化计划，她没有必要在这一问题上与朝臣作对，就此而言，王珪、蔡确等人的"立子之功"的确没有多少意义。

综上所述，尽管高太后在神宗立嗣的过程中并不能脱掉另有所图的嫌疑，但蔡确等人只是对所谓"定策"之功自吹自擂，并没有将矛头对准高后，双方因此心照不宣，相安无事。而邢恕却打破默契，以"有异议"攻击高后，这显然对高太后的权威造成了极大的损害，它的确会"离间两宫"，造成难以预料的后果，因此为高太后所无法容忍，这正是车盖亭诗案发生的根本原因。

---

① 《续资治通鉴长编》卷352，第8443—8444页。以上两则材料虽出自新党人物，不免自我修饰的嫌疑，但却是当事人的叙述，更加接近历史事实。其后元祐党人出于特定的政治目的为高后辩诬，对原始材料妄加改窜，凡有害于高后"圣慈"的内容一概删去，所述事实已非原始面貌，难称信史。
② 《续资治通鉴长编》卷351，第8413页。

二、高后及旧党在诗案中的不同心理

高后由邢恕的"诽谤"联想到蔡确车盖亭诗，迅速作出"确党多在朝"的判断，它表明邢恕的言论及蔡确的车盖亭诗引起了高后的警觉。在她看来，蔡确、邢恕等人的活动并不是孤立事件，而是针对整个旧党的政治阴谋，如果蔡确等人与朝中新党残余势力相互勾结，摇惑众听，将会造成难以预料的后果。因而，严厉打击新党便成为维持更化的重要举措，而擒贼擒王，借车盖亭诗案严贬蔡确便成为关键一步。蔡确被贬新州后，高后明确表示，"蔡确不为渠吟诗谤讟之，只为此人于社稷不利，若社稷之福，确便当死"①。由蔡确元丰年间的所作所为及邢恕"造谤"事件，高后更加认定蔡确之奸诈难治，对其严贬重责以防其挟持哲宗便成为诗案的重要动机，高后说，"此人他时若会再来，皇帝年少，如何制他？"可见，重贬蔡确乃是防患未然。诗案结案后，高后宣谕说，"近日行遣蔡确，只为官家及社稷，不为自家"②。遵循这一原则，高后对任何与邢恕、章惇等新党有串通嫌疑者也采取毫不客气的打击手段，据《宋史全文》，"初，邢恕赴贬所，舟行过京师。挚与恕故相善，因以简别挚，挚答简，其末云：'为国自爱，以俟休复。'监东排岸官茹东济数有求于挚，弗得，怨之，亟取挚简，录其本送郑雍、杨畏，二人者方弹劾挚，乃解释简语，以休复为复子明辟之复，谓挚劝恕俟皇太后他日复辟也。又言挚尝馆章惇之子于府第，故太皇太后怒"③。高太后向吕大防表达了对刘挚的不满，"论刘挚者已十八章，乃邢恕过京师，挚与通简，又延接章惇之子，牢笼为他日计"。于是，在元祐更化过程中功不可没

---

① 《宋宰辅编年录》卷9，第540页。
② 《续资治通鉴长编》卷427，第10335页。
③ 《宋史全文》，李之亮点校，黑龙江人民出版社2005年版，第732页。

的刘挚终以观文殿学士知郓州，这里固然有刘挚与吕大防矛盾斗争的原因，但高太后严厉打击新党的坚定意志无疑是决定性的因素。

如果说高后打击蔡确是为官家及社稷，那么刘挚、吕大防、梁焘、刘安世等旧党打击蔡确很大程度上则是顾及自身的政治命运。实际上，这些元祐后得势的言官或宰执对神宗去世前后立嗣的具体事实并不清楚，孙升、贾易围绕邓绾所撰蔡确制词质疑说，"邓温伯所为制命独称蔡确有定议之功，比方周勃诛诸吕、立孝文，当时有无如此危疑之事？"孙升又说，"审如温伯之言，则当时必有危疑不决之议，赖确而后定"[1]。孙升等人的话代表了臣僚的疑惑，然而高后当权的现实使他们不可能继续追问下去，只能认可这一事实，并转而指责蔡确等人贪天之功。对梁焘、刘挚等人而言，历史真相究竟如何并不重要，他们追求的是坚定地捍卫高太后的权威，以维护自己的政治利益。只有捍卫高太后的权威，才能保证元祐更化的顺利实施；只有严厉打击新党，才能最大限度地保证自身的利益与安全。因此，旧党对蔡确车盖亭诗解读的重心在其变乱天下、卷土重来的图谋，"沧海扬尘"成为他们关注的焦点，梁焘劾奏蔡确说，"有举沧海扬尘之志，……夫为人臣幸国家之变，以逞其念，而不顾四海生灵之患，其为悖逆，无甚于此"[2]。针对"沧海扬尘"之语，梁焘大加发挥，上纲上线，其貌似义正严辞的言论与其说是出于爱护黎元的热忱，倒不如说是出于对新党卷土重来的恐惧，打压新党以绝后患便成为旧党人物不约而同的选择，梁焘在奏折中说，"伏望圣慈以其事下有司，议正其罪，以尊主威，以严国典，为今日戒，为后日训"。为坚定高后严治蔡确的决心，梁焘别有用心地引用汉代杨恽失位之语，"有诗曰：'曰

---

① 《续资治通鉴长编》卷439，第10580页。
② 《长编》卷425，第10275页。

彼南山'诗，……宣帝见而恶之，抵悍显戮。陛下考悍之词，味确之语，抱恨孰深？寓意孰切？可以断之而无疑也"。其暗示高后除掉蔡确的用意昭然若揭。刘安世亦抓住"沧海扬尘"一语大做文章，称蔡确"借唐为喻，谤讪君亲，至于沧海扬尘之语，其所包藏，尤为悖逆"。并大胆揣测蔡确的图谋，"确自谓齿发方盛，足以有为，意在他日时事变易，微倖复用，摅泄祸心，跋扈怀梁冀之奸，睥睨蓄魏其之志"[1]。可以看到，旧党人物对车盖亭诗所关注者是其中的"沧海扬尘"之语，极力挖掘其微意，而对所谓以武则天影射高后、谤讪君亲之意则着墨不多，可见其着意所在。

除以上高后与旧党就处理蔡确一事的不同动机，更存在着旧党内部的尖锐斗争。御史中丞李常及侍御史盛陶首先反对责贬蔡确，由此被梁焘、吴安诗、刘安世斥为"挟邪不忠，党恶无惮"，请求将二人"特行窜逐，庶使邪正有辨，不败国事"[2]。范纯仁针对高后"确党多在朝"的论断针锋相对地说"确无党"。基于庆历以至熙丰变法以来的历史教训，范纯仁反对以朋党观念划分士人群体，反对株连，要求严格限制打击范围，"今来蔡确之罪，自有国家典刑，不必推治党人，旁及枝叶"。并同时指出了朋党政治的严重危害，"窃以朋党之起，盖因趣向异同，同我者谓之正人，异我者疑为邪党，既恶其异我，则逆耳之言难至，既喜其同我，则迎合之佞日亲。以至真伪莫知，贤愚倒置，国家之患，何莫由斯？"[3] 表现出较为清醒的政治头脑。彭汝砺也反对以车盖亭诗为依据穷治蔡确，"今缘小人之告讦，遂听而是之，又从而行之，其源一开，恐不可塞。人有一言，且将文饰之，以为是讥谤时政者，有一笑，且将揣度之，以为包藏祸心者，疑惑自此日深，刑狱自此日作，风俗

---

① 《长编》卷425，第10276页。
② 同上书，第10283页。
③ 《长编》卷427，第10325页。

自此日败坏，却视四顾，未知其所止也"①。蔡确在为其诗作辩诬的奏疏中说，"如此，则是凡人开口落笔，虽不及某事，而皆可以某事罪之曰'有微意'也"②。苏轼从乌台诗案的阴影中挣脱未久，对这一事件采取折中立场，既主张肯定蔡确之罪，又主张朝廷宽大处理，示天下以怀柔，方能救治人心，淳化世风。这种温和态度及折中立场反映了经过诗案打击之后的谨慎心态。而梁焘、刘安世等人却对范纯仁、彭汝砺等人的观点给予了猛烈抨击，对高太后"确党多在朝"的断言大加发挥，用心险恶地将上述诸人指为党附蔡确，"确之朋党，大半在朝，造播巧言，多方救解，且谓处厚事非干己，辄尔弹奏，近于刻薄，此风浸长，恐开告讦之路"③。这明显是针对范、彭而言的。刘安世对此反驳说，"夫告讦之不可长，则是矣，至于睥睨君亲，包藏祸心者，乃为可长乎？"④而左谏议大夫梁焘更加危言耸听地说，"告讦之长，不过倾险一夫一家；悖逆之长，至于危乱天下"⑤。由此，他们请求高太后"勿恤浮议，早正典刑，使大奸无倖免之门，朝廷无异日之患，天下幸甚"⑥。

在这一过程中，梁、刘等屡屡上纲上线，对与自己观点相左者加以朋党罪名，肆意攻击，表现出党同伐异的恶劣作风，如刘安世指斥彭汝砺与曾肇"公然结党"，又指范纯仁、李常、彭汝砺等"朋奸罔上，徇私立党"⑦。"结党"罪名的滥用人为地将士人群体划分为相互对立的两派，挑起了旧党的内部斗争。贬责蔡确后，范祖禹认为不应再诛除蔡确余党，刘安世对此表示不

---

① 《长编》卷 426，第 10278 页。
② 同上书，第 10301 页。
③ 《长编》卷 425，第 10276 页。
④ 同上书，第 10284 页。
⑤ 同上书，第 10285 页。
⑥ 同上书，第 10277 页。
⑦ 《长编》卷 426，第 10311 页。

满，不点名地指斥范祖禹乃范纯仁之党，"臣闻言路亦有纯仁亲学，窃恐妄托义理，以谓元恶既去，余可勿治。此等议论，臣愿陛下勿过听"①。大概迫于梁焘、刘安世等人的压力，范祖禹为避免被看作党附范纯仁，又上表攻击范纯仁，甚至要求罢去范氏相职。可见朋党观念对士大夫心灵的毒害及对世风的败坏，它人为地挑起矛盾，激化斗争，迫使士大夫作出非此即彼的政治抉择，不再为国事而奋不顾身，首先为自保而瞻前顾后，丧失了是非标准，泯灭了是非界限，范仲淹庆历以来所树立的"先忧后乐"的崇高人格风范便在这种毫无原则的斗争中磨灭殆尽。

在梁焘、刘安世等人连篇累牍的攻击之下，不仅蔡确被贬为英州别驾，新州安置，而且反对严惩蔡确的御史台官员也被逐出朝廷。"新除太常少卿盛陶知汝州，殿中侍御史翟思通判宣州，监察御史赵挺之通判徐州，王彭年通判庐州"②。随后，又将李常贬知邓州，曾肇以待制知颍州，彭汝励落中书舍人知徐州。六月五日，范纯仁罢相，以观文殿大学士知颍昌府，王存以端明殿学士守蔡州。至此，由车盖亭诗案引发的政治斗争告一段落。

三、诗案前后旧党的心态变化

车盖亭诗案不过是为旧党打击蔡确及新党提供了借口，无论高太后还是梁焘、刘安世等人对此是心知肚明的。高氏心思已如前述，刘安世说，"臣窃观自二圣临御以来，日新圣政，蔡确之徒，不得逞其奸志，阴怀怨望，窥伺颇怠。然而深情厚貌，未尝形见，今乃无故作为此诗，臣恐祖宗神灵，天地眷祐，疾确贯盈，而以此相授陛下也"③。这可谓吐露了真实的心声，暗示

① 《长编》卷428，第10352页。
② 《长编》卷427，第10316页。
③ 《长编》卷425，第10283页

高太后借此机会将新党人物铲除净尽，无留后患。刘安世后来又露骨地说，"去草者当绝其本，养虎者自遗其患，一失机会，后将难图"①。旧党顽固势力意在借诗案斩草除根，使新党永无出头之日。所以蔡确起初被分司南京时，有人提出"确分司南京，尚带左中散大夫，臣再思之，其官既崇，又分司者，叙复皆有常法"，"万一复进，上必为交斗之奸，下必有排陷之酷。臣谓宜投窜荒僻，则善人安而小人革矣"②。主张将蔡确远贬穷荒，永不叙复，阻绝其还朝的可能，足见旧党对新党之深闭固拒的仇视心态。其实旧党对新党往往并不遵循正常的叙复程序，蔡确"到新州五年，两经大霈，吕大防必期死亡，更不量移"③，最终于元祐八年正月死于新州。

旧党顽固派所以对新党穷追猛打，毫不相能，既源于儒文化君子小人二元分立的狭隘文化心理，亦是旧党在熙丰年间长期受压抑的心理反弹。旧党与新党并不仅是政见的冲突，更有深层的价值观的对立，在新党执政的熙丰年间，旧党的不满情绪潜滋暗长，一旦旧党执政，实施更化，这种文化性的不满情绪便强烈爆发出来，形成对新党的全面讨伐。值得注意的是，在车盖亭诗案中对蔡确及所谓"确党"攻击最烈的言官及宰执官梁焘、刘安世、吴安诗、朱光庭、王岩叟、傅尧俞、刘挚、吕大防等人几乎清一色属于北方文化圈，据《宋元学案》，朱光庭乃胡瑗及泰山门人，刘挚、梁焘则是泰山再传弟子，刘安世、傅尧俞则是司马光门人，吕大防为横渠同调，王岩叟则是明道同调。吴安诗虽隶籍建州浦城，但其父吴充政治上却是保守派。且北方士人对南方士人有着根深蒂固的偏见，王岩叟云，"祖宗遗诫不可用炎人，如赵普、范质、寇准、李沆、王曾、王旦、韩琦、富弼、张知白、鲁宗道、

---

① 《长编》卷 428，第 10354 页。
② 《长编》卷 427，第 10322 页。
③ 《宋宰辅编年录》卷 9，第 539 页。

薛奎皆中原人，张洎、丁谓、章得象、王安石、蔡确、章惇、吕惠卿、张璪皆炎人，小则为身谋，大则害国"①。王岩叟将北人与南人加以对比，证明北方人多良善可信，南人则奸邪误国，充满了作为正宗儒文化继承者的优越感及对南方士人的文化性的鄙视。在他看来，王安石等南方士人作为新法的发起者正是祸国殃民的源头，对新法的否定不仅是制度的更化，也是由王氏新学为代表的"异端邪说"向正统儒文化的回归，一定意义上甚至可以说，旧党对新党的讨伐也是北方正统儒文化对多元化、重功利的南方文化的讨伐，南北之间的地域分别造成了深刻的文化对立，正是南北地域的文化冲突为党争注入了持续不竭的动力，乃至旧党内部的洛蜀党争也可以由此得到解释。陈瓘在《论允执厥中奏》中感叹说，"今天下之士，一南一北，彼用则此废，此用则彼废，失于偏矣"②。正指出了南北文化难以兼容的情势。正因为北方士人的正统儒文化背景，其对新法新党的反击便逐渐由对新法的否定上升为对新党成员的道德批判。他们从新法皆"弊法"的既定观念出发，将新法之弊一并归因于新党的人性之恶，给予彻底否定，这显然不是单纯的政治批判，而是文化批判，而这种批判又与地域歧视及个人恩怨联系起来，构成复杂的政治斗争，并在车盖亭诗案中得到淋漓尽致的表现。

但旧党士人作为一个文化性群体，与高后所代表的君主权力既有相一致的一面，亦有相冲突的一面。出于打击新党、追求儒家价值、谋求自身生存空间的考虑，旧党与高太后是一致的，然而作为士人群体，旧党人物又具有摆脱君权束缚、追求人格独立的自由倾向，因而他们虽然排击新党不遗余力，但蔡确这类新党一旦被贬往岭南穷荒之地，他们又油然生出同类相怜之

① 《宋宰辅编年录》卷9，第531页。
② 《全宋文》，上海辞书出版社2006年版，第129册，第72页。

意。高后宣布蔡确"可英州别驾，新州安置"时，"执政愕然相视，因悉力开陈久之"①。刘挚、吕大防等人前后矛盾的表现并非出于对蔡确的怜悯，而是士人群体对自身命运的本能反应。作为旧党，他们出于不同的价值观及政治观排斥对方，然而面对君权，旧党与新党作为士人群体又具有一致的身份认同，君权对新党的打击也是对士人这一个群体的打击，因而激起了旧党成员几乎本能的心理反弹。由蔡确的下场，旧党迅速联想到自身的命运，无论宰执还是台谏都表现出同样的惊惧之情，转而纷纷为蔡确开脱，这种转变出于士人群体对自身尊严的维护，也隐藏着难以言说的后顾之忧。范纯仁对吕大防说，"此路丁晋公后已荆棘七、八十年，公若开之，吾辈恐不免矣，其后果然善乎?"②范纯仁因而反复上疏，企图说服高后收回成命，减轻对蔡确的处罚。而高后心意已决，表示"山可移，此州不可改"③。蔡确新州之贬最终使旧党心态发生重要变化，并成为元祐党争的重要分水岭。

蔡确新州之贬完全消灭了新旧党调和的余地，双方裂痕无限扩大，水火之势已然形成。面对这种形势，旧党为图自保，只能继续加大打击力度，以最大限度地消除新党对自身的威胁。如前所述，不仅蔡确受到重贬，同情蔡确的范纯仁、王存等人亦遭到不同的贬黜。旧党实际上被迫放弃了士人对自身独立人格的维护立场，与君权合而为一，或者也可以说，旧党已被君权所挟持，无可奈何地依附君权，沦为君权的工具。在这种形势下，旧党只有严厉打击新党，才能保全自身，而打击愈力，忧惧愈深，于是进而加大打击力度，形成恶性循环，新旧党之间的仇恨自然也便不共戴天了。随着高太后日渐老迈，新党卷土重来的情势日益明显，旧党的忧惧之情越发严重，在

---

① 《宋宰辅编年录》卷9，第536页。
② 同上书，第538页。
③ 同上书，第537页。

元祐后期旧党的奏疏中，充满了山雨欲来、惶恐不安的情绪。梁焘元祐六年上奏说，"陛下自御政以来，选用可信之臣，以忠孝报陛下之恩者，今在朝廷不过数人。群小怨嫌，阴结为朋，力谋排陷者不一日也。其心欲尽去此数人，则奸谋可行，大奸有复来之望。此数人者，方以时事难守为忧，孤立难安为惧，若非陛下知其从来忘身忘家，当怨去奸，有爱君忧国之心，力赐主张，则岂能安全至于今日也！在于今日之势，尤为难立，仰赖圣造终始主张也"①。梁焘在奏疏中请求"圣造始终主张"，坚持元祐更化以来的既定国策，不要改弦易辙，摇动国是，只要国是不改，新法不复，那么新党势力就难以复振，也才能使旧党势力得以保全。这篇奏疏近乎哀求，旧党人物内心的忧惧之情昭然可见。

元祐年间政治形势微妙复杂，旧党势力一方面不遗余力地打击新党，另一方面新党势力也不甘心坐以待毙，时时寻机反击，力图再起。经过元祐初年的反复较量，旧党深感彻底清除新党之不易。而随着高太后日近迟暮，新党翻盘的危险不断加大，旧党势力在打击新党的同时，又心怀隐忧，不得不为自己留下后路，梁焘对蔡确态度的前后变化便表现了这种微妙的心理。当初梁焘论奏蔡确甚力，元祐五年却在《以蔡确母老请内徙湖湘奏》中为自己撇清，"若吴处厚所笺诗章，乃安陆前古人物遗迹所在，章咏偶及之。至于怨谤君父，必不敢至此，若讥侮臣下则有之。故臣在言路，尝论确奸恶，欺君害物，未尝专指诗什"②。而梁焘在元祐四年四月《劾蔡确奏》中分明说，"臣风闻吴处厚缴进蔡确诗十首，其间怨望之语，臣子所不忍闻者"。又说"臣近以蔡确怨望见于诗章，包藏祸心，合党诞妄，上欲离间两宫，下

① 梁焘《论为政之要在辨邪正之实奏》，《全宋文》第 82 册，第 217 页。
② 《长编》卷 442，第 10640 页。

欲破灭忠义，清议沸腾，中外骇惧"①。仅仅一年之后，梁焘口风便发生了戏剧性的转变，且望朝廷"以确母老请内徙湖湘"，大发慈悲心肠，这并不奇怪，实在是出于对政治前景的担忧，要为自己谋求退路。基于这一考虑，旧党对新党深闭固拒、严厉打击的立场有所软化和松动。元祐五年，左、右相吕大防、刘挚建言参用元丰旧人，因被苏辙斥为"皆持两端，为自全计"②，这一方案最终未能施行，于是，旧党只能硬着头皮继续采取强硬手段对付新党。蔡确被贬岭南后，"两经大需，吕大防必期死亡，更不量移"③。蔡确死后，高太后说，"蔡确已死，此人奸邪，朋党为害，得他死，是国家福"。吕大防附和说："此是天诛！"④ 这与听到蔡确贬往岭南时的"愕然"判若两人。

哲宗亲政后，新党重新得势，"确子渭及其祖母明氏挟权臣讼粉昆事，将族灭刘挚、梁焘、王岩叟以偿旧怨"⑤，表现出对旧党的强烈仇恨。而新党对旧党自然也无需客气，包括宰执在内的旧党成员一概被贬往岭南，其中刘挚、梁焘、范祖禹死于贬所。可以说，车盖亭诗案激发了新旧党之间不共戴天的仇恨，这与高太后不顾大局、不识大体、不听劝阻、一意孤行的刚愎性格有着密切关系。诗案结案后，高后对梁焘、吴安诗等人说，"卿等于此事极有功，言事每如此，天必祐之"⑥。正说明了高后目光之短浅，朱熹批评说，"宣仁性极刚烈。蔡新州之事行遣极重"⑦。归根到底，士人无力阻

---

① 梁焘《劾蔡确奏》，《全宋文》第 82 册，第 161 页。
② 苏辙《颍滨遗老传》(下)，《苏辙集》，中华书局 1990 年版，第 1027 页。
③ 《宋宰辅编年录》卷 9，第 539 页。
④ 同上书，第 540 页。
⑤ 同上。
⑥ 杨仲良《续资治通鉴长编纪事本末》，国家图书馆出版社 2008 年版，第 1871 页。
⑦ 《朱子语类》卷 130，《朱子全书》，上海古籍出版社 2002 年版，第 18 册，第 4037 页。

止君权的专断，则只能沦为君主意志的工具与牺牲品。车盖亭诗案成为北宋新旧党争的重要转折点，造成了绍圣以后新党对元祐党人持续不断的大规模迫害，造成中国历史上罕见的政治悲剧，这一切无疑又是专制政治的悲剧。

| 五 |

苏、黄文化心态之嬗变

苏轼和陶而不和柳的佛教原因探原

苏轼晚年酷好陶渊明、柳宗元诗，常将陶、柳并提，自惠州贬儋耳，"流转海外，如逃空谷，既无与晤语者，又书籍举无有，惟陶渊明一集，柳子厚诗文数策，常置左右，目为二友"①。不仅如此，东坡"晚喜陶渊明，追和之者几遍"②。苏轼尽和陶诗，成为苏轼创作中的独特奇观，而对柳诗则未见和作情况，个中原因，未见有作全面揭示。笔者欲从佛教角度切入，探究苏轼晚年贬谪后的心态及审美情趣，比较三者同异，从而试图对此问题作一个较为完满的回答。

一

苏轼的仕宦历程，既是不断卷入党争、迭遭打击而起落浮沉的过程，也是其心态由入世转向出世的过程。在这一过程中，早期致君尧舜、力图有所作为的儒家观念不断被消解，忠君观念日益淡薄，主体精神逐渐游离出等级森严的儒道秩序而倾向于心灵的自由。在这一过程中，佛禅思想产生了显著的影响。

---

① 《苏轼诗集》卷3，中华书局1982年版，第118页。
② 《栾城后集》卷22，《苏辙集》，中华书局1990年版，第1127页。

苏轼思想的转变突出表现在其忠君观念的淡化。苏轼嘉祐六年曾作《秦穆公墓》一诗，诗中云："昔公生不诛孟明，死之日而忍用其良。乃知三子徇公意，亦如齐二子从田横。古人感一饭，尚能杀其身。"[①] 该诗以秦穆公生时不杀孟明视，喻穆公无意以奄息、仲行、铖虎三良为殉，三良自杀从公，乃出于感恩尽忠而已。苏轼在这里既称颂秦穆公的仁民精神，也肯定了"三良"的忠君行为。流露出苏轼早年对君臣关系的看法，透露出浓厚的儒家色彩。此后经乌台诗案被贬黄州后，苏轼依然保持着较为浓厚的忠君思想，他称扬杜子美"在困穷之中，一饮一食，未尝忘君，诗人以来，一人而已"。[②] 苏轼仍以杜甫自励，与当时士人崇尚杜甫的观念相一致。元祐还朝之后，苏轼在其章议奏疏中仍多有"感恩"之言，即与其"君恩必报"的忠君思想有关。但此期的遁世思想已经潜滋暗长。如果说元祐被召还朝廷后，苏轼因宋神宗及高太后的知遇之恩尚有报效之心的话，那么随着洛、朔、蜀三党之间无休止的攻讦倾轧及苏轼所遭到的策题、题诗之谤，苏轼的政治热情更趋衰减，去意日重，多次请求外放即为明证。绍圣后，随着政治打击的日渐残酷，苏轼对儒家理论体系的信仰日益衰减，早年的忠君思想发生了根本的转变，在作于绍圣三年的《和陶咏三良》诗中，苏轼写道："我岂犬马哉，从君求盖帷。杀身固有道，大节要不亏。顾命有治乱，臣子得从违。魏颗真孝爱，三良安足希。仕宦岂不荣，有时缠忧悲。所以靖节翁，服此黔娄衣"。[③] 此诗否定了前期带有愚忠色彩的忠君思想，提出一种全新的君臣关系：如君王为国而死，那么臣子可以从死；若君命有误，则臣子亦可以违之。由此，苏轼改变了以前赞同三良从君而死的观点，也不再将自身完全维系于君

---

① 《苏轼诗集》卷3，第118页。
② 苏轼《与王定国四十一首》其八，《苏轼文集》卷52，第1517页。
③ 《苏轼诗集》，中华书局1982年版，第2184页。

礼臣忠的儒家道德秩序，其实质在于由对儒道秩序的服从转向对个体价值的肯定。

宋人已注意到苏轼这一思想的变化。胡仔说："余观东坡《秦缪公墓诗》意，全与《三良诗》意相反，盖是少年时议论如此。至其晚年，所见益高，超人意表。此扬雄所以悔少作也。"[①] 王应麟说："前辈学识，日新日进，东坡《咏三良》，其和渊明者，与在凤翔时所作（即《秦穆公墓》诗），议论夐殊。"[②] 这固然是因为"新旧两党交争以来畏祸及身的文人心态，导致了其忠君思想的消解"，[③] 而内因则是佛禅思想对苏轼愈来愈深刻的影响。

苏轼少年即开始接触佛教，且其早年接触最密切的是云门宗，后来深入研读的则是华严宗经典。苏轼真正精研佛教始于元丰二年谪居黄州期间。苏辙在《亡兄子瞻端明墓志铭》中说："既而谪居于黄，杜门深居，……后读释氏书，深悟实相，参之孔、老，博辩无碍，浩然不见其涯也。"[④] 到元丰二年移知湖州时作《送刘寺丞赴余姚》诗中又说道："我老人间万事休，君亦洗心从佛祖。手香新写法界观，眼净不觑登伽女。"[⑤] 其时对宗密书的研读已相当精深了。

华严宗深刻影响到苏轼的价值取向及人生态度。早在熙宁末年权知密州任时，苏轼曾集中研究过华严思想，其时所作《和子由四首送春》中有句云："芍药樱桃俱扫地，鬓丝禅榻两忘机。凭君借取法界观，一洗人间万事非。"[⑥]《法界观》即宗密所作《注华严法界观》，是阐述华严宗正修圆融法界

---

① 胡仔《苕溪渔隐丛话》（后集），人民文学出版社 1981 年版，第 19 页。
② 王应麟《困学纪闻》（全校本）卷 6，上海古籍出版社 2008 年版，第 839 页。
③ 萧庆伟《论苏轼的和陶诗》，《中国韵文学刊》2000 年第 2 期。
④ 《栾城后集》卷 22，《苏辙集》，中华书局 1990 年版，第 1127 页。
⑤ 《苏轼诗集》卷 18，中华书局 1982 年版，第 952 页。
⑥ 《苏轼诗集》卷 13，第 628 页。

无尽缘起的观法的，是华严宗代表著作，"其主要内容是依理法界、理事无碍法界、事事无碍法界三种法界（又立"事法界"合为"四法界"），以构成真空观、理事无碍观、周遍含容观三重观法。"① 法界观提出了宇宙间森罗万象相即相入、圆融无碍的观法。依这种观法，万法都是一真法界的体现，诸缘依恃，相互具足，平等无二。其中融合了中国传统"天人合一"及道家"天地与我并生，而万物与我为一"② 的观念。

华严宗法界缘起空观以平等观念对待外境，认识到万物不过是如因陀罗网一样交织在法界中的一因子，个体的人亦是如此，如苏轼所说："是身如虚空，万物皆我储。"③ 自身消融在法界，万物又皆备于自我。苏轼由此观照宇宙人生，便产生了新的认识，在《南都妙峰亭》诗中说："孤云抱商丘，芳草连杏山。俯仰尽法界，逍遥寄人寰。"④ 世间万象不过是一种法界虚相，自身也是虚空的，主体只是空幻地暂时寄托于世间，任何外在的秩序性约束及功利性追求同样空幻不实，这使苏轼在精神上摆脱掉各种外在的负累而获得逍遥。在《阿弥陀佛赞》中，苏轼写道："见闻随喜悉成佛，不择人天与虫鸟。但当常作平等观，本无忧乐与寿夭。"⑤ 芸芸众生无论人天虫鸟皆可成佛，万姓万物在成佛这一终极价值面前具有平等的地位，世俗的高低贵贱的等级划分并不具有宗教意义的合理性，儒家君臣父子的秩序设定自然遭到消解，包括"三不朽"在内的种种现世价值及儒家理论的种种规定性也自然失去了效力。

华严宗的虚空观及由此衍生出来的平等观深刻消解了苏轼青年时期形成

---

① 孙昌武《苏轼与佛教》,《文学遗产》1994 年第 1 期。
② 郭庆藩《庄子集释》卷 1 下，中华书局 2004 年版，第 79 页。
③ 《苏轼诗集》卷 24，中华书局 1982 年版，第 1264 页。
④ 《苏轼诗集》卷 25，第 1326 页。
⑤ 《苏轼文集》卷 21，中华书局 1986 年版，第 619 页。

的忠君思想及致君尧舜的儒家价值，苏轼于绍圣三年写出《和陶咏三良》那样带有一定叛逆色彩的诗便不是偶然的了。苏轼由此开始游离于儒家思想体系之外，追求主体心性的自由，主张自性清净、随缘任运的禅宗思想更为深入地渗入到苏轼的价值体系，并与老庄道家思想浑合交融，成为苏轼晚年的思想主流，而陶渊明的隐士人格恰为这种自由追求提供了理想的价值范型。

苏轼崇尚陶渊明在于其"旷而且真"的个性。元祐六年十二月，苏轼在颍州任尝云："陶渊明欲仕则仕，不以求之为嫌；欲隐则隐，不以去之为高。饥则扣门而乞食，饱则鸡黍以延客，古今贤之，贵其真也。"[①]"真"可谓陶渊明文化人格的核心，其哲学基础即为老庄道家思想。所谓"真"既是"道"的性质，亦是主体对"道"的体认，即"任凭那无意识无目的而又合规律的客观过程自然运行"[②]，表现于主体行为即是要发诸本性，自然而然，安时处顺，不假造作。"古之真人，不知说生，不知恶死；其出不䜣，其入不距；翛然而往，翛然而来而已矣。不忘其所始，不求其所终；受而喜之，忘而复之。是之谓不以心捐道，不以人助天，是之谓真人"[③]陶渊明鄙弃名利，躬耕自食，任性而行，率性而为，不以物喜，不以己悲，乃至对死亡亦以自然视之，所谓"纵浪大化中，不喜亦不惧。应尽便须尽，无复独多虑"。其纵心自适的行为举止正是庄子所谓"真人"的表现。

道家对"真"的体认颇类似于禅宗的"自性"顿悟。在禅宗看来，"世界""佛"和"我"都包括在"自性"中，向外追逐，徒劳无功，只有反身而求，方能"自见本性清净，自修、自行，自成佛道"[④]。于是习禅更体现为

① 苏轼《书李简夫诗集后》，《苏轼文集》卷68，第2148页。
② 李泽厚《中国古代思想史论》，天津社会科学院出版社2003年版，第176页。
③ 郭庆藩《庄子集释》卷3上，中华书局2004年版，第229页。
④ 《坛经》，中华书局2010年版，第84页。

一种随缘任运的生活态度和生活方式，这与老庄自然无为的人生哲学别无二致。所以陶渊明的纵浪大化虽然是道家哲学的反映，却颇符合禅宗的体道方式。苏轼受到庄、禅的双重影响而偏向于禅宗，庄、禅的相通正是苏轼亲近陶渊明的深刻的哲学基础。

苏轼后期思想在背离儒家观念的同时，转向庄禅。如果说华严宗的平等空观主要消解了苏轼的等级观念，使其日益远离政治功利及儒家伦理秩序，那么禅宗对自性的证悟使苏轼转而追求心性的自由，追求随遇而安、逍遥自适的生存状态。陶氏田园诗充分表达了以自然本真为核心的老庄哲学，表现出从心所欲、无拘无碍的人生态度，契合了苏轼后期趋向佛禅的价值观，满足了苏轼屡遭贬谪之后消解人生苦难的心理渴求，从而受到苏轼的心仪与追慕。

二

苏轼对柳宗元及其诗颇多推崇，然而却并未像追和陶诗一样追和柳诗，原因在于柳诗所反映的价值取向及审美特征与苏轼遭贬处穷而随缘任运的淡泊心态并不完全吻合，其难以消泯的入世之情、不平之气偏离了苏轼庄禅影响下的淡泊与超然，且随着晚年苏轼对禅宗的向好之心愈加热烈，更加拉开了与柳诗的距离。

柳宗元怀着中兴大唐的热切愿望参与永贞革新，很快遭到失败并被远贬永州，从此远离了政治中心再也不曾大展宏图。柳宗元这种短暂的从政经历及所遭到的沉重打击造成了他强烈的不甘与不平，在《冉溪》一诗中，柳宗元写道："少时陈力希公侯，许国不复为身谋。风波一跌逝万里，壮心瓦解空缧囚。"[1] 流露出一心许国反遭打击的悲愤。柳宗元参政时间极短，并没有

---

① 《柳宗元集》卷43，中华书局1979年版，第1221页。

长期周旋于官场，对政治的诡谲与残酷缺乏更深的体验，也因此没有类似苏轼那种长期经历官场浮沉之后的心灰意冷，仍然怀有东山再起、重谋大用的理想。所以，苏轼是对官场争斗、党派倾轧极度厌倦之后主动退避，可谓身在魏阙而心怀江湖。柳宗元则是被强行逐出政坛，处江湖之远仍然心忧其君，始终怀有汲汲用世之心。正基于此，柳宗元将自己被贬谪看作是一种蒙冤流放，因而极力使"世人之明己"①这一愿望甚至到了"宁为有闻而死，不为无闻而生"②的程度。正因为如此，当朝廷平定淮西的消息传来时，贬处穷荒的柳宗元才会呈上贺表，这不仅是对平定叛乱的发自内心的欣喜，同时也是向朝廷表白自己的耿耿忠心。因其不可消泯的用世之心，柳宗元拒绝道家的生存方式。在《送娄图南秀才游淮南将入道序》《答周君巢书》等文中，他对"遽而为处士"者，对于"寿且神"的追求，提出了尖锐的批评，甚至于"浩浩然"的达观之态，也被柳宗元视作"无志者"之貌③。然而严峻的现实并不给他重返中央的可能，意欲用世却从政无门造成了柳宗元的极度苦闷，佛教因而成为柳宗元摆脱苦闷的手段。柳宗元将自己永贞以来追求世俗功利、从事政治活动而遭贬逐的际遇称之为惑、迷、暗，希望借助佛教智慧"转惑见为真智，即群迷为正觉，舍大暗为光明"④，而佛教苦、集、更、道四圣谛和诸行无常、诸法无我，涅、寂、静三法印的基本理论及极乐净土的方便设教等，适应了柳宗元消解苦闷的需求，他多次表示，"佛之道，大而多容，凡有志乎物外而耻制于世者，则思入焉"⑤。但如前所述，柳宗元之接近佛教并非发自内心的主动皈依，而是不得已而为之的

---

① 《寄许京兆孟容书》，《柳宗元集》卷 30，第 779 页。

② 《上扬州李吉甫相公献所著文启》，《柳宗元集》卷 36，第 918 页。

③ 《对贺者》，《柳宗元集》卷 14，第 361 页。

④ 《永州龙兴寺西轩记》，《柳宗元集》卷 28，第 751 页。

⑤ 《送玄举归幽泉寺序》，《柳宗元集》卷 25，第 682 页。

权宜之举，佛教义理并没能取代儒家价值在柳宗元价值系统中的核心地位，而是从属于儒家的基本理念。柳宗元以儒统释，从儒家的基本观念出发择取释教与儒家相切合的内容，这就与苏轼的一心向禅显现出极大的不同。这种入世不能、弃世不甘的矛盾心理使得柳宗元不可能对佛教有极其虔诚的信仰。

柳宗元好佛，并非不加区别地兼收并蓄，而是有所选择与偏重。柳氏所好乃是以中道将空无与假有统一起来的天台宗，认为"佛道愈远，异端竞起，惟天台大师为得其说"①，而对当时兴起并大盛天下的南宗禅颇多批评。在《送琛上人南游序》中，柳氏说："今之言禅者，有流荡舛误，迭相师用，妄取空语，而脱略方便，颠倒真实，以陷乎己，而又陷乎人。又有能言体而不及用者，不知二者之不可斯须离矣。离之外矣，是世之所大患也。"②禅宗主张不立文字、教外别传，强调摆脱戒律约束，以神秘的体验悟得自性。柳氏对此坚决反对，认为修道必须有所依凭，赞同天台宗的修行观，主张默坐修禅与读经讲说同样重要，柳氏的这种观点在本质上强调规矩的重要性，这与其恪守儒道秩序具有内在一致性，也是其以儒统释的深刻思想基础。对律宗，他认为"儒以礼立仁义，无之则坏；佛以律持定慧，去之则丧。是故离礼于仁义者，不可与言儒；异律于定慧者，不可与言佛"③。无论儒家之礼还是佛教之律，都是规则，柳氏对规则的强调使他必然不可能完全认同禅宗无拘无碍的体道方式，进而不可能完全认同无所执守的自由心性。苏轼饱受政治迫害，晚年愈发偏离儒家之礼，而亲合佛禅之从心所欲、随缘任运的生活态度。正是在这一点上，柳、苏有着深刻的

---

① 《岳州圣安寺无姓和尚碑》,《柳宗元集》卷43，第1221页。
② 《送琛上人南游序》,《柳宗元集》卷25，第680页。
③ 《南岳大明寺律和尚碑》,《柳宗元集》卷7，第170页。

歧异。

天台宗的基本教义乃是空、假、中三谛圆融的中道观。天台宗所建立的空、假、中三谛实即天台宗的三种禅观方法，《法华玄义》云："即空即假即中。即空故名一切智。即假故名道种智。即中故名一切种智。三智一心中得，名大般若。"[1] 天台宗的禅观，即是三谛圆融之观。柳宗元所以认为"天台大师为得其说"，一方面在于天台教并非如禅宗一样抛弃佛教律令，完全依照自性的随缘任运乃至随心所欲，另一方面则在于天台宗依照智顗大师的五时八教的判教理论，将大小二乘、空有诸宗在"佛说"的旗帜下统一起来，包融一切理论，超越一切对立，成为圆融无碍的中道观。柳宗元对这种超越一切矛盾与对立的中道观的推崇，主要出于对后期禅宗"南北相訾，反戾斗狠"[2] 的混乱局面的不满。而无论是强调修行规约，还是推崇圆融三谛，又与柳氏消除藩镇割据、重建社会秩序的政治理想暗相一致。因此，柳宗元也将自己的思想称为中道，或大中之道。但柳宗元的中道观主要限于佛教范围，对世俗问题，柳宗元是严格以儒学伦理为价值尺度的。对背叛朝廷的藩镇，柳宗元并不主张毫无原则地"圆融"，而是主张坚决斗争。与之相反，苏轼对华严及禅宗的认识与接受并不限于佛教范畴，而是将其渗透到自己的世界观、价值观中，成为现实生活的基本指导原则，乃至成为生活态度及生活方式。苏轼尤其在后期的贬谪生涯中超旷脱俗、纯任自然，庄禅与世俗的界限在苏轼那里几乎消失了。

苏轼之一心向佛并非一时权宜之计，而是心灵的久安之策。在对无休止的政治斗争极度厌倦之后，苏轼实际上陷入到人生空茫的精神困境中，李泽

---

[1] 《妙法莲花经玄义》卷9，大正藏33，第789页。
[2] 《龙安海禅师碑》，《柳宗元集》卷6，第159页。

厚对此曾有深刻的剖析："（苏轼）通过诗文所表达出来的那种人生空漠之感，却比前人任何口头上或事实上的'退隐'、'归田'、'遁世'要更深刻更沉重。因为，苏轼诗文中所表达出来的这种'退隐'心绪，已不只是对政治的退避，而是一种对社会的退避；它不是对政治杀戮的恐惧哀伤，已不是'一为黄雀哀，涕下谁能禁'（阮籍），'荣华诚足贵，亦复可怜伤'（陶潜）那种具体的政治哀伤（尽管苏也有这种哀伤），而是对整个人生、世上的纷纷扰扰究竟有何目的和意义这个根本问题的怀疑、厌倦和企求解脱与舍弃。"① 而佛教空观却使陷于困境的苏轼柳暗花明，进入到一种豁然开悟的自由境界。在《书金光明经后》中，苏轼写道："观诸世间，虽甚可爱，而虚幻无实，终非我有者，汝即舍离。"② 万象及世事都非实有，既然全属空幻，何必执着不放？在给苏辙的信中，苏轼写道，"故凡学（佛）者，但当观心除爱"③。"除爱"即是要基于对世界的空幻的认识而不执着于官职、名利等身外之物，把对遭贬处穷的认识由被人贬斥的被动转为自我舍弃的主动，从而在精神上获得主动。这种转化对苏轼而言是一种自我解放，它使苏轼摆脱了儒家理论的规定性，自身价值无须再通过外在事功获得证明，自我及心性的自由成为关注的价值重心，儒家理论所设定的忠君、立功等世俗价值在万象皆空的佛理面前统统失去了效力。如果说柳宗元是以儒统释，那么一定意义上可以说苏轼是背儒向释，二人价值观的根本不同注定了苏轼不会完全认同并接纳柳宗元，而柳宗元之跌宕不平之气也必然会时时突破佛禅的平静表相，并反映到其诗作中，从而背离苏轼愈加禅学化的淡泊心态，自然也不能完全吻合苏轼枯淡的审美趣味。

---

① 李泽厚《美学三书·美的历程》，天津社会科学院出版社 2003 年版，第 146 页。
② 《苏轼文集》卷 66，第 2086 页。
③ 苏轼《与子由弟十首》其三，《苏轼文集》卷 60，第 1834 页。

三

尽管苏轼称道韦应物、柳宗元诗"发纤秾于简古，寄至味于淡泊"[①]，但这一评价实则将韦、柳与"虽间有远韵，而才不逮意"[②]的同时代人相比较的结果，并未明确韦、柳之"淡泊"与陶诗之淡泊处于同一层次。且这一评价出自《书黄子思诗集后》，而苏轼写此一短评应在远贬惠州之前[③]，其时虽好柳诗，所好者乃在于其貌似平淡的趣味，而对柳诗内在的兀傲不平之气尚欠更细微的体察。绍圣以后，随着其人生苦况的不断加重及其向禅之心的日久弥坚，回头再返观柳诗，则不难体味出与自己萧散自然的心态相冲突的不平之气。《瀛奎律髓》云："世言韦柳，韦诗淡而缓，柳诗峭而劲。"[④]柳诗之峭劲与陶诗之自然貌合神离，由此，偏爱陶诗而疏离柳诗便成为苏轼晚年心态变化的必然结果。

柳诗表面简古淡泊，实则其磊落不平之气潜曲流转于诗中，形成外柔内刚的诗歌形态。《江雪》即典型例证。千山万径既无鸟语，亦无人声，一片寂静。大雪茫茫的江面，独有老翁戴笠披蓑，独钓寒江。这静穆的画面传达出的是老翁面对肃杀的寒冬依然默默与之对峙的刚毅，流露出柳宗元面对严酷的政治打击不肯屈服的兀傲之气。又《雨后晓行独至愚溪北池》云："宿云散洲渚，晓日明村坞。高树临清池，风惊夜来雨。予心适无事，偶此成宾主。"本诗描写雨后清晨景象，清丽静谧，诗人亦以"予心适无事"表白，似是心与物合，情景相映，而风吹雨落的声响时时令诗人心神悸动，"惊"字实则映现出诗人内

---

① 《书黄子思诗集后》，《苏轼文集》卷67，第2124页。

② 同上。

③ 《书黄子思诗集后》云："予既与其子几道、其孙师是游，得窥其家集。"既是"窥其家集"，则该文当是应黄氏之请书于家集之后，应作于绍圣贬惠州之前。

④ 方回《瀛奎律髓》卷4，上海古籍出版社2005年版，第188页。

心的不安。《古唐诗合解》评该诗云，"即事成咏，随景写情，颇有自得之趣。然毕竟有'迁谪'二字横于意中，欲如陶、韦之脱，难矣"①。"迁谪"二字横于意中正是柳诗不能磨去锋芒的原因所在，更进一步说，则是柳氏仍未平复入世之心。苏轼在比较陶、柳时说，"柳子厚诗在陶渊明下，韦苏州上，所贵乎枯淡者，谓其外枯而中膏，似淡而实美，渊明子厚之流是也"②。苏轼将陶、柳二人看作同一风格，而柳不及陶，如何不及，差异何在，苏轼虽未明言，而由其相关字眼仍可寻到蛛丝马迹。在《书柳子厚南涧诗》中，苏轼说："柳子南迁后诗，清劲纡余，大率类此。"③ 其中提到柳诗之"劲"。后人对这一特征又以相近词语加以发明，胡仔云："予观古今诗人，惟韦苏州得其（案：指渊明）清闲，尚不得其枯淡；柳州独得之，但恨其少道尔。"④。其中"道"即"劲健"之意，即柳诗虽有陶诗枯淡之美，但较陶诗又稍显遒劲，不能达到陶诗纯任自然的境界。胡应麟在比较诗"清"的一派时指出"靖节清而远"，"柳子厚清而峭"。⑤ "峭"乃"险峻、突兀、森严"之谓也。无论是"劲""道""峭"，实际上都指出了柳诗与"枯淡"的总体风格相悖离的审美特征，乃是柳子厚饱受磨难的愤郁不平之气的艺术外现。宋人蔡启在《子厚乐天渊明之诗》中说："子厚之贬，其忧悲憔悴之叹，发于诗者，特为酸楚。闵己伤志，固君子所不免，然亦何至是，卒以愤死，未为达理也。……惟渊明则不然。观其《贫士》《责子》与其他所作，当忧则忧，遇喜则喜，忽然忧乐两忘，则随所遇而皆适，未尝有择于其间，所谓超世遗物者，要当如是而后可也。"⑥ 蔡启以宋人眼光反观

---

① 《古唐诗合解》，转引自《唐诗彙评》，浙江教育出版社 1992 年版，第 1789 页。
② 《苏轼文集》卷 67，第 2124 页。
③ 同上书，第 2116 页。
④ 胡仔《苕溪渔隐丛话》(前集)，人民文学出版社 1981 年版，第 26 页。
⑤ 胡应麟《诗薮》，《全明诗话》，齐鲁书社 2005 年版，第 2617 页。
⑥ 《蔡宽夫诗话》，郭绍虞《宋诗话辑佚》，中华书局 1980 年版，第 393 页。

唐人，责备子厚"未为达理"，而推崇陶渊明"忧乐两忘"、"超世遗物"的情怀。姑且不论其时代差异对子厚评论有失苛刻，仅就对陶、柳二人诗风差异原因的分析而论，则其观点无疑是确当的。

那么，柳子厚之佛教信仰与其诗歌创作风格之间究竟有何关系呢？如上所论，柳宗元之佛教信仰所需注意者有二，其一是柳宗元不满抛弃佛家典则而徒然进行心性修炼的南宗禅，且其所信仰的天台宗的"中道观"与儒家"中庸之道"观念有内在的相通性；其二是柳氏对天台宗的信仰限于解除精神苦闷的层面，并未消解、覆盖其政治理想而成为其人生的主导原则，或者说，佛教与儒学、政治与文学、理想与实践并未如苏轼晚年一样圆融为一。因此，柳宗元的佛教信仰事实上并未对其诗歌创作产生明显影响，其诗歌之淡泊峭劲风格的形成乃是其沉厚内敛的人格气质、朴雅古淡的文学趣味及其难以消泯的政治理想交互作用的结果。因此，柳诗更是一种"文学性"的创作，而非如苏轼那样是一种庄禅哲学陶冶之下的个体生命与天地大化相交融而成的性情风习的自然流露，诚如周裕锴所论，"在宋以前，儒、释、道的生命哲学还未真正化为自觉的人心和诗心"。[①] 然而，这种不自觉并不能否定陶渊明的示范意义，如果说宋以后的诗人创作是一种糅合三教的自觉，那么陶诗之质朴自然乃是一种超乎自觉的浑成境界，是诗人参透天地化机之后大朴归真的心灵外现。一切生命活动指向"真"这一最高价值本体，一切生命活动又被这一最高本体所渗透所引导并与之浑融为一，陶诗因而带有浑朴无凿的真趣及排斥世俗功利的宗教气质。苏轼晚年的精神趣味正在这一点上与之同声相应。可以说，庄禅之风对苏轼创作的影响，一方面是使之由对外在事功的追求转向对内在心性的体悟，淡泊功利而归趋本真的自性，通过

---

① 周裕锴《宋代诗学通论》，上海古籍出版社 2007 年版，第 341 页。

对心灵的澄净开启对宇宙大化的认知与把握，所谓"静故了群动，空故纳万境"。另一方面则是糅合儒释道，以一种整体的眼光观照万物，从而将类似柳宗元那样宗教信仰与政治实践、理性审视与情感抒发的分离状态融通起来，达到随心所欲而无施不可的浑然境界，这不仅是自然浑成的创作境界，亦是圆通无碍的生命境界。尽管陶渊明所归趋者是道家哲学最高本体的"真"，苏轼所求者乃是禅宗哲学清净自然的"自性"，实则二者在追求自然方面并无二致，更重要的则是二者融通万物的求思方式是完全一致的，由此，精神气质的趋向自然与求思方式的浑然合一必然导致对平淡风格的追求。这就使流贬后的苏轼对陶诗具有一种哲学意义上的亲切感与归属感。柳宗元虽以释家出世之理尤其是天台宗教义消解苦痛，终于不能磨灭成尘，其跌宕不平之气仍然流荡于字里行间，形成不同于陶诗的"峭劲"特征。宋人以其文化的老成心态观照唐人，便对其身处逆境而长歌当哭的强烈情感不以为然，而更欣赏那种随遇而安的从容淡定，则柳诗之"清而峭"自然便不及陶诗之"清而远"。于是在苏轼的审美观照中，柳诗便在陶诗之下了。

由上可见，苏轼迭遭打击，远贬南荒的过程也是其儒家观念不断瓦解、出世之心日渐强烈、佛禅之心逐步加重的过程，与之相应，其艺术审美眼光也由前期的豪横超迈趋向于清远枯淡，因而也就与陶渊明纯任自然的人格诗格高度同一。柳氏虽与苏轼拥有相似的经历，且在贬谪之后也转向释教，但其以儒统释的基本立场使其无法如苏轼一样完全消泯用世之情，形之于诗便表现为清峭作风。因而，无论其人格还是诗格都与苏轼的理想境界貌合神离，不能与陶诗等量齐观。这正是苏轼和陶而不和柳的社会文化原因，而苏轼文化心态转向佛禅及其审美趣味趋向枯淡一定程度上又映照出唐宋文化的差别，也隐约折射出中国士人文化人格的衰变趋势。

"吾生如寄"与"此生安归"

——苏轼晚年的精神困境与自我救赎

　　东坡体悟自然大道，随缘任运，无施不可，达到了庄禅哲学的高妙境界，似乎获得了真正的解脱与自由。而事实上，这种以被动服从外物为特征的生存哲学在使东坡消解人生苦痛的同时，又使其陷于无所依归的精神困境；在使其获得自由感的同时，又形成人生如寄的漂泊感，苏轼因而不得不重新寻求精神归宿，并以对儒学的复归完成了其上下求索的精神历程。

　　东坡以诗人的敏感对人生的偶然性及其中潜藏的悲剧性有着深刻的直觉，早年入京之初即有诗云："人生到处知何似，应似飞鸿踏雪泥。泥上偶然留指爪，鸿飞哪复计东西。"[1]表达出对人生偶然性的迷惘。东坡出仕以后，宦流各处，又一贬再贬，四处漂泊，在地理上失去了对固定区域的依附，从而形成"寄"的意识。据笔者检索，东坡在诗中初次用到"寄"一词在熙宁十年，东坡该年自潍州至京师，途经济南时作《至济南，李公择以诗相迎》，中云"宦游到处身如寄"[2]。这里将"寄"与"宦游"联系起来，可见"宦游"乃是东坡"寄"的意识形成的直接原因。熙宁十年东坡还作

---

① 《苏轼诗集》卷 3，第 96 页。
② 《苏轼诗集》卷 15，第 715 页。

有《答吕梁仲屯田》，中云："人生如寄何不乐，任使绛蜡烧黄昏。"[①] 黄州所作《临江仙》词云："小舟从此逝，江海寄余生。"[②] 绍圣以后被贬岭海，这种意识更得强化，《次韵子由所居六咏》其四云："萧然行脚僧，一身寄天涯。"[③]《郁孤台》诗云："吾生如寄耳，岭海亦闲游。"[④] 在惠州与他人信中亦云："某惟少子随侍，全是一行脚僧，但吃些酒肉耳。"[⑤] 被贬往海岛后，更直接说，"我本海南民，寄生西蜀州"[⑥]，并对离岛北归依依不舍，"知君不再见，欲去且少留"。据业师王水照先生统计，苏轼诗集中共有九处用了"吾生如寄耳"，并按编年作了排列，其中熙宁十年一次，元丰两次，元祐四次，绍圣后两次[⑦]，可以看出，随着时间的推移、党争的加剧及人生困境的加重，东坡"人生如寄"意识越发强烈。

"寄"作为一种对生命存在方式及其本质的认识始于先秦，《尸子》引老莱子曰："人生于天地之间，寄也。寄者固归。"[⑧] 它认为生命不过暂寄于世，终将归去，强调生命之短暂，这是"寄"的初始内涵。汉末魏晋以后，随着个体生命意识的觉醒，人生如"寄"成为一种普泛化的观念更多地出现于诗文中，《古诗十九首·驱车上东门》云："浩浩阴阳移，年年如朝露。人生忽如寄，寿无金石固。"[⑨] 曹丕《善哉行》云："人生如寄，多忧何为？今我不

① 《苏轼诗集》卷 15，第 749 页。
② 邹同庆、王宗堂《苏轼词编年校注》，中华书局 2007 年版，第 467 页。
③ 《苏轼诗集》卷 40，第 2208 页。
④ 《苏轼诗集》卷 45，第 2429 页。
⑤ 《与曹子方五首》其三，《苏轼文集》卷 58，第 1775 页。
⑥ 《别海南黎民表》，《苏轼诗集》卷 43，第 2363 页。
⑦ 王水照《苏轼的人生思考与文化性格》，《王水照自选集》，上海教育出版社 2000 年版，第 306 页。
⑧ 萧统《文选》卷 29，岳麓书社 2002 年版，第 912 页。
⑨ 萧统《文选》卷 29，第 916 页。

乐，岁月如驰。"① 曹植《浮萍篇》云："日月不常处，人生忽如寄。悲风来入怀，泪下如垂露。"② 陆机《豫章行》云："乐会良自古。悼别岂独今。寄世将几何。日昃无停阴。"③ 陶渊明《荣木》云："人生若寄，憔悴有时。静言孔念，中心怅而。"④ 白居易《感时》诗云："白发虽未生，朱颜已先悴。人生讵几何，在世犹如寄。……唯当饮美酒，终日陶陶醉。"⑤ 他们都沿袭古诗对寄的理解，感叹人生浅促，并因此表达悲怆之意或及时行乐的人生主题。而苏轼对"寄"的理解则非仅着眼于人生的短暂性，而是基于诗人的敏感更着意"寄"背后所潜藏的生命的偶然性，并因晚年的政治挫折及庄禅观念的强烈渗透而由偶然性发展为虚无性乃至荒诞性。

早年苏氏兄弟应考时曾相约一起归隐故山，对故土尚有很强的归依感，此后世事纷纭，这种归依感不断淡化。贬往岭海后，观念更为通达，"不敢梦故山，恐兴坟墓悲。生世本暂寓，此身念念非"⑥。正因为"生世本暂寓"，则寄迹何处便没有多少本质区别，"漂流四十年，今乃言卜居。且喜天壤间，一席亦吾庐"⑦。而人生的短暂更使归家没有必要，"此生念念随泡影，莫认家山作本元"⑧。在浪迹天涯、时近暮年的苏轼看来，四海无不可居，无不是家，归与不归已经没有区别，"早知臭腐即神奇，海北天南总是归"⑨。王文诰对苏轼《行琼、儋间，……戏作此数句》《次前韵寄子由》二诗下案语说：

① 逯钦立辑校《先秦汉魏晋南北朝诗》卷4，中华书局1983年版，第391页。
② 赵幼文《曹植集校注》，人民文学出版社1984年版，第311页。
③ 《陆机集》卷6，中华书局1982年版，第64页。
④ 逯钦立校注《陶渊明集》卷1，中华书局1979年版，第15页。
⑤ 《白居易集》卷5，中华书局1979年版，第92页。
⑥ 《和陶还旧居》，《苏轼诗集》卷41，第2251页。
⑦ 《和陶和刘柴桑》，《苏轼诗集》卷42，第2311页。
⑧ 《庚辰岁人日作》，《苏轼诗集》卷43，第2343页。
⑨ 《次韵郭功甫观予画雪雀有感二首》其一，《苏轼诗集》卷45，第2445页。

"二诗本旨，以不归为归，犹言此区区形迹之累，不足以囿我也。"① 当然，这里有归家不能、强自宽解的意味，在苏轼内心深处仍然埋藏着北归中原的渴望，"余生欲老海南村，帝遣巫阳招我魂。杳杳天低鹘没处，青山一发是中原"②。诗引《招魂》典故，以屈原的悲剧暗示自己的忠诚与冤屈，更以对远方一线青山的遥望表达了北归中原的渴望。可见，东坡之"吾生如寄"既是对贬谪际遇的描述，也寓含着归家不得的愤懑；既是对生命本质的深思，也是对人生不幸的化解。这种"如寄"意识并不仅产生于苏轼转徙漂泊的命运，而且植根于论空说无、随缘任运的庄禅哲学。

人生如寄的基础首先在于生命的非我属性，《庄子·知北游》云："汝身非汝有，是天地之委形也；生非汝有，是天地之委和也；性命非汝有，是天地之委顺也；孙子非汝有，是天地之委蜕也。"③ 苏轼对此高度认可，称"是身如委蜕"④，个体的一切都并非我有，生命来到世间不过是暂寓于此罢了，它的存在是暂时的和有限的，既然如此，无论寄迹何处都没有太大不同。更何况置于何种境遇并非完全由自身决定，接受而不是抗拒才是明智选择，庄子说，"知其不可如何而安之若命，德之至也"。安之若命便是依顺自然，亦即是禅宗的随缘任运，诚如苏轼《与子由弟十首》其三云："任性逍遥，随缘放旷，但尽凡心，无别胜解。以我观之，凡心尽处，胜解卓然。"⑤ 即表达了苏轼对庄禅观念的体悟。

尽管因依自然、随缘任运的庄禅哲学似乎可以给士人以安身立命的支点，而实际上道家自然观将一切存在看作先天合理的，在很大程度上认可了

① 《苏轼诗集》卷41，第2249页。
② 《澄迈驿通潮阁二首》其二，《苏轼诗集》卷43，第2365页。
③ 郭庆藩《庄子集注》卷7下，中华书局2004年版，第739页。
④ 《和陶咏二疏》，《苏轼诗集》卷40，第2183页。
⑤ 《苏轼文集》卷60，第1834页。

现实社会秩序的先天合理性，即所谓"因其所有而有之，则万物莫不有；因其所无而无之，则万物莫不无；因其所然而然之，则万物莫不然；因其所非而非之，则万物莫不非"①。因此，道家哲学对现实的态度更倾向于认可与接受，而不是批判与反抗。它固然可以让主体顺从自身的自然性，享受到一定程度的自由，但它首先肯定现实的合理性，而取消了人的主体地位与能动性，所谓依循自然，本质上乃是屈从现实。这意味着主体放弃了对现实的批判立场，同时放弃了对是非善恶的辨别，人生价值因此陷于虚无，生命随之丧失了意义，这无疑更强化了苏轼对人生的梦幻意识。《和陶形赠影》云："无心但因物，万变岂有竭。醉醒皆梦耳，未用议优劣。"② 无心因物、随缘任运的生存哲学必然取消对外物的价值判断，使精神性的人变成浑浑噩噩、不问是非的肉体存在，既然醉醒皆梦，又何须区别优劣。《和陶神释》云："甚欲随陶翁，移家酒中住。醉醒要有尽，未易逃诸数。平生逐儿戏，处处余作具。所至人聚观，指目生毁誉。如今一弄火，好恶都焚去。既无负载劳，又无寇攘惧。仲尼晚乃觉，天下何思虑。"③ 苏轼在这里同样表达了麻醉自我、泯灭是非的念头，这两首诗清楚地显示出随缘任运的庄禅哲学最终导致人生意义沦于虚无的逻辑流程，主体性的人在这一过程中丧失了自己的主体地位而沦为外物的附庸，吾生如寄的背后是主体精神的漂泊无依。因此，虽然苏轼以庄禅的自然哲学随缘任运，貌似获得了大自在，实则丧失了自我，使自我成为随波逐流、无所附丽的不系之舟。苏轼云："心似已灰之木，身如不系之舟。问汝平生功业，黄州、惠州、儋州。"④ 正是对自己贬谪生涯

---

① 郭庆藩《庄子集注》卷6下，第577页。
② 《苏轼诗集》卷42，第2307页。
③ 同上。
④ 《自题金山画像》，《苏轼诗集》卷48，第2641页。

及心灵痛史的高度概括，正因为"身如不系之舟"，所以才会"心似已灰之木"，主体精神因无所归依而枯萎衰顿。显然，貌似智慧的庄禅哲学并没有真正解脱苏轼的痛苦，它在消解人生磨难的同时也使苏轼失去了可以依赖的精神价值，陷于精神的空茫。就此而言，道家自然观不仅不是一种真正意义上的信仰，而且是对信仰的解构。禅宗之随缘任运，庄子之安之若命，似乎使得主体获得了寄放心灵的无限空间，而正因为空间的无限性，实则等于无所依归，《和陶答庞参军六首》其六云，"吾生一尘，寓形空中"①。生命如浮尘飘荡于空中，虽然有无限的自由性，却同时丧失了依托，这无疑加重了苏轼本已有之的"寄"的意识，并造成其无所依归的虚无感。

然而，人作为精神性的存在总是倾向于皈依某种终极价值，苏轼由"吾生如寄"的生存状态自然地追问"吾生安归"，便是一种终极的追寻，在苏轼现存的362首词作中，"归"字竟出现105次，在其他作品中也频频出现，这是深可玩味的。从文义来看，苏轼之"归"主要包括归乡与归隐两类，前者如"已成归蜀计，谁借买山赀？"②"三年无日不思归，梦里还家旋觉非"③。"吾庐想见无限好，客子倦游胡不归！"④后者如"胡不归去来，滞留愧渊明？"⑤"田园不早定，归宿终安在"⑥。"我谢江神岂得已，有田不归如江水"⑦。然而对晚年的苏轼而言，故乡与田园虽可托身，却不能安顿心灵，历经熙宁以来的重重党争、政治的是是非非以及人生的起落浮沉，苏轼所遭

---

① 《苏轼诗集》卷40，第2225页。
② 《答任师中次韵》，《苏轼诗集》卷8，第362页。
③ 《华阴寄子由》，《苏轼诗集》卷5，第224页。
④ 《和子由四首·首夏宫舍即事》，《苏轼诗集》卷13，第627页。
⑤ 《汤村开运盐河雨中督役》，《苏轼诗集》卷8，第388页。
⑥ 《韩子华石淙庄》，《苏轼诗集》卷9，第461页。
⑦ 《游金山寺》，《苏轼诗集》卷7，第307页。

遇的不再是出处进退的心灵矛盾，而是存在意义上的精神困境，诚如李泽厚所论："（苏轼）通过诗文所表达出来的那种人生空漠之感，却比前人任何口头上或事实上的'退隐'、'归田'、'遁世'要更深刻更沉重。因为，苏轼诗文中所表达出来的这种'退隐'心绪，……是对整个人生、世上的纷纷扰扰究竟有何目的和意义这个根本问题的怀疑、厌倦和企求解脱与舍弃。"① 因此，对晚年的苏轼而言，故乡与田园早已丧失了安顿心灵的意义，则东坡之"吾生安归"便不仅是居无定所的焦虑，更指失去精神家园、无处安顿心灵的栖惶，《和陶拟古九首》其三便生动地表达了这种栖惶之情：

> 客去室幽幽，服鸟来座隅。引吭伸两翅，太息意不舒。
>
> 吾生如寄耳，何者为吾庐。去此复何之，少安与汝居。
>
> 夜中闻长啸，月露荒榛芜。无问亦无答，吉凶两何如。②

诗以服鸟意象展开诗境，通过对其"引吭伸两翅，太息意不舒"的动态描写为全诗营造出诡秘不祥的气氛。虽然人生如寄，但诗人仍然执拗地寻觅精神的栖居地，可是何处才是可以托身的居所呢？"何者为吾庐"的追问深刻表达了诗人无所依归的困惑。生在何处似乎没有什么不同，可是，果真离开这里，又将去往哪里？面对鹏鸟的到来，诗人既未提问，鹏鸟亦未回答。诗人置而不问，似是超然，实则不知如何发问，不知归向何处，这一意味深长的结尾透出诗人丝丝缕缕的生命的荒凉。

虽然许多论者认为，苏轼随缘任运的自然观回避了现实矛盾，消解了人

---

① 李泽厚《美学三书·美的历程》，天津社会科学院出版社 2003 年版，第 146 页。
② 《苏轼诗集》卷 41，第 2261 页。

生痛苦，其心态也便由功利转向了审美，更加从容不迫，优游容与，消解了人生痛苦。此说虽有道理，但必须指出的是，其一，以庄禅之随缘任运观照天地万物并不必然转向审美。苏轼贬谪岭海后，面临着更为严酷的生存环境，新党的迫害无时不在，苏辙等人一再叮嘱苏轼谨慎为文，甚至提出要"焚砚弃笔"①。在这种动辄得咎、朝不虑夕的形势下，其心态之审美性究竟能维持到何种程度可想而知，这由其创作数量之少及其创作风格之趋于平淡即可看出端倪。其二，审美仅是人生活动的一个方面，或者是人生痛苦的消解方式，而不可能是人生的全部内容，对苏轼这类被贬士大夫而言，最基本的关系仍然是与现实中人的社会关系而非与自然的物我关系，从诗歌创作等审美活动转过身来，仍然要面对严酷的现实人生。因此，对苏轼而言，其心态的审美化是有限的，且并不必然消解人生痛苦。那种认为苏轼心态一旦实现审美化转型便万事大吉、从此再无痛苦的观点恐怕无法成立，这由苏轼远贬岭海后时时流露出的孤寂之情便可得到证明。

由上可见，释道观念的泛滥最终不仅未能使得苏轼这样的士大夫获得拯救，反而使其陷入更为深刻的信仰沦丧的精神危机中，"何者为吾庐"的追问，正表明心灵无处寄放，暗示出他们精神家园的迷失。三教合流似乎已使他们进退出处无施不可，然而事实上，进不能建功立业，退则是万法皆空，陷于进退失据的尴尬状态。朱子云，东坡"晚年自知所学底倚靠不得，及与李昭玘书有云：黄、秦挟有余之资而骛于无涯之智，必极其所如，将安所归宿哉？"② 这其实也是苏轼对自身困境的描述。于是，这些沉溺于庄禅的士大夫又不得不回过头来，通过探究儒文化填补精神的空虚。苏轼贬谪期间用了

---

① 苏轼《与程正辅七十首》其十六云："子由近有书，深戒作诗，其言切至，云当焚砚弃笔，不但作而不出也，不忍违其忧爱之意，故遂不作一字。"见《苏轼文集》卷54，第1594页。
② 《朱子语类》卷130，《朱子全书》，上海古籍出版社2002年版，第18册，第4058页。

大量精力注解《周易》《尚书》《论语》，"自谓颇正古今之误，粗有益于世，瞑目无憾也"①。在与李之仪信中，苏轼说："所喜者，海南了得《易》《书》《论语》传数十卷，似有益于骨朽后人耳目也。"②北归途中又与友人说："某凡百如昨，但抚视《易》《书》《论语》三书，即觉此生不虚过。"③苏辙所作《亡兄子瞻端明墓志铭》中也记载了苏轼类似的话："既成三书，抚之叹曰：'今世要未能信，后有君子，当知我矣！'"④可见苏轼对三部著作高度重视，并对其价值极为自信。苏辙贬谪期间致力撰著《春秋集传》，曰，"吾为《春秋集传》乃平生事业"，并称之为"千载绝学"⑤。不仅二苏，大批士人被贬期间都将研究儒家经典作为重要工作，邹浩注《易》，王定国注《论语》，吕陶注《春秋》。除去新党人物如吕惠卿等侧重解读老庄，张商英专一向佛外，多数的被贬者都转向对儒家经典的研究，这并非偶然现象，它体现出士大夫群体寻求精神依托的内在渴求，对苏轼这样崇信庄禅的士人更是如此。

由儒家至庄禅再到儒家，苏轼的思想经历了一个螺旋式的轮回，代表了宋代士大夫精神嬗变的历程。它表明，庄禅哲学的作用只能是解脱人生的苦痛，却不能给士大夫以终极的精神支撑，儒家价值作为士大夫的精神根基地位终究无可替代，这并不以士大夫的意志为转移。它更表明，尽管遭到严酷的政治迫害，被贬士大夫的政治主体意识及入世追求并未消泯，他们在精神上无法完全契合谈空说无、逃避现实的庄禅哲学，对儒家经典的复归正是对庄禅哲学深入浸淫心灵的不自觉的抵抗。如果说庄禅哲学使苏轼陷于"吾归何处"的空茫，那么儒学则给他提供了最终的归宿。

---

① 《与滕达道二十三首》，《苏轼文集》卷51，第1482页。

② 《与李端叔十首》其三，《苏轼文集》卷52，第1540页。

③ 《答苏伯固四首》，《苏轼文集》卷57，第1741页。

④ 《栾城后集》卷22，《苏辙集》，第1127页。

⑤ 苏籀《栾城遗言》，文渊阁四库全书第864册，第173页。

释道与苏轼晚年生命意识的递嬗

————————

绍圣以后，苏轼再遭贬谪。与贬黄州时期的愤郁不平、待机而起已有很大不同，贬往岭海后的苏轼更多不是对东山再起的期待，而是对生命本身的关注与思考。如果说黄州时期因为元丰期间整体社会氛围的进取精神仍给苏轼以还朝的希望，那么经过元祐更化的风雨坎坷，无论是现实层面还是文化层面，苏轼都产生出深深的厌倦与困惑，绍圣以后严酷的政治迫害进一步加剧着苏轼对儒文化的疏离及对释道价值的皈依。

一

绍圣元年贬惠州前夕，苏轼作短文论三国名臣，盛赞诸葛亮，并赞东汉之士尚风节，文中说，"西汉之士多智谋，薄于名义。东京之士尚风节，短于权略。兼之者，三国名臣也。而孔明巍然三代王者之佐，未易以世论也"[1]。《丞相魏公谭训》卷十载，"东坡常称东汉多忠节之士，所以能扶危持颠者几百年，虽曹孟德之奸雄，亦畏名节，故终躬不敢取汉"[2]。元祐末年，东坡

————————

[1] 《苏轼文集》卷65，中华书局1986年版，第2042页。
[2] 转引自孔凡礼《苏轼年谱》第1145页。

已感到新党复辟、山雨欲来的紧张气氛，并深感到新党来势汹汹，前景难料，一场大规模的政治报复在所难免。李之仪《仇池翁南浮集序》较为详细地叙述了元祐末年新党即将上台、旧党行将被逐、山雨欲来的严峻形势，这与东汉末年党锢之祸的情景极为相似，苏轼此时赞东汉之士尚风节，无疑是以东林党人自勉自厉，表达决不屈服的决心。自熙丰至绍圣，政局屡有反复，而许多士人投机迎合，随风而变，毫无特操，苏轼此论亦有警世之意。由此可见，贬惠之前，儒家威武不屈的大丈夫人格仍是苏轼人格精神的主导方面，但远贬惠州的诏旨仍然给了苏轼沉重打击，其心情随之变得极为消沉，赴岭南途中所作《望湖亭》诗云，"许国心犹在，康时术已无。岷峨家万里，投老得归无"[①]。虽然声称"许国心犹在"，但毕竟"康时术已无"，而且乡关万里，归隐不能，这种进而不得、退而不能的表白几乎就是一种无力的呼喊与挣扎，表现出诗人的灰暗情绪。行至赣州惶恐滩时作诗云，"十八滩头一叶身"，"地名惶恐泣孤臣"[②]，则又以泣血的诗句写出远贬岭南的锥心之痛。面对这种无情的政治放逐，元祐还朝后沉潜于心底的释道观念重新浮泛上来，形成对现实人生的虚幻观照，经过虔州作《天竺寺》诗云，"四十七年真一梦，天涯流落月横斜"[③]。苏轼十二岁时，苏洵归自虔州而告之以白乐天诗，中有"一山门作两山门"云云。四十七年后，苏洵早已逝去多年，而苏轼却以戴罪之身经过虔州，追忆父亲遗迹，不胜痛心感慨，真令人有一梦之叹，再想到难以预料的前景，更是满心凄楚，老泪纵横。又《松风亭》诗云，"春风岭上淮南村，昔年梅花曾断魂。当知流落复相见，蛮风蜑雨愁黄昏。""酒醒梦觉起绕树，妙意有在终无言。先生独饮勿叹息，幸自落月窥清

---

① 《苏轼诗集》卷38，中华书局1982年版，第2050页。
② 同上书，第2053页。
③ 同上书，第2056页。

樽"①。诗人元丰三年赴黄州贬所，途经麻城春风岭，便曾看到梅花飘落的情景，悲不自胜，赋诗言志。十四年后的今天远贬惠州，复见梅开，似乎又是一个苦难的轮回，这如影随形的梅花似乎隐喻了诗人漂泊流离的命运，触目深思，令人无限感慨。诗人对世事与人生的虚幻意识随着对贬谪境遇的深切感受得以强化，甚至上升为对历史的理解，"戏作一篇书，千古发争端。儒墨起相杀，予初本无言"②。苏轼在这里将世人的争夺纷扰归因于圣人的偶然戏语，从而揭示出争夺的无意义及人类历史的荒诞性，与之相应，佛教空无观念也急剧地滋生起来，对人生的梦幻意识再度抬头，此期诗作常常表达人生如梦的感叹，"人间何者非梦幻，南来万里真良图"③。与黄州时期不同的是，苏轼贬谪岭南的梦幻意识并不仅是消解无端被贬的人生苦痛，也是元祐之后对世事人生的真切感受。元祐还朝后，苏轼兄弟颇受重用，堪称通显，而洛蜀党争却愈演愈烈，政敌的攻击密如箭矢，令其应接不暇，难有作为，苏轼不得不自请外放，以求喘息。致君尧舜的壮志终成泡影，所谓"人间何者非梦幻"自然也包括上述经历。得志不过如此，则被贬也便显得无关紧要，甚至说"南来万里真良图"，此言虽不免有故作旷达之嫌，也应有真实的感受在内，故而苏轼初至惠州在赠张耒的诗中说，"独步倘逢勾漏令，远来莫恨曲江张"④，对自己因被贬而能集中精力进行道教养炼表示庆幸："乐天作庐山草堂，盖亦烧丹也，欲成而炉鼎败。来日，忠州刺史除书到。乃知世间、出世间事，不两立也。仆有此志久矣，而终无成者，亦以世间事未败故也，今日真败矣。《书》曰：'民之所欲，天必从之。'信而有

---

① 《苏轼诗集》卷38，第2075页。
② 《苏轼诗集》卷39，第2116页。
③ 同上书，第2122页。
④ 同上书，第2123页。

征。"① "今日真败矣"是苏轼对自身政治前途再无翻盘机会的判断,这促成了苏轼远贬岭南之后出世心态的进一步滋长,以及平日不暇操弄的养生实践的回归。

二

贬居岭南后,随着政治的边缘化,苏轼的隐士人格空前发展起来,"何山不堪隐,饮水自修龄"②。与之相应,养生修炼成为贬居生活的重要内容。岭南环境恶劣,缺医少药,一旦生病就有性命之忧。苏轼在与参寥子的信中说:"瘴疠病人,北方何尝不病,是病皆死得人,何必瘴气。又苦无医药。京师国医手里死汉尤多。"③虽然此语故作旷达,宽慰朋友,但苦无医药却是事实。为了保命,苏轼不得不格外注意身体保健,于是进行养生修炼便成为贬谪岭南期间的重要内容。

苏轼故乡巴蜀原本即是道教发祥地,道风浓厚,青城山作为道教圣地更是闻名天下。处在这样的社会环境中,苏轼从小耳濡目染,对道教道术领会于心,"自省事以来,闻世所谓道人有延年之术者",皆与之交往。苏轼"八岁入小学,以道士张易简为师"④。绍圣五年,苏轼在为道士何德顺所作的《众妙堂记》中回忆了幼年跟从道士张易简学道的经历:"眉山道士张易简教小学,常百人,予幼时亦与焉。居天庆观北极院,予盖从之三年。"⑤苏轼在这一过程中自然接受了不少道家观念,培养起对道家道术的亲近感。而蜀地独特的自然环境也加深了苏轼的养生意识,苏轼曾云:"蜀青城山老人

① 《东坡志林》卷1,中华书局1981年版,第11页。
② 《苏轼诗集》卷39,第2126页。
③ 《与参寥子二十首》其十七,《苏轼文集》卷61,第1865页。
④ 《东坡志林》卷2,中华书局1981年版,第47页。
⑤ 《众妙堂记》,《苏轼文集》卷11,第361页。

村，有见五世孙者，道路险远，生不识盐酰，而溪中多枸杞，根如龙蛇，饮其水，故寿。"[1] 巴蜀的道教文化氛围无疑深刻影响了苏轼，此后的苏轼不仅深入研究《老子》《庄子》，而且研究《黄庭经》《抱朴子》《养性延命录》《真诰》等道教典籍，并与道士有广泛的交往，探讨道教养生真谛。苏轼现存论及养生的作品就有二十余篇，代表性篇目为《问养生》《养生说》《续养生论》《龙虎铅汞论》《上张安道养生诀论》等。苏轼在道教方面的理论储备为其以后操行养生实践埋下了伏笔。

事实上，追求养炼之术乃是有宋一代的时代风气，许多士大夫对道教养生颇有兴趣，并积极参与其中。叶梦得《岩下放言》卷中载："富郑公少好道，自言'吐纳长生之术，信之甚笃'。亦时为烧炼丹灶事而不以示人。余镇福唐，尝得其手书《还元火候诀》一篇于蔡君谟家，盖至和间持其母服时，书以遗君谟者。"[2] 富弼酷好道术，蔡襄也可能热衷此道。魏泰《东轩笔录》载："章枢密惇少喜养生，性尤真率，尝云：'若遇饥则虽不相识处，亦须索饭；若食饱时，见父亦不拜。'在门下省及枢密，益喜丹灶、饵茯苓以却粒，骨气清粹，真神仙中人。苏子瞻赠之诗云：'鼎中龙虎黄金贱，松下龟蛇绿骨轻。'盖谓是也。"[3] 章惇酷好养生之术，并且身体力行。熙宁八年，章惇出守湖州，苏轼以诗赠之，其中有"鼎中龙虎黄金贱，松下龟蛇绿骨轻"之句，晚年在给章惇儿子的信中，苏轼还说："丞相知养内外丹久矣，所以未成者，正坐大用故也。今兹闲放，正宜成此。"[4] 由此可知章惇修行道术由来已久，也可见北宋社会浓厚的求道风气。

---

① 《和桃花源并引》，《苏轼诗集》卷40，第2196页。
② 叶梦得《岩下放言》卷中，《全宋笔记》第二编第九册，大象出版社2006年版，第334页。
③ 魏泰《东轩笔录》卷13，中华书局1983年版，第148页。
④ 《与章致平二首》其一，《苏轼文集》卷55，第1643页。

绍圣之后，贬居岭南的苏轼出于养生的需要，热衷道教道术，此期诗文中大量出现有关炼丹、养气、胎息、默坐等养生延年的内容，其中《辨道歌》几乎完全在转述道教养炼之术，《续养生论》则对铅汞龙虎之说进行了详细的介绍，表明苏轼对道家内丹之术进行了较为深入的研究。王文诰引《查注》云，"东坡晚年，留心养生之术，于龙虎铅汞之说，不但能言，而且能行"①。苏轼此期在养生方面的确下了不少功夫，首先在服食中药方面格外注重吸取有益的经验，且颇有心得。苏轼在其诗文中提到的各类中药有石菖蒲、菊花、枸杞、何首乌、茯苓等，且很懂得服用的方法及疗效，《曲洧旧闻》载："东坡在海外，于元符二年春且尽，因试潘道人墨，取纸一幅书曰：'松之有利于世者甚博：松药、脂、茯苓，服之皆长生。其节煮之以酿酒，愈风痹，强腰足；其根皮食之肤革香，久则香闻下风数十步外；其实食之滋血髓，研为膏入漓酒中，则醇酽可饮。'"②可见苏轼有过服食以上中药的丰富经验。

　　与此同时，苏轼对道教内外丹也兴趣颇浓，多方寻求操炼之术，到惠州后请刘宜翁授予外丹道，言辞极为恳切："今远窜荒服，负置至重，无复归望，杜门屏居，寝饭之外，更无一事，胸中廓然实无荆棘，窃谓可以受先生之道。"③还请表兄程正辅多给他寄丹砂，尝试烧炼外丹，《与程正辅书》云："某于大丹未明了，真欲以此砂试煮炼，万一伏火，亦恐成药耳。"④并注意到司马承祯的丸药"秘方"，《与孙运勾书》云："司马子微著《天隐子》，独教人存黄气入泥丸，能致长生。"⑤苏轼并曾服用丹药，"去年海南得所寄异

①　《苏轼诗集》卷40，第2211页。
②　朱弁《曲洧旧闻》卷5，《宋元笔记小说大观》，上海古籍出版社2001年版，第2992页。
③　《与刘宜翁使君书》，《苏轼文集》卷49，第1415页。
④　《苏轼文集》卷54，第1599页。
⑤　《苏轼文集》卷58，第1747页。

士太清中丹一丸，即时服之，下丹田休休焉"①。但苏轼对外丹更多持谨慎态度，即便亲自炼制的丹丸，也不敢轻易服用，炼丹更多出于自娱目的，《与王定国书》云："某近颇好丹药，不惟有意于却老，亦欲玩之变，以自娱也。"② 又说："近有人惠丹砂少许，光彩甚奇，固不敢服，然其人教以养火，观其变化，聊以怡神遣日。"大概许多服食外丹而暴毙的事例让苏轼心有余悸，故对这类金石炼制的丹药敬而远之，且告诫他人不可服用，晚年在给章惇之子章援的信中说："丞相知养内外丹久矣……然只可自内养丹，切不可服外物也……舒州李惟熙丹，化铁成金，可谓至矣。服之皆生胎发，然率为痈疽大患，皆耳目所接，戒之戒之。"③ 苏轼虽然排斥金石类丹药，但对由尿液、乳汁等生物原料炼制的"外丹"颇为认可，其《阳丹诀》曾详细描述了用尿液制丹的方法："以三十瓷器，皆有盖，溺其中。已，随手盖之。书识其上，自一至三十置净室，选谨朴者守之。满三十日开视，其上当结细砂，如浮蚁状，或黄或赤。密绢帕滤，取新汲水净淘澄，无度以秽气，净为度，净瓷瓶合贮之。夏至后取细研枣肉丸如梧桐子大，空心酒吞下，不限丸数。三五日后服尽。夏至后仍依前法采取，却冬至后服，此名阳卉阴炼，须清净绝欲。若不绝欲，其砂不结。"④ 显然，苏轼颇为熟稔这类"外丹"的炼制方法，对其功效也当有深切的体会。

相对外丹，苏轼终其一生主要是炼内丹，尤其注重胎息养气之方，《与王定国四十一首》之八云："道术多方，难得其要，然以某观之，惟能静心闭目，以渐习之，但闭得百十息，为益甚大，寻常静夜，以脉候得百二三十

---

① 《与钱济明十六首》之六，《苏轼文集》卷53，第1551页。
② 《苏轼文集》卷54，第1615页。
③ 《与章致平二首》其一，《苏轼文集》卷55，第1643页。
④ 《东坡志林》卷1，中华书局1981年版，第11页。

至，乃是百二三十息尔。数为之，似觉有功。"①显然苏轼对以养气为核心的内丹显然更为着力，被贬岭南后更是热衷此道，多方搜集各类秘术要诀，如一个海上道人曾向苏轼传以"神守气诀"，又曾与罗浮道士邓守安交往，苏轼称此人"虽朴野，养练有功，至行清苦，常欲济人，深可钦爱"②，并且以诗相赠。经过几年的实践，苏轼似乎颇有所得，"自数年来，颇知内外丹要处"③，并总结说，"养生亦无他术，独寝无念，神气自复"④。

三

苏轼晚年热衷养炼丹息之术，虽不时暴露出堕入俗趣的苗头，所谓"长生定可学，当信仲弓言"⑤，"稚川真长生，少从郑公游"⑥，终未陷溺其中，一往不返，无论儒家的实践理性还是佛教的空无观念都使苏轼并不真正相信道教使人得道成仙的效能，《和陶读〈山海经〉》之十明确表示，"金丹不可成，安期渺云海"。其十二更引用历史上以仙自命的骗子的行径进一步揭露成仙之不可信，《和陶神释》则明确否定了成仙成佛的可能，"莫从老君言，亦莫用佛语。仙山与佛国，终恐无是处"⑦。表现出清醒的认识。

实际上，苏轼于道教养炼所着意者并非仅在于实践层面的长生之术，更在于形上的生命精神，汲汲于对生命价值与意义的索解，最终将求仙与归隐联系在一起，揭示了二者的相通性。《和陶读〈山海经〉》之十三云，"东

---

① 《苏轼文集》卷52，第1518页。
② 《答张文潜四首》之二，《苏轼文集》卷52，第1539页。
③ 《与陈季常十六首》之十六，《苏轼文集》卷53，第1570页。
④ 《与曹子方五首》其二，《苏轼文集》卷58，第1774页。
⑤ 《和陶读〈山海经〉》其五，《苏轼诗集》卷39，第2132页。
⑥ 《正辅……劝学佛》，《苏轼诗集》卷39，第2145页。
⑦ 《苏轼诗集》卷42，第2307页。

坡信畸人，涉世真散材"。"携手葛与陶，归哉复归哉"①。葛洪是仙人，陶潜是隐士，东坡与此二人携手，形象表达了自己由隐而仙的人生理想。在苏轼看来，求仙与归隐具有内在的一致性，求仙首先意味着归隐，而归隐即意味着去除俗欲，淡泊名利，果真能到此境界，则归隐与成仙似无本质区别，仙人也不过是不食人间烟火罢了，所以苏轼说，"但令凡心一洗濯，神人仙药不我遐"②。即便求仙不成，归隐总可以做到，而无论是归隐还是求仙，主体精神都指向摆脱物累的清心寡欲，以求获得超脱与自由。东坡此期对仙与隐之间关系有更为重要的发明，《安期生》一诗颇堪玩索，诗前小引云："安期生，世知其为仙者也。然太史公曰：'蒯通善齐人安期生，生尝以策干项羽，羽不能用，羽欲封此两人，两人终不肯受，亡去。'予每读此，未尝不废书而叹。嗟乎，仙者非斯人而谁为之。故意战国之士，如鲁连、虞卿皆得道者欤？"③ 由此可见，东坡认为真正的成仙者并非那些不问世事、悉心长生的人，而是满怀用世之心却不得其时、只好遁世绝俗的高士，"乃知经世士，出世或乘龙"。战国鲁仲连、虞卿之徒为人排难解纷而视名利富贵如粪土，才是真正的得道者。东坡同时以鄙夷的语气讽刺说，"岂比山泽臞，忍饥啖柏松。纵使偶不死，正堪为仆僮"。历史上许多隐居山林的求仙者不过是为了谋求长生延年的一己之私，甚至许多人乃是利欲熏心的沽名钓誉之徒，他们归隐求仙的行径不过是求取官爵的终南捷径而已，富贵的诱惑使他们乖乖地成为皇权的仆从，晋代的山涛、唐代的卢藏用概属此类。因此，在东坡看来，仙的内核乃是济世救人的高尚人格，成仙不过是这种人格的超越性的表达方式，而绝不等同于肉体延续意义上的长生追求。纪昀评曰，"英思伟论，

---

① 《和陶读〈山海经〉》,《苏轼诗集》卷 39，第 2136 页。
② 《苏轼诗集》卷 39，第 2150 页。
③ 《苏轼诗集》卷 43，第 2349 页。

雄跨古今"。诚为的论。

至海南后，苏轼得道长生的热情显著下降了，儋耳期间的诗文中极少再看到有关养炼的内容。连续的政治迫害使苏轼不免消沉，苏轼在此期的诗文中多次表达了北归无望的怨叹，《与程正辅书》云，"某凡百如昨，北徙已绝望，作久计矣"①。《与孙志同书》云，"今北归无日，因遂自谓惠人，渐作久居计"②。《与王敏仲书》云，"某垂老投荒，无复生还之望，昨与长子迈诀，已处置后事矣"③。尽管苏轼入海南后曾表现出不为以意的旷达姿态，尝作书云："吾始至南海，环视天水无际，悽然伤之，曰，何时得出此岛也。已而思之，天地在积水中，九州在大瀛海中，中国在少海中，有生孰不在岛者。"但值此生命的暮年，再被贬至天涯海角，这种肆意的摧残与侮辱显然使得任何延长生命的努力似乎都显得苍白而多余，对远贬穷荒的苏轼来说，生命的延续一定意义上不过是苦难的延续罢了，如果苦海无边，则费尽心思修道长生也便失去了意义。而且，海南的土著居民并不如外人想象的那样多病而短寿，其中多有百岁以上的高寿老人，这使苏轼对海南风土的疑虑得以消除，并进而强化了对庄子自然观的认同：

> 岭南天气卑湿，地气蒸溽，而海南为甚。夏秋之交，物无不腐坏者。人非金石，其何能久。然儋耳颇有老人，年百余岁者，往往而是，八九十者不论也。乃知寿夭无定，习而安之，则冰蚕火鼠，皆可以生。吾尝湛然无思，寓此觉于物表，使折胶之寒，无所施其冽，流金之暑，无所措其毒，百余岁岂足道哉！彼愚老人者，初不知此特如蚕鼠生于其

----

① 《苏轼文集》卷 54，第 1596 页。
② 《苏轼文集》卷 56，第 1681 页。
③ 同上书，第 1695 页。

中，兀然受之而已。一呼之温，一吸之凉，相续无有间断，虽长生可也。庄子曰："天之穿之，日夜无隙，人则固塞其窦。"岂不然哉。[1]

　　海南长寿老人启发苏轼对生命的自然性有了更深刻的思索。生命存在并不需要刻意的追求，它仅仅是一种自然状态而已，海南百岁老人并未修行养生之道，且其对自身的长寿也没有明确的认知，"彼愚老者，初不知此特如蚕鼠生于其中，兀然受之而已"。长生的愚老恰如蚕鼠生于不知之中，不自知其然故然，刻意追求养生乃至追求长寿其实恰恰违背了庄子的自然之道。庄子尊崇者乃是自然，而道教长生久视之术却是要打破自然的规定性，违拗自然意志而满足人的私欲，因此，道教的养炼之术与道家的自然之道背道而驰。东坡所服膺者乃是自然，他既参透了自然大道，当然就不屑于道教养生之术，黄庭坚《题跋》云："东坡先生好道术，闻辄行之，但不久又弃去。"[2]苏轼最终摒弃养生之术而皈依自然之道，正意味着对生命本质及宇宙人生的深刻解悟。《和陶杂诗十一首》其六云："博大古真人，老聃、关尹喜。独立万物表，长生乃余事。"[3]苏轼认为真正的"博大古真人"乃是老聃、关尹喜这样的道家者流，而非专一究心于炼养之术的葛洪之辈。老聃所求者乃是形而上的"道"，葛洪所求者乃是形而下的"术"，占据了"道"，就可立于万物之表，而长生不过是余事，体"道"重于长生，只要参悟大"道"，自然可以长生。因此，苏轼对养生之术往往不能从一而终，根本原因在于苏轼并不以养生为终极目标，其所求者乃是"道"的境界。随着苏轼对生命本质认识的加深，其对内丹的理解也不再神秘化，其操作化繁为简，依循自然，苏轼

----

[1] 《书海南风土》，《苏轼文集》卷71，第2275页。
[2] 《苏轼文集》卷69，第2209页。
[3] 《苏轼诗集》卷41，第2275页。

后来说:"近颇觉养生事绝不用求新奇,惟老生常谈,便是妙诀,咽津纳息,真是丹头。仍须用寻常所闻般运溯流法,令积久透彻乃效也。"①

四

道家道教观念之外,苏轼用以对抗苦难的重要武器便是佛教的空无观念,一切皆幻,生命自然也不例外。既然生命是虚幻的存在,那么一切的幸与不幸都不必为之或喜或悲。这也是其旷达心态的重要基础。然而理论的解释毕竟不能代替现实的残酷,对日近暮年的苏轼而言,死亡更成为敏感而沉重的话题,万法皆空、万象皆幻的理论解释无法消解生命日近消亡的悲哀,乃至生命空幻本身也成为令人感伤的原因。

《书海南风土》文末写道:"九月二十七日,秋,霖雨不止,顾视帏帐,有白蚁升余,皆已腐烂,感叹不已。"②该文本已表达了对生命的达观态度,然而看到腐烂的白蚁,苏轼又不免感叹唏嘘。生命固然是一种自然的流程,然而生命的消亡毕竟是一种残酷的现实,理论的宽解面对死亡的残酷顿时显得苍白无力,苏轼之感叹表明以旷达消解悲情的有限性。《江子静字序》云:"君子学以辨道,道以求性,正则静,静则定,定则虚,虚则明。物之来也,吾无所增,物之去也,吾无所亏,岂复为之欣喜爱恶而累其真欤?"③苏轼虽然强调辨道求性,随化从流,不应为人生的欣喜爱恶而损害人性之真,但"情者,性之动也"④,情往往突破性的理性约束而肆意地表现。事实上苏轼也并没有把情与性看作截然对立的两物,《东坡书传·大禹谟》讲"人

---

① 《与王敏仲十八首》其五,《苏轼文集》卷56,第1690页。
② 《苏轼文集》卷71,第2275页。
③ 《苏轼文集》卷10,第333页。
④ 《东坡易传》(四库本)卷一,上海古籍出版社1989年版,第5页。

心""道心"即是讨论情与性的关系："道心即人心也，人心即道心也，放之则二，精之则一。"① 正因为这样的理论自觉，苏轼并不像道学家一样以性约情，以所谓的天理压制人欲，而是随心所欲，一任感情奔流，发而为激动人心的篇章。虽然苏轼也强调说，如果"道心隐微而人心为主，喜怒哀乐各随其欲，其祸可胜言哉。"而事实上，当允许"人心"自我表达的时候，所谓的"道心"往往就失去了约束的机能，因此，苏轼的诗文创作才会展现出真情至性。然而也正因为这样，其旷达心态便难以消解人生之痛，尤其生命消亡这一终极性的事实所引起的感情震撼更不易于局促于旷达之下，这在苏轼面对朝云之死一事上得到突出表现。

朝云作为苏轼侍妾，追随苏轼二十三年，于绍圣三年卒于惠州，年仅34岁。苏轼《悼朝云》诗并引说，"予家有数姜，四、五年相继辞去，独朝云者，随予南迁"②，苏轼因而称赞她"忠敬如一"③。不仅如此，朝云亦是苏轼的红颜知己，曾称苏轼"一肚皮不入时宜"④ 而深得苏轼赞许。正因为如此，朝云的去世使得远贬岭海、精神寂寞的苏轼悲伤不已，相继写下《悼朝云诗并序》《朝云墓志铭》《惠州荐朝云疏》《丙子重九诗》《雨中花慢》《西江月》等一系列悼念文字寄托哀思。《悼朝云》诗云："驻景根无千岁药，赠行惟有小乘禅。伤心一念偿前债，弹指三生断后缘。"⑤ "恨无千岁药"极写无能为力的哀痛，"送行惟有小乘禅"则又见出苏轼以佛解脱的企图，王文诰引施注曰："先生于朝云墓前作六如亭，盖取经中'如梦、幻、泡、影，如露亦如电'之语。"可见苏轼以佛教梦、幻等不实物象比拟朝云亡故，以此减轻悲伤之情的

---

① 《东坡书传》，文渊阁四库全书第54册，第504页。
② 《苏轼诗集》卷38，第2073页。
③ 《朝云墓志铭》，《苏轼文集》卷15，第473页。
④ 费衮《梁溪漫志》，三秦出版社2004年版，第134页。
⑤ 《苏轼诗集》卷40，第2202页。

用意。然而二十三年的深情厚意怎一个"空"字了得，苏轼因此说，"伤心一念偿前债，弹指三生断后缘"。苏轼将朝云追随自己而不幸早逝看作偿还债务，而自己再无机会与朝云重续前缘了，表达了刻骨铭心之痛。

由此可见，面对爱人的消亡，超然旷达的庄禅哲学也难以消释这种刻骨铭心的创痛，理性的观念并不能全然主宰感情世界。对苏轼而言，爱人的逝去使得其老境更加凄凉，感情更为敏感而脆弱，苏轼也更倾向于以佛教空观化解愁绪，"楞严在床头，妙偈时仰读"[①]，其空幻意识空前强烈起来，这实则一种更其深切的哀感与悲情。《次前韵寄子由》云，"老矣复何言，荣辱今两空"，"指点昔游处，蒿莱生故宫"[②]。人生荣辱，尽是虚空，即便辉煌的宫殿，现在也成了一片废墟，则萍踪江海与安守故山又有怎样的区别呢？所以苏轼云，"此生念念随泡影，莫认家山作本元"[③]。"本元"源自《楞严经》，"徒获此心，未敢认为本元心地"[④]。意为因佛开启而获此心，并非自身觉悟的结果，故曰"徒获"，不敢认为这就是我的本元心地。苏轼此处"莫认家山作本元"有忘却乡情、强自宽解的意味。于是，政治无成的失意感，生命迟暮的衰颓感，亲人亡故的孤独感，最终深化为生命本身的空幻感，使得苏轼更习惯于以空幻眼光看待人生，感情陷于消沉与悲凉，甚至说，"年来万事足，所欠惟一死"[⑤]。元符三年六月，苏轼正式接到为琼州别驾不得签书公事的诰命，六月离昌化军，作《儋耳》诗云："霹雳收威暮雨开，独凭阑槛倚崔嵬。垂天雌霓云端下，快意雄风海上来。野老已歌丰岁语，除书欲放逐

---

① 《次韵子由浴罢》，《苏轼诗集》卷41，第2303页。

② 《苏轼诗集》卷41，第2248页。

③ 《庚辰岁人日作，……今斯言乃验二首》其二，《苏轼诗集》卷43，第2343。

④ 《楞严经》卷2，中华书局2010年版，第45页。

⑤ 《赠郑清叟秀才》，《苏轼诗集》卷42，第2322页。

臣回。残年饱饭东坡老，一壑能专万事灰。"① 诗以"霹雳收威暮雨开"的意象隐喻政治阴霾的散去，并以"快意雄风海上来"抒发北归的喜悦之情。然而以迟暮之年，北归又能如何？以苏轼的政治经验，虽然元祐党人被召还朝，而政局究竟如何演变尚难预料，且即使旧党得势，也未必能有作为，元祐年间旧党内讧、洛蜀党争便是前车之鉴，更何况以自己的迟暮之身又何能为呢？如此等等便使得苏轼难以再有元祐还朝时的雄心了。"一壑能专万事灰"真实写出苏轼对政治的淡漠态度及对人生的幻灭感，蕴含着阅尽沧桑后的无限悲凉。《寄李兕彦威秀才》诗云，"世间万事寄黄粱，且与先生说乌有"②。苏轼年轻时曾发出"致君尧舜，此事何难"的豪言壮语，然而四十余年后，"致君尧舜"的理想黄粱梦一样地破灭了，而亲人的亡故，友朋的星散，一切外物与人事都在不可逆转地消亡，这强烈地印证着佛教"万法皆空"的观念。佛教空观原本是为了消除主体对现实的执着，消解苦难，实现解脱，然而对苏轼而言，佛教主要是一种工具，而非坚定的信仰。苏轼弥留之际，"钱济明侍其旁，白曰：'端明平生学佛，此日如何？'坡曰：'此语亦不受。'"③ 亦即东坡并不认为学佛可以使自己获得拯救④，这种工具性态度不可能让苏轼灭除情欲及对现世的执着，反而因对人生的空幻观照加重了对人生的悲感。返归内地后，苏轼总结说："宠辱能几时，悲欢浩无垠。回视人间世，了无一事真。"⑤ 以坚定的口气肯认了世事的空幻性。当然，苏轼

---

① 《苏轼诗集》卷43，第2363页。

② 《苏轼诗集》卷43，第2353页。

③ 释慧洪《石门文字禅》卷27《跋李豸吊东坡文》，文渊阁四库全书第1116册，第520页。

④ 又周辉《清波杂志》卷3："维琳……叩耳大声曰：'端明勿忘西方！'曰：'西方不无，但个里着力不得。'语毕而终。"明人李秃翁认为这表明了苏轼对西方极乐世界的怀疑态度："'西方不无'，此便是疑信之间。若真实信有西方，正好著力，如何说著力不得也。"见《清稗类钞》卷6《伤逝》，书目文献出版社1985年版，第591页。

⑤ 《用前韵再和孙志举》，《苏轼诗集》卷45，第2440页。

的空幻感侧重指贬谪岭海的苦难经历，返归内地，回首往事，便觉恍然一梦。然而这种空幻感毕竟成为苏轼此期对历史人生的基本态度，它既标志着入世理想的彻底破灭，也透露出晚年空茫而悲凉的心绪。尽管苏轼此时仍然表示，"浮云时事改，孤月此心明"，但其对人生的空幻感却无法改变，曾经的旷达逐渐被越发浓厚的悲剧感所笼罩，而仍然凶险难测的政治气氛也让苏轼心绪难安。北归原本卜居颍昌，但因"相忌安排攻击者众"，不得已"决计居常州"[①]。本已北归而不能与亲人团聚，任便居住却不得自由，苏轼因而愤愤地说："恨不得老境兄弟相聚，此天也，吾其如天何！"人生的幻灭感瓦解了苏轼的主体精神，主体价值的丧失便使得主体性的人没有任何对抗外物的动力，历经磨难，苏轼更渴望一种安居平静的生活，《将至广州，用过韵，寄迈迨二子》诗云："我亦闻诗酒，去道愈渺茫。纷纷何时定，所至皆可老。莫为柳仪曹，诗书教氓獠。亦莫事登陟，溪山有何好。安居与我游，闭户净洒扫。"[②]教导其子既不要像柳宗元一样教化氓獠，也无须登山临水，只要求儿子们闭户洒扫，安居度日。这种消极心理与其晚年的深重的空幻感不无关系。《与子由弟十首》其十云："吾兄弟俱老矣，当以时自娱，此外万端皆不足介怀。所谓自娱者，亦非世俗之乐，但胸中廓然无一物，即天壤之内，山川草木虫鱼之类，皆吾作乐事也。"[③]表达了澄清俗虑、与物同游的志趣，这一如既往地表现出庄子的自然观，而更透露出与世无争、万念俱灰的心绪。

　　庄禅哲学的自然观念与空无观念对现实价值的严重消解所形成的无所依附的漂泊感与虚无感，最终造成苏轼对人生强烈的幻灭情绪，虽然表面仍然表现为旷达，而旷达之下乃是难以消释的悲情，这种悲凉情绪既源自长期被

① 《与子由弟十首》其八，《苏轼文集》卷60，第1837页。
② 《苏轼诗集》卷44，第2390页。
③ 《苏轼文集》卷60，第1839页。

贬的不幸命运，亦源于宋初以来以王安石变法为代表的儒学复兴的失败。庆历以来的士大夫热切追求的三代理想随着党争的持续不断及政局的恶性反复灰飞烟灭，而宋末政治的颓败更使人们对王朝的前景悲观绝望。苏轼临终前曾作《遗表》，最终却嘱释道潜"《遗表》千万勿刻，无补有害也"[1]。这一决定表明了苏轼对政治的绝望心理，这是苏轼幻灭感得以产生的更为深刻的社会背景。面对政治的失败，苏轼似欲以儒文化加以挽救，苏轼临终前将其《易传》《书传》《论语说》托付给钱世雄后说："愿勿以示人，三十年后，会有知者。"[2] 然而不及三十年，北宋王朝便在靖康之变中灭亡了，历史以其残酷的方式对宋初以来士大夫的种种努力给予了无情的否定，苏轼的幻灭与挣扎、旷达与悲情因此便具有了更强烈的悲剧意味。

---

① 《与参寥子》第二十一简，《苏轼文集》卷61，第1868页。
② 《春渚纪闻》卷6，《全宋笔记》第3编第3册，大象出版社2008年版，第238页。

贬谪与黄庭坚文化心态的嬗变与升华

————

黄庭坚作为苏门文人在绍圣以后遭到长期的政治迫害。绍圣元年贬涪州别驾，黔州安置。元符元年以避亲嫌再贬戎州。元符三年徽宗即位后黄庭坚虽被叙复，但崇宁以后政局再变，知太平州仅九日而罢。其后一年多时间黄庭坚盘桓于鄂州、黄州一带，崇宁二年再被编管宜州，并于崇宁四年病逝于宜州。从绍圣二年四月至黔州贬所到崇宁四年九月死于宜州的十一年间，黄庭坚在贬谪生涯中度过了他人生的最后时光。贬谪际遇造成了黄庭坚文化心态的复杂变化，前人虽然对此所论不少，但多着眼于释道对人生苦难的宽解功能，对儒释道在熔铸其贬后文化心态的过程中的相互作用则缺乏深入的辨析。本文以黄庭坚被贬之后的思想变化为主线，深入辨析儒释道在其对抗人生困境过程中之相辅相成的关系，从而揭示黄庭坚文化心态的嬗变及升华历程。

一、砥柱意象与对儒节的坚守

由其贬后诗文可以看到，黄庭坚虽然常以释道之万法皆空、随缘任运消解被贬荒州的人生苦难，然而其坚刚的儒家品格始终不可掩盖。黄庭坚在贬谪困境中多次书写魏征《砥柱铭》赠送青年，并常在诗中以"砥柱"形象称美他人，以至"砥柱"成为他晚年诗文中的一个醒目意象，有力地昭示着他的儒家本色。建中靖国元年，黄庭坚东归至荆州，书《砥柱铭》遗杨皓，同年底又书赠蜀中弟子王蕃，二人皆被黄庭坚视为堪负大任的英才，《跋砥柱铭后》云，"余观砥柱之屹中流，阅颓波之东注，有似乎君子士大夫。立于世道之风波，可以托六尺之孤，寄百里之命，不以千乘之利夺其大节，则可以不为此石羞矣"[1]。陈师道在政治迫害与生活无着的双重压力下，富贵不淫，贫贱不移，表现出儒家士人的铮铮铁骨，黄庭坚称美他说"河从天来砥柱立"[2]。"砥柱"由此成为黄庭坚心目中儒家人格的形象代号，也成为他持节不移的形象标志，而他对君子人格独立不迁、壮心报国的概括与揭示，也可以看作坚守儒家人格的宣言。《次韵杨明叔见饯十首》其八云，"虚心观万物，险易极变态。皮毛剥落尽，惟有真实在"[3]。《与王子飞兄弟书》云，"老来枝叶皮肤枯朽剥落，惟有心如铁石"[4]。历经磨难，繁华落尽，最后留下的乃是个体生命的本真存在，是其风骨与节操，而惟此才可以千古不朽。《次韵杨明叔见饯十首》其九云，"松柏生涧壑，坐阅草木秋。金石在波中，仰看万物流。抗髒自抗髒，伊优自伊优。但观百岁后，传者非公侯"[5]。此诗与左思《咏史》意旨相似，但少了左思的不平之气，而更表现出以风骨气节流芳百世的文化自信。对黄庭坚这类贬谪士人而言，政治上已不可能再有所作为，唯一可以做到的便是持守儒节。《次韵德孺感兴二首》其二云，"寒蒲虽有节，枯木已无心"。任渊注曰，"言有自守之节，而无向荣之心"[6]。任注准确概括了入世理想破灭后被贬士大夫的心灵状态，正因为这样，黄庭坚

---

① 《黄庭坚全集》，四川大学出版社2001年版，第699页。
② 同上书，第354页。
③ 《山谷诗集注》卷14，上海古籍出版社2003年版，第345页。
④ 《黄庭坚全集》，第1827页。
⑤ 《山谷诗集注》卷14，第346页。
⑥ 《山谷诗集注》卷19，第452页。

在次韵苏轼和李白紫极宫的诗中，一方面称颂苏、李二人为超尘出世的谪仙，同时更以"砥柱"意象称美二人，"砥柱阅颓波，不疑更何卜！"化用了刘禹锡"世道如颓波，我心如砥柱"诗意，任注曰"诗意谓苏、李介特自信也"①。

尽管黄庭坚以砥柱自励，但一贬再贬的政治迫害使其不敢再与现实政治发生直接的碰撞，永州所作《书摩崖碑后》诗表达了他的孤忠与忧愤，也呈现出关心时务与隐遁出世的思想矛盾。但黄庭坚的儒家品格使他的思想矛盾最终只能在儒文化的框架内得以解决，那就是既坚守儒节又消隐思想锋芒，对儒节的坚守于是内化为心性修养与道德自律，表现于外则是与世无争，淡泊无为。绍圣四年作于黔州的《答洪驹父书》可以看作这一矛盾得以解决的自白，它虽然谈的是诗法，实际上也表达了黄庭坚的处世原则，即以对现实矛盾的容忍来求得自身的保全，其中著名的语句便是"东坡文章妙天下，其短处在好骂，慎勿袭其轨也"。这既是主文谲谏、温柔敦厚的儒家诗教，也是黄庭坚贬谪际遇下儒家人格的实现方式。在元符元年作于戎州的《书王知载朐山杂咏后》一文中，黄庭坚更明确地说，"诗者人之情性也。非强谏争于廷，怨仇诟于道，怒邻骂坐之为也。其人忠信笃静，抱道而居。与时乖违，遇物悲喜，同床而不察，并世而不闻。情之所不能堪，因发于呻吟调笑之声。胸次释然，而闻者亦有所劝勉。比律吕而可歌，列干羽而可舞，是诗之美也。其发为讪谤，侵陵引颈以承戈，披襟而受矢，以快一朝之忿者，人皆以为诗之祸，是失诗之旨，非诗之过也"②。这就明确取消了诗歌的批判精神，否定了积极入世的主体人格，对儒节的坚守一定意义上沦为

---

① 《山谷诗集注》卷17，第413页。
② 《黄庭坚全集》，第666页。

对现实矛盾的妥协与逃避①。《谢答文善二兄九绝句》与此可谓异曲同工，在这些诗中，黄庭坚反复申述心平气顺的酒德，反对使酒骂座的恶俗，并以历史上酒德高妙的贤达为例，说明饮酒不可过量，醉酒不能失态，欣赏的是饮而不失礼法的风采，醉而雍容宽厚的气度，"公择醉酒桃花红，人百忤之无愠容。莘老夜阑倾数斗，焚香默坐日生东"。诗人着意强调的是去除饮酒时的不平与牢骚，其九末句云，"酒中无诤真三昧，便觉嵇康输一筹"。批评嵇康使酒任气，终于招来杀身之祸，以此证明"尊中欢伯笑尔辈，我本和气如三春"②。酒本和气，醉醒在人，这与"人皆以为诗之祸，是失诗之旨，非诗之过也"同一意旨。由此可见，晚年黄庭坚的入世精神不断退缩，对儒节的坚守不断内转，儒家信念丧失了现实品格，而简化为标志性的文化符号。

面对遭贬处穷的人生困境，黄庭坚长期积淀的佛禅观念更加凸显出来，黄氏一方面以佛禅的虚无观念化解汹汹而来的人生厄运，抚慰贬谪造成的心灵伤痛，同时以庄子之返归自性及禅宗之明心见性坚定儒家操守，以能在世事纷纭、颓波四溢的形势下独立不迁，横而不流。贬黔州前居陈留期间所作《寂住阁》诗云，"庄周梦为蝴蝶，蝴蝶不知庄周。当处出生随意，急流水上不流"③。《楞严经》云，"一切浮尘，诸幻化相，当处出生，随处灭尽"④。该诗将庄子人蝶互化的虚幻性与佛教诸相皆幻的教理结合起来，显

---

① 钱志熙先生认为，黄庭坚此论不是对现实的"简单的回避，更不能看作是纯粹恐惧心理的反映"，"主要是一种深化，是对诗与现实政治关系认识的深化"，"是对简单的以诗为政教、党争工具的一个纠偏，是向诗歌本位的回归"。见其《黄庭坚诗学体系研究》，北京大学出版社2003年版，第78—80页。从诗学角度而言，似可作此论，但此种观念发生的契机无疑正是贬谪的政治打击及由此而产生的畏避心理。
② 《山谷诗集注》卷15，第387页。
③ 《山谷诗集注》卷11，第288页。
④ 《楞严经》卷2，中华书局2010年版，第77页。

示出黄庭坚融合释道以消解苦痛的倾向。又《次韵杨明叔四首》其一云，"鱼去游濠上，鸦来止坐隅。吉凶终我在，忧乐与生俱。决定不是物，方名大丈夫"①。无论鱼游濠上之乐还是鸦止坐隅之凶，都是人生难以避免的内容，吉不必乐，凶不必忧，安时处顺即可。与此同时，人应充分发挥自己的主体性，主宰自我，而不是受外物的支配。此意在第二首诗中亦有表达，"喜与嗔同本，嗔时喜自俱。心随物作宰，人谓我非夫"。任渊注曰："心随物转，物反为主，非大丈夫事也。"②此意不仅来自庄子，亦与佛教相关，《楞严》云："一切众生，从无始来，速己为物，失于本心，为物所转，故于是中，观大观小。若能转物，则同如来，身心圆明，不动道场，于一毛端遍能含受十方国土。"③俗人往往为外物所转，丧失本心，欲使身心圆明，最根本的是要转物而不是为物所转，这与庄子"物物而不物于物"同一意旨。实际上，佛道这种对本心的坚守与"贫贱不能移，威武不能屈"的儒家大丈夫人格具有相同的理路，故能为黄庭坚融为一体，用来支撑其儒家信念。但释道毕竟更强调与现实的妥协而不是对抗，以释道之空无观念消解人生困境实难兼顾儒家品格，儒与释道之间的价值对立使得黄庭坚常常在坚守儒道与随缘任运间往复徘徊，形成内在的心理矛盾。《再用前韵咏子舟所作竹》诗云，"自干云天去，草芥肯下逮？虚心听造物，颠沛风云会"④。前两句描绘竹子直插云霄的飒爽英姿，赞美其不屑与俗物为伍的孤高情怀，后两句揭示竹子面对风刀霜剑的严酷环境而安时处顺的无奈。任渊注云，"诗意谓竹君无心，但听命于造物，虽风雨之变，颠沛偃仆，亦任

---

① 《山谷诗集注》卷12，第301页。
② 同上。
③ 《楞严经》卷2，中华书局2010年版，第54页。
④ 《山谷诗集注》卷12，第313页。

其自然尔"。竹子虽孤高自许，却无法抗拒时令的变迁，只能屈节顺变，循时以从。由该诗对竹子的咏叹，不难体察到黄庭坚持节与顺变的两难心境。事实上，执着的儒家情怀使他很难以顺变牺牲持节。建中靖国元年四月，黄庭坚在荆州为承天寺僧作《承天塔记》，在场之湖北转运判官陈举等人请求将其名字列于其中，以传不朽，黄庭坚默然不应，陈举为此怀恨在心。陈举"知先生昔在河北与挺之有怨。挺之执政，遂以墨本上之，谓幸灾谤国。除名勒停，羁管宜州"①。历经黔州及戎州之贬，黄庭坚仍然未能学会随俗为变，足见其刚直之性难以移易了。

面对强大的政治压力，黄庭坚虽常以佛语入诗并以之表达万物皆幻的佛教观念，但并没有形成强烈的幻灭感，黄氏价值构成的儒家品格阻止了佛禅观念对现实人生的虚妄化消解。黄庭坚仍然肯定现实，并从现实人间的温情中得到慰藉，晚年的《宜州家乘》几乎就是一个接受礼品的清单，它记录了当地人对黄庭坚的深情厚意，也表达了诗人对底层小官吏、不知名的书生及升斗小民的感激之情。因此，在孤寂的贬谪生活中，黄庭坚更易得到精神的满足，这与苏轼有很大不同。苏轼对现实的观照乃是佛禅的终极观照，他将包括儒家伦理纲常在内的道德秩序一并消解而直探生命的本质，因此常常流露出人生如梦的强烈虚幻感。黄庭坚更生活于现实世界，他对世事纷纭的认识主要是如白云苍狗般不可捉摸，"斯须成苍狗，皆道不如故"②，而不是空幻与虚无。因此，黄庭坚的痛苦是有限的、附丽于现实的痛苦，正因为如此，他的痛苦也便可以在现实层面得以消解。

---

① 黄以周《续资治通鉴长编拾补》卷21，中华书局2004年版，第738页。
② 《山谷诗集注》卷18，第431页。

二、拘囚下的自由——沉重的逍遥游

黄庭坚虽然被贬谪、被编管而丧失自由，且谨慎的性格使其不会像苏轼那样演出"小舟从此逝，江海寄余生"而后酒酣大作的活剧，然而其对自由的渴求并未泯灭。他所追求的自由当然不可能是随心所欲的现实形式，而只能是虚幻的精神形式，至多是游山玩水，寄情自然。《次韵黄斌老晚游池亭二首》其二云，"杜门谢客恐生谤，且作人间鹏鷃游"①。为防止横生枝节而遭到政治迫害，如黄庭坚一样的被贬者到达贬地后，大多杜门谢客，不事交游，只能如黄帝一样作华胥国之神游，如庄子中的大鹏或鸠鷃一样作自适其性的逍遥游，至多"雍容林丘之下，清江白石之间"②，以逞自由之想，故其自乃是一种精神的逍遥游。任注引山谷《庄子内篇解》曰，"鹍鹏之大，鸠鷃之细，均为有累于物而不能逍遥，唯体道者乃能逍遥耳"。庄子所谓"道"乃是不可为人类器官感知的最高本体：

> 夫道，有情有信，无为无形，可传而不可授，可得而不可见；自本自根，自古以固存；神鬼神帝，生天生地；在太极之上而不为高，在太极之下而不为深，先天地生而不为久，长于上古而不为老。③

> 所谓道，恶乎在？庄子曰：无所不在。④

道的特征在于超乎万物之上而又在万物之中，它既具化为事物的各类形

---

① 《山谷诗集注》卷13，第320页。
② 《书韩愈送孟郊序赠张大同》，《黄庭坚全集》，第1566页。
③ 《庄子·大宗师》，郭庆藩《庄子集释》卷3上，中华书局2004年版，第246页。
④ 《庄子·知北游》，郭庆藩《庄子集释》卷7下，第749—757页。

态而又不为各类形态所拘束，它泯灭了一切事物、一切状态的差别而将一切差别性的存在视为道的外化。主体的人只有与道合一，以道的眼光俯览万物，才能物物而不物于物，才能出入于万物之中获得无所拘执的绝对自由，才能作无所不可的逍遥游。但显而易见的是，庄子对绝对自由的追求在泯灭事物差异的同时也放弃了对是非的辨别，放弃了对价值的执守，完全地与时浮仰，随波逐流，实际上否定了自我的存在。这与黄庭坚所坚守的儒家立场有着深刻的矛盾，也就决定了黄庭坚不可能完全接受庄子之道，自然不可能进行庄子式的逍遥游，"唯体道者乃能逍遥"也便注定成为黄庭坚的一种理想。对黄氏而言，庄子式的体道最大意义在于使其泯灭政治的得意与失意、居庙堂之高与处江湖之远的差别，以安时处顺的态度悠游于世，削弱被贬的痛苦。他模仿庄子的所谓"且作人间鹏鷃游"实际上不过是"神鹜八极，心游万仞"的玄想，"夫存心养性，以与天地参也，则能御六气以游无穷，此人而有天翼者也"[①]。而这种玄想究竟能否使他获得精神自由并解脱被贬荒州的苦闷自然也是非常可疑的问题。

这种精神的逍遥游在现实中又常常表现为山林之游，黄庭坚戎州期间便作有许多园林诗，这些诗大都安静幽谧，不乏禅趣，表现出诗人醉心自然、与世无争的安闲心境。如《次韵答斌老病起独游东园二首》其二云，"主人心安乐，花竹有和气。时从物外赏，自益酒中味。斫枯蚁改穴，扫箨笋进地。万籁寂中生，乃知风雨至"[②]。该诗抒写留连于竹树花香的美妙感受及契心自然的禅悦与遐想，一片天机，颇近陶诗的自然风味。颈联写人的动态及物的情态，人似无心，物似无意，似相碍而相安。此时从寂静中传来万籁的

---

① 《石信道诸子字训》，《黄庭坚全集》，第 1531 页。
② 《山谷诗集注》卷 13，第 316 页。

声响，原来风雨已至，诗人心与物游，似乎已浑然忘却外物的存在，环境之幽静格外衬托出心游之深远。《又和二首》其一云，"西风鏖残暑，如用霍去病。疏沟满莲塘，扫叶明竹径。中有寂寞人，自知圆觉性。心猿方睡起，一笑六窗静"①。则又在西风吹送、落叶纷飞的秋天悟得禅机，情淡境幽，言近意远，清新可爱。可见诗人似已习惯于戎州的贬谪生活，不仅不以为苦，相反从中得到了难得之乐，似乎也获得了短暂的精神自由。戎州期间，黄庭坚将其城南居所命名为"任运堂"，表达了随缘任运的旷达情怀。《别集》卷十五《与宋子茂书》描述了戎州期间的生活，"某寓舍已渐完，使令者但择三四人，差谨廉者耳。既不出谒所与，游者亦不多。山花野草，微风动摇，以此终日"②。《与中玉知县书》则描述了黔州期间类似归隐的生活，"某偶居城南，虽小屋而完洁，舍后亦有三二亩闲地，种菜植果，亦有饭后逍遥之地，所谓'园日涉以成趣，门虽设而常关'者也"③。《别集》卷十三《答李材书》描述黔中冬日生活说，"闲居多病，人事废绝，遇风日晴暖，从门生儿侄，扶杖林麓水泉之间，忽不知日月之成岁"④。

这些记述虽然表面其乐融融，但诗人之心时时会从淡然自适的陶醉中清醒过来，悟到世情的凶险。《又和二首》其二云"宴安衽席间，蛟鳄垂涎地"⑤。任注引《庄子》曰，"夫畏途者，十杀一人，则父子兄弟相戒也。人之所最畏者，衽席之上，饮食之间，而不知为之戒者，过也"。这种"居安思危"的心境当是政治迫害的心灵投影。即便在山林游乐中，诗人也会不经意地表露出对世情险恶的惊悸之情，《又答斌老病愈遣闷二首》其二云，"风

---

① 《山谷诗集注》卷 13，第 317 页。
② 《黄庭坚全集》，第 1789 页。
③ 同上书，第 1767 页。
④ 同上书，第 1739 页。
⑤ 《山谷诗集注》卷 13，第 318 页。

生高竹凉，雨送新荷气。鱼游悟世网，鸟语入禅味"①。前两句写环境之幽及诗人的游赏之乐，"鱼游悟世网"句虽似漫不经心，却隐隐折射出诗人遭到政治迫害的心理阴影，唯其不经意方显出迫害之深痛，可见诗人并不能全然沉醉于园林风物的欣赏与遐想中。黄庭坚毕竟在贬谪中，自然环境中任何与人生境况相似的形象都可能刺激诗人的神经，将其拉回到严酷的现实中，因而，园林游赏给诗人提供的自由空间也是有限的。

不仅如此，儒家道德观念更为顽强地阻碍着黄庭坚的精神飞向更为高远的自由空间。《明远庵》诗云，"与君深入逍遥游，了无一物当情愫"②。任注引汾州无业传曰："常了一切空，无一物当情，是诸佛用心处。"无情于物才能逍遥游。又《再次韵兼简履中南玉三首》其二云，"江津道人心源清，不系虚舟尽日横"③。所谓"心源清"即是无欲无求，以使本心清净。《四十二章经》云，"佛言：出家沙门者，断欲去爱，识自心源，达佛深理，悟佛无为。内无所得，外无所求，心不系道，亦不结业。无念无作，非修非证，不历诸位，而自崇最，名之为道"④。从佛家来看，"能断爱欲则心源自明"，其实乃是"内无所得，外无所求"的心灵寂灭，惟此才能实现无所不可的自由，如不系之舟一样从流飘荡，任意东西。《庄子》曰，"泛乎若不系之舟，虚而遨游者也"⑤。成玄英疏曰，"唯圣人泛然无累，泊尔忘心，譬彼虚舟，任运逍遥"。亦是强调灭除情累乃是任运逍遥的条件。对黄庭坚而言，他的内心深处始终有儒家道德的羁绊，他无法挣脱，也无法放弃，也便难以进入到与天地同流的自由中去，至多是摆脱官场与政治的轻松，《梦中和觞字韵》

① 《山谷诗集注》卷13，第319页。
② 《山谷诗集注》卷20，第482页。
③ 《山谷诗集注》卷13，第329页。
④ 《注四十二章经》，《大正新修大藏经》第39卷，第58页。
⑤ 《庄子·列御寇》，郭庆藩《庄子集释》卷10上，中华书局2004年版，第1040页。

云，"作云作雨手翻覆，得马失马心清凉"①，表达了诗人看透世态的洞达及得失无意的超然，此时诗人看重的是生命本身的自由，"一丘一壑可曳尾，三沐三釁取刳肠"。而如前所述，此时的黄庭坚虽然已逐渐熄灭建功立业的念头，但他仍然没有放弃儒家的道德操守，只是这种操守已经简化为内在的心性修养及道德自律，它作为一种无形的力量限定着黄庭坚的精神领地，成为黄氏难以逾越的精神界限，使其始终不能无所拘束，放浪形骸，如苏轼一样获得与物合一、与天地同流的大自在。

因此，黄庭坚虽然面对磨难似乎随缘任运，不以为意，实则具有与苏轼不同的心理机制：苏轼乃是以庄禅之空无将磨难幻化于无形，黄氏则以儒家坚刚之心与之默默对峙，因而更其疲累。这种根深蒂固的儒家信念既成为对抗磨难的精神力量，同时成为隐形的精神桎梏，时时阻碍着黄庭坚抛弃物累而获得彻底的自由。因而黄庭坚往往在儒家伦理与对自由的渴望之间往复缠斗，儒道与庄禅表面的相互融摄之下是潜在的紧张对峙，"安得此身脱拘挛，舟载诸友长周旋"②正是黄庭坚欲摆脱儒家道德的拘束而不得的告白，这就注定了黄庭坚的自由是一种有限的自由，其貌似无所负累的精神之游也便成为沉重的逍遥游。

三、"不俗"观念的升华——从形迹到精神

"不俗"是黄庭坚提出的重要范畴，它不仅是一个美学范畴，而首先是一种人格境界。这一范畴随着黄庭坚贬谪命运的加重及对生命真谛领悟的深化而实现着升华，成为解读晚年黄庭坚文化人格及审美趣味的重要窗口。

---

① 《山谷诗集注》卷18，第430页。
② 《山谷诗集注》卷17，第421页。

黄庭坚在其贬后的诗文中反复表达对俗物、俗人的鄙视与厌弃及对"不俗"之人的赞美与神往，"德人泉下梦，俗物眼中埃"[1]。"俗物常逼塞，令人眼生白"[2]。"一点无俗气，相期林下同"[3]。"颇知君尘外物，真是我眼中人"[4]。而其所谓"不俗"究竟何所指呢？黄庭坚在《书嵇叔夜诗与侄榎》中说，"余尝为诸弟子言：'士生于世，可以百为，唯不可俗，俗便不可医也。'或问不俗之状，余曰：'难言也，视其平居，无以异于俗人，临大节而不可夺，此不俗人也'"[5]。可见所谓的"不俗"本质上乃是儒家人格。《再次韵兼简履中南玉三首》其一云，"句中稍觉道战胜，胸次不使俗尘生"[6]。该句出自陶渊明"贫富常交战，道胜无戚颜"。此处"道"与"俗"相对，乃是儒家之道，如有忧道之心，必然不染俗尘，不贪富贵，立身严正，志趣高远。陶渊明又云，"先师有遗训，忧道不忧贫"。不俗者必是忧道者，是勇于担当道义者，也必然是临大节而不可夺者，道胜俗，才能不俗。事实上，许多"俗"正是违弃儒家道德之举，在新法推行及新旧党交替上台的政治变动中，许多人见风使舵，全无立场，与先圣的教导相去万里，黄庭坚以讽刺的口吻写道，"经术貂蝉续豹尾，文章瓦釜作雷鸣"，刻画出操持新学的当世之士投机取巧的俗态。与此相对照的则是另一些士人安贫乐道、矢志不渝的高风亮节，黄庭坚赞扬李任道说，"李侯短褐有长处，不与俗物同条生"。"古来寒士但守节，夜夜抱关听五更"[7]。只有严守儒节才不致沦为贪慕荣利、蝇

---

① 《山谷诗集注》卷16，第390页。
② 《山谷诗集注》卷18，第445页。
③ 《山谷诗集注》卷16，第393页。
④ 同上书，第400页。
⑤ 《黄庭坚全集》，第1562页。
⑥ 《山谷诗集注》卷13，第329页。
⑦ 同上书，第330页。

营狗苟的俗物，守节与弃俗因而实现了统一。上述诗篇清楚地表明了黄庭坚之"不俗"的儒家特质。

由这种儒家人格延伸开去而形成的审美情趣必然也是高雅不俗的，如黄庭坚赞叹祖元上人之清空不俗，而以琴声之高雅来表现，"王师学琴三十年，响如清夜落涧泉。满堂洗尽筝琶耳，请师停手恐断弦"[1]。诗以"清夜落涧泉"形容祖元琴声之美妙，这如天籁的琴声远胜过世俗筝琶的靡靡之音，使人洗尽俗虑，心清气畅。诗人由此转入对祖元命运的追述及对生命的哲思，"神人传书道人命，死生贵贱如看镜。晚知直语触憎嫌，深藏幽寺听钟磬"。直言无忌而不容于世，只能逃入深山幽寺，污浊的世俗社会既不能容忍祖元的正直，亦不可能接受祖元"不俗"的琴声，因为琴声之"不俗"正是基于其正直的人格及高洁的心性。诗人这里实际上提出了坚持"不俗"还是从俗的问题，这一问题的本质在于，面对天下滔滔的局面，是坚持正直人格还是随波逐流。在《以古铜壶送王观复》一诗中，黄庭坚对这一问题明确表达了自己的态度。诗开篇便提出了"随俗易汩没，从公常纠伤"[2]的两难选择，又以"我观王隆化，入莸不改薰"赞美王观复，肯定了弃俗从公、保持高节的立身原则。诗人并以古铜壶相赠，"酌酒时在旁，可用弭楚氛"。任渊注曰："楚氛喻俗恶之气，左传曰：楚氛甚恶。"诗人以"楚氛"一典表达了对俗恶之气的鄙弃，希望王观复饮酒时以壶自警，时时不忘消除俗念。最后以设问收尾，"问君何以报，直谅与多闻"。引用孔子之言加以勉励，希望王观复保持正直不俗的儒家人格。可见，黄庭坚之"不俗"始终围绕着加强儒家修养、坚守儒家人格的核心命题。以上所引俱是黄庭坚贬谪以后的诗文

---

[1] 《山谷诗集注》卷13，第323页。
[2] 《山谷诗集注》卷14，第355页。

材料，这表明黄庭坚在政治黑暗、世风污浊的背景下，越发重视儒家人格的构建问题。

黄庭坚之"不俗"由人格内涵兼及审美趣味，并在晚年升华为率意而为、无施不可的生命精神。黄庭坚早年一直追求脱俗，无论作诗、作书还是待人接物，都求奇而厌俗，表现出孤高自许、特立独行的风范，表现在诗歌创作上便是为奇而奇，刻意为之，有意与所谓的"俗"区别开来，这必然陷于片面追求形式的新奇而忽略精神脱俗的偏颇。黄庭坚早期的许多诗作明显带有人为造作的痕迹，主要表现为用典生僻，词法、句法的拗涩不齐，多押险韵，多作拗体，形成所谓瘦硬生新的面貌。这固然带有创新性质，但片面追求形式的新奇殊非诗家正道。宋人魏泰在《临汉隐居诗话》中批评说，"黄庭坚喜作诗得名，好用南朝人语，专求古人未使之事，又一二奇字，缀葺而成诗。自以为工，其实所见之僻也。故句虽新奇，而气乏浑厚"①。追求形式、强调诗法是黄庭坚终其一生的观念，但在晚年的贬谪生涯中，黄庭坚对早年一味求奇也进行了反思，"好作奇语，自是文章病"②。其"不俗"的理念也发生了变化，其中重要的改变便是以俗为雅，以自然为高，崇尚"意在无弦"的自由境界。

"雅"与"俗"并非抽象的文化概念，它们依托于不同的社会阶层，标志着不同阶层的文化属性，一般而言上层文化雅而下层文化俗，尤其是底层民众，更是"俗"文化的主要载体，黄庭坚追求不俗必然要与俗众拉开距离。作为士大夫精英，黄庭坚有意无意地流露出对下层民众的鄙夷态度，《又戏题下岩》云，"往往携家来托宿，裙襦参错佛衣巾。未嫌满院油

① 魏泰《临汉隐居诗话》，《历代诗话》，中华书局2004年版，第327页。
② 《与王观复书》一，《黄庭坚全集》，第470页。

头臭，踏破苔钱最恼人"①。此诗虽有戏谑成分，却颇能见出嫌恶俗众的心理。而随着晚年的一贬再贬，黄庭坚事实上沦落于社会底层，与底层官吏和普通民众有了更为直接的接触，正是这些原本的俗人庸众敬重他，爱戴他，给了他真诚的关切与无私的帮助。宜州期间，许多素不相识的下层人物给困境中的黄庭坚送来了各种各样的生活用品、文化用品和钱款②，黄庭坚在《宜州家乘》中将所接收的礼品无论大小贵贱，不厌其烦一一记录，正是以此表达对这些普通人的感激之情，这表明黄庭坚在感情上真诚地接受了他们。黄庭坚在江南绝不为人作草，而至宜州贬所后，则是有求必应，来者不拒，或问其故，黄庭坚告之曰："往在黔安，园野人以病来告，皆与万金良药。有刘荐者谏曰：'良药可惜，以啗庸人。'笑而应曰：'有不庸者，引一个来。'"③这固然说明黄庭坚宅心仁厚，更说明他不再以高高在上的精英自居。贬黔期间，黄庭坚曾作《书博弈论后》，其中说弈棋"诚陶桓公所谓牧猪奴戏耳。因自誓不复弈棋。自今日以来，不信斯言，有如黔江云"④。弈棋因是牧猪奴戏而被黄庭坚弃如敝屣，但到宜州后，黄庭坚却经常与人弈棋，当初的誓言自动作废。这种变化表明黄庭坚在心理上不再将底层民众一概视为俗物，精英与俗众的界限在他心中渐渐消失，与此相应，雅与俗也不再以社会阶层的归属作为分界。在《宜州家乘》中，黄庭坚以安详的口吻记录下当地的风土人情及与各色人员的来往，全无偏狭之气。黄启方先生认为，《宜州家乘》"230日记事全文共有6000余字，除正月十五

① 《山谷诗集注》卷14，第352页。
② 据黄启方先生统计，《宜州家乘》中所见之赠礼共七十类，其中食品花果五十类，日常用品（包括文具）十九类，钱一万。见黄启方著《黄庭坚研究论集》，安徽人民出版社2005年版，第42页。
③ 《书自作草后》，《黄庭坚全集》，第1571页。
④ 《黄庭坚全集》，第1565页。

日'可庆也'用了'庆'字，二月二十日'累日苦心悸'用了一个'苦'字外，竟无任何其他悲喜哀乐怨怒欣悦的字眼，说他真正达了'太上忘情'的境界也罢！说他是'哀莫大于心死'也罢！先生的的确确展现了他不俗的格调"①。

"不俗"未必一定是远离俗众，亦可处俗而不随俗，所谓"俗里光尘合，胸中泾渭分"②，所谓"平生三业净，在俗亦超然"③。不仅超然，甚至可以"以俗为雅"。在黔州所作《再次韵杨明叔》的小引中，黄庭坚说，"盖以俗为雅，以故为新，百战百胜，如孙吴之兵，棘端可以破镞，如甘蝇飞卫之射：此诗人之奇也"④。这段话标志着黄庭坚"雅""俗"观念的重大变化，即不再视雅、俗为不可调和的对立物，不再刻意脱俗求雅，而是要重归于俗，俗中求雅，以俗为雅，这才是诗人之奇，这才是真正的"不俗"。诚如王水照先生所论，"诗人心中的'明'本身也是来自俗尘之中，离开人世间的是是非非，又何'明'之有？"⑤混迹于俗尘中，才能窥见"不俗"的真谛，由此，黄庭坚对"不俗"的理解由外在形迹升华为内在精神，由刻意追求形式的新奇转变为主体精神的自然流露。戎州期间，黄庭坚在《书草老杜诗后与黄斌老》中写道，"予学草书三十余年，初以周越为师，故二十年抖薮俗气不脱。晚得苏才翁子美书，观之乃得古人笔意。其后又得张长史、僧怀素、高闲墨迹，乃窥笔法之妙。今来年老懒作此书，如老病人扶杖，随意倾倒，不复能工，顾异于今人书者，不纽提容止，强作态度耳"⑥。此时的黄庭坚在

---

① 黄启方《黄庭坚研究论集》，安徽人民出版社 2005 年版，第 39 页。
② 《次韵答王眘中》，《山谷诗集注》卷 7，第 168 页。
③ 《山谷诗集注》卷 18，第 440 页。
④ 《山谷诗集注》卷 12，第 303 页。
⑤ 王水照《宋代文学通论》，河南大学出版社 1997 年版，第 299 页。
⑥ 《黄庭坚全集》，第 1406 页。

书法创作上抛弃了为奇而奇的窠臼，不再斤斤于构势的新奇，而着意于主体精神的自由表达，晚年草书任意独行，神气超迈，"如老病人扶杖，随意倾倒"，率然自适，臻于化境。由草书之悟连带而及于行书，《李致尧乞书书卷后》中写道："元符三年二月己酉夜，沐浴罢，连饮数杯，为成都李致尧作行。耳热眼花，忽然龙蛇入笔。学书四十年，今名所谓鳌山悟道书也。"① 这表明黄庭坚确已顿悟作书的秘奥而进入到随意驱遣的自由境界。由追求形式的奇崛到表现精神的自由，这才是"不俗"的真谛。书法如此，作画亦然，《次韵黄斌老所画横竹》云，"酒浇胸次不能平，吐出苍竹岁峥嵘"。画竹者胸怀不平，才会愤而作画，则画竹的形态必当表现画者的心态，画态与心态浑然合一，其画才会富于生命内蕴，才能成为神品和逸品。黄斌老所画竹之拗折怒张的姿态正是其不平心态的形象写照，诗人以富于想象力的语言称赞黄氏技法高妙，"中安三石使屈蟠，亦恐形全便飞去"，间接表达了对画作富于生命精神的肯定。就诗而言，则由早年的"有意于为诗"的刻意锻炼字句和讲求布置发展为"无意为文"的自然浑成。在《与王观复书》（二）中，黄庭坚说，"平淡而山高水深，似欲不可企及，文章成就，更无斧凿痕，乃为佳耳"。"无斧凿痕"即为"不烦绳削而自合"② 的自由境界。虽然晚年的黄庭坚依然不曾放弃注重诗法的一贯思想，并且提出"点铁成金""夺胎换骨"的创作理念，但此时的诗法已超越了"技"而进入到"道"的层面，这也使其晚年之作呈现出不同以往的崭新风貌，《豫章先生传赞》曰，"山谷自黔州以后，句法尤高，笔势放纵，实天下之奇作"③。正指出了观念的变化对其创作的积极影响。

---

① 《黄庭坚全集》，第 1408 页。
② 《与王观复书》一，《黄庭坚全集》，第 470 页。
③ 《豫章先生传赞》，胡仔《苕溪渔隐丛话》卷 32，人民文学出版社 1962 年版，第 245 页。

由上可以看出，黄庭坚晚年"不俗"观念的变化正是其贬谪际遇下生命淬炼的结果，它表面是观念的改变，本质是精神的升华，标志着黄庭坚对艺术及生命的理解达到了新的高度。这种审美观念不仅没有脱离原本的儒家人格内涵，反而更向这一内涵靠拢，晚年的"不俗"实际上已淡化为一种生活态度，一种对生命圆融观照的优雅情怀，正所谓"颓波阅砥柱，浊水得摩尼"。任注曰："上句言独立不改，下句言心地圆明。"① 这是对晚年的黄庭坚坚守儒节而又含容万类的准确概括，拥有此种心态才能处俗而不俗，不奇而自奇，黄庭坚"不俗"的人格内涵与审美内涵由此实现了完美的统一。

---

① 《山谷诗集注》卷18，第448页。

六

唐宋诗学之流变

由"境"到"象"

——唐宋诗演化的另一视角

———

关于唐宋诗之别，古今学人已有许多讨论，诸如尚情与尚意之别，发露与内敛之别，神韵与思理之别，宏大与狭仄之别，等等，其中钱钟书先生与缪钺先生对唐宋诗不同的经典性论断人所共知，周裕锴先生从禅学入手，辨析唐宋诗"不立文字"与"不离文字"之别[①]，别具只眼。其后葛兆光等学者借助西方语言学理论深入剖析，指出唐诗与宋诗在语言组织方面的深刻不同[②]，李贵进而将盛唐诗与中唐至北宋诗之别断定为"言不尽意"与"言可尽意"两种不同观念下的产物[③]，足资启发。尽管如此，对唐宋诗的比较研究仍有未尽之意，最重要的是，以往研究主要是静态比较，对变化的内在原因及不同因素间的相互作用分析不足，一些学者的研究止于指出杜甫、韩愈等人的创作转型是因为不满盛唐诗之熟滑而有意打破俗套，这种纯粹从诗学角度的分析仍然是较为片面的。从言意关系角度进行的语言学分析虽然较为深刻，但并未揭示中唐诗人语言观念的变化与时代变迁之间的关系，并在一定程度上割裂了传统诗学与创作实践之间的自洽性，对诗歌演变的内在逻辑

———

① 周裕锴《宋代诗学通论》，上海古籍出版社 2007 年版。
② 葛兆光《汉字的魔方》，复旦大学出版社 2008 年版。
③ 李贵《中唐至北宋的典范选择与诗歌因革》，复旦大学出版社 2012 年版。

有所遮蔽和误读。

中唐以来诗歌创作的演变根本上取决于时代变动所造成的诗人与诗歌间关系的新变，变革政治、复兴儒学、重建盛世成为当务之急，无论感情激切的政治奏章，还是排斥佛老的思想论文，都要求明确的语言表达，连带而及，诗歌语言也不再是朦胧的，而变成清晰的，盛唐诗中的"境"因之蜕变成"象"，并追求对"象"的真确描述。宋代理学的发达更加排斥类似盛唐诗那样对"情"的抒写及对"境"的创造，转向对"理"的表达及对"象"的刻画，并进一步造成唐宋诗之别。因此，由造"境"到写"象"的变化乃是唐宋诗的根本性区别。

一、唐诗之由"情"而"意"

初盛唐诗是沿袭魏晋六朝以来"缘情绮靡"的内在逻辑不断发展演化的结果。魏晋以来，诗人因其浓烈的生命感伤引发"感物兴情"的诗学发生论，但情、物关系在魏晋六朝诗人那里尚且处于失衡状态，或情盛于物而多直致之语，或物繁于情而多绮靡之词，情与物之间尚未实现充分的交融与平衡，其诗意或单薄浅露，或浓艳妖冶，余味不永，难称境界。盛唐诗沿着魏晋六朝传统化情为象，以象写情，创造出象外之象，景外之景，将情、物关系推向圆融浑涵的境界，实现了对前代的超越。从这个意义上说，盛唐诗的创作乃是"境"的创造。从发生学角度来看，意境之创造根本上源于创作主体内在感情的激荡，感情的伸张冲破了物象的有限性，因此才会形成实象与虚象间的张力，以致"境生于象外"，从而形成浑涵之境。殷璠称"文有神来、气来、情来"[1]，神、气、情实则源于唐人那种饱满热烈的生命精神，无

---

① 殷璠《河岳英灵集》序，傅璇琮《唐人选唐诗新编》，陕西人民教育出版社 1996 年版，第 107 页。

此便不可能有唐诗之境，也不可能有盛唐诗的万千气象。

随着天宝以后政治的衰变，理想主义日渐落潮，批判的声音随之而起，杜甫、元结、顾况等人的诗作重新接续《诗经》及乐府的现实主义传统，描述现实苦难，并渗入更多议论，诗歌创作由尚"情"渐转为尚"意"。明人陆时雍《诗镜总论》云："中唐人用意，好刻好苦，好异好详。"① 中唐以后，元白诗派及韩孟诗派的尚意之风继续发展，进一步形成不同于盛唐诗的思想内容及整体面貌。关于"情"与"意"的区别，陆时雍做过较为清晰的辨析："夫一往而至者，情也；苦摹而出者，意也。若有若无者，情也；必然必不然者，意也。意死而情活，意迹而情神，意近而情远，意伪而情真。情意之分，古今所由判矣。"② 显然，陆氏所谓的"情"更多感性与真觉，而所谓的"意"更多理性与逻辑成分，也就是议论说理，包括对现实的观察、批判、反思等等，这是天宝后期直至中唐以后的社会形势自然演化的结果。许学夷《诗源辨体》云："元和诸公，则以巧饰意，故意愈切而理愈周，此正变之所由分也。"③ 在这种理性精神的主导下，"情"逐渐让位于"意"成为诗歌的基本内容，并进而影响到诗歌的创作方式及风格特征。这种转变最早可以追溯到《箧中集》的诗人，他们的诗充满命运无常、人生迟暮、生离死别的哀叹和灰暗情绪，几乎没有一点光亮。有的诗只是描写死亡，等待死亡，流露出对人生的深深绝望，孟云卿《古乐府挽歌》云："北邙路非遥，此别终天地。临穴频抚棺，至哀反无泪。"④ 赵微明《挽歌诗》云："原下荆棘丛，丛边有新墓。人间痛伤别，此是常别处。"⑤ 这种悲凉的吟唱迥异于豪

① 陆时雍《诗境总论》，丁福保《历代诗话续编》，中华书局 2006 年版，第 1417 页。
② 同上书，第 1414 页。
③ 许学夷《诗源辨体》卷 18，人民文学出版社 1987 年版，第 194 页。
④ 元结《箧中集》，傅璇琮《唐人选唐诗新编》，陕西人民教育出版社 1996 年版，第 305 页。
⑤ 同上书，第 309 页。

气干云的盛唐之音，透露出秋天将至的消息。正因为坎坷不遇，找不到人生出路，这些底层诗人最终丧失了理想与激情，对社会冷眼旁观，并以写实的笔调表达自己的痛愤，开启了唐诗转型的先声。

当然，在这种转型中起决定作用的是杜甫。许学夷论曰："盛唐诸公，惟在兴趣，故体多浑圆，语多活泼。若子美则以意为主，以独造为宗，故体多严整，语多沉着耳。"[①] 这里所谓"以意为主"指杜甫诗更多理性的叙述和议论。缪钺先生论曰："唐诗以情景为主，即叙事说理，亦寓于情景之中，出以唱叹含蓄。惟杜甫多叙述议论。"[②] 在安史乱前的天宝末年，杜甫因求仕的挫折而对政治黑暗有更深的体察，并已然敏锐感受到山雨欲来的信息，在《咏怀五百字》中形象而含蓄地表达对国事的担忧，"河梁幸未坼，枝撑声窸窣"。即将到来的变乱使奉儒守官的杜甫无法沉浸于诗酒留连的生活，他开始转过头来，审视这个危机四伏的时代。安史乱后，杜甫来往奔走，饱经离乱之苦，曾经的盛世之梦逐渐破灭，他只能用饱蘸血泪的史笔描述满目疮痍的现实，其诗作不断渗入议论性与批判性，胡夏客曰："《赴奉先咏怀》，全篇议论，杂以叙事；《北征》则全篇叙事，杂以议论。"[③] 杜诗大量的叙述和议论代替了盛唐诗以抒情为主调的理想主义高歌，代表了唐诗由"情"而"意"的转折性变化。

中唐以后，藩镇割据的形势使得唐王朝国势日衰，士大夫群体变革现实的目标更为明确，愿望更加迫切，以元白诗派和韩孟诗派为代表的诗歌形态也在接续杜甫诗歌叙事性和议论性的基础上继续向前发展，进一步强化了尚"意"的总体面貌。如果说元白诗派主要通过批判现实在思想层面接续杜甫

---

① 许学夷《诗源辩体》卷19，人民文学出版社1987年版，第214页。
② 缪钺《论宋诗》，《诗词散论》，陕西师范大学出版社2008年版，第31页。
③ 《杜甫全集校注》卷3，人民文学出版社2014年版，第683页。

的入世精神，那么韩孟诗派则是以对心灵世界的深入开掘接续杜诗的尚意特征。当理想的光芒黯淡之后，诗人面前的现实便不再有以往的烂漫色彩，而呈露出僵硬、冰冷甚至病态的样貌，孟郊《京山行》诗云："众氓聚病马，流血不得行。后路起夜色，前山闻虎声。此时游子心，百尺风中旌。"[①] 该诗描述了一种荒凉恐怖、令人心惊肉跳的景象，是世道的昏乱在诗人心中的投影。李贺的诗更以对光怪陆离的意象的刻画，曲折反映出个人的不幸与时代的没落。作为时代旗手，韩愈诗歌也呈现出荒怪的色彩，只是韩愈对改变现状更有一种热切的激情，因此其笔下的物象具有冲决一切的气势，相比同时代人的诗歌更有一种令人感奋的张力，如其《陆浑山火》诗便突出了山火毁天灭地的力量："天跳地踔颠乾坤，赫赫上照穷崖垠。截然高周烧四垣，神焦鬼烂无逃门。三光弛隳不复暾，虎熊麋猪逮猴猿。水龙鼍龟鱼与鼋，鸦鸱雕鹰雉鹄鹍。燖炰煨爊孰飞奔。"[②] 罗宗强先生认为："他把火神和水神，都写得光彩狰狞，用强烈的色彩和狠险怪异的形状，表现一种努张的力感。韩愈把唐代诗歌的创造韵味无穷的意境为主的诗歌美学完全突破了。"[③] 盛唐诗对环境的描写首先追求物象之间的平衡，即便孟浩然、杜甫写洞庭湖的烟波浩渺、气象万千，也仍然保持了湖与城、山与水、地域与宇宙之间的平衡关系。韩愈诗中物象之间则是失衡的，倾斜的，扭曲的，充满张力的，它反映了韩愈长期在外界压迫之下的躁动与反抗，内心充斥着一种狂野的企图冲决一切的力量。韩诗中许多光怪陆离的意象浓缩了他对现实世界的观察与感受，表达了诗人对现实的焦虑、忧惧、茫然等复杂心绪，也寄托着他企图冲破现实羁束的强烈渴望。只有怪异才不为世俗所拘束，才能自由往来，无所

---

① 华枕之、喻学才《孟郊诗集校注》，人民文学出版社 1995 年版，第 238 页。
② 钱仲联《韩昌黎诗文系年集释》卷 6，上海古籍出版社 1994 年版，第 685 页。
③ 罗宗强《隋唐五代文学思想史》，中华书局 2003 年版，第 200 页。

不能，因此，韩诗的怪诞意象实则象征了改造现实的力量。

从杜甫到韩愈，诗歌的感性不断下降，理性不断增长，这是一个由"情"到"意"的演化过程。时代剧变及理性精神的滋长深刻影响到诗人的思维方式，并逐渐渗透到诗歌创作，进而重塑了诗歌内容及面貌特征。

二、唐诗之由"境"而"象"

如果说盛唐诗"境"的创造很大程度上源于时代激情，那么激情的消落势必造成诗"境"的瓦解。与从尚"情"到尚"意"的转变相对应，从盛唐到中唐的诗歌创作也呈现出由造"境"到写"象"的演化。

盛唐诗的象是具有启示性与暗示性的物象，或曰主体的心灵幻象，它呈现的往往是轮廓而非细部，描述模糊而非精确，即便王维名句"大漠孤烟直，长河落日圆"虽然生动可感，也是概要远观，而不是对大漠、长河这类物象的抵近观察，其最终目的乃是以象写情，创造主客相兼的境。常建名句"山光悦鸟性，潭影空人心"形象表达了盛唐诗"兴""象"之间的关系，诗句的重心不在描写"山光""潭影"的具体情形，而在于呈现山光与鸟性、潭影与人心之间交感相融的状态，即刘勰所谓"情往似赠，兴来如答"[1]。因此，盛唐诗追求的乃是兴象浑沦的境界，而非具体物象的写真；注重的是整体的浑融，而非局部的精确，诚如严羽所论："盛唐诸人，惟在兴趣，羚羊挂角，无迹可求。"[2] 李白在其《庐山谣》中写道："登高壮观天地间，大江茫茫去不还。黄云万里动风色，白波九道流雪山。"[3] 境界高阔，气象万千，是主体的激情对客体具象夸张变形的产物。大历之后，兵连祸结，乱象纷

---

① 《增订文心雕龙校注》，中华书局 2000 年版，第 567 页。
② 严羽《沧浪诗话》，何文焕，《历代诗话》2004 年版，第 688 页。
③ 《李太白全集》（王琦注）卷 14，中华书局 1977 年版，第 678 页。

呈，诗人激情不再，其心灵重新退回到现实生活，诗歌之境随之干瘪成象。同样站在庐山山顶，白居易在其《登香炉顶》诗中则以枯涩之笔写道："上到峰之顶，目眩神恍恍。高低有万寻，阔狭无数丈。不穷视听界，焉识宇宙广。江水细如绳，湓城小于掌。"① 这不仅是浪漫与现实的区别，也是盛唐与中唐的区别，没有了激情的驱动，也便没有了超越的情怀，外化于诗，便不再是浑沦之境，而是质实之象。

杜甫可谓上述变化的关键人物。杜甫自称"为人性僻耽佳句，语不惊人死不休"，精细琢磨、刻意求工乃是杜诗的一大特征，但对写象的精确化追求往往造成对诗境完整性的破坏，明人胡应麟只眼独具，深刻指出了杜诗因此而不同于盛唐诗的特点："盛唐句法浑涵，如两汉之诗，不可以一字求。至老杜而后，句中有奇字为眼，才有此，句法便不浑涵。昔人谓石之有眼为研之一病，余亦谓句中有眼为诗之一病。如'地坼江帆隐，天清木叶闻'，故不如'地卑荒野大，天远暮江迟'也。如'返照入江翻石壁，归云拥树失山村'，故不如'蓝水远从千涧落，玉山高并两峰寒'也。此最诗家三昧，具眼自能辨之。"② 胡氏的批评虽可见仁见智，但他从"句法浑涵"角度辨析杜诗与盛唐诗的差异极具启发意义。盛唐诗总体上注重造境，重整体之浑涵，而不重细节之刻画。杜甫写实的惯性使其逐渐形成创作思维的过程化和意象构成的历时态，注重对细节的精细观察和描摹，以致个别字眼成为全句乃至全篇的重心，不免影响到诗歌应有的统一性，从而使一些诗作精警有余，浑涵不足。如胡氏所引杜诗之"翻""失"便是所谓"奇字"或"诗眼"，即刻意推敲之词，日人津阪孝绰曰："此联字字著意，以'翻'字写

① 《白居易集》（顾学颉校点）卷7，中华书局1979年版，第138页。
② 胡应麟《诗薮》内编卷5，上海古籍出版社1979年版，第91页。

返照，以'失'字写归云，两字所谓诗眼。盖云影断续归去，返影乍见乍灭也。"① 这些字眼就其本身而言自是精妙传神，但在胡氏看来则损害了全诗意境的表达，喧宾夺主，得不偿失。与之相反，另外两联则完全是从整体意境着眼的，如"地卑荒野大，天远暮江迟"便以"地卑"对比"荒野"之辽阔广大，以"天远"反衬"暮江"之缓慢迟滞，有力地烘托出战乱不休、亲人相见无期的万端悲慨，前后意象浑紧一气，不可句摘。"蓝水"一联气象峥嵘，历来为人称道。两联都未刻意炼字，但却造成博大深浑的意境。杜诗虽以其创作个性游离于盛唐，但其整体面貌仍然呈现出盛唐气象，是盛世精神的另类表达。尽管如此，杜诗诗史性的写实及所表现出的悲慨沉郁毕竟不同于盛唐诗那种强烈的夸张变形所喷涌出的生命激情，对物象本身的精确化描写瓦解着诗境的创造，一定意义上标志着浪漫气质的消褪和盛世激情的沉降，也预示着文化精神的现实化转型。

如果说杜甫首开诗歌变异之端，那么大历后的诗歌创作便呈现出与盛唐全然不同的另类状貌：由意境创造转向意象写实，以致诗境狭仄，气骨顿衰。大历诸人虽上接盛唐，尚有盛世余韵，但其气格已是等而下之了，如刘长卿《岳阳馆中望洞庭湖》诗："万古巴丘戍，平湖此望长。问人何淼淼，愁暮更苍苍。叠浪浮元气，中流没太阳。孤舟有归客，早晚达潇湘。"此诗虽故作壮语，终究不能掩饰衰飒之气，蒋寅评论说："刘长卿诗虽起首就用了表示时间悠远的'万古'一词，但因诗表现的重心是落在第二句'平湖北望长'上，所以它并无多少实际意义。三四两句将时间具体到'暮'，五六两句则将景色具体限定到当下的夕阳，这瞬间性的景象与杜诗'日夜浮'的永恒相比，就显出了大小、远近的差别。结句的孤舟归客、对前程的思量只

---

① 《杜甫全集校注》卷14，第3941页。

切于一己的行事，同样没有超出眼前的实境。一首诗如果只围绕着个体的瞬间经验，而那瞬间经验又不能超出个人生活的范围，那么它必然就会局限在一个较狭窄的时空内。"①相比盛唐诗，刘诗在空间上由无限而有限，时间上由永恒而当下，行事则由天下而个体，由阔大之境收缩敛为具体之象，其表现手法也便由虚构性递变为写实性，代表了由盛唐而中唐的变化趋势。中唐以后，无论元白诗派还是韩孟诗派，继续沿着这一趋势发展演化，造成意境在诗歌创作中的不断淡化与消解。

以白居易为代表的元和诗派以文为诗，崇尚通俗，最终形成的诗歌风格便是语言直白、不留余蕴。白氏早期因为要充分发挥诗歌"主文谲谏"的政治功能，故其用词造语力求浅白通俗，少用典故，且对意象不加压缩，反而极力稀释，甚至用重复性的语句表达同一个意思，避免误解和歧解。其晚年创作继续在浅俗的方向上发展，不仅诗意庸俗，而且语言显豁，诗歌的朦胧性没有了，基于主客相兼的意境也便消亡了。所以许学夷认为白诗"叙事详明，议论痛快，此皆以文为诗，实开宋人之门户耳"②。与白氏遭遇政治挫折而意志消沉不同，韩愈性格强狠，勇于进取，有一种斗争到底的气概，这种性格气质表现为诗歌创作，便是激烈的情感强度以及对情感的充分化表达。险恶的政治环境使得韩愈的政治理想屡屡碰壁，从而形成复杂矛盾的心灵世界，故而韩愈诗中多荒怪狠戾的物象，而只有对这些物象进行淋漓尽致的生动刻画，才能一吐积郁的忧愤之气，所以韩愈以文为诗，以言尽意，哪怕通过"巨刃磨天扬，刺手拔鲸牙"③的夸张变形，也要使物象契合自己的心象。韩愈对自己驾驭语言的能力有充分的自信，在《上襄阳于相公书》中，

① 蒋寅《大历诗风》，上海古籍出版社1992年8月第1版，第118—119页。
② 许学夷《诗源辩体》卷28，人民文学出版社1987年版，第271页。
③ 韩愈《调张籍》，钱仲联《韩昌黎诗系年集释》，上海古籍出版社1994年版，第989页。

韩愈称赞对方："故其文章言语与事相侔，惮赫若雷霆，浩汗若河汉，正声谐韶濩，劲气沮金石，丰而不余一言，约而不失一辞，其事信，其理切。"① 认为言与事与理可以合一，也即言能尽意。基于这种语言观，韩愈在创作中极力追求语言表达的精确性和语言对意义的全幅呈现，力求穷形尽相。如前所论，所谓意境是"象"与"象外之象"的集合体，是有形与无形、实象与想象的统一体，语言的模糊性与所表达意义的不完整性是意境创造的必要条件，或者可以说，意境的创造就是"言不尽意"的语言观念的产物。韩派诗人"言可尽意"的语言观及对物象的精确化描写自然会破坏意境的创造，最终造成诗境的瓦解。许学夷论曰："元和诸公，议论痛快，以文为诗，故为大变。"② 由上可见，中唐诗人以文为诗的创作方式不仅在根本上改变了诗歌面貌，而且带动了语言观念的变化，最终造成诗境的消解及唐诗向宋诗的演化。

虽然中唐诗歌别开生面，但文化精神与文学形态的转换并不同步，盛唐式的意境创造在中晚唐的诗歌创作中仍然若隐若现，变换着面目，韩愈诗的风格虽然整体上雄奇狠重，但也有《早春呈水部张十八员外二首》之一那样兴象玲珑的诗作。孟郊诗虽然穷苦寒涩，但也有《游子吟》那样朴素自然而又情深意挚的吟唱。李贺诗虽然凄艳怪异，但也有《南园十三首》其五那样激昂青云的高歌。但他们只是承续着盛唐余韵跌跌撞撞地前行，气格日渐降低，境界日趋狭小，终于沉入晚唐五代的暮色苍茫。因此，杜甫虽然开启了宋调，而本质上仍属盛唐，盛唐式情境的消隐及写实型诗歌形态的确立直到宋人才告完成。

---

① 韩愈《韩昌黎文集》，上海古籍出版社 2014 年版，第 166 页。
② 许学夷《诗源辨体》卷 23，第 245 页。

三、宋诗之写象与形似追求

唐人司空图《与极浦书》引戴容州语云："诗家之景，如蓝田日暖，良玉生烟，可望而不可置于眉睫之前也。"[①] 无独有偶，宋人欧阳修《六一诗话》亦曾引梅尧臣一段与之近似的话云："必能状难写之景如在目前，含不尽之意见于言外，然后为至矣"[②]。两相比较，可以发现二者之不同：唐人论"景"，"可望而不可置于眉睫之前"；梅氏则谓"必能状难之景如在目前"。戴氏之"景"实乃虚实相生、惝恍迷离的诗"境"，难以作精确逼真的描摹。梅氏之"景"更接近客观的"象"，更为质实，自然可以精描细摹而使"如在目前"。梅氏并且举出贾岛"竹笼拾山果，瓦瓶担石泉"以及姚合"马随山鹿放，鸡逐野禽栖"诗例，认为同样描写山邑荒僻，官况萧条，两例就不如"县古槐根出，官清马骨高"更为精工。显然，后两句抓住了槐根及马骨的特征加以凸显，以细节的真实胜过了轮廓式的描述，使人读之如在目前。后人在解读梅氏这段话时，多注意"含不尽之意见于言外"，而忽视"必能状难写之景如在目前"，而恰恰是"如在目前"在很大程度上确立了宋诗重实尚质、追求形似的审美范型，成为区别于唐诗的重要维度。欧阳修明确否定先秦以来的"言不尽意"论，更为诗歌追求尽意、工于写象提供了理论依据：

书不尽言，言不尽意。然自古圣贤之意，万古得以推而求之者，岂非言之传欤？圣人之意所以存者，得非书乎？然则书不尽言之烦，而尽其要；言不尽意之委曲，而尽其理。谓书不尽言，言不尽意者，非深明

---

① 司空图《与极浦书》，《司空表圣文集》卷3，景印文渊阁四库全书第1083册，第501页。
② 欧阳修《六一诗话》，何文焕《历代诗话》，中华书局2004年版，第267页。

之论也。①

欧氏所论可谓石破天惊，完全打破了相沿已久的言意观念，肯定了言的达意功能，推动了宋诗尚质写实并追求形似的发展路向。搜检宋人诗话，记录诗中所写与目前所见恰相契合从而赞叹写物之工的例子比比皆是，周紫芝《竹坡诗话》记其阅读杜诗的感受说：

> 余顷年游蒋山，夜上宝公塔，时天已昏黑，而月犹未出，前临大江，下视佛屋峥嵘。时闻风铃，铿然有声。忽记杜少陵诗："夜深殿突兀，风动金琅珰。"恍然如己语也。又尝独行山谷间，古木夹道交阴，惟闻子规相应木间，乃知"两边山木合，终日子规啼"之为佳句也。又暑中濒溪，与客纳凉，时夕阳在山，蝉声满树，观二人洗马于溪中。曰：此少陵所谓"晚凉看洗马，森木乱鸣蝉"者也。此诗平日诵之，不见其工，惟当所见处，乃始知其为妙，作诗正要写所见耳，不必过为奇险也。②

胡仔《苕溪渔隐丛话前集》曾谈及阅读唐人羊士谔《寻山家》诗的感受：

> 羊士谔《寻山家》诗云："主人闻语未开门，绕篱野菜飞黄蝶。"余尝居村落间，食饱楮笋纵步，款邻家之扉，小立待之。眼前景物悉如诗

---

① 欧阳修《试笔系辞说》，《欧阳修全集》卷130，中华书局2001年版，第1985页。
② 周紫芝《竹坡诗话》，何文焕《历代诗话》，中华书局2004年版，第343页。

中之语，然后知其工也。①

蔡正孙《诗林广记》记谢枋得对陈师道《雪后黄楼寄负山居士》有如下评论：

> "云日明松雪，溪山进晚风"二句绝妙。余尝独步山岩水涯，积雪初霁，云敛日明。遥望松林，徘徊溪桥，踏月而归，始知此两句如善画。作诗之妙，至此神矣。②

曾季貍《艇斋诗话》评徐俯《渡彭蠡湖》诗云：

> 东湖《宫亭湖》诗极佳，尝自诵与予言，"沙岸委它白，云林迤逦青。千山拥庐阜，百水会宫亭"。说得景物出，身在宫亭经行，方见其工。③

何薳《春渚纪闻》评关子东诗云：

> "钟声互起东西寺，灯火遥分远近村"，此余友关子东西湖夜归所作。非身到西湖，不知此语形容之妙也。④

---

① 胡仔《苕溪渔隐丛话》卷 24，人民文学出版社 1962 年版，第 161 页。
② 蔡正孙《诗林广记》后集卷 6，《宋诗话全编》，江苏古籍出版社 1998 年版，第 9743 页。
③ 曾季貍《艇斋诗话》，丁福保《历代诗话续编》，中华书局 2006 年版，第 288 页。
④ 何薳《春渚纪闻》卷 7，《宋元笔记小说大观》，上海古籍出版社 2001 年版，第 2429 页。

上述例证都强调诗人所写与后人目见高度吻合，赞叹刻画真切，实则肯定诗歌创作中形似的重要性。这种观念与唐人神来、气来、情来的兴象论以及超以象外、得其环中的情境论有着根本的不同，是宋人思维方式和哲学观念整体转型的产物。众所周知，"宋人诗主理"①，而"物者，理之所在"②，理与物是合一的，求理须格物，程颐所谓"天下物皆可以理照"③，朱熹所谓"致吾之知在即物而穷其理"④。随着北宋中后期党争的加剧和政治环境的恶化，士大夫主动以理节情，避免对抗现实，对人生的思索便与对外物的观照统一起来，格物穷理成为士人精神生活的重要内容。苏轼一生命途多舛，更重处世之理，主张"循万物之理，无所而不自得，谓之顺"⑤。格物致知、悟道求理必须承认外物的先在性与自足性，程颐说："在天为命，在义为理，在人为性，主于身为心，其实一也。"⑥他将人与天贯通为一，指出"穷理尽性至命，只是一事"⑦，在将天理通俗化为日常生活的同时，也使得天理对人的统摄无处不在：天理高于人欲的理性认知压抑了主体情志的发扬，而"理在物中"的哲学思辨又使得主体专注于对物象的观察体认。对诗人而言，天理对人欲的统摄地位决定了感情难以突破天理的藩篱进行随心所欲的表达，主体情志只能步趋于外物的先在尺度，于是对"物"的形似刻画便成为格物穷理的必然伴生物。因此，宋人形似论的背后是理学对诗学观念的深刻浸淫，而杜诗对物象的精确描写正契合了宋诗的理学旨趣，并为形似说提供了

---

① 《升庵诗话笺证》(王仲墉笺证)卷4，上海古籍出版社1987年版，第111页。
② 《四书大全》，景印文渊阁四库全书第205册，第13页。
③ 程颢、程颐《河南程氏遗书》卷18，《二程集》，中华书局2004年版，第204页。
④ 《四书大全》，景印文渊阁四库全书第205册，第13页。
⑤ 苏轼《东坡易传》卷9，景印文渊阁四库全书第9册，第146页。
⑥ 程颢、程颐《河南程氏遗书》卷18，《二程集》，中华书局2004年版，第204页。
⑦ 同上书，第193页。

依据。范温《潜溪诗眼》在评论杜甫《古柏行》一诗时明确提出了"形似"的概念：

> 形似之语，盖出于诗人之赋。……古人形似之语，如镜取形，灯取影也。故老杜所题诗，往往亲到其处，益知其工。……余游武侯庙，然后知古柏诗所谓"柯如青铜根如石"，信然，决不可改。此乃形似之语。①

自欧、梅提出"状难写之景如在目前"以来，"形似"论便深刻影响着宋诗的创作取向，南宋张戒则将梅氏之说与沈约、刘勰相关论述相提并论②，可见其影响之深远。追求形似如目见几乎成为两宋诗坛共识，即便批评"论画以形似"③，主张"得之以象外"④的苏轼也深为赞叹杜诗的写物本领，《书子美云安诗》云："'两边山木合，终日子规啼'。此老杜云安县诗也。非亲到其处，不知此诗之工。"⑤《书司空图诗》云："司空图表圣自论其诗，以为得味于味外。……又云：'棋声花院静，幡影石坛高。'吾尝游五老峰，入白鹤院，松阴满庭，不见一人，惟闻棋声，然后知此句之工也。"⑥苏轼的言论代表了宋代诗坛对形似论的基本态度，而杜诗则以其高妙的写象艺术成为宋人师法的范本，宋人赞赏杜诗写物工妙如目见的评论在宋代诗话

---

① 郭绍虞《宋诗话辑佚》卷上，中华书局1980年版，第322页。
② 《岁寒堂诗话》卷上："沈约云：'相如工为形似之言，二班长于情理之说。'刘勰云：'情在词外曰隐，状溢目前曰秀。'梅圣俞云：'含不尽之意，见于言外；状难写之景，如在目前。'三人之论，其实一也。"见《历代诗话续编》第456页。
③ 苏轼《书鄢陵王主簿所画折枝二首》其一，《苏轼诗集》卷29，第1525页。
④ 苏轼《王维吴道子画》，《苏轼诗集》卷3，第108页。
⑤ 苏轼《书子美云安诗》，《苏轼文集》卷67，第2102页。
⑥ 苏轼《书司空图诗》，《苏轼文集》卷67，第2119页。

中俯拾即是，如曾季貍《艇斋诗话》云："老杜写物之工，皆出于目见。如："花妥莺捎蝶，黐喧獭趁鱼。'"芹泥随燕觜，花粉上蜂须。'"仰蜂黏落絮，行蚁上枯梨。'"柱穿蜜溜蜜，栈缺燕添巢。'"风轻粉蝶喜，花暖蜜蜂喧。'非目见安能造此等语。"①

由形似论出发，宋人主张作诗应写实景实境，反对"凿空强作"，《艇斋诗话》记东坡②语云："东坡论作诗，喜对景能赋，必有是景，然后有是句。若无是景而作，即谓之'脱空'诗，不足贵也"。③黄庭坚亦有类似观点："诗文不可凿空强作，待境而生，便自工耳。"④徐师川亦持此论，《独醒杂志》记其如下轶事云：

> 汪彦章为豫章幕官，一日，会徐师川于南楼，问师川曰："作诗法门当如何入？"师川答曰："即此席间杯柈、果蔬、使令以至目力所及，皆诗也。君但以意剪裁之，驰骤约束，触类而长，皆当如人意，切不可闭门合目，作镌空妄实之想也。"⑤

上述观点的本质实则将主体的感情活动局限于客体性的"景"中，取消了想象在诗歌创作中的塑形功能，使创作主体只能依附甚或蜷缩于客体物象的规范之内，难以对客体性的"象"进行主体性的幻化和变形，也便难以创造出"象外之象"及"景外之景"。因此，宋人对形似的强调限制了创作主体的活动范围和虚构权利，"状难写之景如在目前"实则便难以"含不尽之

---

① 曾季貍《艇斋诗话》，丁福保《历代诗话续编》，中华书局 2006 年版，第 291 页。
② 一作东湖，即徐师川。
③ 曾季貍《艇斋诗话》，丁福保《历代诗话续编》，第 284 页。
④ 胡仔《苕溪渔隐丛话》卷 47，人民文学出版社 1962 年版，第 320 页。
⑤ 曾敏行《独醒杂志》卷 4，《宋元笔记小说大观》，第 3232 页。

意见于言外"，从而形成宋诗不同于唐诗的总体面貌。胡仔云："诗人咏物形容之妙，近世为最。……张文潜'平池碧玉秋波莹，绿云拥扇青摇柄。水宫仙女斗新妆，轻步凌波踏明镜'。唐彦谦咏牡丹诗云：'为云为雨徒虚语，倾国倾城不在人。'罗隐咏牡丹诗云：'若教解语应倾国，任是无情也动人。'非不形容，但不能臻其妙处耳。"① 胡仔首先肯定宋诗"咏物形容之妙"超越前代，后面则举例论证，将张耒与唐人作比，认为张耒写荷花胜过唐彦谦和罗隐写牡丹。后二者并没有写牡丹的具体形态，而是从虚处着笔，以想象之词写其倾国倾城的丽质芳姿，相比张耒以比喻、拟人之法对荷花的环境、色泽、姿态等的描写，胡氏认为唐人笔法等而下之，不能臻其妙处。胡氏所论恰恰从一个侧面指出了唐宋诗的差异，即宋诗更重写实，着力刻画物象；唐诗更重感情抒发，并不追求对物象本身的雕刻。张戒论曰："山谷云：'诗句不可凿空强作，对景而生便自佳。'山谷之言诚是也。然此乃众人所同耳，惟杜子美则不然。对景亦可，不对景亦可。喜怒哀乐，不择所遇，一发于诗，盖出口成诗，非作诗也。"② 由此可见，黄山谷"不可凿空强作"的诗学观念已成为"众人所同"。但张戒又以杜甫为例，说明作诗并非一定要"对景而生"，诗歌创作根本上取决于主体内在的喜怒哀乐之情，而不能受制于外在的景，片面强调景的决定作用无疑会压制人的主体性，造成感情的拘束与想象的枯萎。张戒所论进一步揭示了唐诗重"情"与宋诗重"象"的不同审美特征。

"形似论"因强调对外在物象的真确描绘，使得诗歌创作更具操作性，近似于有法可依的技术，有法则可学，故对"形似"的追求又直接影响到宋人

---

① 胡仔《苕溪渔隐丛话》卷47，第325页。
② 张戒《岁寒堂诗话》卷下，丁福保《历代诗话续编》，中华书局2006年版，第468页。

对诗法的推重。杜诗因开无数法门而成为宋人竞相膜拜的鼻祖，陈后山云：
"学诗当以子美为师，有规矩，故可学。"① 宋人以"法"统领诗歌创作，"法"
似乎成为先于情志的本体，这就使创作主体匍匐于诗法之下，局促于物象之
中，斤斤于形似，忘情于规矩，想象便成为不必要的手段。所谓"法"仅是
一种外在的模式，它无法代替主体的内在营构或虚构，张戒云："诗人之工，
特在一时情味，固不可预设法式也。"② 诚为切中肯綮之论。然宋人往往舍本
逐末，奉法如神，黄庭坚号称学杜最肖者，也不免南橘北枳，貌合神离，张
戒批评说："鲁直学子美但得其格律耳。"③ 胡应麟亦云："黄律诗徒得杜声调
之偏者，其语未尝有杜也。"④ 这类批评虽嫌尖刻，却切中要害。

在各类所谓诗"法"的统摄之下，诗歌创作更成为一种意象的技术性组
合，而不再是感情的自然流程。钱钟书先生认为，"唐诗多以丰神情韵擅长，
宋诗多以筋骨思理见胜"⑤。唐人作诗触物兴感，一任情感奔泻，风貌自然浑
成；宋诗强调写实，务求形似，重理讲法，以致作茧自缚，意境狭仄。这种
诗学观念的不同最终造成唐宋诗造境与写象的不同，并成为唐宋诗的重要
分野。

---

① 魏庆之《诗人玉屑》卷 5，中华书局 2007 年版，第 154 页。
② 张戒《岁寒堂诗话》卷上，丁福保《历代诗话续编》，第 453 页。
③ 同上书，第 451 页。
④ 胡应麟《诗薮·外编》卷 5，上海古籍出版社 1979 年版，第 206 页。
⑤ 钱锺书《谈艺录》，中华书局 1984 年版，第 2 页。

李白在宋代诗坛的边缘化及文化意义

———

入宋之初，沉浸于五代氛围的宋人仍然保持着对中晚唐诗人的亲近心理，将中晚唐诗人如白居易、贾岛、姚合、李商隐等作为效法对象，形成所谓白体、晚唐体、昆体。而唐代大诗人李白、杜甫则似乎受到不应有的冷落。嘉祐之后，随着宋王朝国力的恢复，宋人心态及审美取向也在不断发生变化，一些人对三体的不满与日俱增，转而把目光投向盛唐诗人，欧阳修标举李白，王安石则尊崇杜甫，但宋代的文化环境最终使杜甫成为宋代诗学范型，同时造成李白的边缘化。本文拟由欧、王对李、杜的评论出发，梳理北宋中前期诗学范型的选择历程，揭示李白遭到冷落的文化原因及其在宋代诗坛的文化意义。

一、欧、王对李白的不同评价

苏轼在《六一居士集序》中总结说："自欧阳子出，天下争自濯磨，以通经学古为高，以救时行道为贤，以犯颜纳说为忠。长育成就，至嘉祐末，号称多士。欧阳子之功为多……欧阳子没十有余年，士始为新学，以佛老之似，乱周孔之真，识者忧之。"[①] 苏轼把欧阳修与王安石的时代影响作了简要

———

① 苏轼《六一居士集序》，《苏轼文集》卷10，中华书局1986年版，第316页。

概括，突出欧阳修"天下人翕然尊之"的崇高地位，批评王安石新学以佛老歪曲儒家正统的消极后果，表现出以欧阳修及王安石为代表的两派人物学术思想的深刻对立。

从学术角度而言，欧、王属于不同的发展阶段，欧阳修坚持韩愈排斥佛老的传统立场，着眼于兴儒固本以重建道统。王安石则入室操戈，借鉴佛老而深究道德性命，形成融通三教的多元化的理论体系，亦即所谓新学。欧阳修的拘守于传统儒学范畴，偏爱文史，基本是文道并重。王安石则以其功利性的政治观念贬低文学而注重经学，重道而轻文。当年欧阳修在《赠王介甫》诗中以李白、韩愈这样的文学人物期许王安石，王安石却以"他日若能窥孟子，终身何敢望韩公"加以婉拒，指出自己的理想乃是孟子的义理之学，而不屑于韩愈那种并不纯正的因文见道。王安石在其《韩子》诗中云："纷纷易尽百年身，举世何人识道真？力去陈言夸末俗，可怜无补费精神。"批评韩愈未识道真，只是片面追求语言形式的完美，无补时用，反映出王安石以实用为宗旨的文道观。欧、王不同的学术理念深刻影响到其文学观念及诗学理念，并形成对李、杜的不同评价。

欧阳修的学术思想处于性理之学形成的过渡阶段，虽然倡言儒道，但对儒家礼法没有那样严格的持守，对人物的评价更注重辞采而不是道德人格。且其骨子里狂放不羁，如其《朝中措》词所描绘的那样："文章太守，挥毫万字，一饮千钟。"这些因素使其更欣赏李白感情激扬、雄奇豪放的篇章，其论李、杜诗云："至于'清风明月不用一钱买，玉山自倒非人推'，然后见其横放。"[①] 李白优秀的篇章多乐府歌行，不求格律用典，直白自然而意气狂放，恰切合欧氏的个性气质，因此刘攽评论说："（欧阳修）于李白而

---

① 欧阳修《笔说》，《欧阳修全集》卷129，中华书局2001年版，第1968页。

甚赏爱，将由李白超趠飞扬为感动也。"① 出于对白诗的倾心膜拜，欧阳修的许多诗作自觉模拟白诗风格，苏轼因此评价说"诗赋似李白"。在语言层面，欧阳修倡导疏畅通达、平易自然的风格，曾说："孟韩文虽高，不必似之也，取其自然耳。"② 这也是欧氏取法白诗的重要原因。宋人《南窗纪谈》云："今（欧公）集中所见，乃明白平易，若未曾经意者，而自然尔雅，非常所及。"③《陈辅之诗话》载："楚老（王安石）云：'欧诗如玉烛。'叶致远曰：'得非四时皆是和气，满幅俱同流水乎？'"④ 王安石将欧诗比之为"玉烛"，叶致远则形容为"流水"，都是指欧阳修诗歌从容不迫、自然平易的风格特征，这在某种意义正是学习白诗的结果。

欧阳修标举白诗除去个性因素，还有矫正诗坛风气的用意。宋初诗坛一度受到西昆体的影响，过于雕琢而无复自然之美。欧阳修大量借鉴李白、韩愈古体进行古诗创作，以散文化笔法造成奔洒流动之势，一变宋初以来诗歌气格卑弱的状貌。因此，欧阳修对李白的标举有力地推动了宋初诗风的转型。胡仔对这一过程评述说："自李、杜殁而诗律衰，唐末以及五季，虽有兴比自名者，然格下气弱，无以议为也。宋兴，杨文公始以文章莅盟。然至于诗，专以李义山为宗，以渔猎掇拾为博，以俪花斗叶为工，号称西昆体。嫣然华靡，而气骨不存。嘉祐以来，欧阳公称太白为绝唱，王文公称少陵为高作，而诗格大变。"⑤ 这段话较为精要地概括了欧阳修继承李白诗歌以矫正当时不良诗风的重要意义。

不同于欧阳修之厚李而薄杜，王安石则是扬杜而抑李，王氏对杜甫的尊

① 刘攽《中山诗话》，吴文治主编《全宋诗话》，江苏古籍出版社1998年版，第444页。
② 曾巩《与王介甫书》，《曾巩集》卷16，中华书局1984年版，第255页。
③ 佚名《南窗纪谈》，《全宋笔记》第五编第一册，大象出版社2012年版，第194页。
④ 《陈辅之诗话》，郭绍虞《宋诗话辑佚》，中华书局1980年版，第291页。
⑤ 胡仔《苕溪渔隐丛话后集》卷8，人民文学出版社1962年版，第58页。

崇及对李白的贬抑基本确立了杜、李二人在宋代诗坛高下相悬的历史地位。王安石之学主于经术，论文强调明道宗经："若欲以明道，则离圣人之经，皆不足以有明也。"① 同时注重文章的现实功用，而反对纯粹的理论探讨："夫圣人之术，修其身，治天下国家，在于安危治乱，不在章句名数焉而已。"② 王安石虽然也善于诗文，但在根本上轻视文章辞赋，他曾经后悔自己早年用功于诗赋，说："废日力于此，良可悔也。"③ 其《上人书》云："尝谓文者，礼教治政云尔。其书诸策而传之人，大体归然而已。而曰'言之不文，行之不远'云者，徒谓辞之不可以已也，非圣人作文之本意也。"④ 王安石在这里鲜明地指出了"文"的本质，乃是"礼教治政"，即"文"就是儒道，就是政治。虽然孔子说"言之不文，行之不远"，也不过是强调对文辞的追求没有止境，决不是说"文辞"可以取代"道"而成为作文的本意。这种功利性的文章观追求政治性，排斥文学性，形成王安石具有独特现实功利性的文道观。

从这种观念出发，王安石认为李白识见污下，几无足取。《钟山语录》云："荆公次第四家诗，以李白最下，俗人多疑之。公曰：'白诗近俗，人易悦故也。'白识见污下，十首九说妇人与酒，然其才豪俊亦可取也。"⑤ 王安石论诗不重文采，而重思想，重行为，杜甫忧念君国，一饭不忘君，是标准的儒家楷模，因此为王安石所重。王安石《老杜诗后集序》云："予考古之诗，尤爱杜甫氏作者。"⑥ 在《杜甫画像》诗中，王安石以深情的笔调描写了

① 王安石《答吴子经书》，《王文公文集》卷7，上海人民出版社1974年版，第88页。
② 王安石《答姚辟书》，同上卷8，上海人民出版社1974年版，第94页。
③ 王安石《唐百家诗选序》，《临川先生文集》卷84，《王安石全集》第七册，复旦大学出版社2016年版，第1487页。
④ 王安石《上人书》，《王文公文集》卷3，上海人民出版社1974年版，第44页。
⑤ 胡仔《苕溪渔隐丛话前集》卷6，人民文学出版社1962年版，第37页。
⑥ 王安石《老杜诗后集序》，《王文公文集》卷36，上海人民出版社1974年版，第429页。

杜甫四海漂泊、穷困潦倒的一生，歌颂其穷困不堪而心忧天下的儒者情怀："青衫老更斥，饿走半九州。瘦妻僵前子仆后，攘攘盗贼森戈矛。吟哦当此时，不废朝廷忧。常愿天子圣，大臣各伊周。宁令吾庐独破受冻死，不忍四海赤子寒飕飕。"[①] 王安石对杜甫的肯定不是出于艺术标准，而是思想标准，这是与欧阳修的重要不同。王安石不重文辞，对纯粹的风流文人更是厌恶，他斥责李白"但识妇人与酒"，实则指责他不关心君国天下，社稷苍生。这种评价影响了后世的许多人，形成了有宋一代对李白压倒性的负面认识，使得李白再无唐代的崇高地位，在宋代文化氛围中被严重边缘化，与杜甫之如日中天完全不可同日而语。

从思想内容及艺术形式而言，王安石认为白诗单一，缺少变化，不如杜诗之千姿百态，《遁斋闲览》载："或问王荆公云：公编四家诗，以杜甫为第一，李白为第四，岂白之才格词致不及甫也？公曰：白之歌诗，豪放飘逸，人固莫及，然其格止于此而已，不知变也。至于甫，则悲观穷泰，发敛抑扬，疾徐纵横，无施不可。……此甫之所以光掩前人，而后来无继也。"[②] 这里其实包括两层意思，一是杜甫诗内容丰富。杜甫经历了大唐王朝由盛而衰的历史剧变，其感情也随时代浮沉而显示出剧烈的动荡，既写出了唐王朝花团锦簇的兴盛，也写过两京陷落后公子王孙的悲惨，既描写帝王将相穷奢极侈的宴乐，也写普通民众流离失所的悲哀；既描写山川景物的宏大富丽，也写过日常生活的自在悠闲，可谓浑涵博大，丰富多彩。相比之下，李白更多在王朝盛世漫游、访友、隐逸、求仙，虽也有不得志的愤叹及抗议，但内容的丰富性及思想的深刻性远不及杜甫。其次则是杜甫诗风格多样。杜诗既有

---

① 王安石《杜甫画像》，《王文公文集》卷 50，第 560 页。
② 魏庆之《诗人玉屑》卷 14，中华书局 2007 年版，第 428 页。

礼赞时代的高歌，也有怀才不遇的悲吟；既有雄深雅健的长篇，也有清新明丽的短章，其风格之变化多样在唐代诗人中极为罕见。相比之下，李白诗虽也有不少变化，但主要是豪放飘逸一路，的确不及杜诗之千姿百态。王安石从多样性角度观照李、杜诗，并作出不同的评价，大体是符合实际的。

由上可见，欧阳修虽然偏爱李白而不喜杜甫，但这种好恶带有很强的个性色彩，并不能反映时代的选择。事实上欧阳修排斥佛老而独尊儒学与其扬李抑杜之间存在内在的矛盾，李白作为思想构成复杂的人物在儒家看来是一种异端另类，不可能为儒文化所接受，在理学观念不断深化的宋代遭到排斥是必然的。王安石虽然思想构成多元，但其对佛老的吸纳是为了援佛入儒，更积极地建构儒家道统，因此，他必然会以儒家标准评价李、杜，并必然会扬杜而抑李。这种选择正是北宋的时代选择，也反映了宋代文化的发展历程。

二、李白与宋代文化的内在矛盾及其边缘化

终宋之世，杜甫成为高可不及的诗圣，而李白则遭到冷落，虽然许多人赞赏李白之高风绝尘，但学习者极少，更没有形成一种学习李白的诗派，即所谓"赞李而不学李"，这主要缘于以下三个方面的原因。

首先是李白的文化人格与宋代文化之间的内在矛盾。宋代理学大兴，儒家规范渗透到社会各个角落，形成对个体的强大约束。然而由李白的诗文来看，李白对儒家思想及秩序并非表现为认可与服从，而多为鄙弃与否定，对儒道及儒生甚至孔子常持一种鄙夷不屑乃至嘲笑讥讽的态度，如"我本楚狂人，凤歌笑孔丘"①，"予为楚壮士，不是鲁诸生"②，"大儒挥金槌，琢之诗礼

① 李白《庐山谣寄卢侍御虚舟》，《李太白全集》卷14，第677页。
② 李白《淮阴书怀寄王宗成》，同上书，卷13，第659页。

间"，"鲁叟谈五经，白发死章句。问以经济策，茫如坠烟雾"①。所谓的"狂人"是隐士的代称，《论语·微子》记载楚狂接舆所咏歌谣云："凤兮凤兮，何德之衰，往者不可谏，来者犹可追。已而已而，今之从政者殆而。"表达了对现实政治的失望情绪。李白一生常以隐士自居，"凤歌笑孔丘"形象表达了李白对孔子所象征的儒学的蔑视，及对道家自然观念的皈依。"手持绿玉杖，好入名山游"正与孔子周游列国形成鲜明对照。"我是楚壮士"则又以任侠面目出现，斩截地与"鲁诸生"划开界限。"大儒挥金槌"句则直接引自《庄子·外物》，以"诗礼发冢"揭露儒者的虚伪面目。而"鲁叟谈五经"四句则更给予固执五经不知时变的腐儒以辛辣讽刺。由此大体可以看出李白对儒学的基本态度。虽然李白也曾在《古风》（其一）中表示要效法孔子，青史垂名，"我志在删述，垂辉映千春。希圣如有立，绝笔于获麟"。但该诗主要是表达李白反对绮丽提倡自然的文学观，及以恢复大雅自任的宏伟抱负，包含着李白渴望建功立业的入世精神，并不等于认同孔子的儒道秩序。"王琦为李白诗文作注，征引极为广泛，而上溯儒家经典中之出处者不多，说明李白对此并无多大兴趣"②。李白所谓的"十岁通五经"中的"五经"不过是泛指各类典籍，而并非确指儒家经典。裴斐说，"和孔子自诩的'毋我'相反，他（李白）具有最强烈的自我意识"③。由此表明，儒家思想并没有深刻濡染李白，没有深入到李白的内心世界，不可能成为李白的主导思想，则李白也必然不可能像杜甫那样形成"一饭未尝忘君"的儒文化人格。如果说杜甫是要通过匡正君主而实现天下大治，李白则主要是借助君主的提携而实现自我价值。所以杜甫念念不忘的是"穷年忧黎元，叹息肠内

① 李白《嘲鲁儒》，《李太白全集》卷 25，第 1157 页。
② 周勋初《李白思想中的"异端"因素》，《唐代文学研究》第 6 辑。
③ 裴斐《李白个性论》，《中国李白研究》1990 年上辑。

热"，而李白汲汲以求的是"功成谢人间，从此一投钓"。追求群体利益和实现自我价值的区别极为明显。李白以自我为中心，追求建功立业，君主对他而言主要是使之迅捷地跻身高位、实现理想的工具，并不像杜甫一样以儒家伦理观念赋予君主至高无上的神圣性而顶礼膜拜。所以，李白应诏入京则"仰天大笑"，大言自夸"我辈岂是蓬蒿人"；入仕无门则感叹"大道如青天，我独不得出"。对自我的关注远超过对君主的忠诚，从而形成与杜甫截然不同的伦理观。

李白对"孝忠"的鄙弃态度根本上否定了儒文化的伦理道德原则，在更深刻的意义上表明李白并不认同和服从任何强制性秩序，表现出彻底的自由精神。难怪深受理学浸润的宋人攻击李白"不知义理之所在"，葛立方甚至全面否定了李白的道德人格，指责李白"虑君臣之义不笃"，"虑父子之义不笃"，"虑兄弟之义不笃"，甚至说"虑朋友之义不笃"，"虑夫妇之情不笃"①。这种完全站在道德纲常角度对李白的攻击恰恰证明了李白对封建秩序的全面背叛，映照出李白独立不羁的自由人格，同时也标志着李白所象征的盛世精神和理想主义的终结，也因此更凸显出李白对中国士人人格取向极其可贵的启示意义。

其次是指责李白不知义理，其诗缺乏现实内容，不关心社稷苍生，只是一味个人玩乐。宋人基于儒学复兴的文化特征及受到辽、夏威迫的生存环境，普遍具有心系天下的忧患意识，其诗其文充斥着对现实的关切。在这种背景下，面对豪放飘逸的李白诗，宋人便产生了强烈的不适感，他们所看到的只是李白的漫游山水、求仙隐逸、饮酒玩乐，全无对天下苍生的牵念，因此对李白诗多有批评。这类批评在宋人笔记中比比皆是，除上面王安石的批

---

① 葛立方《韵语阳秋》，何文焕《历代诗话》，中华书局1981年版，第557页。

评外，苏轼在其《李太白碑阴记》中开篇便批评说："李太白，狂士也，又尝失节于永王璘，此岂济世之人哉！"①苏辙在其《诗病五事》中也说："李白诗类其为人，骏发豪放，华而不实，好事喜名，不知义理之所在也。"②赵次公《杜工部草堂记》云："至李杜号诗人之雄，而白之诗多在于风月草木之间，神仙虚无之说，正何补于教化哉！"③罗大经《鹤林玉露》云："李太白当王室多难、海宇横溃之日，作为歌诗，不过豪侠使气，狂醉于花月之间耳。社稷苍生，曾不系于其心胸。其视杜少陵之忧国忧民，岂可同年而语哉！"④黄徹《䂬溪诗话》卷二云："白之论撰，亦不过玉楼、金殿、鸳鸯、翡翠等语，社稷苍生何赖？……历考全集，爱国忧民之心如子美语，一何鲜也！自退之为'蚍蜉撼大木'之喻，遂使后学吞声。余窃谓如论其文章豪逸，真一代伟人，如论其心术事业可施廊庙，李杜齐名，真忝窃也。"⑤在这种集中而强烈的批评之下，李白诗自然越发遭到宋人的冷落。

第三是其李白的浪漫主义诗风与宋代文化气氛格格不入，失去了生存的土壤。北宋中前期尚有欧阳修、苏舜钦、石曼卿、苏轼、郭祥正等人的诗歌尚有李白式的豪横之气，尤其是郭祥正以李白后身自居，其诗作也是处处模仿李白，成为李白诗风在宋代最热情的继承者。然而李白以其激扬豪迈的感情、神飞天外的想象驱山运海，驰骛风云；以其宏大的"宇宙意识"屹立于天地之间，俯览万象，举重若轻，名山大川、飞泉流瀑成为他最为钟爱的审美对象，唯此才能与其火山样的激情桴鼓相应。耐人寻味的是，处处模仿李白的郭祥正却偏偏喜爱"壶中九华"这样的缩微盆景，折射出不同于李白的

① 苏轼《李太白碑阴记》，《苏轼文集》卷11，第348页。
② 苏辙《诗病五事》，《栾城后集》卷8，《苏辙集》，中华书局1990年版，第1228页。
③ 赵次公《杜工部草堂记》，《成都文类》卷42，成都时代出版社2007年版，第458页。
④ 罗大经《鹤林玉露》，中华书局1983年版，第341页。
⑤ 黄徹《䂬溪诗话》卷2，丁福保《历代诗话续编》上，中华书局2006年版，第351页。

内敛心态，这正是郭氏与李白的根本区别，也是唐宋文化的根本不同。就此而言，郭氏如李白一样的长歌大呼便不免有造作之嫌，黄庭坚即讽刺说："公作诗费许多气力做甚？"[1] 李白下笔万言，倚马可待，其才情如黄河东注，喷涌无穷，并不费力思索安排。黄氏之批评正指出郭氏缺少李白的激情与才情，不过是勉力为之而已。其"豪迈"既不合乎宋人崇尚平淡的审美情趣，其费力亦不符合黄庭坚晚年出之自然的审美追求，遭到黄庭坚的批评便属当然。

实则熙宁年间，刘挚即曾对郭祥正的诗作提出含蓄的批评，"谪仙有此愿自重，世俗醑尚惟纤秾。彼其耳目不自信，滔滔谁乐闻鼓钟。勿意雅人兴礼乐，一日鉴赏期至公"[2]。虽然刘挚客气地称郭祥正的诗为黄钟大吕的雅音，可以兴先王之礼乐，然而要得到人们公正的评价恐怕还有待时日，而刘挚对是否会有至公的鉴赏似乎并不乐观，因为当下的审美标准乃是"平淡丰腴"，而非黄钟大吕的豪迈之音，在《跋览前此唱和诗卷有诗次其韵》中，刘挚又云，"穷人所作诚已难，平淡丰腴乃嘉唱"[3]。所以像李白那样的豪放者可以在大唐盛世的舞台上成为人人敬仰的诗仙，而在宋代的审美文化氛围中复现此类风格只能成为曲高和寡的另类。梅圣俞也仅是指出郭祥正似谪仙而已[4]，却并未对其创作成就给予更高的评价，苏轼甚至刻薄地批评说，"郭祥正之徒，但知有韵底是诗"[5]。原因即在于其创作风格未能迎合宋人尚平淡、重学问的审美喜好，且郭氏诗歌也仅仅是对李白诗风的模仿与复制，缺乏创造性，而最根本的还在于郭氏缺少李白之激情而偏以豪迈出之，感情

---

① 《彦周诗话》，《历代诗话》本，中华书局 2004 年版，第 391 页。

② 刘挚《还郭祥正诗卷》，《忠肃集》卷 16，中华书局 2002 年版，第 351 页。

③ 《跋览前此唱和诗卷有诗次其韵》，同上书，第 353 页。

④ 刘挚《还郭祥正诗卷》自注云，"圣俞以君为李白后身，故诸公皆以谪仙称之。"

⑤ 《王直方诗话》，郭绍虞《宋诗话辑佚》上册，第 12 页。

与风格处于油水分离的状态，只能以造作的激情填补"豪迈"所需要的空间。虽然郭氏有的诗确实也有白诗的神采，如《金山行》诗云："金山杳在沧溟中，雪岩冰柱浮仙宫。乾坤扶持自今古，日月仿佛悬西东。卷帘夜阁挂北斗，大鲸驾浪吹长空。……鸟飞不尽暮天碧，渔歌忽断芦花风。"确有白诗之豪情胜概及想象力，但其诗徒有豪放之形，而无豪放之神，被人讥讽为"如大排筵席，二十四味，终日揖逊，求其适口者，少矣"[①]。"壶中九华"一定意义上象征了宋人的内敛心态及其激情的沉落，则郭氏购去"壶中九华"正是对其"豪迈"的反讽。郭祥正难以得到宋代诗坛的认可证明了豪迈诗风的"过时"，这实际上也可以解释李白在宋代地位不高的原因。

三、李白在宋代诗坛的文化意义

虽然李白在宋代的影响不如杜甫那样深刻而广大，但不等于失去了影响，李白的影响更在精神层面。愈是面对权力的专横，受到权力的打压，李白的傲骨便愈显得可贵，并愈受到士人的怀念，成为支持士人与专制权力相抗衡的精神力量。

中国士人面对专制权力往往表现出驯顺的姿态，李白却敢于在王权面前呈露傲骨，杜甫"天子呼来不上船，自称臣是酒中仙"的描写生动刻画了李白目空四海、气盖天下的风采。而李白在被放还之后所作《梦游天姥吟留别》中更是愤然表示："安能摧眉折腰事权贵，使我不得开心颜！"宋人虽然每每指斥李白不知义理，但也不得不承认其鄙视富贵、粪土王侯的风骨：

李廌："太白山东谪仙人，笔卷天河气拂云。百代公卿嘲哂遍，清

---

① 《李白资料汇编》(唐宋之部)，中华书局 2007 年版，第 303 页。

溪石上想严君。"①

　　饶节:"先生之气盖天下,当时流辈退百舍。天宝之初天子逸,先
生醉去不肯屈。"②

　　以上两人都看到了李白不同流俗之"气",这种"气"实则李白不肯屈
从于权力而坚决捍卫独立自由人格的特立独行的豪气。对李白的这一精神气
质有深刻理解的当属苏轼。苏轼并非道学先生,对儒家之忠孝观念并非亦步
亦趋,而始终保持对自由人格的追求,这也是苏轼不同于一般士人的可贵之
处,这集中体现在他对李白的认识和评价上。苏轼《李太白碑阴记》云:

　　李太白,狂士也。又尝失节于永王璘,此岂济世之人哉。而毕文
简公以王佐期之,不亦过乎! 曰:士固有大言而无实,虚名不适于用
者,然不可以此料天下之士;士以气为主,方高力士用事,公卿大夫争
事之,而太白使脱靴殿上,固已气盖天下矣。使之得志,必不肯附权倖
以取容,其肯从君于昏乎! 夏侯湛赞东方生云:"开济明豁,包含宏大。
陵轹卿相,嘲哂豪杰。笼罩靡前,跆籍贵势。出不休显,贱不忧戚。戏
万乘若僚友,视俦列如草芥。雄节迈伦,高气盖世。可谓拔乎其萃,游
方之外者也。"吾于太白亦云。③

　　苏轼在文中虽然对李白有所批评,但对其"气盖天下"的傲岸给予了热
情的赞扬,表现出独特的文化眼光。苏轼在这里提出了一个重要命题,即

①　《李白资料汇编》(唐宋之部),第195页。
②　饶节《李太白画歌》,《李白资料汇编》(唐宋之部),第205页。
③　苏轼《李太白碑阴记》,《苏轼文集》卷11,中华书局1986年版,第348页。

"士以气为主",此"气"便是人格与傲骨,即在权力面前不摧眉折腰,与功名利禄保持距离,实际上就是孟子所谓"三不能"的大丈夫气。有此气,方称得为士。李白虽然失节于永王,且无王佐之才,但他在权力面前没有表现出丝毫的奴颜媚骨,反倒让炙手可热的高力士"脱靴"于殿上,纯然是"气盖天下",而这是士之为士最可贵的品质。苏轼的评论超越了腐儒对李白的片面指责,体现了他对李白精神价值的深刻认识。

李白的"气盖天下"对苏轼的思想发展具有重要的催化作用,苏轼晚年的《和陶咏三良》诗便体现出对君权的抗争精神,一定意义上闪烁着李白的影子。诗云:

> 此生太山重,忽作鸿毛遗。三子死一言,所死良已微。
> 贤哉晏平仲,事君不以私。我岂犬马哉,从君求盖帷。
> 杀身固有道,大节要不亏。君为社稷死,我则同其归。
> 顾命有治乱,臣子得从违。魏颗真孝爱,三良安足希。
> 仕宦岂不荣,有时缠忧悲。所以靖节翁,服此黔娄衣。①

陶渊明原诗只是对三良之殉葬表示同情,而苏轼则基于历史及个人遭遇,对君臣关系及儒家道德原则进行了更深切的反思。苏轼认为生命原本重如泰山,而三良之死却轻如鸿毛,所以如此,乃是因为三良之死并非为公而是为私,是为穆公殉葬,而非为国家献身。苏轼因此说,"杀身固有道,大节要不亏"。所谓"大节"不同于狭隘的忠君。苏轼又举出晏子的典故,称赞晏子事君有道而不以其私。据《左传·襄公二十五年》,"齐崔杼弑其君

---

① 《苏轼诗集》卷40,第2184页。

光，……晏子立于崔氏之门外，……曰：'君死安归？……君为社稷死，则死之，为社稷亡，则亡之，若为己死而为己亡，非其私昵，谁敢任之？'"①齐庄公与崔杼棠姬私通，行为极不光彩，为崔杼所弑乃是罪有应得，晏子因而认为大臣不必从之而死。苏轼赞同晏子的观点，其潜台词便是：君主是社稷的化身，臣子效忠君主应出于对国家的忠诚，而非忠于君主本人；臣子应追求报国大节，而非谋取一己之私。因而苏轼说，"我岂犬马哉，从君求盖帷"。臣子既然应该为公而死，那么三良的殉葬行为便不值得肯定了。苏轼此诗表现出对传统愚忠观念的否定及对士人独立人格的肯定，根本上悖离了"君君臣臣"的伦理道德原则，是对儒家忠君观念的超越。《苕溪渔隐丛话》云："余观东坡《秦穆公墓》诗全与《和三良》诗意相反，盖少年议论如此，晚年所见益高也。"②苏轼当年讥评新法本是出于忠君爱民的一片赤诚，是因公而非为私，却仍然遭到乌台诗案的飞来横祸，晚年更是流贬岭南，则君权所需要的并非单一的公忠体国，更是臣下对君主意志的绝对服从，这就强迫士人成为谋求盖帷的犬马，从而取消了士人的独立人格。苏轼对陶渊明的追慕表现出对其归隐行为所负载的文化价值的认同，但苏轼对三良的评价及对君臣关系的反思显然又超越了渊明，并透露出对现实的不满及对个人遭际的不平，是一种隐性的反抗。从这个意义上说，晚年的苏轼与当年的李白在保持士人之"气"方面具有了相通性，或者说，李白的思想遗产成为支持苏轼与权力抗争并保持独立人格的精神力量，这应该是苏轼作《李太白碑阴记》的思想基础。

宋人何薳《春渚纪闻》云："士之所尚，忠义气节，不以摘词摘句为

---

① 《左传》，《十三经注疏本》，中华书局年 2009 年版，第 4307 页。
② 《苏轼诗集》卷 40，第 2185 页。

胜。唐室宦官用事，呼吸之间，生杀随之。李太白以天挺之才自结明主，意有所疾，杀身不顾。王舒公言：'太白人品污下，诗中十句，九句说妇人与酒。'至先生作太白赞，则云：'开元有道为可留，縻之不可矧肯求？'又云：'平生不识高将军，手污吾足乃敢嗔！'二公立论，正似见二公胸次也。"[①]王安石从其政治实用主义出发，仅仅看到李白诗歌内容的酒与妇人，未能突破宋人的一贯立场；苏轼则看到了李白对功名富贵的鄙弃、对专制王权的疏离及对自由人格的坚守，揭示了其永恒的精神价值，其对李白的认识相比王安石显然更为深刻，更有高度。这也正是李白在宋代诗坛的重要文化意义。

---

① 何薳《春渚纪闻》，《宋元笔记小说大观》，上海古籍出版社 2001 年版，第 2420 页。

随物赋形

——苏轼贬谪际遇下的生存哲学与文学观念

———

经历乌台诗案及黄州之贬的打击，苏轼进行了痛切的反思，其文化心态经历了由苦闷、超旷、幻灭到归真的变化，而其生存哲学也由以自我为中心与外界的主动碰撞转化为对外物的随和顺适，即所谓"随物赋形"。随物赋形首先是苏轼的生存哲学，并由此衍化为文学观念。

"随（因）物赋形"的概念在《苏轼文集》中正式出现过四次，所出篇章分别是《滟滪堆赋》、《画水记》、《仁宗皇帝御书颂》、《自评文》。《滟滪堆赋》中有"余泊舟乎瞿塘之口"[①] 字样，当作于早年出峡时。《画水记》自注作于"元丰三年十二月十八日夜"，贬黄州期间。《仁宗皇帝御书颂》中自称"翰林学士"，当作于元祐初年。《自评文》作年不详，但文中有"但常行于所当行，常止于所不可不止"[②] 的文字，它亦在《与谢民师推官书》中原封不动地出现，而后者作于元符三年十一月，由此可以断定《自评文》应与之大体作于同一时期。除上述四篇外，苏轼黄州期间作《东坡易传》，其中《坎卦》云，"万物皆有常形，惟水不然，因物以为形而已"[③]，也是"随

———

① 《苏轼文集》卷1，第1页。
② 《苏轼文集》卷66，第2069页。
③ 《东坡易传》(四库本)，上海古籍出版社1989年版，第54页。

物赋形"的意思。由上可以基本断定，"随物赋形"的概念出于早年，而正式形成于黄州时期，并在以后被不断完善，成为苏轼重要的哲学观及文学观。

一

学界一般从文学创作角度来探讨"随物赋形"，实则随物赋形并不仅是文学观念，而首先是一种生存哲学，这一哲学观的确立与苏轼的黄州之贬有密切关系，它借鉴汲取了老庄佛禅的思想观念，在《东坡易传》中得到了深刻的表达。

"随物赋形"的观念最早可追溯到早年所作的《滟滪堆赋》，其中说，"天下之至信者，唯水而已。……唯其不自形，而因物以赋形，是故千变万化而有必然之理"①。该赋将雷霆万钧的三峡激流比作千军万马，将滟滪堆喻为不可摧陷的坚城，而将激流奔向滟滪堆喻为惊心动魄的战斗。水流"尽力以与石斗，勃乎若万骑之西来"，而"城坚而不可取，矢尽剑折兮，迤丽绕城而东去。于是滔滔汩汩，相与入峡，安行而不敢怒"。虽然作者最后归结出"以用危而求安"的哲理，但赋中对三峡激流暗呜叱咤、呼啸前行的描述更多表现出苏轼早年奋发有为的理想与奋迅激烈的热情，这种理想与热情很大程度上淹没了最后的哲理感悟。显然，随物赋形尚不是作者志趣所在。而在乌台诗案后，苏轼对水"因物赋形"的特性进行了更深入的思考，并获得了更丰富的启迪。在作于黄州期间的《东坡易传》中，东坡以水为喻，论述了表象与本质间的关系，东坡释《坎卦》说：

---

① 《苏轼文集》卷1，第1页。

万物皆有常形，惟水不然，因物以为形而已。世以有常形者为信，而以无常形者为不信。然而方者可斫以为圆，曲者可矫以为直，常形之不可恃以为信也如此。今夫水，虽无常形，而因物以为形者，可以前定也。是故工取平焉，君子取法焉，惟无常形，是以迕物而无伤；惟莫之伤也，故行险而不失其信。由此观之，天下之信，未有若水者也。①

东坡此处将有形之物与无形之水进行对比，指出有形者未必有信，方者可斫以为圆，曲者可以矫直，就因为它们缺少变通的智慧。水则不然，虽无常形，却可以因物为形，迕物无伤，在险恶的地势中前行无碍而保持信誉。东坡与其说在这里揭示随物赋形的水的智慧，不如说在表达一种人生理想。在专制体制下，士人欲求安自保必须与皇权意志保持一致。新法推行之后，政见之争表现为支持与反对新法的斗争，非此即彼，难以依违其间。而东坡不仅反对新法，而且将对新法的反对态度诉诸诗文，公然对抗，终于酿成乌台诗案。

东坡这里虽然在谈"常形"问题，实则可以引申为对礼法秩序的态度。东坡并不认为固守礼法就可以为正人君子，如果保有与物相应之心，"迕物而无伤"则可以"行险而不失其信"。物之常形未必能反映事物的内在品质，也未必能保证这种品质的实现，因而，专注于规则的恪守而无视本质的实现是"不可恃以为信"的。在《无妄》卦中，苏轼又说，"为过正之行者，皆内不足而外慕者也；夫内足者恃内而略外，不足者反之"②。"内足者"往往忽略外在形迹，而反倒是内不足者处处规检，谨言慎行。对儒家价值的皈依

---

① 《东坡易传》(四库本)，第 54 页。
② 同上书，第 47 页。

并不必然表现为对礼法的恪守，保持内在的对儒家价值的忠诚而忽略外在形式才是苏轼所赞同的。而问题在于，儒家所需要者首先是对外在伦理道德秩序的服从，苏轼讥评新法终致获罪正是专制秩序对其不羁个性的否定，苏轼由此深切地体会到儒家伦理道德规则的难以逾越，故在释《坎卦》时深有感触地说"朝廷之仪，上下之分，虽有强暴而莫敢犯，此王公之险也"①。然而这种外在的专制强力并不能消泯苏轼的自由个性，不能强化苏轼对儒家伦理秩序的认同，而仅仅是造成了对专制力量的畏惧，并因此造成苏轼自由心性与儒家伦理规则之间更激烈的冲突。苏轼在与亲友的书信中多次谈到自己不敢复为诗文以避文祸，这就逼迫苏轼变换方式在其他领域寻求心性自由的出路。而水的特性给予了苏轼极大的启发，"今夫水，虽无常形，而因物以为形者，可以前定也。是故工取平焉，君子取法焉。惟无常形，是以忤物而无伤"②。所谓"忤物而无伤"自然不可能像以往那样锋芒毕露地批评政治，而只能似水遇物顺势而过，实即容忍现实弊端以明哲保身。

　　但如果仅仅强调避祸自保，则随物赋形的生存哲学只能沦为丧失原则、苟且偷生的庸人哲学，实则苏轼对"水无常形"的阐发又并非仅强调毫无原则的变化，在解释"维心，亨，乃以刚中"时说，"所遇有难易，然而未尝不志于行者，是水之心也"③。即无论事件的难易如何，应始终保持"志于行"之心，锲而不舍，坚持不懈，"物之窒我者有尽，而是心无已，则终必胜之。故水之所以至柔而能胜物者，维不以力争而以心通也"。苏轼以"志于行"之心对"水无常形"加以限定，表现出儒家立场。苏轼指出既要保持必胜信念，又要保持斗争的韧性，即使处于劣势也要坚持下去，最终必能依

---

① 《东坡易传》(四库本)，第54页。

② 同上。

③ 同上。

靠"心通"赢得胜利。苏轼在这里实际上假定最终的胜利者必然是正义的化身，现实矛盾无论怎样复杂都必将遵循正义必胜的逻辑，关键在于斗争主体必须要有坚强的意志和坚韧的斗争品质，苏轼最后总结说，"不以力争，故柔外；以心通，故刚中"。从哲学角度讲这自然是不错的，而专制背景下的政治斗争遵循的乃是强权逻辑，斗争的胜败最终都将取决于皇权的意志与立场，而皇权的刚性并没有为"正义"留下多少转圜的余地，因而，苏轼柔外刚中的哲学信条也难以成为"终必胜之"的法宝。

以上是就政治层面而言。如果将"随物赋形"放诸苏轼被贬后的生活层面来看，则苏轼的确表现出随物赋形的高妙生活艺术。在《答秦太虚七首》其四中，苏轼详细叙述了自己在黄州的生活：为应对困匮的生活，计钱度日；为对抗恶劣的环境，厚自养炼；且又苦中作乐，游览武昌佳山水，在乡人处逗留，畅饮村店醇酒，享用瓜果野味，更得意处在有书可借观，偶有美食可以品尝。这些寻常细事经东坡一一道来，似乎突然成为人间无上美事。苏轼信末说，"太虚视此数事，吾事岂不既济乎！"[①] 极见苏轼善于处穷的达观心态与诙谐性情。东坡之随缘任运、随遇而安正是其"随物赋形"的生存哲学的体现，这一哲学观又与老庄佛禅的渗入有着密切的关联。被贬黄州的打击无疑是个体与专制体制之间的猛烈碰撞，险遭杀身之祸的经历使苏轼"魂惊汤火"，这使得苏轼不由得转过头去重温本已熟悉的老庄释禅哲学的真谛。

老子哲学的精髓在于以柔克刚，故老子常以水为喻加以阐发，老子曰，"上善若水，水善利万物而不争"[②]。苏轼的性情率真，肆口直言，多招人嫌

---

① 《苏轼文集》卷52，第1535—1536页。
② 《老子》第8章，冯达甫《老子译注》，上海古籍出版社1991年版，第16页。

忌，黄庭坚称"东坡短处在好骂"，骂即"争"，老子曰，"夫唯不争，故天下莫能与之争"①。而"不争"正是水之性，"天下莫柔于水，而攻坚强者莫之能胜"②。苏轼以激烈的态度反对新法，终于招祸，老子"不为天下先"的柔性哲学便重新引起了苏轼的关注与思索，东坡在其《易传》中强调，"水之所以至柔而能胜物者，维不以力争而以心通也"，正表现出对老子哲学的认同。随物赋形表现为老子哲学便是主体对自身的主动改变及对对方的容让，以暂时的妥协与屈从避免矛盾的激化，从而保护自身，并可能等待时机改变对方，如老子所云，"将欲弱之，必固强之；将欲废之，必固兴之"③。随物赋形并不仅是保护自身，也是改变对手及战胜对方的策略，因此，老子哲学以退为进，后发制人，本质上乃是积极的斗争哲学。相比而言，庄子哲学则是消极的退避哲学，不讲斗争，而主张屈从与逃避，所谓"安时而处顺"④，"知其不可奈何而安之若命，德之至也"⑤。慑于专制淫威，苏轼随物赋形的生存哲学更多倾向于庄子明哲保身的一面。老庄之外，禅宗随缘任运、于行处坐卧中体悟生命本然的观念则与随物赋形的生存哲学有着更深切的相通性。

禅宗认为佛性并非抽象本体，并不需要刻意索求，众生皆有佛性，众生与佛的差别仅在于自性迷悟的不同，"故知不悟，即佛是众生；一念若悟，即众生是佛"⑥，悟得自性乃是成佛解脱之道。而且禅宗之自性亦非抽象人性，而是活生生的当下本心，亦即表现于行处坐卧的现实生活，这就要求修

① 《老子》第22章，冯达甫《老子译注》，上海古籍出版社1991年版，第53页。
② 《老子》第78章，同上书，第170页。
③ 《老子》第36章，同上书，第83页。
④ 《养生主》，郭庆藩《庄子集释》卷2上，中华书局2004年版，第128页。
⑤ 《人间世》，同上书，第155页。
⑥ 《坛经校释》，中华书局1983年版，第58页。

行者不滞留于万法，不执著于一念，随缘任运，随俗为变。惠能说，"心不住法即通流，住即被缚"①，东坡之随物赋形正与禅宗之自然任运相通。随物赋形不执着于固有形态，而是因物以为形，唯此方能千变万化，流动不止，与理相契，与道相通，相接于随心任运、来去自由的禅境。因而，随物赋形乃是高妙的生存智慧，苏轼面对黄州的困匮生活安之若素，自得其乐，正是对随物赋形的生存哲学的生动诠释。

当然，苏轼也并未完全在这种安时处顺、随缘任运的庄禅哲学中消泯人格的刚性，仍然保持着"未尝不至于行"儒家底色。随着阅历的增加，人生的磨砺，苏轼培养起更为深厚的文化自信。元丰七年，苏轼作《如梦令》词，"水垢何曾相受，细看两俱无有。寄语揩背人，尽日劳君挥肘。轻手，轻手，居士本来无垢"②。此处之"垢"喻指佛教所称人之六种恶性，《大乘义章》卷五云，"六垢之义，如毗昙说，所谓害恨诳諂高谄恼。……此六皆能污秽净心，名之为垢"③。既是染心之垢，故需以净水洗之。《无量寿经》亦有类似说法，吉藏《无量寿经义疏》云："洗濯垢污者，执相之惑，皆沾污慧身，使习忘解，遣除迷垢，故云洗濯也。"④慧能南禅宗以般若实相说对传统佛性论加以改造，发挥般若无所得、无可执著思想，否定佛性作为绝对清净物的存在，认为"佛性即体现于人们自心的念念不断、念念无著之中"⑤，因此，慧能得法偈云，"本来无一物，何得染尘埃"。苏轼显然接受了这种思想，《黄州安国寺记》云，"一念清净，染污自落"⑥，词中"居士本来无垢"

① 《坛经校释》，第28页。
② 《苏轼词编年校注》，中华书局2007年版，第547页。
③ 《大乘义章》卷第5，大正新修大藏经第44卷，第573页。
④ 《无量寿经义疏》，大正新修大藏经第37卷，第119页。
⑤ 洪修平《中国禅学思想史》，中国人民大学出版社2007年版，第176页。
⑥ 《苏轼文集》卷12，第392页。

正与慧能偈语相通。从现实层面来看，"居士本来无垢"表达了苏轼对自己政治处境的磊落与坦然，隐含着对自己"罪过"的否定及无罪被贬的抗议；从文化层面看，这句话又透露出苏轼对率真人格的执着与坚守，洋溢着自信与乐观精神。所以，苏轼之随物赋形虽有屈己从俗的转变，却并未放弃守道不屈的价值立场，随物赋形而柔外刚中便成为苏轼黄州期间文化人格的基本内涵。

二

由随物赋形的哲学观念出发，苏轼对外物的观察便不再以自我为中心及主客二分的心态与之对峙，而是消除了主客体间的隔阂，以自然的眼光顺适、迎合审美对象，描绘其千姿百态，并在这种精神交合中更深切地体悟万物自然存在的合理性，从而消解自我的偏执。自我不再是独立于外物的观察者与对立物，而成为外物的适应者、伴生者而与外物相应相和，并融入到天地运化之中，在物我泯合中获得自由。在这一过程中，主体精神如水而流，随客体的千变万化顺适无碍，迕物不伤，表现于艺术创作便是"随物赋形"。苏轼云，"吾文如万斛泉源，不择地而出，在平地滔滔汩汩，虽一日千里无难；及其与山石曲折，随物赋形而不可知也，所可知者，常行于所当行，常止于不可不止，如是而已"①。唯有在这种自由状态中，主体才会突破自我的局限性，进入主客交融、物我合一的浑融境界，诗人之心才能流转自如，了无挂碍，创造出浑美的艺术境界。

苏辙在评其兄黄州期间的创作转变时说，"杜门深居，驰骋翰墨，其文一变，如川之方至，而辙瞠然不能及矣。后读释氏书，深悟实相，参之孔、

---

① 《自评文》，《苏轼文集》卷66，第2069页。

老，博辩无碍，浩然不见其涯也"①。其说将东坡黄州期间的创作分作两个阶段，初至黄州，"其文一变，如川之方至"，喻指其文如大河奔流，气势雄浑。其后汲取百家，博观约取，其文"博辩无碍，浩然不见其涯也"，则指东坡之文议论精深华妙，意境深厚浑茫，难以句摘。如果说初期之文主要表现为"势之大"，那么后期之文则主要表现为"境之深"。值得注意的是，苏辙始终以"川"喻其兄之文，指出了苏文舒展流畅、前行无碍的审美特征，实即随物赋形。李格非尝论文章之"横"云："余尝与宋遐叔言孟子之言道，如项羽之用兵，直行曲施，逆见错出，皆当大败而举世莫能当者，何其横也。左丘明之于辞令亦甚横。自汉后千年，唯韩退之之于文，李太白之于诗，亦皆横者。近得眉山《筼筜谷记》《经藏记》，又今世横文章也。"② 李格非以"直行曲施，逆见错出"对"横"加以形象性的概括，可见，"横"首先是指文章形式上的弃世绝俗，不受规矩拘束；就内在精神而言，则是一气行之，率意独至，神游天外，汪洋纵恣。这与苏辙"川之方至"、"浩然不见其涯"的描述异曲同工。《筼筜谷记》当指苏轼《文与可画筼筜谷偃竹记》，《经藏记》有两篇，一为作于元丰三年的《胜相院经藏记》，一为作于绍圣二年的《虔州崇庆禅院新经藏记》，前者全篇主体采用四言句式，最后一段是五言偈语。以"横"验之，当指后者。

《文与可画筼筜谷偃竹记》作于元丰二年七月知湖州时，本为悼念好友文与可所作。该文并未像一般悼文那样平铺直叙，而由画竹谈起，由庸俗画师的拙劣画工引出文与可以"胸有成竹"为核心的画竹理论，赞叹文与可高妙的画竹艺术。作者由此引申开去，阐发心手不应，"临事忽焉而丧"的哲

---

① 苏辙《亡兄子瞻端明墓志铭》，《栾城后集》卷22，《苏辙集》第1117页。
② 《墨庄漫录》卷6，中华书局2002年版，第180页。

理，深化了文章主旨。由画竹艺术之高妙，文章又进而赞叹其人品德之高洁，以文与可将请托者之缣素"投诸地而骂"的细节描写，生动勾画出其人狷介不俗的个性。其后又通过回忆二人的诗文笑语，展现了文与可笃实淳朴的性情，抒发了深厚的怀念之情。最后交代写作缘起，"以废卷而哭失声"表达对亡友去世的痛悼，将怀念之情推向极致。全文不拘俗套，由竹而人，由艺而德，既有叙事抒情，又有哲理生发，中间穿插苏辙的相关议论，如行云流水，姿态横生，而又紧密围绕悼念亡友的主旨，确是"直行曲施，逆见错出"的"横"文。《虔州崇庆禅院新经藏记》亦有类似特征，该文由如来与舍利弗的"以无所得故而得"的偈语生发熟能生巧的道理，进而联想如何破解"使有思而无邪，无思而非土木"的人性困局，暗寓不平之气。随后交代写作缘起，赞叹三个僧人前赴后继终于建成崇庆院的执着精神，并对俞括的去世表示悲悼。全文不是循规蹈矩，平铺直叙，而是率意独驾，任意驱驰，却又决不横冲直撞，而如水流随物赋形，千回百转而迕物无伤，表现出擒纵自如的结构艺术。

由此可见，苏文之"横"主要指其不拘格套的章法，而这一章法实与作者率意独驾的个性密切相关。前面两文分别作于将贬黄州的元丰二年七月及已贬惠州后的绍圣二年五月，而苏轼诸多黄州所作的名篇如《答秦太虚书》、《方山子传》、《游定惠院》、前后《赤壁赋》等同样体现出类似特点。经过乌台诗案的打击与黄州期间的痛苦反思，苏轼渐渐消磨掉了先前的豪横之气，以更平和的心态面对现实人生，以更通达的眼光看待物我关系，主体精神因此更能从容不迫地游转于各类信息之间，对佛禅老庄诸子百家的广泛汲取无疑为其精神的自由游转提供了丰厚的资源储备，苏轼之文思更加左右逢源，摇曳多姿，诚如清代张道所云："东坡博极群籍，左抽右取，纵横恣肆，隶事精切，如不著力；尤熟于史汉、六朝、唐史，《庄》《列》《楞严》《黄庭》诸经，及李、杜、韩、白诗；故如万斛泉源，随地喷涌，未有羌无故实者。"① 因此，苏文之"横"乃是其更自由的精神及更丰厚的学养相互生发的结果，因其精神之自由，故能在广量的信息间任意驰骋；因其学养之深厚，故能为其精神的跳跃提供更多的支点。如前所述，随物赋形乃是物我合一的自由创作状态，是对思想及感情之流自由前行的形象描述，一定意义上说，"横"正是随物赋形的自由创作的外在表现。其"横"不仅表现为感情的活跃与想象的灵动，结构的变态百出，而且表现为对各种文体形式的杂取合用，前后《赤壁赋》正是杂取合用的典范之作，郭预衡先生说："两篇《赤壁赋》打破了赋之常体，是游记，也可以说是杂文。而且或韵，或散，不拘格套，既不同于骚体，也不同于俳体。……至于苏轼之赋，有人更断言：'直文耳。'此赋不仅是文，而且近于杂文小品。"② 确是真正的"横"文。

苏文如此，验之以诗，仍可成立。不同在于，随物赋形于文主要表现为篇章结构的层见错出，姿态横生；于诗主要表现为写景状物的变态百出及思想感情的起伏跌宕。苏轼前期诗词多呈豪横风格，这已为学界公认，如《有美堂暴雨》《密州出猎》都为这类风格的代表作。被贬黄州后，苏轼收敛锋芒，以优游不迫的精神遨游于天地之间，其诗词更为从容自得，舒展流畅，体现出"与山石曲折，随物赋形"的艺术风貌。元丰三年作于黄州的《寓居定惠院之东，杂花满山，有海棠一株，土人不知贵也》一诗正是"随物赋形"的典范之作。该诗首先点出江城地瘴、草木蕃多的背景，而后引出幽独寂寞而又气质脱俗的海棠，以人喻物，展开丰富的联想，层层渲染其高雅不俗的气质及其娇美多情的姿态。虽写海棠，兼以写人，花与人重合叠映，意

---

① 《苏亭诗话》卷1，清道光十九年刻本。
② 郭预衡《中国散文史》中册，上海古籍出版社1993年版，第520页。

味深长，为后面的相逢感叹张本。"先生"以下笔锋一转，写诗人与海棠相遇后的感情活动，悲欣交集，感慨无穷。诗人当年雄姿英发离开故乡，本欲大展宏图，岂知今日遭贬处穷，流落黄州，正与故乡的海棠彼此相对，同是流落天涯，感慨何止万千！诗人只能以狂饮长醉消弭深愁，只是明朝酒醒时分，是否还有勇气来看如雪片般飘零的花朵！全诗以人喻物，因物寓感，恍惚迷离，兴寄深微，抒发了强烈的不遇之感与贬谪之痛。该诗状物运用拟人、对比、比喻等多种手法，多角度、多侧面层层渲染；写人则由开始的萧散闲放到后面的感慨叹息，直到最后的愁深似海，逐步推进，层层加重，最终人物合一，将感情推向顶点。该诗无论状物写人都表现出很强的层次性，写花是空间性，写人是历时性，但都率意独至，意到笔随，随物赋形，从容自然，表现出超妙的艺术本领。据说苏轼自己也对此诗颇感得意，每每写以赠人，自称"吾平生最得意诗也"①。

古诗如此，"苏轼此时的近体诗也追求一气呵成的浑然自然之趣"，"设景、抒慨、叙事，无所不可，清幽新颖熨帖，毫无为韵牵拘之迹"②，亦可视为随物赋形的别种表现，如《红梅三首》其二云：

怕愁贪睡独开迟，自恐冰容不入时。故作小红桃杏色，尚余孤瘦雪霜姿。

寒心未肯随春态，酒晕无端上玉肌。诗老不知梅格在，更看绿叶与青枝。③

① 《王直方诗话》，郭绍虞《宋诗话辑佚》，中华书局1980年版，第74页。
② 王水照、朱刚《苏轼评传》，南京大学出版社2004年版，第429页。
③ 《苏轼诗集》卷21，第1107页。

该诗以"怕愁贪睡"起笔，写出红梅迟开的原因，并以"自恐冰容不入时"引起下联。"故作小红桃杏色"承接上句，同时又与"尚余孤瘦雪霜姿"形成对比，揭示出红梅之可贵恰在其敢于傲霜斗雪的品格。下句"寒心未肯随春态"一方面承上句之"雪霜姿"，进一步揭示其未泯的寒心，又以拟人笔法写其娇媚可人的姿态，"酒晕无端上玉肌"。最后感叹"诗老不知梅格在，更看绿叶与青枝"，反衬红梅傲霜斗雪的精神品质。全诗紧扣"梅格"层层生发，以人拟物，虚实相映，上下勾连，流转自如，极见诗人运思之高妙疏畅。其他如《东坡》《南堂》《海棠》等小诗，更以精致流利的诗笔，臻于清旷简远的妙境。

苏轼黄州期间随物赋形、通畅无碍的诗文创作根本上源于其文化心态由功利到审美的转变。经过初到黄州的阵痛，苏轼以佛禅老庄消解痛苦，将天地万物进退荣辱等量齐观，而不再将被贬际遇看作挂碍精神的魔障。于是，苏轼渐从世俗的价值中超离出来，更以宠辱不惊的自然心态应对现实人生，世俗的功名利禄在自然思想的刀锋下霍然瓦解，此时呈现在苏轼面前的便不再是追名逐利的世俗画面，而是脱离世俗价值的审美世界。《西江月》词自序云："春夜行蕲水中过酒，饮酒醉，乘月至一溪桥上，解鞍屈肱少休。及觉已晓，乱山葱茏，不谓人世也，书此词桥柱上。"[1]可见，苏轼摆脱世俗价值之后，转而以审美视角观照外物，天地自然似乎顿然呈现出无言之大美，而苏轼也情不自禁地陶醉其中，以清奇之语抒写超旷之意，自然之美亦如精灵翩然而来，成为诗人随意驱遣的对象，而诗人也似乎在对自然的审美观照中浑然忘我，与天地为一。

综上，经历乌台诗案的打击，苏轼的自由心性并未改变，慑于专制的威

---

① 《苏轼词编年校注》上册，中华书局 2007 年版，第 360 页。

压，这种自由心性转而为对山水自然的鉴赏、流连，且随着释道思想的渗入，苏轼的自由观上升为超越现实人生、包举天地万物的宇宙观，苏轼因而以更为宏阔的哲学视野观照现实人生，获得了更为深广的精神自由。由此，苏轼实现了观照对象与观照视角的双重转变：由社会转向自然，由功利转向审美。正因为这种转变，苏轼摆脱了被贬黄州的世俗情累，以超旷的审美心态心与物游，呈现出洞达天机的超然与从容。

贬谪与黄庭坚晚年的创作特征

　　随着贬谪的日渐深重，黄庭坚晚年更倡导温柔敦厚的儒家诗教，并将"平淡而山高水深"作为诗歌美学的最高境界，这一诗学观念无疑深刻影响到其晚年创作，而黄氏究竟在多大程度上实现了平淡观，则是一个不易判断的问题。前人对其晚年创作肯定居多，如无名氏《豫章先生赞》称，"山谷自黔州以后，句法尤高，笔势放纵，实天下之奇作，自宋兴以来，一人而已"①。王应麟认为"山谷诗，晚岁所得尤深"②。南宋王十朋更将山谷贬后创作与杜甫晚年诗作相提并论，称"天遣来黔涪，诗鸣配子美"③。这些评论虽多加褒扬，却并非从"平淡"角度着眼，只有少数人对其晚年风格的变化给予揭示，魏了翁在评论黄诗的发展阶段时，认为山谷元符贬谪后"阅理益多，落叶就实，直造简远"④。但总体而言，古人对其晚年创作的平淡特征论述不多，更未对平淡观念与创作实践之间的关系进行更深入的考察。现代研究者对黄氏晚年的创作风格的意见总体上趋于一致，莫砺锋先生认为，"黄庭

---

① 《豫章先生传赞》，《苕溪渔隐丛话》卷32，人民文学出版社1962年版，第245页。
② 《黄庭坚和江西诗派资料汇编》，中华书局1978年版，第173页。
③ 同上书，第84页。
④ 同上书，第144页。

坚晚年的诗歌创作与其诗论是桴鼓相应的","晚年的创作实践中已经以质朴平淡的风格追求消灭了早期的缺点。从而达到精光内敛的老成境界"①。钱志熙先生认为,"黄氏初期创作学魏晋,有自然倾向,中年提倡法度,重锻炼。到了晚年则有努力回归自然平淡的倾向"②。应该说,这一判断更有分寸。

实际上,任何诗人都不可能完全实践自己的美学观念,如上文所言,平淡风格的实现在根本上需要诗人感情的内敛与平静,尽管山谷晚年儒家修养更为深厚,心态也更为通达,但外在政治环境的变化往往使其感情奔涌,发而为深沉悲慨的诗篇,如《病起荆江亭即事十首》组诗便以宏大的政治视角、深沉的忧患意识及物伤其类的师友情怀表现出波澜起伏的内心世界,尤其是长篇五、七言古体诗更以其丰富的容量、跳掷多变的结构表现出晚年的复杂情感,而这类诗即便从其结构特点来看也难以实践其平淡观念。因此,无论是感情表达的需要还是诗歌本身艺术形式的制约都使得山谷晚年诗作不可能全然呈现出平淡特征。与此同时,山谷又确实在探索着实现平淡的道路。本人以为,山谷主要是将七言八句的古体诗作为晚年实践其平淡诗美观的主要形式,他从七言律体出发,以运古入律、混合律古的方式寻求诗歌自然化的途径。但山谷长期拗律创作的惯性使其诗歌语言瘦硬峭拔,与平淡风格并不相应,且好议论的习惯也使其诗作缺失形象性,直白平淡而乏韵味,这些缺陷使得这些古体化的律体与"平淡而山高水深"的诗美境界仍有不小的距离。由此,山谷又将目光转向了唐律,企图以唐律的意象营构之法加以补救。于是,古体之平淡与唐律之余味在七言八句的古体形式中得到了完美的统一,并达到了"平淡而山高水深"的美的极致。

---

① 莫砺锋《论黄庭坚诗歌创作的三个阶段》,《文学遗产》1995 年第 3 期。
② 钱志熙《黄庭坚诗学体系研究》,北京大学出版社 2003 年版,第 249 页。

一、平淡追求与自然流贯

如上所述，对道德修养的强调成为黄氏晚年诗论的重要内容，这种转变在初至贬所不久便发生了，《次韵杨明叔四首》小序云，"文章者，道之器也；言者，行之枝叶也"，作者应该"耕礼义之田而深其耒"①。从乌台诗案到绍圣旧党之贬，因诗得祸的惨痛教训使得被贬者噤若寒蝉，黄氏重新强调儒家道德，一方面在于避免以诗得祸，同时更意在使士人将儒家伦理规范充分内化为一种道德自觉，发而为诗自然不越雷池。在上述四首诗中，黄氏鼓吹道德至上论，倡导儒家道德人格的构建，如"决定不是物，方名大丈夫"②，"道应无蒂芥，学要尽工夫"③。同时又表现出将儒、释、道糅合为一的倾向，所谓"心随物作宰，人谓我非夫"，"全德名万物，大方无四隅"，既遵从儒家道德，又以释道哲学加以引导统摄，并非被动地以儒家道德约束自我，而是将内在道德修养与释道家观念相通相融，最终趋于融通万物、无所不可的自由境界，所谓的自由最终表现为因顺万物的自然，它外化为主体的感情状态及诗歌风格便是平淡。

山谷早年为打破近体格律的俗滥，多作拗律，以意独行，意象构成从表面来看极具跳跃性，这成为其瘦硬生新的诗歌面貌的重要成因，与其晚年的平淡追求似乎颇为悖谬。实际上，平淡风格的实现首先需要的便是表情达意的自然性，山谷诗以意运象恰恰是遵从了这种自然性。他是从自我出发组织意象，而不是从意象出发表达自我，意象之间便显得不相关联，造成了诗意表面的跳跃乃至滞塞，并最终形成生新出奇的诗歌面貌。这种诗歌样态貌似

---

① 《山谷诗集注》卷12，第300页。
② 同上书，第302页。
③ 同上书，第304页。

生硬，实际上是一种更具自然性的表达方式，与其晚年的平淡追求并不存在根本的矛盾。但拗折不平的诗歌形态与其晚年的平淡追求毕竟不相协调，山谷为此逐渐摒弃拗律，更多运古入律，以却除拗折之气，返归自然平易。即便如"桃李春风一杯酒，江湖夜雨十年灯"这样他人以为"极至"的成熟之作，鲁直仍然以为"犹砌合"，而更喜爱"石吾自爱之，勿使牛砺角。牛砺角犹可，牛斗残我竹"这样朴拙的诗句[1]，因为它符合山谷晚年平淡及无意为文的创作观念。由此，山谷晚年拗律渐少，而更多运古入律，以至那类七言八句、不律不古、亦律亦古的诗体成为山谷晚年最为偏好的形态。

但诗学观念的改变不可能立刻递变为创作实践，贬谪初期的诗作仍带有早期爱发议论、拗折出奇的风格，如《次韵答斌老病起独游东园二首》其一云，"万事同一机，多虑乃禅病。排闷有新诗，忘蹄出兔径。莲花生淤泥，可见嗔喜性。小立近幽香，心与晚色静"[2]。诗用仄声韵，拗折之气不改，且以意运象，一气独行，意象间往往缺乏自然的相关性，跳跃性较大，如"排闷有新诗，忘蹄出兔径"便是如此。这种笔法虽然表现了主体的自由精神，却未造平淡之风，根本原因在于内在的思想感情表现为外在的物象并不自然流贯，由上诗来看，选象造句仍不脱人造痕迹。最后两句则写眼前景象，"小立近幽香，心与晚色静"，富于形象性且有余味，似乎可见山谷以意象创造弥补余味不足的努力。《又和二首》与前诗风格一致，造语用事不拘常调，生新出奇，其一云，"西风鏖残暑，如用霍去病。疏沟满莲塘，扫叶明竹径。中有寂寞人，自知圆觉性。心猿方睡起，一笑六窗静"[3]。前两句以霍去病横扫匈奴的英勇气概比喻秋风扫落叶之冷酷无情，是典型的山谷笔法，

---

① 见吕本中《童蒙诗训》，《宋诗话辑佚》，中华书局1980年版，第590页。
② 《山谷诗集注》卷13，第316页。
③ 同上书，第317页。

后面则写主人的悟道境界，意境清幽，运笔自然，一定程度上呈现出回归常体的趋势。这种前后造语及风格的矛盾似乎表明山谷此期诗歌创作的过渡特征。

随着山谷晚年平淡观念的确立，他开始更多地抛开了近体格律的限制而运古入律，以追求感情自由流畅的表达，如《次韵李任道晚饮锁江亭》首两句直写眼前景象，"西来雪浪如炰烹，两涯一苇乃可横"[①]。江水从西方奔来，雪浪翻涌，恰如沸腾一般，两岸虽然相隔遥远，但看上去似乎一苇可航。诗人由眼前的雪浪突然想到故乡河流的宁静安详，"忽思仲陵江十里，白蘋风起縠纹生"。江水缓缓而流，白蘋风起，水面泛起细细的波纹。眼前景象之壮阔与故乡景象之宁静构成鲜明的对比，诗人情思跳跃，透出由激荡而婉约的感情变化。该诗并未对仗，而以散体方式流贯而下，摆脱了严格的对仗对感情的自然流程的阻隔，更为生动地传达出诗人不可遏止的思乡深情。运古入律可谓打破律体呆板句式的有益尝试，而愈至晚年，黄氏便越发不拘形式，完全从感情表达的自然性出发选择句式，以求抒情表意的舒展流畅。该诗下联则重新运用对仗，"酒杯未觉浮蚁滑，茶鼎已作苍蝇鸣"。酒从喉咙中滑过竟毫无感觉，不知不觉中茶鼎中的水已滋滋作响，直到此时诗人似乎才从对故乡的回忆中惊醒过来，似可见其茫然若失的神态。这两句虽是对句，却又不觉其对，因它完全循着自然流程描述眼前景象，喝酒失神与茶鼎作响之间存在着时间的先后顺序，虽写两类对象，实有流水对的意味。如果说前两句使人忘其不对，这两句则又令人忘其对，两联的基本特征不在形式，而在于情感的真实呈现，形式已退居次要位置，对仗与否完全服从于写景抒情的需要，充分表现出山谷晚年大巧若拙的老成境界。再如《再次韵兼简履中

---

① 《山谷诗集注》卷13，第329页。

南玉三首》颔联云，"句中稍觉道战胜，胸次不使俗尘生"①。正义战胜了俗念，感情也便更加深沉严毅，此时纵目远眺，江山风物也便呈现出不同寻常的宏大气象，"山绕楼台钟鼓晚，江触石矶碪杵鸣"。群山环抱着楼台，钟鼓声声已是暮色苍茫，江水一阵阵涌上岸边的礁石，与暮色中的碪杵声混杂在一起，更加惊心动魄。两句勾勒出博大深浑的意境，有力地烘托出诗人坚守儒道的信念及远离尘俗的品节。诗由抽象而具象，由崇高的精神境界生发为长江晚景的壮阔景象，陡然将诗境推宕开去，造成极为深远的意味。上述两诗都极具特色，最主要的便是中间两联，第一首写江景，由实而虚，又由虚返实，叙写出诗人的感情流程。第二首则写诗人的高迈情怀，以江景之壮阔加以强化，使诗境更其深厚。而无论是哪一首诗，都沿着情感的自然流程组织相关内容，或实或虚，或景或情，随心所欲，任意而行。这表明，黄氏晚年所求之平淡风格并不仅指感情的平淡，而首先是感情的自然表达，因此扬弃了对形式的刻意选择与雕琢，而达到一种率意独驾、自然浑成的境界。如钱志熙先生所论，"诗人经历世事更多，对哲理体验更丰富，达到心灵上返璞归真的境界，所以对'情'与'理'有了一体化的体验，不斤斤计较于情理之界限和追求以理节情，所以他的抒写更倾向于自然"，"不再执着于思理表达和技巧之出奇变怪"②。

此期诗作越发自然流贯，擒纵自如，章法灵活多变，完全服从于诗意的表达而不拘程式，是山谷以意独运的创作方式的发展与最高表现，如《再次韵兼简履中南玉三首》其二云，"江津道人心源清，不系虚舟尽日横"③。起笔极为随意，接句又颇为舒展，以庄子不系之舟典相接续，既写出心源道人

① 《山谷诗集注》卷13，第328页。
② 钱志熙《黄庭坚诗学体系研究》，北京大学出版社2003年版，第84页。
③ 《山谷诗集注》卷13，第329页。

的形象，又暗示其心性之自由。其后进一步以"道机禅观转万物"引申其物物而不物于物的主体地位，并以"文采风流被诸生"说明心源道人沾溉士林的巨大魅力。颈联"与世浮沉唯酒可，随人忧乐以诗鸣"，则又刻画出心源道人饮酒买醉、与世浮沉、随人忧乐、以诗寄慨的愤激形象，与上联之潇洒风流恰成反照，也是对上联内容的颠覆，尾联则以"江头一醉岂易得，事如浮云多变更"揭示出心源道人苦闷愤激的原因，在于世事如浮云变幻不定，令人禁不住忧心忡忡。该诗无论反正，都自然流贯，无所不可。又其三首联云，"锁江亭上一樽酒，山自白云江自横"①，既写景，又暗寓情蕴。饮酒锁江亭本已是萧散闲放的生活情态，而"山自白云江自横"则以形写意，似比似兴，更加映衬出饮者之闲旷萧散的风流之态，显出山谷晚年诗法之老到自然。

如上所述，山谷晚年为追求诗意的自然表达，更多以古入律，偏好七言八句的古体。从具体的操作来看，主要表现为中间两联，往往是一联对仗，一联散行，有意打破对仗的严整，而求得表意的流畅连贯，自然性成为山谷晚年的自觉追求。与此同时，首句及首联也往往不再是相对独立的意义单元，而与下面的内容更加紧密地联系在一起，首联与颔联一气流贯，更加自然浑成，如《送石卿太学秋浦》诗首句写石氏之贫困及刚正不移的节操，"长卿家亦但四壁，文君窥之介如石"②，纯以古语出之，浑朴之气扑面而来。颔联"胸中已无少年事，骨气乃有老松格"不仅前后对比，亦暗含因果，似对而非对，老健浑成，不可句摘，乃是黄氏运古入律的典范之作。颈联则述徽宗朝新政，"汉文新览天下图，诏山采玉渊献珠"，转用更为自由的散体句式，疏宕有致。古体在表意方面显然更为自然，因此为山谷更多地引

---

① 《山谷诗集注》卷13，第330页。
② 同上书，第334页。

入到律体中来，即便颔联运用了对句，而从语言风格来看，仍带有明显的古体色彩。运古入律成为山谷晚年诗作的重要特征，也是实现平淡追求的重要手段。从诗体而言，这些诗已不再是严格意义上的律诗，实际上已蜕变为古体，但其八句的形式显然又是由律体脱化而来。山谷由早年的拗律、运古入律，至晚年干脆全用古体的变化过程，是一个渐次的诗体"退化"过程，也是一个向自然平淡风格的转型过程。实际上所谓拗律本质上不过是将齐梁以后逐渐成熟的律仗重新还原回到律化前的原始状态，而运用古体是更为彻底的"退化"。当然，这不是简单的"退化"与"复古"，而是对格律的超越，是更层次上的向自然的回归。

由上可见，山谷之平淡实乃首先追求表情达意的自然性，即依靠感情的自然流程而一意倾泻，突破诗体形式的束缚，实现诗意从容自如的表达。由山谷之七言律古来看，山谷的确实现了诗歌结构的自然化及向平淡风格的转变，但山谷晚年所求实则"平淡而山高水深"。所谓"山高水深"侧重于创作主体深厚的道德学养在诗中的自然流露及诗歌意象内在的错落多变所造成的波折感，因此，"山高水深"侧重于"意"而不同于唐诗之"味"。意重在理，而味重在象。山谷更重理性传达而相对排斥对自然意象的感兴，其诗往往引人思而不是引人感，令人悟到言外之"意"而不是韵外之"致"，所以山谷诗"意"有余而"味"不足。山谷晚年一再强调道德意识的强化与培养，强调道德修养与平淡风格之间的相关性，所谓"平淡而山高水深"即要在平淡中蕴含丰富的道德及文化内涵，此乃山谷着意所在。大体而言，山谷所求者乃是感情的自然表达及理性因素的丰厚沉积，这才是"山高水深"的基本内涵。但山谷晚年之"山高水深"似又不止于以上内涵，而更求平淡外的余味，《论诗帖》云，"陶渊明诗长于丘园，信所谓有味其言者。吾尝见梅圣俞诵唐人诗云：'雀乳青苔井，鸡栖白板扉。'圣俞甚爱此句。柳子厚云：'渚泽新泉清。'渊明云：'平畴交远风，良苗亦怀新。'此句殆入妙也"①。《论作诗文》云，"盖诗之言近而指远者，乃得诗之妙。唐人吟诗绝句云：'如二十个君子，不可著一个小人也。'唐诗僧《吟草》诗云：'时平生战垒，农惰入春田。'如此语，少时常记百十联，思其的切"②。所谓"有味其言""言近而指远"，即是追求诗歌不同于道德及理性内涵的感性空间，表现出对诗歌感性特质的回归，而"有味"的范本多为唐诗，于是追慕唐诗而求"有味"便成为山谷晚年诗歌美学追求的必然选择，这由山谷晚年大量创作酷似唐韵的绝句似乎可以得到充分的证明。

二、"向唐律中作活计"与对余味的追求

《名贤诗话》云："黄鲁直自黔南归，诗变前体，且云：'须要唐律中作活计，乃可言诗。'"③ 这句话标志着山谷晚年诗学观念的重要转变。而唐律究竟何所指？又究竟作何活计？山谷并没有进行明白的揭示，然而由其晚年创作相当数量的绝句，且其风格直逼唐韵来看，所谓"唐律"侧重指绝句，尤其是七绝。沈德潜说："七言绝句，贵言微旨远，语浅情深，如清庙之瑟，一倡而三叹，有遗音者矣。"④ 清人黄爵滋亦称，"情余于句，是七绝正宗"⑤。绝句因与音乐的渊源关系，音调婉转，情思悠远，且因体制短小，容量有限，为充分地表情达意，必须要尽可能地在尺幅之间展现万里之势，以一含万，以少胜多。周必大在《跋米元章书秦少游词》中说："借眼前之景

① 《黄庭坚全集》，第 1683 页。
② 同上书，第 1685 页。
③ 李颀《古今诗话》，《宋诗话辑佚》，中华书局 1980 年版，第 266 页。
④ 沈德潜《唐诗别裁集·凡例》，上海古籍出版社 1979 年版，第 3 页。
⑤ 《张耒资料汇编》，中华书局 2007 年版，第 174 页。

而含万里不尽之情，因古人之法而得三昧自在之力，此字此词所以传世。"①
虽是论词，亦可移之于绝句。为求得以上效果，兴象的充分运用便成为绝句
的突出特征，盛唐绝句以其兴象玲珑、情思婉转、风神华妙、自然浑成的
审美特征代表了唐韵之正宗，而宋代绝句则与之大异其趣，胡应麟评论说：
"宋诸人绝句，议论俳谑者既不必言，间有一二佳致，非音节失之浅促，则
气象过于轩举。其有语意逼近者，又格调萎苶卑弱，仅作晚唐耳。"②宋代绝
句的此种面貌与宋人着意与唐诗立异的追求有关，不仅绝句，宋诗的整体面
貌都呈现出不同于唐韵的瘦硬生新，黄庭坚作为宋调的代表人物当然更是如
此，胡应麟因此批评说："黄、陈律诗法杜，至绝句亦用杜体，七言小诗遂
成突梯谑浪之资，唐人风韵，毫不复睹，又在近体下矣。"③山谷晚年对唐律
的肯定正是对以往绝句及近体创作的反思与纠偏。可见，山谷晚年并不满足
于道德学养积淀而成的"平淡而山高水深"，而亦神往于自然淡泊而余味悠
远的境界。唐代绝句整体的自然风韵及韵外之致与山谷晚年的诗学观念更为
接近，因此成为山谷晚年着意取法的对象。黄庭坚所谓向唐律作活计，主要
指取法绝句特有的意象、意境、意味创造方面的经验，以充分实现"有远韵
而语平易"的诗美追求。

与其他诗体刻意求新求奇一样，山谷早年的绝句创作亦多拗硬劲折的变
化，钱志熙先生认为，黄山谷早年的七绝变体在内容、手法、结构甚至体
式方面都有创变，随着晚年诗学观念的改变，绝句创作有重归唐韵的趋势，
"山谷晚年七绝作品，达到了简易自由与精到的统一。不少作品采用率尔走
笔的作法，即不像他自己中期变体那样穿凿新奇，也不像传统风格那样精雕

① 周必大《跋米元章书秦少游词》，《全宋文》第 230 册，第 271 页。
② 胡应麟《诗薮》外编卷 5，中华书局 1958 年版，第 219—220 页。
③ 同上。

细琢，务求精工、圆润、玲珑，而是纵意为之，不计工拙"①。笔者以为，山谷晚年的绝句创作竭力追趋唐韵，注重意象创造，大体表现为以下四个方面的特征。其一，尽力化抽象为具象，并多以相关意象代指、烘托中心意象，以此造成韵外之致。如《刘邦直送早梅水仙花四首》其一云，"簸船绠缆北风嗔，霜落千林憔悴人。欲问江南近消息，喜君贻我一枝春"②。前两句写旅途中北风劲吹，船只在风中簸荡不定，霜落千林，一片肃杀，这种形象化的环境描写有力地烘托出漂泊无依、憔悴伤神的诗人形象。正因为如此，当有人赠给诗人早梅与水仙时，才会让他格外惊喜。诗中用"一枝春"代花朵，虽显陈旧，仍然透露出这早春的花朵带给诗人的无限暖意。又《戏答荆州王充道烹茶四首》其四云，"龙焙东风鱼眼汤，个中即是白云乡。更煎双井苍鹰爪，始耐落花春日长"③。首句以"龙焙东风鱼眼汤"写春天到来，想象出奇，次句则以"个中即是白云乡"写春困，更是一奇。后面亦以形象之语应对，"更煎双井苍鹰爪，始耐落花春日长"。以"苍鹰爪"写茶之形态，不仅生动形象，而且与首句中的"龙"意象暗相呼应，更富机趣。下句不写春困，而以"落花春日长"出之，似乎也隐隐写出诗人慵懒的神态，颇有情味。

其二，在意象创造中参以充分的想象，以眼前意象与虚拟意象之间的张力构置出深远的诗境。如《次韵答马中玉三首》其一云，"雨入纱窗风簸船，菊花过后早梅前。锦江春色薰人醉，也到壶中小隐天"④。诗由雨打纱窗、风摇泊船起笔，写菊花落尽、梅花绽放的早春景象。面对悄然而至的春天，诗

---

① 钱志熙《黄庭坚诗学体系研究》，北京大学出版社2003年版，第401页。
② 《山谷诗集注》卷15，第379页。
③ 《山谷诗集注》卷16，第402页。
④ 《山谷诗集注》卷15，第375页。

人情思飞动，由眼前绽放的梅花更将目光伸展开去，纵览锦江两岸的无限春光。诗人刚刚离开蜀地，由眼前的锦江自然会联想到蜀地的锦江，而此时的蜀中定是春色醉人了，似乎正是奔流的锦江从遥远的巴蜀带来了烂漫春光，两条锦江合而为一，现实与想象难分彼此，既表现出诗人对春光的陶醉，也含蓄地表达了诗人对蜀地的眷念。于是眼前的梅花与锦江春色之间形成辽远的想象空间，突破了一般诗歌吟咏眼前景象的局限，造成了宽广的诗境。又《次韵中玉早梅二首》其一云，"梅蕊争先公不嗔，知公家有似梅人。何时各得自由去，相逐扬州作好春？"[①]诗以拟人手法写梅蕊竞相绽放的姿态，并以梅赞美马中玉的品格，进而又以想象之笔，写梅花随马中玉到扬州，在那里继续绽放满眼春光，亦是语新意奇之作。想象不仅用以拓展诗境，而且用以造成新奇生动的比拟，使得不同意象在比拟与被比拟中交相辉映，造成幽远的韵味，如《次韵中玉水仙花二首》其一云，"借水开花自一奇，水沉为骨玉为肌。暗香已压酴醾倒，只比寒梅无好枝"[②]。诗人以"水沉为骨玉为肌"写出水仙花冰清玉洁的风采神韵，实则将水、玉与水仙意象交织叠映，烘托水仙之超尘脱俗。后面又将水仙与酴醾、寒梅对比，指出水仙的芳香自非酴醾可比，相比寒梅也不过仅在于没有旁逸斜出的枝条罢了。诗人由眼前的水仙生发奇想，把并不相关的酴醾、寒梅拉来相比衬，于是在读者眼前似乎呈现出三花竞艳的场面，亦是以想象取胜，味深意远，不同凡俗。

其三，以传神之语写出人物的细节，含蓄地点染或暗示人物心态。如《赠石敏若》诗云，"才似谪仙惟欠酒，情如宋玉更逢秋。相看领会一谈胜，注目长江天际流"。尾句直接借用唐人诗句，写出人物凝神远眺的神态及情

---

① 《山谷诗集注》卷15，第376页。
② 同上。

思绵渺的心绪，以景写情，含蕴不尽。又《雨中登岳阳楼望君山二首》其一云，"投荒万死鬓毛斑，生出瞿塘滟滪关。未到江南先一笑，岳阳楼上对君山"[①]。开篇以"鬓毛斑"的细节点染自己被贬黔戎的遭际，有力地强化了诗人投荒万死的苦难经历，引发人们丰富的联想及强烈的共鸣。诗人原本投荒万死，不料侥幸生还，这种出人意料的结局虽似喜剧，实则更凸显人生的悲剧意味。耐人寻味的是，九死一生的诗人"未到江南先一笑"，"一笑"的细节既与"生出"相应，更与"九死"对照，以鲜明的形象表达了诗人不畏苦难的乐观精神，尾句则以"岳阳楼上对君山"的自我形象留下意味深长的结尾。全诗形象丰满，对照鲜明，前后呼应，关合紧密，抒写出万死归来的复杂情感，有一唱三叹之妙，可谓山谷晚年绝句创作的绝唱。

其四，重视尾句的形象性，造成余音袅袅的效果。上举《赠石敏若》诗即是如此，又如《题徐氏书院》诗云，"学书但学溪老鹅，读书可观樵父歌。紫髯将军不复见，空余岩桂绿婆娑"[②]。尾句以"空余绿婆娑"句写出人去不返、空余寂寞的景象，寄寓了诗人的深沉感慨。又《南楼画阁观方公悦二小诗戏次韵》诗云，"重山复水绕深幽，不见高贤独倚楼。手拂壁间留恨句，凌波微步有人愁"[③]。以"凌波微步"意象写出人去楼空的无尽怅惘，言尽而意不尽。

以上只是简要的总结，难免以偏概全，但山谷晚年重视绝句创作、追步唐韵则是无可置疑的事实，有的诗纯乎唐风，如《题小景扇》诗，"草色青青柳色黄，桃花零落杏花香。春风不解吹愁却，春日偏能惹恨长"[④]。山谷当

[①] 《山谷诗集注》卷16，第402页。
[②] 同上书，第404页。
[③] 《山谷诗集注》卷18，第437页。
[④] 同上书，第435页。

然并非亦步亦趋，而是取法其意象、意境及意味的创造经验，而将之移之于其他诗体。实际上此期律诗或七言八句古体与前期相比，已有了明显的区别，那就是前期多有抽象议论之语，如元符三年戎州所作《再次韵兼简履中南玉三首》中云，"句中稍觉道战胜，胸次不使俗尘生"[①]，其议论说理色彩是很明显的。而此期诗作则纯乎象语，如《王充道关水仙花五十枝欣然会心为之作咏》诗云，"凌波仙子袜生尘，水上轻盈步微月。是谁招此断肠魂，种作寒花寄愁绝？含香体素欲倾城，山礬是弟梅是兄。坐对真成被花恼，出门一笑大江横"[②]。首句用洛神典故，以出奇之笔写水仙花在水中亭亭玉立、超凡脱俗的清丽形象，并以想象之语发问，"是谁招此断肠魂，种作寒花寄愁绝？"一下将诗境推宕开去，赋予水仙更其凄艳迷离的神韵，又以山礬与梅花加以对比，进一步凸显其倾国倾城的丽质芳姿，由此引发出诗人的无尽想象。而诗人又不止于爱花之意，更以"出门一笑大江横"的狂放意态冲淡了前面的儿女情长，也将全诗推向更高阔的境界。该诗明显借用了唐律意象创造的经验，多以想象之笔出之，诗意翻空出奇，意境幽远清奇。同时中间两联又不用呆板的对仗句式，而以两句一意的散体表情达意，更加灵活多变，疏畅自然，是将唐律与古体相结合的成功之作。该诗实际上是以唐韵为主而辅以古体的句式特征，唐韵的痕迹还是颇为浓重，与古体的散淡韵味仍有明显的区别，尚非山谷诗美追求的极致。如果说纯粹的古体平淡而乏韵味，那么上述追步唐律的诗作虽重意象、意境的创造，却是虽有味而不够平淡，只有以古体为主而辅以唐韵，才能平淡而有味，更加接近"平淡而山高水深"的境界。实际上山谷晚年的创作实践正是追求这样的境界，许多七言

① 《山谷诗集注》卷13，第328页。
② 《山谷诗集注》卷15，第378页。

八句的古体诗正是这一审美追求的体现。徐复观先生认为，"我的推测，黄山谷一生的努力，是要在'非诗'的方向中做出更真的诗，要在含有反艺术的因素中创造出更深的艺术，这除了在人格与学问上立基，使这种成熟的感情不是杂入了机械变诈、油腔滑调的感情，而是含有更高的德慧的感情外，还在要表现的技巧上阻止向'非诗'的滑入，转变反艺术性为去肤存液的艺术，这便须在律体上、在句法上、在用字上，下一番千锤百炼的工夫"①。即黄山谷要在保证感情德慧的前提下，在突破律体约束的基础上重新寻找形式与自由的平衡，而古体恰可以在这方面提供借鉴。

古体最大特点便是自由地抒情达意，顺应主体感情的脉络自由地选择材料，安排结构。山谷诗原本便是以意独运驱遣意象，由此往往造成诗中意象的疏远与阻隔，故其诗更注重内在的诗意的统一，而不注重外在的意象间的衔接，而古体不守格律的自由正适应了这种以意运象的自由表达，所以成为山谷追求平淡自然诗美的适宜形式。山谷又将取法唐律的经验用之于古诗，实现了平淡与余味的统一，使晚期的七言八句的古体真正近于"平淡而山高水深"的境界，如《中秋山行怀子兴节判》诗可为一例。该诗起笔不凡，直切主题，"俗物常堛塞，令人眼生白。永怀洛阳人，谈诗论画壁"②。因憎恨俗物，故而格外怀念洛阳友人，前后自然承续，并于下联点出其不俗所在，"谈诗论画壁"，诗与画正是将其超脱凡俗的重要媒介。其后叙述自己目前的处境，"青山吐秋月，阻作南楼客。但歌靡盐诗，赏此无瑕璧"。全诗由议论起笔，却又并非全然排斥意象，而是以阮籍典故表达鄙视俗人的态度，后以与友人谈诗论画的情景相接续，进而感叹自己孤独漂泊的处境，以环境描

---

① 徐复观《中国文学精神》，上海书店出版社 2004 年版，第 402 页。
② 《山谷诗集注》卷 18，第 445 页。

写加以渲染，"青山吐秋月，阻作南楼客"，并以"歌靡盐诗"及仰观秋月的动态描写刻画内心的寂寞。全诗既写出对友人的怀念，同时又点明自己鄙弃俗物、傲然独处的人生态度，并因此而更加怀念远方志同道合的友人。全诗采用古体，句式散行，疏宕有致；又以鄙弃俗物为中心一气贯穿，多化情语为景语，意味深长。又《晚发咸宁行松径至芦子》诗亦为典范，诗云，"咸宁走芦子，终日乔木阴。太丘心洒落，古松韵清深。聊持不俗耳，静听无弦琴。非今胡部律，而独可人心"①。诗写从咸宁到芦子途中所见所感，以景写情，一气独运，景情浑然合一，难分彼此。首句"太丘心洒落"用陈寔典，写其洒落不俗的风度，次句"古松韵清深"，似是以人比物，又似以物喻人，人物合一，情韵深远。"聊持不俗耳，静听无弦琴"则写松声飒飒，乃是远离尘嚣的天籁之音，以心应物，而又超然物外。此联似对非对，而前后流贯，达到了对仗的化境。就全诗而言，则似律非律，律古合一，达到自然浑成的境界。有的诗几乎全用口语，绝去雕饰，如《题李亮功戴嵩牛图》，"韩生画肥马，立仗有辉光。戴老作瘦牛，平田千顷荒。觳觫告主人，实已尽筋力。乞我一牧童，林间听横笛"②。全出胸臆而古朴自然，可谓大巧若拙。总体而言，山谷晚年诗作明显转向古淡一派，某些诗即便具有律体的形式，其精神气质亦属古体，呈现出明显的古淡面貌，《跋子瞻和陶诗》便是如此。诗以纯熟老辣之笔写出苏轼处变不惊、随缘任运的风采神韵，"饱吃惠州饭"刻画东坡不以贬谪为意的从容之态，"细和渊明诗"突出其精神之不同流俗。两句描写传神写照，东坡形象呼之欲出，而又兴味无穷，诚可谓"平淡而山高水深"。

---

① 《山谷诗集注》卷18，第447页。
② 《山谷诗集注》卷17，第417页。

黄氏原本拗律居多，其后运古入律，后又干脆由律返古，成八句古体。但山谷长期的拗律创作使得这类诗带有明显的拗律痕迹，主要在于语言拗折峭硬，不类于陶诗之古淡有味。山谷晚年转向唐律中作活计，应是重新认识到唐诗自然舒畅的风神，因而在充分领略唐律的基础上，以古体参之唐律，最终熔冶成这类七言八句、兼有古今美致的诗体形式，标志着山谷晚年诗艺的成熟，而正是这类诗最大限度地实现了"平淡而山高水深"的诗美追求。

陈师道晚年心态与诗作的演变

———

一、陈师道晚年心态

陈师道对出仕原本没有太强烈的热情，出于对王氏新学的不满，更是放弃了科考。在《送邢居实序》中，后山将王氏新学蔑称为"俗学"，认为贻患无穷，他以讽刺的口吻说，"士之不能自成，其患在于俗学。俗学之患，枉人之材，害人之耳目。诵其师傅造字之说，从俗之文才数万字，其为士之业尽是矣"①。陈氏最后告诫邢居实"吾以谓之君子之言可法，古之学可道，今之学可戒也"。陈师道因而对王氏新学敬而远之，乃至为此放弃科考，由此也可见其独立不移的刚直品格。

新党当政的熙丰期间，陈师道始终不曾出仕，直到元祐更化才被苏轼等人荐为教授。但陈师道出仕也仅是为谋禄养亲而已，《宿合清口》诗云，"卧家还就道，自计岂苍生"。冒鹤亭注曰，"言其出处皆以贫故，自为计尔，非为苍生也"②。即便如此也仍然心怀犹豫，"有亲须薄禄，临路尚徘徊"③，陈

———

① 《全宋文》第 123 册，上海辞书出版社 2006 年版，第 320 页。
② 同上书，第 410 页。
③ 《后山诗注补笺》卷 4，中华书局 1995 年版，第 161 页。

氏不甘为谋一职而折腰受辱,"折腰真耐辱,捧檄敢轻投",而江湖才是诗人的最终归宿,"独无区中缘,永怀岩下趣"①。"富贵本非吾辈事,江湖安得便相忘"②。诗人甚至欲以倒海之水浣洗功名之念,"平生功名念,倒海浣我肠"③。即便晚年被任为秘书省正字之后,仍恋栈于归隐生活,"向来忧畏断,不尽鹿门期"④。陈氏绍圣被贬之后本已洗涤用世之志,所谓"少日幻心今净尽"⑤。然而徽宗上台后除为学官又使后山稍感振作,"齿脱心犹壮",但也并非意气昂扬,反是悲从中来,"秋清意自悲"⑥。根本原因在于时事变幻莫测令人心怀隐忧,"洗心闻吉语,时事信难量"⑦,"江间无日不风波,老去何时脱奔走"⑧。尤其是元祐党人纷纷被贬的现实使得陈师道忧心忡忡,《秋怀》其四云,"宁须一网尽,不为百人留。密雨点急水,惊风擘系舟"⑨,几乎就是新党迫害元祐党人的生动写照,后山由此更欲退步抽身,《再和寇十一二首》其二云,"与世相递孰自量,资身无策漫多方。逢场作戏真是拙,误笔成蝇岂所长"⑩。诗人缺乏逢场作戏、误笔成蝇的本领,资身无策,只能随波逐流,这种不求进取、只求自保的颓然心态无疑是时代乱象使然,这在《寒夜》诗中有更为清晰的表现:

闭户风将雨,通宵浪打头。若为中夜听,复作别时愁。

---

① 《后山诗注补笺》卷5,第208页。
② 《后山诗注补笺》卷10,第362页。
③ 《后山诗注补笺》卷6,第216页。
④ 《后山诗注补笺》卷12,第423页。
⑤ 《后山诗注补笺》卷1,第366页。
⑥ 《后山诗注补笺》卷11,第388页。
⑦ 同上书,第392页。
⑧ 《后山诗注补笺》卷4,第173页。
⑨ 《后山诗注补笺》卷8,第290页。
⑩ 《后山诗注补笺》卷10,第366页。

宿雁鸣渔火，村春急暗投。不应田二顷，能使寸心休。①

诗人为生计所迫，贫困潦倒，自然界的风雨更激起他的满腹愁绪，遥望远处的渔火，听着宿雁的鸣声及急促的村春，更加难以平静。然而后山并非仅为生计烦忧，而有着更为深远的愁情，那是一种时代的沉落带给诗人的茫然情绪，所以诗人说，"不应田二顷，能使寸心休"。令诗人心绪不宁者并非生计，究竟何所指，诗人并未明言，却更加令人思索回味，而《次韵春怀》诗似乎可以提供一定的启示：

老形已具臂膝痛，春事无多樱笋来。败絮不温生虮虱，大杯覆酒著尘埃。

衰年此日长为客，旧国当时只废台。河岭尚堪供极目，少年为句未须哀。②

渐近老境，春事将阑，诗人衣絮破败虮虱丛生，生活拮据酒嗜也被迫戒除。在时光飞逝及生事潦倒中，诗人的思绪却伸向荒远的历史，而霸王项羽废弃的戏马台正象征了历史的虚无。虽然自己"衰年此日长为客"，但无论何等英雄的功业最终也不过是风流云散，"旧国当时只废台"既是对自我的宽解，也是对事功价值的解构，诗人将个体人生导入浩大的历史时空，便消隐了价值本身，则最终的"未须哀"并非基于来日方长的少年自信，而是窥透生命本质的无所用心，这使陈师道实则陷于价值虚无的茫然

---

① 《后山诗注补笺》卷11，第396页。
② 《后山诗注补笺》卷5，第194页。

无措。

　　虽然陈师道缺乏入仕热情，无端贬黜毕竟令人气恨难平，绍圣元年返家途中所作《舟中二首》其一便以拗怒之笔写出了恶风横卷、猛浪若奔的景象，"恶风横江江卷浪，黄流湍猛风用壮。疾如万骑千里来，气压三江五湖上"①，诗以横放的笔力、豪劲的意象抒写了被贬黜的愤激之情。"岸上空荒火夜明，舟中坐起待残更。少年行路今白头，不尽还家去国情"。诗人夜不能寐，坐待残更，白首还家，一无所成，回顾生平不禁万分感慨，由此陷于"城郭山林两无得，暮年犹复几沾巾"②的矛盾心态与痛苦心境。后山实际上也极欲以佛禅消释痛苦，但对虚渺的佛界心存怀疑而并未倾心皈依，"百念皆空习尚存，稍修香火踏空门"③。诗人竭力要戒除槌腰、摩腹、饮酒等惯常的"积习"而求得超然出世之情，然而天上仙人却有俗人的七情六欲，"上界纷纷足官府，也容河鼓过天孙"④，牵牛织女年年相会的事实似乎削弱了后山对佛门的信仰。无论如何，陈师道未能如苏轼一样随缘任运，与物同流；也未如山谷一样将对儒节的坚守接通释家之圆通广大。在与山谷的信中，后山表示自己学佛太晚而不能臻于高境⑤，儒与佛禅在后山那里始终未能融通为一，因此在儒释的双向牵扯中饱历煎熬，所谓"隐几忘言终不近，白头青简两相催"⑥，其人格也因此不能从容不迫，优游容与，而显得风骨挺特，刚硬不屈，发而为诗，便瘦硬有余而雍容不足。

---

① 《后山诗注补笺》卷4，第172页。
② 《后山诗注补笺》卷5，第207页。
③ 《后山诗注补笺》卷9，第330页。
④ 同上。
⑤ 《与鲁直书》其三云："然人生要须死，宁校长短，但恨与释氏未有厚缘，少假数年，积修香火，亦不恨矣。"
⑥ 《后山诗注补笺》卷8，第306页。

由其诗歌创作来看，后山晚年所求者乃是浑朴自然的老成境界，王偁称后山"为诗宗黄庭坚"，"平淡雅奥"，"自成一家"①。陈振孙亦称后山诗"造诣平淡，真趣自然"②。但后山思想的内部冲突常常破坏其诗之自然风貌，这里所需注意者有两点，其一是后山思想内部儒、释之不能交融造成后山思想的冲突，而这种冲突常常会传递为诗歌的拗折不平，从而破坏其诗歌的自然追求。其二是其人格与诗格的分立。与苏、黄不同处在于，陈师道将诗歌看作了其生命的支柱，看作了独立于生命的特殊存在，因此将几乎全部精力付诸诗歌创作，所谓"学诗如学仙，时至骨自换"③，呕心沥血，惨淡经营，而不是像苏黄一样经历贬谪之痛而将生命体悟与诗歌创作统一起来，以庄禅观念观照现实人生，并由文化心态的进退自如流而为诗风的平淡。陈师道始终未能将生命体验与诗歌创作统一为一个整体，诗歌乃是其生命中精心雕饰、寄放身心的特殊园地，因此，陈氏对苏轼、黄庭坚、杜甫等人的汲取主要限于艺术层面，而没有上升到生命境界的高度。正因为这样，陈师道才会闭门觅句，侧重追求诗句的锤炼，而相对忽视对诗意的整体把握与营造。也正因为这样，陈师道不擅长腾挪跳跃的长篇古体，而更着力于五七言律体短制，原因即在于五七短律可以经过锤炼雕饰而达到大巧若拙的老成境界，但这样的锤炼显然不适于长篇古体，细读后山长篇，每有局促之感，反观苏、黄，则各体均有妙构，对苏轼而言，长篇更见本色。所以胡应麟说，"律诗主格，尚可曼铄自矜，歌行间涉纵横，往往束手矣"④。因此，陈诗既未像苏轼那样以其不可羁勒的天纵之才肆意挥洒，也不似黄庭坚那样一意独运，似

---

① 《黄庭坚和江西诗派资料汇编》，中华书局1978年版，第493页。
② 同上书，第508页。
③ 《王直方诗话》，《宋诗话辑佚》，中华书局1980年版，第57页。
④ 胡应麟《诗薮》外编卷5，中华书局1958年版，第204页。

断实连。虽然表面上骨力硬挺甚至瘦硬通神，山谷乃至称后山作诗"得老杜句法"[1]，但"工部笔力沛然，如天涵地负，而后山则得之之难"[2]，这不仅因为后山缺乏老杜丰富的人生经历及生命体验，而且源于后山未能真正实现生命体悟与诗歌创作的统一，以致晚年诗作缺乏深广浑涵的诗境创造，不免诗意的断裂及诗境的破碎。

二、闭门觅句——典故的补凑与诗境的破碎

陈氏晚年诗过于考虑形式安排，如用典的选择，句式的搭配，注意力集中于形式方面，而相对忽视了形式与主体情感统一的问题，造成形式与主体感情之间的疏离，如《九日不出魏衍见过》诗云：

> 九日登临迫闭藏，老怀无恨自凄凉。山头落帽风流绝，壁面称诗语笑香。
>
> 冲雨肯来寻此老，拂床聊待熟黄粱。独无樽酒为公寿，正使秋花未肯黄[3]。

诗起始写自己重阳九日闭门不出，为全诗定下悲戚的基调，后联则以孟嘉之风流及二谢之"语笑"打破了这种悲戚。虽然颔联两典与九日重阳的时间情境相吻合，"壁面称诗笑语香"与南山的眼前情境相一致，然而与诗人的实际感情状态并无密切关系：孟嘉落帽典只是感叹风流韵事绝迹而已，并无深意；"壁面称诗语笑香"更与魏衍过访的现实情境无关，只是借用了

---

① 黄庭坚《答王子飞书》，《黄庭坚全集》，第467页。
② 《黄庭坚和江西诗派资料汇编》，第510页。
③ 《后山诗注补笺》卷7，第271页。

"语笑香"的原始意义。颈联"聊待熟黄粱"虽极易令人想起"黄粱一梦"的典故，但该典与本诗诗意并无关连，与其说是用典，不如说是写实。诗中的典故运用并未全然服从诗人的感情流程，典故本身成为相对独立的意义单元而游离于诗意之外，一定程度上造成诗意的破碎。又如《次韵何子温祈晴二首》其一云：

> 夜半风回雨脚收，万家和气与云游。萧条寒巷荒三径，突兀晴空耸二楼。
>
> 胜日登临轻一醉，下乡昏垫肯同忧。江空峡响鱼龙落，尽放青青极目秋①。

该诗次韵乞晴，自应围绕"晴"字作文章，但首联暗写"晴"之外，次联则有偏离，"萧条寒巷荒三径"，提及陶潜典故，与本诗主题殊不相关，下句"突兀晴空耸二楼"才又重新接续"晴"字，并启起下联，但下联登楼纵酒的想象及谢安与天下同忧的典故与前面诗意关合不密。尾联以景语收尾，虽似有味，却因未能承前而来，不免游离之感。纪昀评此诗"夹杂生硬，殊为不佳"。全诗诗意散乱，主旨不明，未免牵强补凑之嫌。为形成对仗，陈师道有时强行改造典语，以致不伦不类，如"年使挟行老"②中"年使"两字出自《左传·襄公三十年》，"二月癸未，晋悼夫人食舆人之城杞者。绛县人或年长矣，无子，而往与于食。有与疑年，使之年"③。大意说晋悼夫人请筑城的役卒吃饭，有一绛县老人无子，也来与役卒一起吃饭。有人怀疑他的年

---

① 《后山诗注补笺》卷7，第275页。
② 《后山诗注补笺》卷11，第409页。
③ 杨伯峻《春秋左传注》，中华书局1981年版，第1170页。

龄，让他说出自己的年龄。后山据此而造"年使"一词，未免生僻晦涩，纪昀批此诗"语多生硬"。它典型地体现出了后山晚年诗歌的弊端，即一味求简求工，而不追求从心所欲之自然，以致硬而不化。

陈诗诗境的破碎并不仅表现为典故的强行补入，而在根本上源于诗思不能一气贯穿，如《送张秀才》云：

> 学又三年积，功收一日长。擅场推老手，附尾得诸郎。
> 度鸟界晴碧，过去回夕黄。孰知诗有验，莫愠路无粮①。

前两联赞张秀才勤学有得，作诗为其擅场，颈联转写眼前景物，"度鸟界晴碧，过去回夕黄"，虽然本身凝炼精警，然与前后缺乏关照，成为突兀于全诗中的独立存在，破坏了诗境的统一。一些作品即便思路疏畅，也难以贯穿始终，如《九月九日与智叔雕堂宴集夜归》诗云：

> 雕堂从昔有恶客，酒尽不去仍复索。欲留歌舞尽客意，风雨和更作三厄。
> 佳辰难得客更难，我穷无酒为君欢。只欲泥行过白下，万一帘疏见一斑②。

首联写"恶客"之"恶行"，"酒尽不去仍复索"，而后笔锋一转，"欲留歌舞尽客意，风雨和更作三厄"，欲以歌舞代替饮酒而令客人尽欢而去，岂

---

① 《后山诗注补笺》卷8，第315页。
② 《后山诗注补笺》卷9，第333页。

料风雨大作，败人意兴，诗人为此深感歉疚，"只欲泥行过白下，万一帘疏见一斑"。前四句层层翻转，诗意顿挫，更似东坡诗风，可惜最后两句诗意萎弱，未能将全诗振到高处，暴露出陈氏之才短力窘。陈模批评说，"后山于诗尾多喜作一联对，其体反弱"①，应是中肯之论。长期"闭门觅句"的创作习惯使其难以形成流畅无碍的诗思，诗歌的形成是片断的建构与组接，往往有句无篇，难以形成整体的流贯气势，本诗尾联即有勉强补缀痕迹。其实颈联即已开始呈现技穷之态了，因前面本已表达了无酒与君欢之意，颈联对句不过是对前面意思的重复。

由以上诗例可见，主体的思维并未追求感情的自然表达，而指向了如何将典故补缀入诗的形式追求，典故与诗人的感情内容之间因此丧失了应有的对应性而沦为纯然的形式要素，与整体诗境形成分裂、悖离的状态，甚至造成诗境的支离破碎。王荆公尝云："诗家病使事太多，盖皆取其与题合者类之，如此乃是编事，虽工何益；若能自出己意，借事以相发明，情态毕出，则用事虽多，亦何所妨？"②惜乎陈师道用典多属前者，主体被典故所驱驰以牵合成诗，而不能一意独运，一气贯穿，造成诗意的断裂与诗境的破碎。虽然不少诗歌因对语言的锤炼而老辣劲健，瘦硬通神，但整体而言，并没有摆脱形式拘束而进入随意驱遣、无施不可的自由境界。方东树云，"后山之祖子美，不识其混茫飞动，沉郁顿挫，而溺其钝涩迂拙以为高。其师涪翁，不得其瑰玮卓诡，天骨开张，而耽乎洗剥渺寂以为奇"③。潘德舆也有相似的评论，"杜诗沉而雄，郁而透，后山只得其沉郁，而雄力透空处不能得之，故

---

① 《黄庭坚和江西诗派资料汇编》第 510 页。
② 胡仔《苕溪渔隐丛话》，人民文学出版社 1962 年版，第 179 页。
③ 方东树《昭昧詹言》，人民文学出版社 1961 年版，第 231 页。

弥望皆晦塞之气"①。所谓"钝涩"，所谓"晦塞"，都指后山刻意求深求僻，以致诗思凝滞不畅，令人难以索解，所以任渊半褒半贬地说，"读后山诗，大似参曹洞禅。……非冥搜旁引，莫窥其用意深处"②。后山就诗论诗，未能将诗格统一于人格，未能将诗的境界上升为生命境界，器局不大，眼界不高，这是后山不及杜、黄根本原因之所在。

与此类雕章琢句的诗作不同，一些不刻意用典的作品直抒胸臆，一气倾泻，更具艺术力量，如《怀远》诗云：

> 海外三年谪，天南万里行。生前只为累，身后更须名。
> 未有平安报，空怀故旧情。斯人有如此，无复涕纵横③。

陈诗虽刻意求简，实则许多诗平铺直叙，尤其起句及首联多平平之语，冗沓无味。本诗开篇则直切主题，以"三年"与"万里"点出苏轼贬时之久及贬途之远，为后面"怀远"的主题蓄势，其后就声名之累生发议论，抒写怀远之思，最后以"斯人有如此，无复涕纵横"的深警之笔收尾。全诗一气直下，斩截利落，毫不拖泥带水，确是难得的好诗。其他如《示三子》《别三子》《送外舅郭大夫西川提刑》等诗，亦是不费雕琢，一任自然，而情韵深长，感荡人心，潘德舆评曰："此数诗沛然至性中流出，而笔力沉挚又足以副之，虽使老杜复生不能过。"④ 其实后山并非全然排斥诗歌的自然性，曾云"宁拙毋巧，宁朴毋华"，惜乎后山之"拙"之"朴"并不等于"自然"，

---

① 《黄庭坚和江西诗派资料汇编》第 580 页。
② 《后山诗注卷首》，《后山诗注补笺》第 1 页。
③ 《后山诗注补笺》卷 9，第 343 页。
④ 潘德舆《养一斋诗话》卷八。

而更指语言之简省及格调之高古，它已成为一种与"俗""弱"相对立的特定审美规范，后山甚至强调"宁粗毋弱，宁僻毋俗"，这显然并非不假思力的感情外化所可实现，它更需要人为的思量及刻意的安排，这就使他的诗在根本上强调人工，而不能呈现出总体的自然面貌。

三、五律——由追求骨力到瘦硬通神

后山诗虽有诗境断续、硬而无味之病，但后期创作则呈现出由追求骨力、排斥象语向穷形尽相、瘦硬通神发展的趋向，逐渐克服了以上弊病，这在其晚年五律中表现得尤为充分。

后山作诗力去芜杂，绝去雕饰，一定意义上也削弱了诗之味，因为"味"与语言之藻饰存在一定的相关性，所谓"诗赋欲丽"，质木之语在显出瘦劲骨力的同时，也排斥了诗歌的形象性及内在韵味，胡应麟对此曾有形象的议论："诗之筋骨，犹木之根干也；肌肉，犹枝叶也；色泽，犹花蕊也。筋骨立于中，肌肉荣于外，色泽神韵克溢其间，而后诗之美善备，犹木之根干苍然，枝叶蔚然，花蕊烂然，而后木之生意完。"[1]筋骨、肌肉、色泽的有机统一才能构成完美的诗境，任何偏废都必然破坏美的完整性，在胡氏看来，"宋人专用意而废词，若枯桥槁梧，虽根干屈盘，而绝无畅茂之象"。即指出宋人之诗筋骨有余而色泽神韵不足，殊失为诗之美。而陈师道无疑是这种风格的代表人物，虽然其七言律"淡而不弱"，但"老硬枯瘦，全乏风神，亦何取也"[2]。翁方纲云，"按《诗林广记》云：'后山之诗近于枯淡。'愚观宋诗之枯淡者，惟梅圣俞可以当之，若后山则益无可回味处，岂得以枯

---

① 胡应麟《诗薮》外编卷5，中华书局1958年版，第198页。
② 胡应麟《诗薮》外编卷5，第209页。

淡为辞耶?"①翁氏认为"枯淡"当是淡而有味,后山一些诗直探理趣,筋骨外露,便硬而无味了,如《西湖》诗云,"小径才容足,寒花只自香。官池下凫雁,荒塚上牛羊。有子吾甘老,无家去未量。三年哦五字,草木借余光"②。前四句渲染出西湖秋天的冷瑟景象,诗语平平,后半部不过是说准备将自己的剩余光景都投入于诗歌的吟咏中,并无深意,故而纪昀评曰,"此首无味,结尤不佳"③。

后山晚年创作则开始改变这种态势,不仅追求瘦硬的思理,亦不废弃对自然风物的传神写照,尤其五言律诗刻画物态,极富情韵,如"雪余盖地白,春浅著梢红"④,"半夜风如许,平明雪皓然"⑤,"鸟雀空庭晓,风霜落木秋"⑥,"度鸟开愁眼,遥山入画屏"⑦,"地势倾崖口,风涛凿石根"⑧。俱是运笔如绘,句中有眼,可见陈师道在描摹物象、提炼语言方面作出的努力。《次韵无斁雪后二首》其一云,"闭阁春云薄,开门夜雪深"⑨。诗人以"春云薄""夜雪深"的对比,点染出初春的时令特征,并于早梅、归雁的情态中敏锐地发现了春天的信息,"江梅犹故意,湖雁起归心",诗人在这里不是纯粹写物象本身的特征,而将主体感情赋予外物,以拟人之笔写自我之情,是陈氏诗中较为少见的"极有情致之作"⑩。方回赞曰,"以一句情对一句景,

---

① 翁方纲《石洲诗话》卷4,《续修四库全书》第1704册,第178页。
② 《后山诗注补笺》卷4,第165页。
③ 同上。
④ 《后山诗注补笺》卷5,第189页。
⑤ 《后山诗注补笺》卷8,第294页。
⑥ 《后山诗注补笺》卷11,第392页。
⑦ 同上书,第402页。
⑧ 同上书,第412页。
⑨ 《后山诗注补笺》卷5,第189页。
⑩ 同上。

轻重彼我，沉著深郁中，有无穷之味"①。

后山不是一般性地追求物象刻画的生动传神，而是通过对关键词语的精心锤炼，不仅充之以浓烈的情思，而且将对人生的思索与感悟深植于物象内部，如筋骨牵撑起血肉，形成思力与韵味的合一。《秋怀四首》其三云：

> 山断开平野，河回杀急流。登临须向夕，风雨更宜秋。
> 急急后飞雁，翩翩不下鸥。晚舟犹可待，暮雀已深投②。

"开""断"写出了山势中断、平原突现眼前的景象，"杀"则写出河道弯曲、水流由急而缓的突变之态，用词斩截有力，极见锤炼之功。后面则景情合一，以雁、鸥意象烘托茫然心绪，又以晚舟与暮雀意象的对比含蓄表达了出处进退的矛盾，沉郁悲凉，风骨自苍。又如《寓目》诗云，"曲曲河回复，青青草接连。去帆风力满，来雁一声先。野旷低归鸟，江平进晚牵。望乡从此始，留眼未须穿"③。全诗刻画生动，"满""先"两词尤其精警传神，隐寓了诗人的复杂情思，而"野旷低归鸟，江平进晚牵"一联之精炼浑紧堪与杜诗媲美。全诗老硬浑健，情重意远。

刻画生动传神、语言凝炼精紧成为陈氏晚年五律的基本特征，这些五律逐渐克服以往瘦硬不化的弊病，炼而不觉其炼，工致而不乏自然，趋于高妙浑成的境界。如《家山晚立》云：

> 绕舍苔衣积，倚墙梨颊红。地平宜落日，野旷自多风。

---

① 《后山诗注补笺》卷5，第193页。
② 《后山诗注补笺》卷8，第288页。
③ 《后山诗注补笺》卷11，第402页。

禹迹千年后，家山一顾中。未休嗤土偶，已复逐飘蓬。①

　　前四句写傍晚所见景象，苔衣绕舍，梨花依墙，色调一冷一暖，对比出春日特征。虽是春天，诗人却似乎没有感受到多少烂漫春光，厚积的苔衣比倚墙的梨花更能应和诗人的感情，与此相应，颔联则以"地平宜落日，野旷自多风"渲染出苍凉的色调，暗写出诗人内心的阴郁。诗人又将眼前景象铺展开去，穿插以禹迹的深远的历史背景，更为全诗平添了苍凉之气。这类感情色调来自诗人漂泊无定的命运，"未休嗤土偶，已复逐飘蓬"。全诗由苍凉之景转而悲凉之情，一气呵成，浑健有力，乃是晚年五律的成熟之作。又如《寒夜》诗纯以写景，而情蕴其中，"一夜风澎浪，中霄月脱云。到窗资少睡，远响倦多闻"②。诗人心绪烦乱、夜不成眠的情态历历在目，而"星火远相乱，江山气不分"的浑涵景象更映衬出诗人心事的浩茫，尾联"早鸡得先便，断雁屡鸣群"则以景写情，笔墨简省而意味深长。胡应麟称"陈五言律得杜骨"③，确乎中的之论。

　　陈氏晚年其实一直揣摩杜诗，摹仿杜诗，悉心研炼，汲汲以求，由此而近于杜诗之章法精严，悲健有力。然而老杜晚年诗作渗入了深沉的哲思，传达着丰富的生命体验，沉郁顿挫，高健入云，诗境浑整，不可句摘。陈氏则从诗歌本身切入，侧重于诗句本身的锤炼，于诗境的浑整则有不足，许多诗斤斤于词语层面的摹拟，不免泥而不化，如《次韵晁无斁春怀》云，"语鹊飞乌春稍稍，生帘深院晚沉沉"④，便是摹拟老杜"落花游丝白日静，鸣鸠乳

①　《后山诗注补笺》卷11，第406页。
②　同上书，第407页。
③　胡应麟《诗薮》内编卷3，中华书局1958年版，第53页。
④　《后山诗注补笺》卷6，第214页。

燕青春深"一联的诗意及"小院回廊春寂寂，碧桃红杏水潺潺"一联的句法。诗中所用叠词"春稍稍""晚沉沉"并无新意，音节亦嫌生硬，确是纪昀所评，"未免太似"，凝滞不化。因此，其诗虽云自然，却脱不尽模仿的痕迹，不能千变万化而臻于自然的极致，诚如查慎行所论，"谓其学杜则可，谓其学杜而与之俱化，窃恐未安"[1]。这既受制于诗人的天分，更源于后山未能将对诗歌的理解上升到浑涵万类的生命境界。

---

[1] 《黄庭坚和江西诗派资料汇编》，第 560 页。

由崇苏到宗黄

——北宋后期的诗学选择

————

绍圣以后，士人心态明显呈现出内转趋势，党禁的严厉及专制的强化，使得士人难以再直接与专制政治进行碰撞，而庆历以来直趋三代之治的政治理想事实上的破灭成为士人心态趋于退缩与内转的重要背景。绍圣之后的新党不再谈变法之事，而是假借新法之名行打击元祐党之实，变法革新彻底变异，迭遭打击的旧党人物反思政治的混乱与衰败，将批判矛头指向了新学。

儒学复兴乃是贯穿两宋的重要思想线索，但这一过程并不仅是纯粹的儒学复兴，也是释道二教借助儒学复兴乘势而起的过程，它们不断地渗入儒学，使北宋学术打上深深的释道烙印，尤其是王氏新学与苏氏蜀学，都与庄禅具有密切的联系，受其影响的士人无论个性还是创作都多少呈现出一定的豪纵特征，王安石常作翻案之语，发惊人之论，而苏轼其人其文更是豪横不羁。然而随着变法的失败，新法本身及王氏新学开始受到广泛的质疑，许多士人将种种社会危机归咎于王氏新学兼通释道的驳杂不纯。变法之初，二程即视王氏新学为祸溺，绍圣以后晁说之等人更针对王氏新学之驳杂进行了尖锐的批判。在批判者看来，王氏新学不仅未能实现对儒学正本清源以重建盛世的目标，相反却因兼取释道而蠹害了人心，败坏了士风。

王安石变法失败是多方面的，其最主要的一面则是未能按预期目的塑造出符合先儒理想的君子人格。治道主要在于人才，这是王安石上疏中一再强调者，故王安石变法将人材的培养与选拔作为核心任务，为此兴建州学，改革科举，将明经诸科并入进士，又罢考诗赋，而代之以经义策论，企图通过教育及科举制度改革造就德能兼备的干才。而事实证明，王安石并没有达到预期目的，如华镇所描述的那样："行之几二十年，亦可谓久矣，宜乎道术隆显，文章温雅，士行修洁，人材众多。曳裾春官，应书郡者以千万计，士不为少矣。然识量高爽，身名兼全，有如郭泰者乎？见义明用，心刚不为祸患，不淫利欲，有如何蕃者乎？缊经论议，则揉释老，道术散乱而愈晦；缀辑辞句，则竟为缪悠，文辞诞怪而无纪。轻浮荡佚，憸巧污下之行，为之无愧。事佻薄为俊迈，指礼法为迂疏。流风既彫，硕德甚鲜。"[1] 华镇认为科举只是以势利诱惑士人，而没有以道德力量感化人心，最终只能滑入歧途。"七十子之服孔子也，服其德，非服其力；服其心，非服以势"，道德培养是排斥功利的，王安石则将二者强行捏合，只能造成功利对德业的侵蚀。心术之坏乃是王安石变法最大的失败，而党争中士大夫相互倾轧的险狠残酷似乎正是对这种失败的有力证明。作为程颐四大门徒之一的游酢对此表示了相似的观点，其《奏士风疏》云："天下之患莫大于士大夫至于无耻，则见利而已，不复知有他，如入市而攫金，不复见有人也。"[2] 宋人对士风污下已多有批判，但游酢并非仅指出其现象，而是针对人心败坏、士风沦落的现实提出以儒家伦理原则加以救治的方案，在《书明道先生行状后》中，游酢写道："先生之教，要出于为己，而士之游其门，所学皆心到自得，无求于外。以故甚贫者忘饥寒，已仕者忘爵禄，鲁重者敏，谨细者裕，强者无拂理，愿者

---

① 华镇《养士论》，《全宋文》第 123 册，第 27 页。
② 游酢《奏士风疏》，《全宋文》第 123 册，第 163 页。

有立志，可以修身，可以齐家，可以治国平天下。非若世之士妄意空无，追咏昔人之糟粕而身不与焉，及措之事业，则怅然无据而已也。"① 上文对程氏弟子及程门学风多加溢美，指出程颢育人之道的核心在于"为己"，故学生虽然高低贵贱不同，求学向道之心则同，唯此才可以修身齐家治家平天下。此文同时对"世之士"加以针砭，批评他们"妄意空无，追咏昔人之糟粕而身不与焉，及措之事业，则怅然无据"。所谓"世之士"显然是追蹑王氏新学、从事举业以追名逐利的士人。这些人求学乃为求利，治学与修身分离，必然是"追咏昔人之糟粕而身不与焉"，成为口是心非的伪君子及毫无行动能力的腐儒。游氏通过对比，赞美程门学风之纯正，针砭世俗之士品行之污下，同时指出救治士风的根本在于将"求利"之学转向"为己"之学。因此，道学之兴起直指人心大坏的现实，是对熙丰变法负面效果的反拨。由此，儒学复兴便由重建盛世的政治追求转入理论层面的学术建构。余英时先生分析说："在道学家如二程的眼中，王安石虽已进入了'内圣'领域并在'内圣'与'外王'之间建立起某种联系，但是他的'内圣'——所谓'道德性命'——假借于释氏者太多，并不是儒家的故物，因此他们给自己所规定的最高历史任务便是将儒家原有的'内圣之学'发掘出来，以取而代之。"② 于是，新学在徽宗朝继续大行其道的同时，民间却涌动着回归传统儒学的学术暗潮。

庆历以来源于南方学术的疑经之风实现了儒学由章句之学向义理之学的转型，北方学术受其影响虽然也逐渐讲求义理，但其价值内核仍然是传统儒家道德，南北学术仍是貌合神离。随着北宋后期反思新学暗潮的不断激

---

① 游酢《书明道先生行状后》，《全宋文》第 123 册，第 169 页。
② 余英时《朱熹的历史世界》上，生活·读书·新知三联书店 2004 年版，第 51 页。

荡，北方学术在抨击新学的同时重新彰显传统儒学的价值，这在一定意义上也是北方学术对南方学术的反击，其本质即是要将王氏新学因为释道的窜入而散逸不收的人性重新置放于儒家伦理秩序的约束之下，二程以"天理"为核心的洛学最突出地代表了这样一种价值取向。苏轼作为蜀学代表人物虽然对释道的态度不同于洛学等北方学术，但对新学同样持批判立场，惠州所作《与朱振二首》其一云："新说方炽，古学崩坏，言之伤心。"[①] 正是在绍圣以后的贬谪期间，苏轼完成了对《易》《书》《论语》三部儒家经典的重释工作，某种意义上也是向儒学传统的回归。于是北宋后期，在释道观念大行其道之后，思想的潜流又重新指向儒学，以洛学为主体的士大夫阶层企图借助醇正的儒学而使社会及个体获得救赎。这一回归儒学的暗潮是北宋儒学复兴以来的第二次正本清源，是对庆历之后疑经之风的否定之否定。这种回归在学术层面表现为对传统儒家经典的重释及新的学术体系的建构，在实践层面则因严酷的党禁而表现为元祐学人对儒家道德的坚守，对心性义理的揣摩与修炼。贬谪境遇亦使元祐党人为避免专制的锋芒，转而以坦荡而坚韧的心性进行柔性的对抗，吕本中《师友杂志》载，崇宁初，吕切问以党人子弟补外官，请见程颐，问："方今新法初行，当如何做？"程颐云："祗有义命两字。当行不当行者，义也；得失祸福，命也。君子所处，只说义如何尔。"[②] 程氏在这里强调立身行事要恪守"义"的原则，并不强调杀身成仁的一意力行，成败不在于我，但求无愧于心，所追求者更在于内在心性的圆满。程氏弟子杨时对此作了更清晰的发明："苟自为者皆合道无愧然，而不能免者，命也。不以道理可凭依而徒惧其不免，则无义无命矣。"[③] "合道"是最高的价值准

---

① 《苏轼文集》卷 56，第 1767 页。
② 吕本中《师友杂志》，《全宋笔记》第三编（六），大象出版社 2008 年版，第 19 页。
③ 杨时《龟山先生语录》卷 3，《四部丛刊》本。

则，没有内在的"道"的支撑，任何行为都是"无义无命"之举。事实上崇宁党禁的大环境已使被贬党人及子弟难有作为，只能以对儒道的坚守及对心性的砥砺自勉自慰了。

如果说以上所述是思想史的线索，那么黄庭坚诗学思想则是另外一条贯穿于新旧党争并由隐渐显的线索。学界普遍认为，黄庭坚对政治始终没有强烈的热情，莫砺锋先生即认为，黄庭坚"不是一个有远大的政治抱负和强烈的政治主张的人"[①]，他所追求者始终不是外在的立功，而是内在的立德，立言实际上也被看作是立德的实现方式。早在元祐间与其洪氏甥通信时就反复强调道德修养对作诗为文的根柢作用，但这种强调尚且限于诗学范围。绍圣以后，随着新党对元祐党人的迫害不断加重，这一观念便带有了规避政治迫害的用意，并与回归儒学、追求心性修养的学术思潮遥相呼应，成为这一思潮在诗学领域的表现，黄庭坚拒绝讽喻现实、讲究心性修养的诗学理论因而具有了充分的现实依据和社会基础，诗学观念与学术思潮于是在贬谪的背景下更为紧密地融合在一起，并深入到后来者的心中，吕希哲与饶节、黎确诗歌交往的一则事例对此作出了有意味的说明。《童蒙训》卷下载：

> 崇宁间，饶德操节、黎介然确、汪信民革同寓宿州，论文会课，时时作诗，亦有略诋及时事者。荥阳公闻之，深不以为然。时公疾病方愈，为作《麦熟》、《缫丝》等曲诗，歌咏当世，以讽止饶、黎诸公。诸公得诗惭惧，遽诣公谢，且皆和公诗，如公之意，自此不复有前作矣。[②]

---

① 莫砺锋《论黄庭坚诗歌创作的三个阶段》，《文学遗产》1995年第3期。
② 《童蒙训》卷下，文渊阁四库全书第698册，第532页。

崇宁二年，吕希哲贬官废居符离，当时汪革为宿州教授，饶节亦寓居宿州，二人一起拜入吕氏门下，以上正是当时情事。吕希哲少从焦千之、孙复、石介、胡瑗问学，后又服程颐学问，首师事之。又与程颢、张载、孙觉、李常游，同时受到王安石的影响，乃当时名儒。作为元祐党魁吕公著之子，吕希哲经历了绍圣以后政局变化的惊涛骇浪。崇宁后入党籍，夺职知相州，徙邢州。罢为宫祠，羁寓淮、泗间十余年。新党的迫害自然使得吕氏后人忧心如坠，吕希哲作为道学家，应对之道便是和光同尘，全身自保，以道德心性调适心理冲突。吕希哲作曲诗"歌咏当世"代表了道学家对现实政治的应对策略，而饶节等人的"惭惧"与改正则标志着诗歌被纳入了儒学规范的框架，也标志着江西诗派与反省内视的儒学思潮的合流。以上并非偶然事件，此期的许多诗人与道学家有密切的往来并深受影响。绍圣元年，陈师道即访吕希哲于汴京东华严寺，拜揖如亲弟子，此后时以书信参问①。崇宁以后，远在临川的谢逸也托汪革寄书吕希哲，求学问道。吕本中随父官扬州时曾求教于杨时，徐俯也曾就杨时问学。元符三年，饶节游于名儒陈瓘之门。建中靖国及崇宁元年，徐俯"忍夏蚊之嘬肤而从莹中游"②。同期韩驹也有《上陈莹中右司生日诗》《上泰州使君陈莹中》等诗表达向慕之意。吕本中、李彭、汪革及未曾见过陈瓘的诗人如谢逸、谢薖等也以不同方式与陈瓘有直接或间接的交往。晁说之亦是一时名儒，江西诗派中人的吕本中、江端本、汪革、徐俯、夏倪、王直方、潘大临、洪炎等都与之有往来。"两宋之几乎所有大儒，如刘安世、张舜民、马涓、谢良佐、游酢、尹焞、邹浩、任伯雨

---

① 《紫微诗话》，《历代诗话》上册，中华书局 2004 年版，第 365—366 页。
② 《黄庭坚全集》，第 480 页。

等，皆对宗派（江西诗派）诗人有深刻影响"①。如吕本中所说，"游学之士，须经中原先达钤椎，方能有成也"②。此期的道学家对江西诸人的深刻影响正是山谷诗学得以广为流布及江西诗派得以形成的思想基础，而贬谪在这一过程成为重要的外围因素。

贬谪无疑是吕希哲这样的学者及黄庭坚这样的诗人拒绝讽喻现实、倡导心性修养的重要原因，而这种观念之所以能够得到广泛的接受，显然并不在于贬谪本身。上述江西诸人虽未遭到贬谪，却不等于他们不会形成被贬者的思想特征。事实上无论被贬的元祐党人还是饶节、潘大临这样系心元祐的江西诸人，置身于同样的社会氛围中，其思想必然具有相当的同构性，这正是江西诗派诸人接受吕希哲、黄庭坚等人的思想观念的心理基础。贬谪这种由党争所形成的极端社会事件对士人思想的影响自然会在吕希哲、黄庭坚这类被贬者身上得到突出表现，而这种表现又必然会以各种方式反馈给社会，而只有与社会变化相一致的思想反馈才可能得到积极的回应和广泛的接受。新党借助于专制暴力打击旧党，旧党则呼唤纯正的儒家价值挽救放散的人性，被贬者收敛批判锋芒既是对专制暴力的避让，更是对纯正的儒家价值的思索与探询，其终极指向乃是合理的文化及政治秩序的实现。这种儒学思潮与专制现实似乎是背离的，然而它对儒家伦理道德的承认又与专制政治得以维系的以尊卑有差的秩序观念为主体的文化基础具有深刻的一致性，元祐党人正本清源、重建盛政的文化理想与新党的专制诉求就这样奇妙地结合在一起。因此，无论程颐、吕希哲、苏轼等人如何重释儒家经典，如何进行心性的修炼都注定不可能逃脱专制的文化内核，它本质上不过是对现实政治的消极认

---

① 伍晓蔓《江西宗派研究》，巴蜀书社 2005 年版，第 130 页。
② 吕本中《师友杂志》，《全宋笔记》第三编（六），大象出版社 2008 年版，第 9 页。

可，而黄庭坚以道德修养为基础的诗学理论同样是对现实政治的曲折服从。儒学本身不可能克服自身的弊端，这便注定了元祐党人种种文化努力的无效及最终的悲剧性。

由追求道德修养及心性修炼，诗歌创作也往往更易于从思理角度观照现实人生，进行一种收视反听的内省式的思索，而不是眼光向外进行发散式的观览，抒发因物兴感的闲情逸致。自我心性成为诗歌表达的核心，外在物象包括历史人物及事件即便被纳入诗中也不过成为诗人心性或曰"意"的表达工具。刘熙载认为，"唐诗以情韵气格胜，宋苏、黄皆以意胜"[①]。唐人心灵向外，充满对外在世界的热情；而宋人则转向了内心，转向了对生命本身的思索，虽然宋初以来即出现这一倾向，但在党祸不断、危机四伏的形势下，宋人更加收束自己的心灵，将对现实世界的感性体验转化为对生命及天地万物的理性沉潜。相比黄庭坚，苏轼仍然在很大程度上保持着对外物的兴趣，黄庭坚则更任"意"独运，在诗作中以主体的情感及思维逻辑贯穿起纷繁的外在物象，无视物象本身的联系，如方东树所云："山谷之妙，起无端，接无端。大笔如椽，转折如龙虎，扫弃一切，独提精要之语，每每承接处，中亘万里，不相联属，非寻常意计所及。"[②] 这实际上正说明了黄诗以"意"为主、以自我为中心的艺术特征，从这个意义上说，黄诗更是一种诗人之诗。这种诗歌形态排斥对物象本身的描摹及对感情的渲染，而注重表达诗人主体感悟及思索的内在理性流程，因此其审美形态必然趋向于老健瘦硬，这种风格正是黄庭坚道德陶冶及心性修养的人格外化。在儒学回归及日益内倾化的时代背景下，黄庭坚人格与诗格的统一成为深受这一思潮濡染的士人的学习

---

① 刘熙载《艺概》，上海古籍出版社1978年版，第68页。
② 方东树《昭昧詹言》卷12，人民文学出版社1961年版，第314页。

范式，他们对道德心性的锤炼合乎逻辑地指向了对瘦硬诗美的偏爱，于是江西诗派诸人由追慕其人格自然地摹仿其诗格，陈师道、潘大临等人的诗学选择代表了北宋末期的诗歌潮流。

一、陈师道的诗学选择

陈师道与苏轼相交甚密，相知甚深，但陈师道却以黄诗作为自己的取法对象，其根本原因在于陈师道的人格追求及诗学趣味与黄庭坚具有高度的同构性。熙宁间，年方十六的陈师道即因不满王氏新学而绝意仕进，其与年龄不大相称的早熟虽有些出人意料，却多少透露出时风转变的信息，这与黄庭坚儿时所作"多少长安名利客"诗一样，有着一叶知秋的文化意味。其后虽是一介布衣，生活贫窭，陈师道却始终不向权贵低头，砥砺品节，一丝不苟。对现实的深入观察使他洞窥到个体生命的有限，深厚的心性修养使其更能化解种种不平。元祐末年，苏轼因洛蜀党争再次外放，陈师道劝导说："天下之事，行之不中理，使人不平者，岂此一事，阁下岂能尽争之耶？争之岂能尽如人意耶？徒使咕咕者以为多事耳。常谓士大夫视天下不平之事，不当怀不平之意。平居愤愤，切齿扼腕，诚非为己；一旦当事而发之，如决江河，其可御耶？必有过甚覆溺之忧。"[1] 这类言论与黄庭坚如出一辙，虽不乏全身自保的庸俗气，亦可见出士人无法左右局势的清醒与无奈。由此种心态出发，陈师道不满东坡对现实的讽喻，批评说："苏诗始学刘禹锡，故多怨刺，学不可不慎也。晚学太白，至其得意，则似之矣。然失于粗，以其得之易也。"[2] 这种不满除内容的怨刺之外，尚且包括艺术的粗糙，陈师道不喜

---

[1] 《全宋文》第 123 册，第 295 页。
[2] 陈师道《后山诗话》，《历代诗话》上册，中华书局 2004 年版，第 306 页。

东坡之率意挥毫的粗率，更乐于闭门觅句，精益求精，由此而摆落浮华，直探本真，因此对黄庭坚其人其诗一见倾心，"尽焚其藁而学焉"①。需要注意的是陈师道所谓"闭门觅句"并非仅仅是对语言本身的锤炼，而且包括对感情的深刻体验及对哲理的深入思索，由以下诗句可窥豹一斑：

> 经国向来须老手，有怀何必到壶头。②
> 红绿相催春事阑，可能无意待人看。③
> 书当快意读易尽，客有可人期不来。④
> 可能略不解春意，祇有寻枝摘叶人。⑤
> 中年患别多作别，早日讳穷常得穷。⑥
> 世间何事非迷途，挟筴未必贤樗蒱。⑦

这些诗句无论抒情言理都凝结着诗人对现实人生的体验与深思，言深而意远，境阔而情长，表现为审美风格，便是筋骨外露，瘦硬劲挺，以致一些诗显得质木无味，而正是在这种貌似枯槁的风貌中，折射出思想的深度。陈师道几乎将诗歌的感性特征压缩到最低限度，却又不同于理学家排斥物象的道德说教，陈师道以象传情达意，不过其象语繁华落尽，风雨沧桑浓缩于老枝瘦干中，令人触目生感，回味无穷。这种外枯而中膏的诗歌形态正是其心

---

① 陈师道《答秦觏书》，《全宋文》第 123 册，第 286 页。
② 《寄侍读苏尚书》，《后山诗注补笺》卷 4，第 142 页。
③ 《西郊二首》其一，《后山诗注补笺》卷 8，第 302 页。
④ 《绝句四首》其四，《后山诗注补笺》卷 9，第 336 页。
⑤ 《三月二十二日榴花盛荆戏作绝句》，《后山诗注补笺》卷 10，第 369 页。
⑥ 《五子相送至湖陵》，《后山诗注补笺》卷 11，第 398 页。
⑦ 《答无咎画苑》，《后山佚诗笺卷上》，《后山诗注补笺》第 498 页。

性修养与诗美追求的统一，也是黄庭坚以道德为根柢的诗学理论的最高表现。人格与诗格的同构使陈师道不仅成为黄庭坚的坚定继承者，而且成为黄庭坚诗歌美学最彻底的实践者，代表了北宋后期士人文化心态及审美追求的发展趋向。

二、潘大临的诗学选择

黄庭坚曾云："潘大临蚤得诗律于东坡，盖天下奇才也。"[①] 潘大临与东坡相识于元丰年间，其时东坡贬居黄州，潘大临父潘鲠及其叔父俱从东坡游，潘大临兄弟其时二十岁左右，亦获陪杖屦。黄州期间东坡所作《雪堂记》即答潘氏之问。离黄州时，又应潘大临兄弟之请书《赤壁》二赋、《归去来辞》相赠，并将雪堂赠给潘氏兄弟，可见双方关系之密切。然所谓"得诗律于东坡"在潘氏诗中究竟有何体现则难以断言，由潘大临不多的存诗来看，无论东坡早期的豪横还是黄州期间的清旷，似乎都没有临摹痕迹。大概潘大临难以学得东坡豪横不羁的风格，只是在作诗的基本规范方面得到了东坡的指导，而且由相关资料来看，东坡从未像山谷一样将潘大临称为"奇才"而大加推崇，在东坡眼中，潘大临兄弟似非超群拔萃之辈。天分才力的有限使得潘大临难以追步东坡之才气纵横的创作风范，而东坡对潘大临的态度似乎也可以反证东坡之不可学。

从潘大临的诗学观念来看，潘氏对东坡诗风似乎也敬而远之，这由他对白诗的态度约略可以看出端倪。绍圣至崇宁，张耒曾两次被贬黄州，尤其整个崇宁年间一直安置于黄州，并与潘大临隔山而居，来往密切，唱和颇多，其间不时切磋诗艺。任渊《山谷内集诗注》卷十二《谪居黔南十首》注云：

---

① 《黄庭坚全集》，第 742 页。

近世曾改过端伯作《诗选》，载潘邠老事云：张文潜晚喜乐天诗，邠老闻其称美，辄不乐。尝诵山谷十绝句，以为不可跂及。其一云："老色日上面，欢悰日去心。今既不如昔，后当不如今。"文潜一日召邠老饮，预设乐天诗一帙，置书室床枕间。邠老少焉假榻翻阅良久，才悟山谷十绝诗盖用乐天大篇裁为绝句。盖乐天长于敷衍，而山谷巧于剪裁。自是不敢复言。[①]

如前所述，白诗至北宋中期以后逐渐淡出诗坛，成为末流，潘大临不喜白乐天诗正反映出诗坛的这一倾向。相比白诗，潘大临更喜爱山谷诗，盖因白诗浅切平易，而黄诗深切精警，或许在潘大临看来，苏诗一定程度上也近于白诗之"易"，缺少精切的锻炼之功，正如陈师道对苏诗"失之粗""得之易"的批评，《紫微诗话》说潘大临作诗"精苦"[②]，显然与白诗、苏诗别是一途。

潘氏元祐间与山谷即有密切的交往，双方来往信件较多，其间主要是谈诗论学。崇宁元年，山谷至黄州，潘氏兄弟前往拜会，游从一时。其道德人格对潘大临产生了深刻影响，这也是潘大临接受黄氏诗学观念的基础。但不同于陈师道的地方在于，潘大临对黄庭坚诗学观念的接受又与其热切的仕进愿望有关，潘大临曾先后四次参加科举考试，其间受到黄庭坚的悉心指导。在与其甥洪驹父的信中，黄庭坚对潘大临多有称扬，并勉励洪刍与潘氏切磋学问，其中说，"中郎父子旧业，更须留意作五言六韵诗，若能此物，取青

① 《山谷诗集注》卷12，第304页。
② 吕本中《紫微诗话》，《历代诗话》，中华书局2004年版，第363页。

紫如拾芥耳"。又说,"大体作省体诗,尤当用杜句法。若有鼻孔者,便知是好诗也"①。黄氏长期身居馆职,并参与省试,他的话自然具有权威性,潘大临进取之心颇盛,应会悉心听取黄庭坚的意见而细心揣摩杜诗句法。《与洪氏四甥书》之二又云:"龟父所寄诗,语益老健,甚慰相期之意,然家贫,老人须养,未免就科举,更须收拾笔墨入规矩中,得失虽不在是,要是应科举法也。"②山谷所谓"语益老健"显然指其语言放纵,不合规矩,故劝导龟父作诗应合乎科考的规范,加以收敛。老杜诗有法可依,有规可循,与所谓的"省体"更为接近,因此成为黄氏向洪刍、潘大临推荐的摹本。但这种功利性的学杜显然不可能得其神髓,杜诗之规矩乃是深刻的思力与老健的技法完美结合的产物,句法或规矩只是其凝炼浑厚之美的表现形态,只从规矩入而忽视规矩赖以形成的深厚学养和人生历练,必然会如魏泰所批评的那样:"方其拾玑羽,往往失鲸鹏"③。潘大临自谓作诗近老杜,谢邁《读潘邠老庐山行》诗云,"杜陵骨已朽,潘子今似之。欲观庐山作,乃类北征诗"④,这显然是夸奖之语,实则有意追摹而力不能及,刘克庄批评潘大临诗云:"其诗自云师老杜,然有空意,无实力。余旧读之,病其深芜,后见夏均父读邠老诗,亦有深芜之病评。"⑤所谓"深芜"乃指旨意深晦而用语芜杂,曾季貍在比较黄庭坚《浯溪碑》与潘氏《浯溪诗》后说,潘大临"思致却稍深远"⑥,大概亦是指其刻意求深以致诗意晦涩不明。王直方诗话云,"邠老作

① 《黄庭坚全集》,第484页。
② 同上书,第1870页。
③ 魏泰《临汉隐居诗话》,《历代诗话》上,中华书局2004年版,第327页。
④ 谢邁《读潘邠老庐山行诗》,《全宋诗》第24册,第15787页。
⑤ 刘克庄《江西诗派小序》,《刘克庄集笺校》卷95,中华书局2011年版,第4025页。
⑥ 曾季貍《艇斋诗话》,《历代诗话续编》,中华书局2006年版,第296页。

诗多犯老杜，为之不已。老杜亦难为存活"①，则又批评潘大临学杜而不化，因袭重复而缺乏创造。《潘子真诗话》所引潘氏诸诗，确有因袭的痕迹，如"沙明拳宿鹭"便借用了老杜"沙头宿鹭联拳静"的意象用语，且其诗意也没有太多创造，虽然明净秀丽，不过是屋下架屋。这种对杜诗的临摹与其应举的功利之心应有一定关系，因而并不能如陈师道那样"学少陵而不为"②。《珊瑚钩诗话》载陈师道的话说，"今人爱杜甫诗，一句之内，至窃取数字以仿佛之，非善学者。学诗之要，在乎立格命意用字而已"③，并举杜诗的具体例子加以申说，指出学杜要从格调、意蕴、用字方面进行全面的体味揣摩，"得其神髓，而不自掩其性情"④，方是善学者，以此来看陈、潘二人之学杜，便有高下之别了。当然，黄庭坚并非以应举的标准要求潘大临，潘氏落第后，山谷安慰他说，"此乃学为举子之文，傥幸一日既得人爵而弃之者也，岂所望邠老者耶？"⑤ 在另外的场合，黄庭坚也对士子纯作应举诗文表示反对，"观古人书，每以忠信孝悌作服而读之，则得益多矣。亦不必专作举子事业"。"当以少年心志，治君子之事业耳。学问当以不及古人为戒，勿以一日之长系主司得失为意，则世间疾苦不能入矣"⑥。可见，山谷指示潘氏等人为应举而学杜不过是权宜之计，决非终极追求，惜乎潘大临似乎未能彻悟山谷之深意，学杜而犯杜，终于不能大有进益。

而无论怎样，潘大临在与东坡、山谷、张耒的交往中，最终选择黄氏诗学作为自己的努力方向，很大程度上代表了当时士人群体的文化心态及审美

---

① 王直方《王直方诗话》，郭绍虞《宋诗话辑佚》上册，中华书局1980年版，第22页。
② 陈师道《答秦觏书》，《全宋文》第123册，第286页。
③ 张表臣《珊瑚钩诗话》，《历代诗话》上册，中华书局2004年版，第464页。
④ 纪昀《后山集钞题记》，《后山集钞》卷首，《镜烟堂十种》之一。
⑤ 黄庭坚《与潘邠老帖》，《黄庭坚全集》，第1886页。
⑥ 黄庭坚《与周甥惟深书》，同上书，第1924页。

取向，其论诗的相关言论与黄氏一脉相承，《仕学规范》载潘大临的话说："七言诗第五字要响。如'返照入江翻石壁，归云拥树失山村'，'翻'字、'失'字，是响字也。五言诗第三字要响，如'圆荷浮小叶，细麦落轻花'，'浮'字、'落'字是响字也。所谓响者，致力处也。"[1] 所谓"响字"，即强调关键字眼的精确传神，显系江西诗派的观念。潘大临又曾谈及诗歌章法结构，也是转述黄氏的基本观点。虽然潘氏倡言学黄，但从其作品来看，并不全是黄诗的生涩拗硬的风格，许多诗颇具唐韵，如《江间作》四首：

> 白鸟没孤烟，微风逆上船。江从樊口转，山自武昌连。
> 日月悬终古，乾坤别逝川。罗浮南斗外，黔府古河边。
>
> 波浪三江口，风云八字山。断崖东北际，虚艇有无间。
> 卧柳堆生岸，跳鱼水捣湾。悠然小轩冕，幽兴满乡关。
>
> 西山连虎穴，赤壁隐龙宫。形胜三分国，波流万世功。
> 沙明拳宿鹭，天阔退飞鸿。最美鱼竿客，归船雨打篷。
>
> 落日春江上，无人倚杖时。私蛙鸣鼓吹，官柳舞腰支。
> 猎远频翻臂，渔深数冶丝。我犹无彼是，风岂有雄雌[2]。

这些诗学杜之清净明丽，并无晦涩生硬之气，虽开创性不足，但毕竟没

---

① 张镃《仕学规范》，文渊阁四库全书第 875 册，第 195—196 页。
② 潘淳《潘子真诗话》，郭绍虞《宋诗话辑佚》，中华书局 1980 年版，第 309 页。

有局促于黄诗的规模，而显示出兼收并蓄的诗美追求，亦不可全然抹杀其成就。

陈师道、潘大临之外，韩驹也是先学苏后学黄，李彭也终于投拜于山谷门下，加上山谷四甥等宗派图所列诸人构成了学黄的庞大阵容，代表了元祐后学的诗学选择。这一选择与北宋中后期儒学的内圣化转型及士人心态的内倾化有着千丝万缕的联系，而绍圣后接连不断的党祸更是直接促成了这种诗学的转型。如果说苏轼代表了北宋中前期的文化特征及创作风格，那么黄庭坚则代表了后期特征与风格，由苏轼之豪横不羁到黄庭坚之规整瘦硬，不仅标志着创作风格的转型，而且暗示出思想之流由释道重归儒学的变动轨迹，在这一过程中，党争与贬谪无疑起到了极大的促进作用。有意思的是，潘大临与苏轼、黄庭坚、张耒的交游主要发生于三人贬谪黄州期间，而潘大临最终对黄氏诗学的选择便给了这些贬谪事件一个耐人寻味的结尾。

后 记

————

本书收录的论文是我关于唐宋文化及文学方面的一点成果，虽然并不起眼，像一丛小花开放在学术原野的角落，但对我而言，却无比珍贵，因为这些论文负载着许多难忘的记忆。

我于 2004 年考入西南师范大学（2005 年与西南农业大学合并为西南大学），追随刘明华老师读研，至今已经二十年了。回想当年刘老师引领我进入学术之门，以及对我的耳提面命，历历一如昨日。记得有一次课上讨论杜甫与李白的相会及双方互赠的诗篇，我谈了自己的看法，认为杜甫在人生不同阶段写给李白的诗，其实是对李白不同价值的解读，折射出杜甫随着自身际遇的变化对人生认识的不断深化。刘老师认为很有道理，命我写成论文，这便是《杜甫对李白的解读历程》一文的由来，后来发表在《社会科学研究》。我写成草稿之后，刘老师又让我反复修改，共十易其稿，其中倾注了刘老师的大量心血，至今想来，仍然无比感激刘老师的栽培之恩。后来刘老师带我携此文到成都杜甫草堂参加第十三届杜甫年会，这是我第一次参加学术会议。杜甫草堂安静幽美的环境，会长张志烈先生抑扬顿挫的四川口音，给我留下了美好的回忆。读研期间我比较勤奋地读书写作，写了十几篇论文，本书收录的关于唐代的论文基本是在读研期间完成并发表的。

西师旁边的嘉陵江畔便是抗战期间的复旦大学旧址，有一次我到江边游玩，看到历经沧桑的复旦旧校舍，心潮逐浪，想着能否有朝一日顺江东下，到复旦读书呢。2008 年，我幸运地考入王水照先生门下，度过了三年难忘的读博生活。

复旦第一年，中文系开设有方法论课程，系内老师给我们讲各自的治学心得，王水照先生、陈尚君老师、查屏球老师、戴燕老师、陈引弛老师、邬国平老师都有精彩的讲论，令我受益良多。记得邬国平老师给我们讲他对《寒花葬志》中寒花身世的分析，抽丝剥茧，层层深入，真像破获迷案一样引人入胜。最后点明寒花的身份，令人拍案叫绝。有一次在光华楼乘电梯时，遇到查屏球老师，谈起苏轼远贬岭海之后和陶诗殆遍。查老师说，苏轼南迁挟陶渊明、柳宗元二人文集，目为二友，但为何和陶而不和柳？这一问题引起我极大的兴趣，后来写成《苏轼和陶而不和柳的佛教原因探析》一文，发表在《浙江学刊》。

王先生神情蔼然，气质典雅，谈吐从容，有古学者之风，虽然平易近人，却让我心存敬畏。王先生每两周召集我们上一次讨论课，课上王先生往往先谈他近来的读书心得，然后再让大家发言，讨论最多的自然是宋代文学的相关问题，而其中苏轼又是重点。王先生关于苏轼的谈话启发了我对苏轼的诸多思考，后来博士论文的很多章节与苏轼有关，颇多受益于王先生看似漫不经心的纵谈。在此过程中，王先生时常穿插他在北京求学及与钱锺书先生共事的往事，对钱先生渊深的学问及惊人的记忆力极为佩服，也让我们知悉了钱先生的许多掌故。

十几年来，从重庆到上海，再回到故乡，虽然学术上没有太大的收获，但对各位师长的恩情一直感念不忘。如今出版这本论文集，也是表达对各位师长，尤其是刘明华老师和王水照先生栽培之恩的最深挚的谢意。

图书在版编目(CIP)数据

长歌与悲吟：唐宋文化与文学散论/吴增辉著.——
上海：上海三联书店，2024.6
ISBN 978-7-5426-8111-9

Ⅰ.①长… Ⅱ.①吴… Ⅲ.①文化史-研究-中国-
唐宋时期 ②中国文学-古典文学研究-唐宋时期 Ⅳ.
①K240.3 ②I206.42

中国国家版本馆 CIP 数据核字(2023)第 081405 号

长歌与悲吟：唐宋文化与文学散论

著　　者／吴增辉

责任编辑／董毓玭
装帧设计／一本好书
监　　制／姚　军
责任校对／王凌霄

出版发行／上海三联书店
　　　　　(200041)中国上海市静安区威海路 755 号 30 楼
邮　　箱／sdxsanlian@sina.com
联系电话／编辑部：021-22895517
　　　　　发行部：021-22895559
印　　刷／上海惠敦印务科技有限公司

版　　次／2024 年 6 月第 1 版
印　　次／2024 年 6 月第 1 次印刷
开　　本／710mm×1000mm　1/16
字　　数／370 千字
印　　张／29.5
书　　号／ISBN 978-7-5426-8111-9/I·1810
定　　价／118.00 元

敬启读者，如发现本书有印装质量问题，请与印刷厂联系 021-63779028